몽골 평화시대
동서문명의 교류

아비뇽에서 개경까지

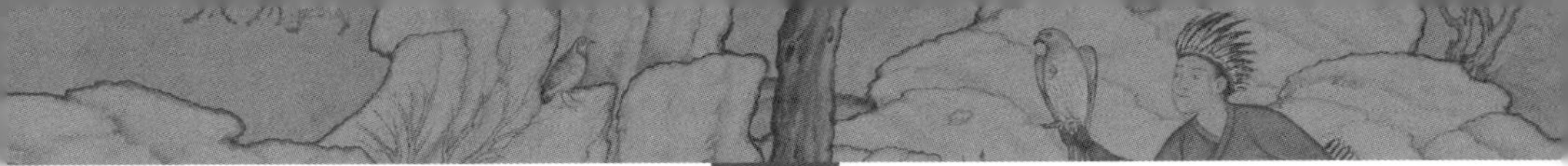

이화 사학 총서

몽골 평화시대 동서문명의 교류

아비뇽에서 개경까지

남종국 · 김장구 · 박용진 · 박현희 · 성백용 · 앤 던롭 · 이명미 · 조 원 · 조원희 지음

이화여자대학교출판문화원

• 일러두기

이 책에서는 몽골제국과 관련된 최근 연구 성과를 적용하여 다음의 용어를 사용했다. 몽골제국이 여러 층위의 '울루스'로 이루어진 체계임을 전제하여, 제국 전체의 군주에게는 '카안'이라는 용어를 쓰고, 각 하위 울루스의 지도자는 각각 '칸'이라고 불리며, 그러한 하위 집단을 '일 칸국', '킵차크 한국' 등의 용어 대신 '훌레구 울루스', '조치 울루스' 등의 용어로 통일했다. 단 '칸'과 '카안'의 용어가 성립하기 전에 최초로 몽골제국의 통일을 이루었던 창업자는 '칭기스 칸'이라고 통일했다.

• 머리말 •

몽골 평화시대 동서문명의 교류를 다룬 이 책의 출발점은, '몽골 평화시기의 동서 교류와 세계관의 변화'를 주제로 집필자인 성백용, 박용진, 김장구, 박현희, 남종국이 2016년 한국연구재단의 지원을 받아서 3년간 공동으로 수행한 연구이다. 2017년 영국 리즈대학교에서 개최한 국제 중세사 학술대회(2017 Leeds International Medieval Congress), 2018년 미국 미시간대학교에서 개최한 국제 중세사 학술대회(53rd International congress on medieval studies), 2017년 이화여자대학교에서 개최한 두 번의 학술대회(13~14세기 몽골과 동아시아 교류사; 2017 International Conference on Cross-cultural contacts during the period of Pax Mongolica) 등을 통해 각자의 연구 주제를 심화·발전시킬 수 있었다. 그중 이화여자대학교에서 개최한 두 번의 학술대회에서 발표된 논문을 묶어 2개의 특집호(54집: '13~14세기 몽골과 동아시아 교류사', 57집: 'Pax Mongolica 시대의 교류와 접촉')가 발간되었다. 이 책에는 해당 특집호에 실린 앤 던롭, 이명미, 조원희, 조원 선생님의 논문과 한국연구재단 지원 공동 연구에 참여했던 분들의 논문을 함께 묶어서 실었다.

이 책을 집필하며, 몽골 평화시대 동서문명의 교류라는 주제를 다루기 위해서는 무엇보다도 협업, 즉 공동 연구가 필요하다는 사실을 절감했다. 공동 연구의 필요성은 몽골제국 전성기의 방대한 영토에 기인한다. 이 거대한 제국과 주변 세계의 교류 및 접촉에 대해 연구하려면 영토의 크기만큼이나 수많은 언어로 기록된 사료들을 참조해야 하는 어려움이 뒤따른다. 그런데 한 연구자가 한문, 페르시아어, 중국어, 몽골어, 러시아어, 옛 슬라브어, 아랍어, 라틴어, 옛 프랑스어, 이탈리아어, 아르메니아어, 옛 위구르어, 티베트어 등의 언어에 능통하기란 불가능하다. 곧 이러한 어려움이 공동 연구를 필요하게 만드는 것이다.

이 책의 소박한 목적은 몽골 평화시대 동서문명의 교류와 접촉을 다양한 측면에서 보여주는 것이다. 최근에는 '칭기스의 교환'이라 불리기도 하는 몽골 시대의 동서 교류가 세계사 발전에 중요한 역할을 했다는 사실에 다수의 역사가가 공감한다. 존 앤드루 보일(John Andrew Boyle), 오언 라티모어(Owen Lattimore), 아서 월드런(Arthur Waldron), 티머시 메이(Timothy May), 토머스 알슨(Thomas Allsen), 데이비드 모건(David Morgan), 김호동 등 다수의 몽골 역사 전문가들은 몽골제국이 통합된 세계를 만들었고, 그런 점에서 몽골 시대는 진정한 세계사의 시작이며, 전근대와 근대를 나누는 분기점이라고 말한다. 실제로 몽골 평화시대에 상인, 종교인, 외교 사절들은 역사상 유례를 찾아볼 수 없을 정도의 규모와 빈도로 유라시아 대륙을 동서남북 종횡으로 누비고 다녔다. 모리스 로사비(Morris Rossabi)의 지적처럼 몽골족의 유산 중 가장 오래 지속된 것은 일련의 동서 교류였다.

그렇다면 몽골 시대에 폭발적으로 늘어난 교류와 접촉이 세계사 발전에 얼마나 큰 변화를 가져왔을까? 가장 큰 변화로 거론되는 것은 몽골이 세계지도와 지리적 지평을 바꾸었다는 점이다. 몽골 평화시대가 끝났을 때 20개 이상의 국가가 사라졌다. 이전까지 서로 떨어져 있었던 유럽과 동아시아 세계가 직접적인 접촉을 통해 서로에 대해 더 많은 지리 정보를 갖게 되었다. 유럽은 아시아에 대해 얻은 새로운 지리 지식을 계기로 대항해 시대를 여는 데 성공했다. 크리스토퍼 콜럼버스

(Christoforo Colombo)가 인도로 가는 항로를 개척하는 데 자극을 주었던 책이 바로 몽골 시대 아시아를 여행한 마르코 폴로(Marco Polo)의 『동방견문록(*Le devisement du monde*)』이었기 때문이다.

몽골 평화시대가 세계사의 변화와 발전에 어떤 영향을 미쳤는지를 객관적으로 평가하기 위해서는 그 시대의 동서문명 교류와 그로 인한 변화를 지리뿐만 아니라 정치, 종교, 상업, 문화 등 다양한 측면에서 분석할 필요가 있다. 이 책은 이러한 문제의식에서 출발한다. 책은 총 3부 9개의 장으로 이루어져 있다. 1부는 예술, 종교, 교역이라는 세 측면에서 몽골 시대 글로벌한 차원의 교류와 접촉의 역사를 다룬다. 1장은 시각 자료, 특히 시에나 출신의 화가 암부로조 로렌체티(Ambrogio Lorenzetti)가 그린 <프란체스코 수도사들의 타나 순교>를 집중적으로 분석해 몽골 동서 교류가 예술 분야에 미친 영향과 흔적을 살펴본다. 2장은 이탈리아 상인들이 남긴 여러 종류의 상업 문서를 분석해 몽골 평화시대 유럽과 아시아 간의 직교역이 얼마나 활성화되었는지를 추적한다. 3장은 '면세 성지 비문'을 분석해 무슬림이 몽골 지배하의 중국에서 타 종교와 비교해 어떤 위상과 지위를 가지고 있었는지를 밝히고, 이를 통해 몽골제국이 이슬람을 포함한 여러 종교에 대해 관용적이고 포용적인 정책을 실시했다는 기존의 해석을 다시 한번 점검한다.

2부는 몽골 평화시대에 작성된 대표적인 여행기를 분석해 새로운 변화들, 즉 근대로의 발걸음을 추적한다. 4장은 유럽 사회에서 가장 대표적인 동방 여행기로 알려져 있으며, 중세 말 유럽 사회에서 마르코 폴로의 『동방견문록』보다 훨씬 더 많은 인기를 끌었던 존 맨더빌(John Mandeville)의 여행기에서 기존의 다른 여행기들과는 다른 새로운 점들, 즉 계몽정신, 타 문화와 종교에 대한 관용의 태도, 상대주의적 관점 등을 읽어낸다. 5장은 요르다누스 드 세베락(Jordanus de Severac)의 여행기를 분석해 새로운 점, 즉 전통적인 여행기들에 등장하는 괴물이나 기적과 같은 신기한 것들 이외에 세베락 자신이 직접 경험해서 알게 된 새로운 '신기한 것들'에 대한 정보가 그의 여행기에 추가되었다는 사실을 밝혀낸다. 6장은 15세기 베네치아의 수도사 프라 마우로(Fra Mauro)가 제작한 지도를 분석해 유라시아 동부에서 축적되어 발전한 지리 지식이 몽골 평화시대 유럽에 전달되어 중세 말 유럽의 지리학과 세계지도 제작에 얼마나 큰 영향을 끼쳤는지를 추적한다.

3부는 몽골의 군사적 침략과 고려의 저항 및 항쟁에 초점을 맞추었던 기존 연구를 비판적으로 검토하고, 사신 파견, 왕실 간 통혼 같은 고려와 원 사이의 교류 및 접촉, 그리고 그것의 영향을 다룬다. 7장은 『고려사(高麗史)』, 『고려사절요(高麗史節要)』, 『원사(元史)』, 『원고려기사(元高麗紀事)』, 『몽골비사[원조비사(元朝秘史)]』 등 고려와 중국, 몽골 사료뿐만 아니라 페르시아의 『집사(集史)』와 유럽인들의 동방 여행기 등의 사료를 분석해 대몽골국의 초기(1206~1259)에 고려에서 카라코룸(Kharakhorum, Qara qorum)으로 파견되었던 고려 사신들의 행적을 추적한다. 8장은 고려 왕실과 통혼한 8명의 몽골 공주들이 고려-몽골 관계에서 점하고 있었던 정치적 위치를 몽골제국의 국가 체제라는 큰 구도 속에서 조망한다. 9장은 13~14세기 원제국의 법체계가 점진적으로 완성되어간 과정을 분석하고, 이러한 법제사적 특징으로 인해 원제국 법의 고려 수용 양상이 시기별로 어떠한 차이를 보였는지에 대해 밝힌다.

이 책은 몽골에 대한 모순되는 두 가지 이미지 중 하나만을 다룬다. 하지만 몽골이 정복 과정에서 보여준 무시무시한 폭력, 파괴, 공포로 상징되는 부정적인 이미지와 몽골 평화로 대변되는 긍정적인 이미지는 동시에 존재한다는 사실을 간과하지 말아야 한다. 그리고 일반적으로 부정적 이미지는 몽골 정복 초기에 한정되고, 이후는 평화의 시대로 이야기되지만, 몽골제국 내내 두 가지 측면이 동시에 있었다는 사실도 잊지 말아야 할 것이다. 카이두(Qaidu)와 쿠빌라이(Qubilai)의 권력 쟁탈전, 훌레구 울루스(Hülegü Ulus)와 조치 울루스(Jochi Ulus) 간의 적대 관계 등 4개의 주요 울루스들 사이의 분쟁과 전쟁은 빈번하게 일어났다. 정복자인 몽골의 지배에 맞선 피정복민들의 저항과 분노도 완전히 사라지지 않았다. 몽골은 종교적 관용 정책을 표방한 것으로 알려졌지만, 이슬람을 수용한 훌레구 울루스의 가잔(Ghazan)은 불교와 네스토리우스교에 대한 공격에 나섰고, 쿠빌라이는 도교를 엄격히 제한하기도 했다. 이러한 사실들을 함께 고려해야만 몽골 시대 교류와 접촉을 전체적으로 이해할 수 있을 것이다.

이 책에 실린 구체적 사례들이 몽골 시대의 동서 교류가 세계사 발전에 근본적인 변화를 초래했고, 인류 역사에 새로운 지평을 열었다는 해석의 타당성을 부분적으로나마 검증하는 역할을 했으면 한다. 물론 몽골제국 이전 시기 초라했던 중세 유럽이 근대 초 바다 항해를 통해 새로운 대륙을 개척하고 근대 세계에서 주도적인 역할을 할 수 있었던 것도 바로 몽골 시기 동방으로부터 얻은 다양한 지식과 정보 덕분이었음은 분명하다. 몽골제국이 와해된 이후에도 동방의 부(富)라는 매력은 유럽인들의 탐험 욕구를 자극했고 결국에는 새로운 항로를 개척하도록 만들었다. 그런 점에서 이 책이 유럽이 근대 세계를 만들었다는 유럽중심주의적 역사 해석을 극복하고, 몽골 시대 교류의 세계사적 중요성을 부각하는 계기가 되기를 희망한다.

2021년 1월

저자를 대표하여

남종국

• 차례 •

2부 여행기를 통해 본 몽골 평화시대

3부 고려와 몽골의 교류와 접촉

칭기스 칸 가문 계보도

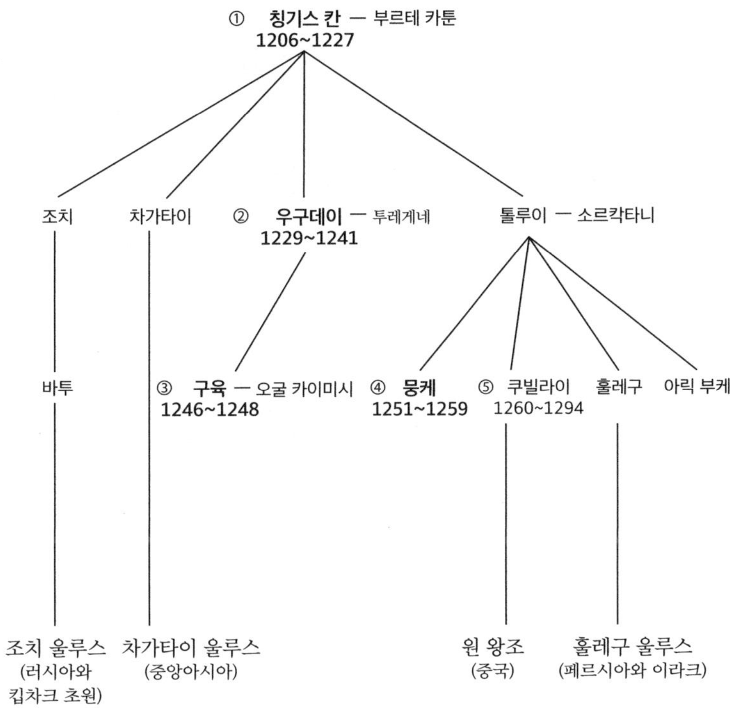

① 칭기스 칸 — 부르테 카툰
1206~1227
조치
차가타이
② 우구데이 — 투레게네
1229~1241
톨루이 — 소르칵타니
바투
③ 구육 — 오굴 카이미시
1246~1248
④ 뭉케
1251~1259
⑤ 쿠빌라이
1260~1294
훌레구
아릭 부케
조치 울루스
(러시아와
킵차크 초원)
차가타이 울루스
(중앙아시아)
원 왕조
(중국)
훌레구 울루스
(페르시아와 이라크)

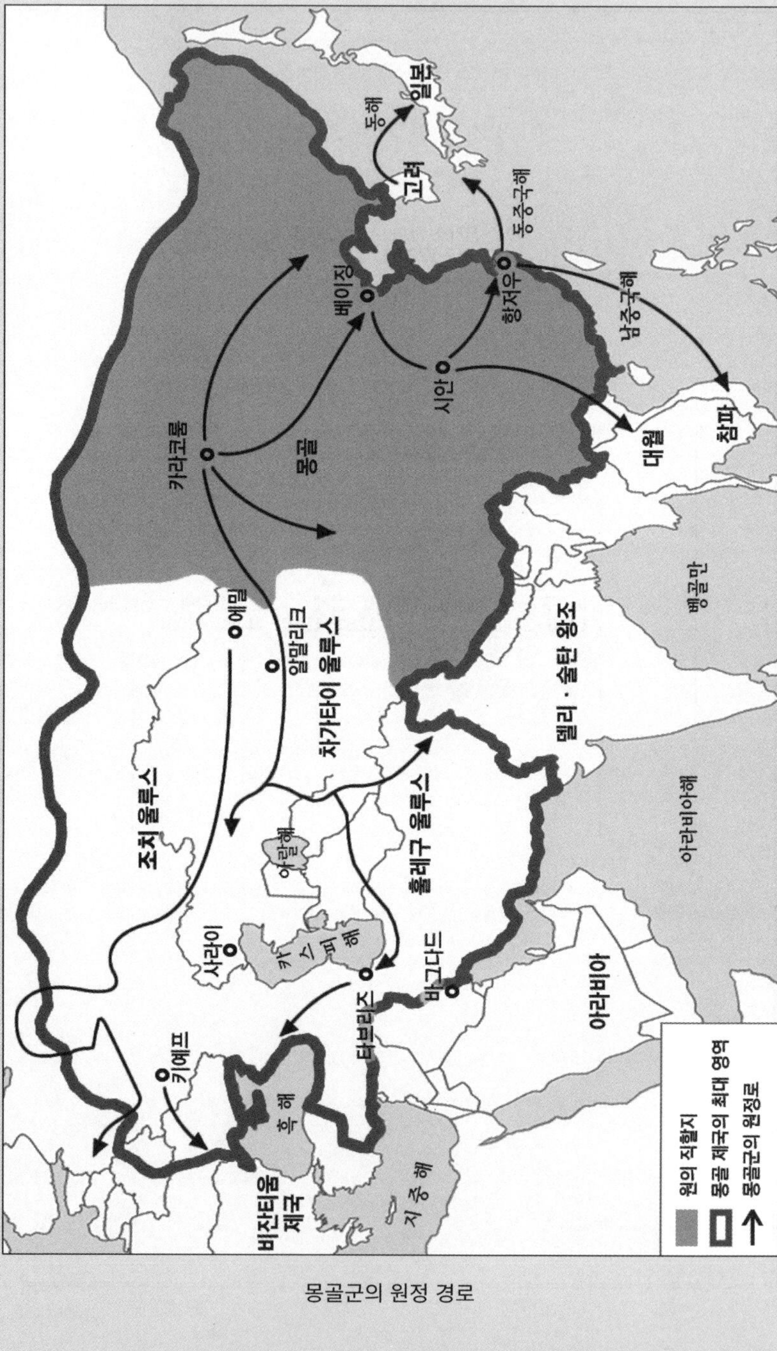
카라코룸
몽골
베이징
시안
항저우
고려
동해
일본
동중국해
남중국해
대월
참파
벵골만
델리 · 술탄 왕조
아라비아해
아라비아
바그다드
타브리즈
카스피해
아랄해
사라이
훌레구 울루스
차가타이 울루스
알말리크
에밀
조치 울루스
키예프
흑해
비잔티움 제국
지중해
원의 직할지
몽골 제국의 최대 영역
몽골군의 원정로

몽골군의 원정 경로

1부

몽골 시대
동서 교류와 접촉

1장
이탈리아와 몽골 유라시아의 예술적 접촉: 학계의 연구 현황

앤 던롭(Anne Dunlop)

이탈리아 피렌체에 있는 조반니 다 베라자노(Giovanni da Verrazzano)라는 이름의 작은 거리에는 돌로 된 비문(<그림 1-1> 참조)이 있다. 라틴어로 되어 있는 이 비문의 내용은 1300년 교황 보니파시오 8세(Pope Boniface VIII)가 반포한 희년(Jubilee Year)에 대한 것이다. 이 비문에는 많은 기독교 순례자들이 희년에 성지순례를 위해 로마로 여행했던 내용이 기록되어 있다. 비문 끝에는 유일하게 이탈리아어로 쓰인 구절이 하나 있다. "우골리노라는 남자도 아내와 함께 갔다고 한다(e andovi Ugolino cho la mogle)."[1] 우골리노가 누구였는지 알 수 없으나, 그는 아

1 "Ad evergua(m) patea/t om(n)ib(us) evident(em) hanc paginam i/nspecturis. or(um) o(mn)ipote(n)의 Deus i(n)a(n) an(n)o/D(omi)ni n(ost)i Ih(es)u Chr(ist)i MCC specialem. g/ra(tia)m co(n)ulit chr(ist)ianis samsepulcru(m) q(uo)d(am) exstiterat

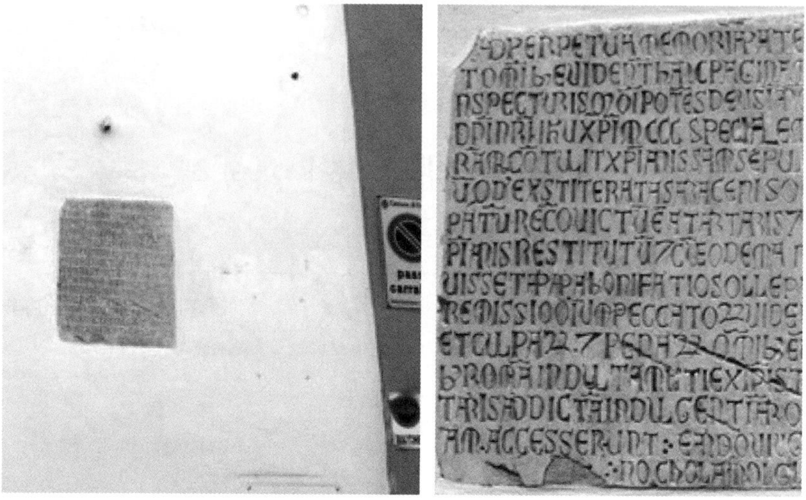

<그림 1-1> 조반니 다 베라자노 거리의 희년 비문(1300년경)

마 그 희년에 교황에게 파견된 대사였을 것이다.[2]

그 비문에는 조금 더 놀라운 내용도 있다. 몽골인들이 예루살렘을 정복한 후, 많은 "타타르인들(Tartars)"이 희년을 위해 로마로 갔다고 쓰여 있는 것이다. 더 나아가 몽골인들(타타르인들)은 예수 그리스도의 성

---

a Saracenis ocu/pa(n)tur reco(n)victu(m) e(st) Tartaris et Chri(st)ianis restitutu(m) et cu(m) eo de mano f/uisset a papa Bonifatio solle<m>pnis remissio o(mn)ium peccator(um) vielic/et culpar(um) et penar(um) om(n)ib(us) eu(n)ti/b(us) Roma(m) indultam l(ega)ti ex ip(s)is Tar/taris ad dita(m) indulgentia(m)/ am accesserunt. E andovi Ugoli/no cho la molgle." 비문을 옮겨적는 데 도움을 준 카 포스카리 베네치아 대학교의 스테파노 리치오니(Stefano Riccioni) 박사께 감사를 전한다.

2 Peter Armour, "The Twelve Ambassadors and Ugolino's Inscription: Dante's Florence and the Tatars in 1300", *Italian Studies*, vol. 52, 1997, pp. 1-15; Sylvia Schein, "Gesta Dei per Mongolos 1300: The genesis of a non-event", *English Historical Review*, vol. 94, 1979, pp. 805-819. 우골리노(Ugolino)는 아마도 Ugolino de' Cerchi(우골리노 드 세르치, Ugolino da Vico라고도 불리었다)로 보인다. 그는 14세기 후반 연대기에서 1300년에 교황을 방문했다고 기록된 12명의 피렌체인 대사 중 한 사람이다.

묘(聖廟) 교회(Church of the Holy Sepulcher)를 유럽 기독교인들에게 돌려주었다고 한다. 전승에 따르면 이곳이 예수 그리스도가 매장된 곳이기는 하지만, 성지 회복에 대한 내용은 사실이 아니다. 1300년 1월, 훌레구 울루스(Hülegü Ulus)의 몽골군이 시리아와 이른바 "성지" 지역에서 맘루크(Mamluk)의 영토를 일시적으로 점령하기는 했으나 4개월 만에 다시 물러날 수밖에 없었다. 하지만 이 비문은 13세기 후반과 14세기에 이탈리아 도시들에서 아시아의 몽골 국가가 공식적이고 가시적인 존재였음을 상기시켜준다.

이 장은 이탈리아와 몽골 국가들 간 연결 고리를 입증해주는, 미술 작품과 물질문화에 대한 연구 현황을 간략히 살펴보는 것을 목적으로 한다. 이탈리아와 몽골 유라시아의 관계성에 관한 연구는 몽골학에서 차지하는 지분이 적고, 이탈리아 미술사와 몽골 유라시아에 관한 연구는 더욱 적다. 하지만 접근 방식으로서 세계 미술사의 중요도가 더해질수록 미술사학자들은 문화 간 예술적 교류와 접촉에 더욱 관심을 갖게 되었다. 중국 미술과 이슬람 미술 분야의 미술사학자들은 원제국과 훌레구 울루스의 접촉으로 인해 중국과 페르시아의 미술 작품과 공예품들이 변화했다는 것을 보여주기 위해 협력해왔다. 예를 들어 중국 목판 인쇄와 에딘버러에 소장된 라시드 앗 딘(Rashid al-Din)의 『집사(集史, *Jâmi' al-tavârîkh*)』의 판본과 시각적인 유사성이 있다는 것이다. 원제국 청화백자의 개발은 또 다른 사례이다.[3] 그러나 이탈리아와 유럽의 미술

3 예를 들면 다음과 같다. Persis Berlekamp, Vivienne Lo, & Wang Yidan, "Administering Art, History, and Science in the Mongol Empire: Rashid al-Din and Bolad Chengxiang", Amy S. Landau (Ed.), *Pearls on a String: Artists, Patrons, and Poets at the Great Islamic Courts*, Baltimore, MD: Walters Art Museum, 2015, pp. 53-85; Yuka Kadoi, *Islamic Chinoiserie: The Art of Mongol Iran*, Edinburgh: Edinburgh University Press, 2009; Priscilla Soucek, "Ceramic Production as

사학계에서 몽골 평화시대(Pax Mongolica)의 영향에 대한 연구는 거의 이루어지지 않았다. 지금은 상황이 변하고 있고, 이 주제에 대한 상당한 관심이 생겨났다.[4] 하지만 지금까지는 로런 아널드(Lauren Arnold)만이 프란체스코 수도회(Franciscan Order)의 선교사들을 주제로 삼아 유럽과 몽골아시아의 미술에 대한 보다 폭넓은 연구를 시도하는 중이다.[5]

해당 연구 분야의 현황을 살펴보기 위해 이 장에서는 우선 연구에 활용할 수 있는 시각적 증거들에 대해 논의하려 한다. 그 후에는 이탈리아 미술과 몽골 유라시아의 연관성을 다룬 연구사를 짧게 개괄할 것이다. 마지막으로 사례 연구를 제시한다. 지역 화가인 암브로조 로렌체티(Ambrogio Lorenzetti)가 그린, 이탈리아 중부의 시에나(Siena)에 있는 대형 벽화에 대한 것이다(<그림 1-2> 참조). 2000년 이후로 이 벽화에 대한 논문이 여러 편 발표되었는데, 이 일련의 연구들을 살펴봄으로써 해당 분야가 어떻게 발전하고 있는지를 보고, 또한 이러한 연구를 수행함에 있어서 증거상, 그리고 방법론상으로 어떤 과제가 있는지를 살펴볼 수 있는 유용한 사례가 될 것이다.

먼저 시각적 증거에 대해 살펴보는 것으로 시작한다. 거기에는 크게

Exemplar of Yuan-Ilkhanate Relations", *RES: Anthropology and Aesthetics*, vol. 35, 1999., pp. 125-141. 기본 사료도 남아 있다. Linda Komaroff & Stefano Carboni (Ed.), *The Legacy of Genghis Khan: Courtly Art and Culture in Western Asia, 1256-1353*, New York : Metropolitan Museum of Art, 2002; James C. Y. Watt (Ed.), *The World of Khubilai Khan: Chinese Art in the Yuan Dynasty*, New York : Metropolitan Museum of Art, 2010.

4 예를 들면 다음과 같다. Angelo Tartuferi & Francesco D'Arelli (Ed.), *L'arte di Francesco. Capolavori d'arte italiana e terre d'Asia dal XIII al XV secolo*, Florence & Milan: Giunti, 2015.

5 Arnold, Lauren, *Princely Gifts and Papal Treasures: The Franciscan Mission to China and its Influence on the Art of the West 1250-1350*, San Francisco, CA: Desideratas, 1999.

<그림 1-2> 프란체스코의 순교(암브로조 로렌체티, 1335년경)
이 벽화는 시에나의 성 프란체스코 대성당에서 떼어낸 것이다.
출처: Scala/Art Resource, NY.

두 부류가 있다. 첫 번째 부류는 몽골 유라시아에서부터 이탈리아와 유럽으로 휴대가 가능했던 물품들이다. 매우 희귀하고 값비싼 물품들은 이탈리아와 유럽의 왕이나 교황, 귀족들과 같은 최상위 사회 집단의 손에 들어갔다. 여기에는 마르코 폴로(Marco Polo)가 가지고 돌아갔던 도자기나 직물, 금속 공예와 보석 등과 같은 사치품들도 포함되었다.[6] 산

6 마르코 폴로와 그 가족이 소유했던 물건에 대해서는 David Jacoby, "Marco Polo, His Close Relatives, and His Travel Account: Some New Insights", *Mediterranean Historical Review*, vol. 21, no. 2, 2006, pp. 193-218 참조. 이 논문은 Orlandini, Giovanni, "Marco Polo e la sua famiglia", *Archivio Veneto-Tridentino*, vol. 9, 1926, pp. 1-68에 기반을 둔다. 개괄적인 논의로는 Karl-Heinz Spieß, "Asian Objects and Western European Court Culture in the Middle Ages", Michael North (Ed.), *Artistic and Cultural Exchanges between Europe and Asia, 1400-1900*, Farnham &

마르코(San Marco)에 위치한 베니스 보고(Venice's Treasury)에 있는 청백병(Qingbai jar)은 마르코 폴로가 1324년에 죽은 뒤 그의 가족이 기증했다고 한다. 이 병은 13세기 후반의 것으로 보이지만 그 유래에 대해서는 확실하지 않다.[7] 하지만 이런 물품들은 거의 남아 있지 않다. 이에 대한 정보의 출처는 대부분 소장품 목록으로, 도자기와 청자가 매우 이른 시기부터 귀중히 여겨졌고 수집되었다는 것을 보여준다. 예를 들면 프랑스의 루이 왕자였던 앙주 공작(Duke of Anjou, 1339~1384)의 소장품 목록에는 1365년 "은박으로 테를 두르고 유약으로 칠해진, 자기라고 불리는 돌"로 된 큰 접시 혹은 대접에 대한 기록이 있다. 그의 동생이자 베리 공작이었던 장(Jean, Duke of Berry, 1340~1416)은 특별한 가죽 케이스에 접시를 보관했고, 은박 판대들에 놓인 2개의 작은 항아리, 2개의 얕은 접시, 그리고 큰 물병 하나를 가지고 있었다. 그들의 형인 샤를 5세(Charles Ⅴ, 1338~1380)의 소장품은 더 많아서, 2개의 접시, 4개의 얕은 접시, 그리고 4개의 항아리를 가지고 있었다. 그러나 "자기(porcelain)"라는 단어는 도자기와 조개껍데기 양쪽을 다 가리키는 의미로 사용되어온 것 같다. 그리고 이 물품들이 전부 현대적 의미에 부합하는 자기였는지는 확실하지 않다.[8]

아일랜드 국립박물관에 있는 한 꽃병은 유럽에 들어온 현존하는 중

Burlington, VT: Ashgate Publishing, 2010, pp. 9-28 참조.

7 https://www.cambridge.org/core/journals/european-journal-of-archaeology/article/chi%20nese-porcelain-jar-associated-with-marco-polo-a-discussion-from-an-archaeological-%20perspective/DE3C18BB07350811AB6A9A886B8F16BD/core-reader; Anne Dunlop, "Mongol Eurasia in the Trecento Veneto", *Convivium*, vol. 7, no. 1, 2020, pp.114-134 참조.

8 Ronald W. Lightbown, *Secular Goldsmiths' Work in Medieval France: A History*, London: The Society of Antiquaries, 1978, pp. 33, 57; Lauren Arnold, *Princely Gifts and Papal Treasures*, pp. 130-132.

<그림 1-3> 14세기 Fonthill-Gaignieres 꽃병(아일랜드 국립박물관 소장 청백 자기)

국 도자기들 중 가장 이른 시기의 것으로 추측된다(<그림 1-3> 참조). 1713년에 그려진 수채화를 보면, 이 꽃병에 14세기 이탈리아 남부 나폴리 왕국의 문장(紋章)이 유럽식 금속 장식으로 새겨져 있었다는 것을 알 수 있다. 1282년에서 1442년까지, 나폴리 왕국은 헝가리 왕국과도 연계된 프랑스 왕실의 방계 앙주 가문에 의해 통치되었다. 이 꽃병은 1338년에 원 조정의 대사가 유럽으로 들고 온 것이라고 생각되어져 왔다.[9] 그에 대해서는 유럽과 중국 양쪽 문서에 모두 기록되어 있다.

---

9 Arthur Lane, "The Gaignieres-Fonthill Vase: A Chinese Porcelain of about 1300", *Burlington Magazine*, vol. 103, no. 697, 1961, pp. 124-133; Gerald Reitlinger, "Further Adventures of the Gaignieres-Fonthill Vase", *Burlington Magazine*, vol. 104, no. 706, 1962, p. 34. 이미지는 https://gallica.bnf.fr/ark:/12148/btv1b52505664m/f25.image 참조.

방문 목적은 10년 전에 사망한 베이징 가톨릭 대주교의 후임자를 요청하는 것이었다. 그 꽃병은 외교적 선물이었을 것이고 헝가리의 러요시(Lajos, 1326~1382) 대왕에게 전달되었다. 러요시 대왕으로부터는 그의 친척이자 계승자였으며, 짧게나마 나폴리의 왕이었던 두라초의 카를로(Charles of Durazzo, 1345~1386)에게 전달되었을 것으로 추정하고 있다. 금속판에 그려진 문장 도안은 카를로의 아내였던 두라초의 마르게리타(Margaret of Durazzo, 1347~1412)의 문장과 일치하는 걸로 추정되며, 그려진 시기는 그녀가 남편의 사후 나폴리를 섭정하면서 헝가리의 계승 분쟁에 휘말려 있던 1386~1387년으로 추정된다. 따라서 그 꽃병은 1380년대까지 이탈리아에 있었을 것이다.[10]

서적들과 문서들 또한 이동했다. 1314년 교황의 소장품을 기록한 목록에는 "타타르 양피지(Tartar parchment)"가 기재되어 있다. 이는 작은 궤에 보관되어 있었다.[11] 이 물건이 어떤 것이었는지는 분명하지 않다. 몇몇 학자는 중국의 두루마리로 추정했지만, 이러한 해석

---

10 Christian de Mérindol, "La provenance et la datation du vase Gaignières-Fonthill et de la tenture des Preux à New York. L'emblématique et la thématique peuvent fixer sur une œuvre d'art un moment d'histoire", Bulletin de la Société des Antiquaires de France, Année 1990 · 1992, pp. 112-126. 마운트가 있는 꽃병의 그림은 파리의 국립중앙도서관(Bibliothèque Nationale)에 있다(ms. Fr. 20070, folio 8.). 유약이 칠해진 비문에는 'Jehana'라고 쓰여 있고, 이것은 나폴리 왕국의 요아나 2세(Johanna II)와 15세기의 날짜를 뜻하는 것으로 보인다(https://jekely.blogspot.com/view/flipcard).

11 Hermann Hoberg (Ed.), *Die Inventare des päpstlischen Schatzes in Avignon 1314-1376*, Biblioteca Apostolica Vaticana, 1944, p. 28. 1314: Item 1 papirum Tartaricorum [posita in cofino crocea signato per hoc signum]. 같은 목록(p. 55)에는 "3 pannos de serico Tartaricos dictos de matomat", 즉 "무하마드의 것"이라 불리는 3필의 타타르 비단 길이가 목록에 기록되어 있다. 이런 직물에 대해서는 Anne E. Wardwell, "Panni tartarici: Eastern Islamic Silks woven with gold and silver in the 13th and 14th centuries", *Islamic Arts*, vol. 3, 1988/1989, pp. 95-174 참조.

에 회의적인 학자들도 있었다.[12] 이탈리아 선교사들은 아시아에 갈 때 여러 권의 책을 들고 갔다. 기욤 드 뤼브루크(Guillaume de Rubrouck)는 1253~1255년 카라코룸(Qara qorum) 여행에 성경 한 권, 30베젠트(bezant)어치의 아랍어 서적 한 권, 그리고 프랑스 왕비였던 프로방스의 마거릿(Margaret of Provence)에게 하사받은, 화려하게 채색된 시편을 포함한 몇몇 서적을 가져갔으나 강압에 의해 선물의 명목으로 빼앗겼다고 기록했다.[13] 현재 피렌체에 성경 한 권이 남아 있는데, 이 성경이 17세기에 중국에서 유럽으로 다시 가져왔다고 한다. 이 책은 1200년대 후반 파리에서 만들어졌고, 유럽인 선교사가 아시아로 가져갔던 책들 중 유일하게 남아 있는 것으로 추정된다.[14]

몽골아시아에서 유럽으로 왔던 책들 중 현존하는 것에 대한 확실한 사례는 없다. 하지만 제노바에서 만들어진 필사본은 훌레구 울루스 예술의 영향을 보여준다. 이 필사본은 제노바 코차렐리(Cocharelli) 가문 출신의 한 상인이 쓴 것으로, 일곱 가지 대죄에 관해 쓰였다. 이 책의 삽화 중에는 몽골인들을 그린 작은 그림들이 있고 대식(大食, 식탐)죄를 보여주기 위한 장면에는 연회를 베풀고 있는 몽골 통치자가 그려져 있다(<그림 1-4> 참조). 코차렐리 가문의 작가가 훌레구 울루스로부터 온 필사본들을 봤던 것일 수도 있다. 코차렐리 가문의 상인들은 약 1300년 즈음에 키프로스 섬에서 살았고 일했다. 책에 기록된 죄들의 많은 예시가 키프로스와 십자군 국가들의 최근 역사에서 나온 이야기들로,

---

12 Arnold, Lauren, *Princely Gifts and Papal Treasures*, p. 11.

13 "Itinerarium Willelmi de Rubruc", A. Van den Wyngaert, *Sinica Franciscana, I: Itinera et relationes fratrum Minorum saeculi XIII et XIV*, Quaracchi, 1929, pp. 164-332. 특히 15, 16, 37장 참조.

14 *In via in saecula. La Bibbia di Marco Polo tra Europa e Cina*, Rome: Treccani, 2012.

<그림 1-4> 대식 죄(제노바 코차렐리 가문 코덱스, 1330년경)
양피지에 템페라와 금박, 영국 도서관 Ms. Additional 27695, folio 13.
출처: The British Library Board.

모두 훌레구 울루스와 관련성을 가진다. 평평한 면에 그려진 필사본 삽화들의 강렬한 무늬는 페르시아 필사본에서의 무늬와 색채 사용법으로부터 영향을 받은 것일 수도 있다.[15]

15 Anne Dunlop, "Ornament and Vice: the Foreign, the Mobile, and the Cocharelli Fragments", *Histories of Ornament: From Global to Local*, Gülru Necipoglu & Alina Payne (Eds.), Princeton, NJ: Princeton University Press, 2016, pp. 228-237; Roza Faunce, "The Cocharelli Codex. Illuminating Virtue: A Fourteenth-Century Father's Counsel to His Son", University of Melbourne, School of Culture and Communication, 2016; Chiara Concina, "Unfolding the Cocharelli Codex: Some preliminary observations about the text, with a theory about the order of the fragments", *Medioevi. Rivista di letterature e culture medievali*, vol. 2, 2016, pp. 189-265.

직물은 몽골 지배하의 아시아로부터 가져올 수 있었던 가장 중요한 유형의 물품이었으며, 접촉의 가장 명백한 증거이다.[16] 이는 복잡한 주제로 여기서 상세히 논의할 수는 없지만, 이를 통해 우리는 이탈리아에서 몽골 유라시아 예술의 영향력과 중요성을 직접적으로 볼 수 있다. 직물은 근대 이전의 아프리카, 유럽, 아시아에서 가장 흔하고도 중요한 외교상의 선사품이었다. 1248년, 프랑스 왕(이자 성인인) 루이 9세(Louis IX)는 칸에게 끌려가는 기독교인들의 이야기로 만들어진 장식용 벽걸이를 가지고 있었다.[17] 1296년 교황의 소장품 목록에는 "panni tartarici", 즉 금실로 짜인 타타르 혹은 몽골의 직물이 거의 50가지나 기재되어 있었다.[18] 베로나의 캉그랑데 델라 스칼라(Cangrande della Scala of Verona, 1329년 사망)라는 이탈리아 통치자의 무덤에는 페르시아로부터 온 비단 12종, 그리고 중국에서 온 것으로 추정되는 비단 1종이 들어 있었다. 그리고 신성로마제국 황제 카를 4세(Holy Roman Emperor Charles IV)는 원나라에서 만들어진 비단으로 1350년 대관식 때 입을 망토를 만들었다.[19] 이탈리아인들이 이런 류의 직물들을 모방해 만들

16 개관을 위해서는 Juliane von Fircks & Regula Schorta (Eds.), *Oriental Silks in Medieval Europe*, Riggisberg: Abegg-Stiftung, 2016; Cecilie Hollberg, (Ed.), *Tessuto e ricchezza a Firenze nel Trecento. Lana, seta, pittura*, Florence & Milan: Giunti, 2017에 실린 논문들을 참조.

17 Michele Bacci, "Tra Pisa e Cipro. La commitenza di Giovanni Conti(+1332)", *Annali della Scuola Normale Superiore di Pisa. Classe di Lettere e Filosofia, series IV*, 5/2, 2000, pp. 343-386. 또한 병들에 대해서는 이 책의 pp. 372-373 참조. 그 직물들은 앙드레 드 롱쥐모(André de Longjumeau)의 사절단이 가져온 것이었다. 그것들은 "en guise de chapelle", 다시 말해 가톨릭 미사의 기념 행사를 위해 사용되었던 일습이다.

18 Emile Molinier, *Inventaire du trésor du Saint Siège sous Boniface VIII(1295)*, Paris, 1888.

19 Paola Marini et al., (Eds.), *Cangrande della Scala. La morte e il corredo di un principe nel medioevo europeo*, Venice: Marsilio, 2004.

기 시작했으며, 새로운 시장을 형성하고 점유하기 위해 노력했다는 것은 알려진 사실이다. 하지만 그 근거로서 언급되는 것들에는 중요한 문제점이 있다. 왜냐하면 많은 직물이 정확한 직조 시기를 알 수 없고, 또 그것이 어디서, 언제 만들어졌는지, 다른 직물 및 문양들과의 유사성에 기초해 판단할 수 밖에 없기 때문이다.

이제 이탈리아 미술과 아시아 지역을 다스렸던 몽골의 관계에 대한 두 번째 시각 자료로 이탈리아 화가들이 이탈리아 사람들을 위해 그린 대형 회화 작품들로 넘어가보자. 이 작품들은 대중을 대상으로 하는 대규모 작품으로, 이를 통해 당대의 이탈리아 화가들과 그림의 감상자들이 몽골 세계를 어떻게 상상했는지 알 수 있다.

몽골인들의 이미지는 다양한 곳에서 보인다. 때때로 '동양' 혹은 '전 세계'를 암시하기 위해 매우 전형적인 몽골인의 형상을 군중 속에 포함시켜놓기도 했다. 예컨대 로마 근교의 베네딕트 수도회 본교회가 있는 수비아코(Subiaco)와 사크로 스페코(Sacro Speco)의 십자가형 장면 같은 것들이다.[20] 피렌체의 도미니크 수도회 접견실에 있는 그림도 있다. 이 그림에는 도미니크회와 관련된 기독교 교회에 관한 우화가 묘사되어 있는데, 군중 속에는 몽골인처럼 보이는 이도 있다. 제노바(Genoa) 근처 사보나(Savona)에서 1345년에 제작된 제단화는 아기 예수께 경배하러 온 동방박사들에 대한 성경 이야기를 담고 있다. 인도하는 별을 바라보는 왕의 모습은 의도적으로 몽골의 통치자처럼 그려진

20 Michele Bernardini, "Un mongolo nella Crocifissione trecentesca del Sacro Speco di Subiaco", *Studi in onore di Umberto Scerrato per il suo settanta-cinquesimo compleanno*, Maria Vittoria Fontana & Bruno Genito, (Eds.), 2 vols., Naples: Università degli Studi di Napoli, 2003, vol. 1, pp. 77-103. 전면 삽화들은 xii-xv 참조.

<그림 1-5> 인도 타나에서의 프란체스코회 수도사 선교단의 순교 장면
(1360년대경, 베로나의 산 페르모 마조레)

듯하다.[21]

다른 그림들은 프란체스코회가 몽골이 통치하지 않는 지역까지 포함하는 아시아 지역으로 선교를 갔던 사실을 보여준다. 베로나의 산 페르모 마조레(San Fermo Maggiore) 교회 입구 쪽에는 약 1360년에 완공된 벽화들이 있다(<그림 1-5> 참조). 벽화 속 그림들은 1321년에 인도 남부의 타나(Thane)에서 있었던 프란체스코회 수도사 선교단의 순교를 그리고 있다. 그들에게 사형을 선고한 이슬람교도 카디(cadi, 판사)는 후에 처벌을 받았고 그의 가족도 모두 목숨을 잃었다. 그림에서는 악마

21 이 제단화에 대해서는 "Un insolito polittico domenicano e uno sguardo fresco sulla pittura ligure del primo trecento", *Paragone-arte*, vol. 66, no. 121, 2015, pp. 3-23 참조.

들이 교수형에 처해진 그들의 시신에서 영혼을 빼앗는다. 타나의 이야기는 다른 프란체스코회 선교사인 오도리코 다 포르데노네(Odoric da Pordenone)가 남긴 글로 인해 이탈리아에서 알려지게 되었다. 오도리코는 선교단의 수도사들을 따라 1320년대 초반에 아시아로 들어갔고, 이후 그들의 유골을 중국 취엔저우(泉州)의 기독교 교회에 묻어주기 위해 인도로부터 가져갔다. 베니스 북부 우디네(Udine)에 있는 소예배당은 1440년대에 지어졌는데, 여기에 남아 있는 그림 조각들이 타나에서의 순교 모습과 오도리코가 그 유골들을 불에서 수습해 운반하는 모습을 보여준다.[22]

지금까지의 증거들을 통해 다음과 같은 의문이 생길 수 있다. 이탈리아 사람들은 이런 물품과 이야기들을 아시아의 몽골과 공유하고 있었을까? 예술가와 후원자들은 훌레구 울루스 혹은 다른 지역의 인물들에게 접근했을까? 만약 그랬다면 그 인물들의 시각적 언어를 이해할 수도 있었을까? 이러한 의문을 제기한 유럽의 미술사학자들은, 하지만 곧바로 증거 문제에 부딪혔다. 이처럼 이른 시기에 제작·수용된 예술작품에 관한 2차 자료가 없다는 것이다. 보통 우리는 작품이 언제 제

---

22 Tartuferi, Angelo, & D'Arelli, Francesco (Ed.), *L'arte di Francesco*, pp. 364-365; Raffaella Brusamonti & Paolo Casadio, "Il restauro degli affreschi con Storie del Beato Odorico da Pordenone", *Splendori del Gotico nel Patriarcato di Aquileia*, Udine: Comune di Udine Civici Musei e Gallerie di Storia e Arte, 2009; Claudio Moretti, "Note sulla iconografia delle storie del beato Odorico", *Splendori del Gotico nel Patriarcato di Aquileia*, Udine: Comune di Udine Civici Musei e Gallerie di Storia e Arte, 2009, pp. 39-51, 52-63; 카탈로그 수록, pp. 168-169. 오도리코가 설교하는 14세기 양식의 장면은 치비달레(Cividale)에 있는 산 프란체스코(San Francesco)에서 확인되었다. Cristina Vescul, "La decorazione giottesca nella chiesa di San Francesco a Cividale del Friuli. Nuove proposte di lettura", *Forum iulii*, vol. 35, 2011, pp. 109-123.

작되었는지, 어디서 제작되었는지, 혹은 누가 제작했는지 모른다. 이는 또한 이 작품들에 대한 감상자의 이해를 평가하기 어렵게 한다. 따라서 이러한 문제에 대응하기 위해서는 제한된 근거를 활용하여 논리적인 해석을 재현하고, 이를 통하여 이미 확인된 접점들을 합리적으로 연구할 수 있는 방법을 찾아야 한다. 이를 위해 이제 이 문제에 대한 해결 방법과 접근 방식을 간략하게 살펴보자.

연구 분야 자체는 좁다 해도, 초기 이탈리아 미술과 몽골 유라시아의 관련성은 새로운 것이 아니다. 초기 연구들은 심미적 '감성(feeling)' 혹은 19세기 당시 예술 발전의 모델들에 기반한 것이었다. 예를 들면 장식에 대한 취향은 당대의 '원시적인(primitive)' 이탈리아 예술과 그 당시 '동양(oriental)' 예술이라고 하는 분야 모두에 공통적인 것으로 간주되었다. 둘 다 예술적 발전의 초기 단계로 간주되었기 때문이다. 1924년 프랑스의 학자이자 예술평론가 구스타프 술리에(Gustave Soulier)는 『토스카나 회화 속 동양적 영향(*Les Influences orientales dans la peinture toscane*)』을 출판했고,[23] 1935년 러시아의 학자 이반 포우지나(Ivan V. Pouzyna)는 『이탈리아, 중국, 그리고 르네상스의 시작, 13~14세기(*L'Italie, la Chine, et les débuts de la Renaissance, XIIIe-XIVe siècles*)』를 썼다.[24] 여기서 술리에와 포우지나 모두 아시아 예술의 영향력이 강했다고 주장한다. 책 제목과 달리 술리에는 초기 기독교 모자이크부터 카페트의 문양에 이르기까지 모든 것을 방대한 분량에 걸쳐 논한다. 예컨대 그는 스스로 아시아 예술에서 이탈리아 회화로 유입된

23 Gustave Soulier, *Les Influences orientales dans la peinture toscane*, Paris: Henri Laurens, 1924.

24 Ivan V. Pouznya, *La Chine, l'Italie, et les débuts de la Renaissance (XIIIe-XIVe siècles)*, Paris: Éditions de l'art et d'histoire, 1935.

"정확하거나 엄밀한 요소들"이라고 스스로 칭한 것에 관해 검토했는데, 여기에는 초기 아라비아 문자 서체(Kufic lettering), 줄무늬 카페트, 호랑이, 원숭이, 앵무새, 공작 등이 포함되었다. '동양적인' 것에 대한 그의 정의는 넓었는데, 근본적으로 비잔티움(Byzantium)을 포함해 고대 로마의 동쪽에 있는 것이 다 해당되었다.

포우지나는 좀 더 엄격했다. 그는 스스로 "타타르-중국제국(Tatar-Chinese Empire)"이라고 부른 원나라에 집중했다. 그는 먼저 중국 당·송대 예술의 '일반적인 특징들'을 논했다. 그러고 나서 13~14세기 이탈리아 회화를 살펴보았다. 포우지나는 그림의 화풍과 주제에 혁명적인 변화가 있었으며, 이는 비잔틴의 선례들로 설명되지 않는다고 주장했다. 술리에와 마찬가지로 포우지나가 사용한 접근법은 비교방법론이었다. 그는 중국 원형에 관한 지식과 모방을 논하기 위해 손의 위치나 눈썹의 묘사와 같은 상세한 것에 주목했다. 예를 들자면 그는 시에나 출신 화가 시모네 마르티니(Simone Martini, 1284~1344)의 그림에 묘사된 길고 가는 눈이, 마르티니가 중국 미술을 인식하고 있었음을 드러내는 것이라고 주장했다. 그는 또한 이 시기 원나라와 이탈리아 사이를 오간 상인 및 여행객으로 인해 지식과 물품이 접촉하고 이동할 수 있었다고 언급했다.[25]

그다음 세대의 학자들은 이러한 입장을 거부했다. 가장 크게 비판한 사람은 마르코 폴로 연구에서 중요한 역할을 한 이탈리아의 역사학자 레오나르도 올슈키(Leonardo Olschki)였다. 1944년 올슈키는 "르네상스 초기 이탈리아 예술에서의 아시아적 이국 정취(Asian Exoticism in Italian Art of the Early Renaissance)"라는 글을 발표했다.[26] 그는 이탈리

---

25 Ivan V. Pouznya, *LLa Chine, l'Italie, et les débuts de la Renaissance*, pp. 77-100.

아의 형태와 화풍에 어떤 것이든 아시아적 요소가 영향을 미쳤다는 견해를 거부했다. 올슈키는 소소한 기술적인 면에 바탕을 둔 이슬람 예술과 이탈리아 화가들의 업적 사이에 근본적인 차이가 있다고 주장했다. 그는 직물이나 금속 공예와 같은 장식품은 같은 문양을 반복하는 기계적인 작업의 산물일 뿐이라고 보았다. 반면 이탈리아 회화는 천재와 '자유로운' 개인들이 빚어낸 창조력의 산물이라는 것이다. 그러므로 이 두 시각적 전통은 완전히 다른 것이고, 이슬람 예술은 이탈리아 예술에 영향을 끼칠 수 없다고 봤다.

이 시기 대부분의 전문가는 올슈키와 의견을 같이했다. 20세기 초기만 해도 오스발트 시렌(Osvald Sirén)과 같은 학자가 초기 이탈리아 미술과 중국 미술 두 가지 주제에 대한 연구서를 집필할 수 있었다.[27] 그러나 로베르토 롱기(Roberto Longhi) 혹은 밀라드 메이스(Millard Meiss)와 같은, 전후 이탈리아의 중요한 미술사가들의 글에서 몽골 유라시아는 언급조차 되지 않는다. 다나카 히데미치(田中英道) 및 그 제자들의 중요한 연구를 비롯해 이 분야의 연구는 일본어권과 유럽언어권에서 계속되었다.[28]

---

26 Leonardo Olschki, "Asian Exoticism in Italian Art of the Early Renaissance", *Art Bulletin*, vol. 26, no. 2, 1944, pp. 95-106. 논의를 위해 Anne Dunlop, "Design and denial: Leonardo Olschki, Italian art, and Mongol Eurasia", *Proceedings of the International Congress of the History of Art, Delhi*, Delhi: National Museum Institute, 2021 참조.

27 Osvald Sirén, *Toskanische Maler im XIII. Jahrhundert*, Berlin: Paul Cassirer, 1922; Osvald Sirén, *A History of Chinese Art*, 4 vols., London: E. Benn, 1929-1930.

28 Hidemichi Tanaka, "Giotto and the Influences of the Mongols and the Chinese on His Art: A New Analysis of the Legend of St. Francis and the Fresco Paintings of the Scrovegni Chapel", *Bijutsushigaku-Art History*, vol. 6, 1984, pp. 188-151; Hidemichi Tanaka, "Giotto and the Influences of the Mongols and Chinese on his Art: a New Analysis of the Legend of Saint Francis and the Scrovegni Chapel at Padova", *Art History*, vol. 7, 1984, pp. 1-31; Hidemichi Tanaka,

도상학에 대한 연구들도 간혹 나왔는데,[29] 이 주제는 때때로 마르코 폴로 혹은 유라시아 무역과 관련하여 탐구되었다.[30] 직물에 대한 관심은 좀 더 전문화된 분야임에도 더욱 강했다. 브리지트 클레세(Brigitte Klesse)나 폴 힐스(Paul Hills) 같은 몇몇 미술사학자들은 아시아의 비단을 재현하고자 시에나의 시모네 마르티니 같은 화가들이 14세기에 새로운 기술들을 도입해 실험했다고 주장하기도 했다.[31] 하지만 여전히 초기 이탈리아 예술과 몽골 사이의 연결은 특수한 관심사로 남아 있었다.

"Fourteenth Century Sienese Painting and Mongolian and Chinese Influences: the Analysis of Simone Martini's works and Ambrogio Lorenzetti's major works", *Bijutsushigaku-Art History*, vol. 7, 1985, pp. 1-15; Hidemichi Tanaka, "The Mongolian Script in Giotto's Paintings at the Scrovegni Chapel at Padua", Gerhard Schmidt & Elisabeth Liskar (Eds.), *Europäische Kunst um 1300: Akten des XXV. Internationalen Kongresses für Kunstgeschicte*, Vienna: H. Böhlau, 1986, pp. 167-174: Hidemichi Tanaka, "Oriental Scripts in the paintings of Giotto's period", *Gazette des Beaux-Arts*, vol. 113, 1989, pp. 214-226.

29 예를 들면 다음과 같다. Hermann Goetz, "Oriental Types and Scenes in Renaissance and Baroque Painting I", *Burlington Magazine*, vol. 73, no. 425, 1938, pp. 50-62; Rudolf Wittkower, "Marvels of the East: A Study in the History of Monsters", *Journal of the Warburg and Courtauld Institutes*, vol. 5, 1942, pp. 159-197; Wolfram Prinz, "I Tatari nella pittura italiana del Trecento", *Studi di storia dell'arte sul Medioevo e il Rinascimento nel Centenario della nascita di Mario Salmi*, 2 vols., Florence: Edizioni Polistampa, 1992, vol. 1, pp. 415-429.

30 예를 들면 다음과 같다. Maria Grazia Chiappori, "Riflessi figurativi dei contatti Oriente-Occidente e dell'opera poliana nell'arte medievale italiana", Alvise Zorzi (Ed.), *Marco Polo: Venezia e l'Oriente*, Milan: Electa, 1981, pp. 281-288.

31 Brigitte Klesse, *Seidenstoffe in der italienischen Malerei des 14. Jahrhunderts*, Berne: Stämpfli, 1967; Paul Hills, *The Light of Early Italian Painting*, New Haven & London: Yale University Press, 1987; Cathleen S. Hoeniger, "Cloth of Gold and Silver: Simone Martini's Techniques for Representing Luxury Textiles", Gesta, vol. 30, 1991, pp. 154-162; Vera-Simone Schulz, "Crossroads of Cloth: Textile Arts and Aesthetics in and beyond the Medieval Islamic World", *Perspective*, vol. 1, 2016, pp. 93-108 참조.

지난 20년간 이러한 상황은 급격하게 변화해왔다. 세계 미술사학의 등장과 더불어, 미술사학자들은 이탈리아 예술을 지중해 지역을 훨씬 넘어선 다른 지역 및 문화와의 접촉, 영향, 상호작용의 증거로서 검토하기 시작했다. 그러나 대부분의 접근 방법들은 비교도상학의 오래된 모델을 채택하고 있으며, 이 활발히 발전하는 분야의 방법론이나 최적의 근거 유형에 관해서는 합의된 바가 없다. 또 대부분의 초점이 회화에 집중되어 있고 다른 예술 형식과 미디어에 대한 연구는 적다. 그럼 이제 이 분야의 연구 사례 하나를 살펴보는 것으로 이 글을 끝맺고자 한다. 구체적으로, 이는 시에나에 위치한 프란체스코 교파의 중심 교회인 산 프란체스코 교회에 있는 커다란 벽화에 대한 연구이다. 이 벽화는 지역 화가인 암브로조 로렌체티(Ambrogio Lorenzetti, 1290~1348)가 그린 것으로, 몽골 의상과 그 특징이 세심하게 표현된 인물들이 등장한다. 지난 15년간 5편 이상의 논문이 이 그림에 대해 다루었다.[32] 또한 이 그림은 시에나

32 S. Maureen Burke, "The Martyrdom of the Franciscans by Ambrogio Lorenzetti", *Zeitschrift für Kunstgeschichte*, vol. 65, no. 4, 2002, pp. 460-492; Silvestro Nessi, "Gli affreschi di Ambrogio Lorenzetti, firmati e datati, nel chiostro di San Francesco a Siena", *Il Santo*, vol. 43, 2003, pp. 823-830; Hisashi Yakou, "Memory without Mementos: Franciscan Missions and Ambrogio Lorenzetti's Frescoes in Siena", *The Annual Report on Cultural Sciences*, vol. 119, 2006, pp. 1-17(http://hdl.handle.net/2115/14492); Anne McClanan, "The Strange Lands of Ambrogio Lorenzetti", Robert Bork & Andrea Kann (Eds.), *Art, Science, and Technology of Medieval Travel*, Aldershot & Burlington, VT: Ashgate, 2008, pp. 83-95; Roxann Prazniak, "Siena on the Silk Roads: Ambrogio Lorenzetti and the Mongol Global Century, 1250-1350", *Journal of World History*, vol. 21, 2010, pp. 177-217; Hisashi Yakou, "Il martirio e la missione francescana in Asia nell'arte italiana del primo Trecento", *Il Santo*, vol. 51, no. 2/3, 2011, pp. 465-474 및 도판들 참조. 이 모든 연구는 다음 글에 요약되어 있는 막스 세이델(Max Seidel)의 작업에 기반을 둔다. Max Seidel, "Un capolavoro riemerso di Ambrogio Lorenzetti. A proposito dei restauri nel convento di San Francesco a Siena", *Arte italiana del Medioevo e del*

에서 2017~2018년에 개최된 암브로조 로렌체티 헌정 전시회와, 최근에 출판된 책 두 권에도 등장하여 분석에 유용한 사례가 되었다.[33]

<그림 1-6>은 처형 장면을 보여주는데, 그림의 왼쪽에는 3명의 프란체스코 수도사들이 무릎을 꿇고 있고, 그 옆에서 한 남자가 그들의 목을 베기 위해 커다란 검을 들고 있다. 그림 오른쪽에는 다른 3명의 프란체스코 수도사들이 이미 죽어 그 시신이 무더기로 쌓여 있다. 잘려나간 그들의 머리가 그림의 앞쪽 하단에 그려져 있다. 그들을 처형한 사람은 검을 칼집에 다시 넣고 있다. 가능성은 낮지만 소실된 그림의 하단부에 네 번째 희생자가 있었을 수도 있다. 그림의 중앙에는 왕관을 쓰고 뾰족한 모양의 턱수염을 한 통치자가 그려져 있다. 이 통치자의 옷은 금속으로 된 나뭇잎들로 장식되어 있었으나 현재는 소실되었다. 그는 3개의 아치가 있는 개방형 건물 아래 왕좌에 앉아 있다. 건물의 지붕에는 고대 로마 신들의 모습을 본뜬 작은 신상들이 있다. 많은 사람들이 처형 장면을 보고 있는데, 그들 각각은 다른 양식으로 만들어진 의상을 입고 있고 얼굴의 특징도 모두 다르다. 여기에는 뾰족한 모자를 쓰고 있는 두 남자도 포함되어 있는데, 이들은 명백히 몽골인처럼 보인다. 우측의 앞쪽에는 금발머리의 어린 소년들이 역겨워 하는 표정을 짓고 있고, 이 중 한 명은 돌을 던지려고 하고 있다.

이 시에나 벽화는 그림에 대한 직접적인 기록이 없다는 점에서 전형

Rinascimento, Venice: Marsilio, 2003, pp. 399-408 및 도판 79 참조.

33 Alessandro Bagnoli, Roberto Bartalini, Max Seidel (Eds.), *Ambrogio Lorenzetti*, Siena: Silvana, 2017, pp. 132-151; Diana Norman, *Siena and the Angevins, 1300-1350: Art, Diplomacy, and Dynastic Ambition*, Turnhout: Brepols, 2018, pp. 209-217; Roxann Prazniak, *Sudden Appearances: The Mongol Turn in Commerce, Belief, and Art*, Honolulu, HW: University of Hawai'i Press, 2019, pp. 79-102 참조.

<그림 1-6> 프란체스코 수도사들의 순교(암브로조 로렌체티, 1335년경)
프란체스코 수도사들의 순교와 지역 소실에 대한 자세한 정보를 담은 시에나 벽화.

적인 14세기 이탈리아 예술 작품이다. 이는 중요한 지점인데, 서면 기록은 초기 유럽 예술을 연구하는 사학자들이 선호하는 2차 증거인 경우가 많기 때문이다. 1655년에 산 프란체스코에 불이 났고 그 지역에 있던 대부분의 사료가 소실되었다.[34] 해당 벽화에는 서명이나 날짜가 남아 있지 않다. 이 벽화는 1857년 원래의 자리인 교구 사제단 회의장을 떠나 주 교회에 설치되었으며, 화풍 때문에 암브로조 로렌체티의 작

34 건축사의 기본 자료로는 Vittorio Lusini, *Storia della basilica di San Francesco in Siena*, Siena: San Bernardino, 1894; Mauro Mussolin, "La chiesa di San Francesco a Siena. Impianto originario e fasi di cantiere", *Bulletino Senese di Storia Patria*, vol. 105/106, 1999, pp. 115-155 참조. 프레스코화의 발견과 이동에 관해서는 Gaetano Milanesi, "Gli avanzi delle pitture di Ambrogio Lorenzetti nel Capitolo di S. Francesco di Siena", *Sulla storia dell'arte toscana. Scritti varj*, Siena: Tipografia Sordo-Muti di L. Lazzeri, 1873, pp. 357-361 참조.

품으로 추정되었다. 미술사학 분야의 전문가들이 이 벽화가 로렌체티의 다른 작품들과 비슷하다고 보았던 것이다. 그러나 제작 시기에 대해서는 합의된 바가 없다. 추정되는 시기는 문서 기록에서 해당 작가가 활동했다고 하는 1320년대부터 1340년대 중반 사이이다.

이 작품이 중요하게 의뢰된 건이었음은 확실하다. 폭이 거의 4m에 달하는 거대한 작품의 크기가 이를 보여준다. 또한 암브로조와 그의 동생 피에트로(Pietro, 1280년대~1348?)는 1330년대 및 1340년대에 시에나에서 가장 중요한 예술가들이었다. 산 프란체스코는 시에나에 있는 프란체스코 수도회 교회 중 주요 교회였고, 교구 사제단 회의장은 주교회의 몇몇 구역을 제외하면 공동체에서 가장 공공의 성격을 가지는 공간이었다. 프란체스코 수도사들이 매일 회합을 가지는 장소였던 것이다. 또한 프란체스코 수도사들과 업무상 연계된 방문객들이나 다른 프란체스코 공동체에서 온 방문객들도 이 벽화를 보았을 것이다. 예를 들어 1344년, 주(州) 단위 사제단 회의가 시에나에서 열렸을 때 토스카나의 모든 프란체스코 수도사들은 이 회의장에 모였을 것이다.[35]

그러므로 이 벽화의 일상적인 관람자와 해석자들은 프란체스코 수도사들이었으며, 그다음이 프란체스코 공동체의 방문객들이었을 것이라고 추정할 수 있다. 벽화를 제작한 주요한 목적은 이러한 관람자들에게 기독교의 역사와 그 속에서 프란체스코 수도사들이 어떠한 역할을 했는지 보여주려는 것이었다. 중세 유럽 전역에서 사제단 회의장 장식에 이렇게 눈에 띄는 강조점을 두는 것은 일반적인 일이었다.[36] 19세기

35 Diana Norman, "The Chapterhouse of San Francesco, Siena", p. 216.

36 Heidrun Stein-Kecks, *Der Kapitelsaal in der mittelalterlichen Klosterbaukunst. Studien zu den Bildprogrammen*, Munich & Berlin: Deutscher Kunstverlag, 2004; 시에나의 산 프란체스코에 대해서는 pp. 323-337 참조. 피렌체에 있는 산타 크

의 기록을 보면 예수의 삶과 프란체스코 수도회의 역사에서 각각 선택된 장면이 한 공간에 함께 배치되었다. 암브로조의 동생인 피에트로의 작품으로 추정되는 십자가형과 부활을 묘사한 그림이 제단 벽에 그려져 있고, 암브로조가 그린 툴루즈의 성 루이(Saint Louis de Toulouse, 1274~1297)를 묘사한 그림이 같은 방에 있는 식이다. 성 루이는 나폴리 왕국의 왕세자로, 왕이 되는 대신 수도사의 길을 선택했던 인물이다.[37]

이 작품과 관련된 논의의 대부분은 두 가지에 초점이 맞추어졌다. 하나는 그림이 무엇을 보여주고 있는가이고 다른 하나는 그림이 몽골 영토나 문화에 대한 직접적인 정보를 제시하고 있는가이다. 이 두 질문은 연관된 것이나, 하나씩 다루어보고자 한다. 프란체스코 수도회 역사 속의 네 가지 다른 에피소드 중 이 그림의 주제가 있을 거라는 의견이 있었다. 프란체스코 수도사 5명이 1220년 모로코의 마라케시(Marrakesh)에서 순교했고, 6명은 1227년 북부 아프리카의 세우타(Ceuta)에서 죽임을 당했다.[38] 또 5명의 수도사들과 그들의 통역관이

로체(Santa Croce)의 프란체스코 수도회 건물에 관해서는 pp. 235-242 참조. 또한 파두아(Padua)의 성 안토니오(Sant'Antonio)에 있는 관련 도상 연구에 관해서는 pp. 279-284 참조.

37 2017년 시에나 박람회의 카탈로그에 이를 복원한 결과물이 수록되었다. Bagnoli, Alessandro, Bartalini, Roberto, & Seidel, Max (Eds.), *Ambrogio Lorenzetti*, pp. 132-151. 완전한 형태로는 장식벽 3면을 덮고 있었을 것이라는 추정이 있었다. 산 프란체스코의 성흔(?), 규칙의 위탁(?), 태형 혹은 갈보리 산으로 가는 길(?), 십자가형(현존), 부활(그리스도의 살아나심), 툴루즈의 성 루이의 고백(현존), 순교(현존)를 포함하고 있었을 것이다. 이 복원에 대해서는 성 루이 및 순교 장면에 대한 의견이 일치하지는 않지만 다이아나 노먼(Diana Norman)의 "시에나의 산 프란체스코 사제단 회의장"에 받아들여졌다.

38 모로코 이야기의 후기 이미지들에 대해서는 Christophe Chabloz, "Les *Cinque Martiri francescani del Marocco* à San Lorenzo Maggiore de Naples: Tentative de décryptage d'un choix iconographique inhabituel', *Zeitschrift für Kunstgeschichte*, vol. 71, 2008, pp. 321-334 참조. 파두아의 성 안토니(Saint Anthony of Padua)는 모로코에서의 순교를 듣고서 프란체스코 수도회에 가입했다고 전해진다. 이 장면은 파두아의

1321년 인도의 타나에서 죽임을 당했는데, 그중에는 시에나의 베드로(Petrus de Senis, 베로나의 산 페르모(San Fermo)에서 그 이야기를 볼 수 있다)가 포함되어 있었다. 5명의 프란체스코 수도사와 다른 2명의 남성은 1339년 차가타이 울루스(Chaghatai Ulus)의 알말리크(Almalyq, Olmalyq, 지금의 우즈베키스탄 타슈켄트 주의 도시)에서 사망했다. 그러나 그림에서 6명의 수도사가 순교한 것으로 되어 있다면, 근대 가톨릭 자료에 남아 있는 기록인 이 이야기들 중 정확히 들어맞는 것은 없다.

가능성들을 좁힐 수 있는 몇 가지 증거가 있다. 산 프란체스코에 있는 사제단 회의장은 성당의 회랑을 통해 들어갈 수 있었는데, 1450년경 예술가 로렌초 기베르티(Lorenzo Ghiberti)는 그 회랑에 '타나에서 동행들과 함께 순교한 장면을 포함해 시에나의 베드로의 생애를 보여주는 장면들'이 그려져 있다고 기록했다.[39] 현재 그 회랑의 그림들은 대부분 소실되었고, 오직 항구와 도시를 보여주는 약간의 파편만이 남아 있다. 그러나 서명과 날짜에 대해서는 "Ambrosius Lorenzetus Pictor Senensis fecit, anno Domini 1335"[40]라는 17세기 기록이 남아 있다.

안토니에게 헌정된 파두아의 사제단 회의장에서 볼 수 있었던 것으로 추측된다(현재 이 그림들은 매우 손상되어 있다). 또한 프란체스코 수도회의 모교회인 아시시의 산 프란체스코에 있는 성 안토니오 예배당(the chapel of Saint Anthony)의 스테인드글라스 창에 있는 한 장면이었을 가능성도 있다. Giuseppe Marchini, *Le Vetrate dell'Umbria. Corpus Vitrearum Medii Aevi. Italia I: L'Umbria*, Rome: De Luca, 1973, pp. 106-118 및 도판 참조. 같은 장면 혹은 세우타의 순교는 타데오 가디(Taddeo Gaddi)가 1335~1340년경에 만든, 피렌체의 산타 크로체 성당 성구 보관실에 있는 전례용 찬장의 문에 나타난다. Tartuferi, Angelo, & D'Arelli, Francesco (Ed.), *L'arte di Francesco*, pp. 284-295. 이 글에 따르면 이 성구 보관실이 15세기까지 사제단 회의장으로 사용되었다고 한다.

39 Lorenzo Ghiberti, *I commentarii (Biblioteca Nazionale Centrale di Firenze, II, I, 33)*, Ottavio Morosani (Ed.), Naples: Riccardo Ricciardi, 1947, pp. 37-38; Alessandro Bagnoli, Roberto Bartalini, & Max Seidel (Ed.), *Ambrogio Lorenzetti*, pp. 268-277 참조.

이는 타나 이야기가 바깥 회랑에 그려져 있으므로 사제단 회의장의 그림이 타나가 아닐 것이라는 의미가 된다.

회랑 그림에 1335년이라고 날짜가 기록된 것도 사제단 회의장에 도움이 될 수 있을 것이다. 1330년대에 함께 작업했던 암브로조와 피에트로 형제는 아마도 코르토나(Cortona)에 있는 프란체스코 수도원에서 1330년대 초반에 (지금은 사라진) 벽화 시리즈를 함께 그렸을 것이고, 이때의 형제의 공동 서명과 1335년이라는 시기는 시에나 시민병원 앞에 있는 그림 하단에도 나타난다.[41] 따라서 형제가 이 시기에 산 프란체스코에 있는 그림을 그리면서도 협동 작업을 했을 가능성이 있다. 우리는 사제단 회의장과 회랑의 그림들이 동시에 그려졌는지 비슷한 시기에 그려졌는지는 알지 못한다.[42] 그러나 만약 그렇다면 1339년의 알말리

---

40 원래의 근거는 다음과 같다. Zaccaria Boverio, *Annalium Seu Sacrarum Historiarum Ordinis Minorum qui Capucini nuncupatur*, 1632: "in civitate Senensi quaedam Fr. Minoris imago apud Minores Conventuales in claustro … cui picturae, ac pictoris annus subiicitur, his verbis: Ambrosius Lorenzetus Pictor Senensis fecit, anno Domini 1335." 만약 날짜가 원래부터 로마 숫자로 표기되어 있었다면, 아마도 잘려 나갔을 것이다(1336~1339경으로 추정). 페트로니(Petroni) 예배당의 정문 근처에 있는 날짜는 1336년이었다. Silvestro Nessi, "Gli affreschi di Ambrogio Lorenzetti", pp. 828-829. 정문의 아치형 채광창에는 시에나의 베드로와 아시시의 프란체스코가 성모 마리아 및 어린 예수 그리스도와 함께 있는 것을 보여준다.

41 Alessandra Caffio, "I perduti affreschi della facciata dell'ospedale di Santa Maria della Scala a Siena", Alessandro Bagnoli, Roberto Bartalini, & Max Seidel (Eds.), *Ambrogio Lorenzetti*, Siena: Silvana, 2017, pp. 363-373; Joanna Cannon & André Vauchez, *Marghertia of Cortona and the Lorenzetti: Sienese Art and the Cult of a Holy Woman in Medieval Tuscany*, University Park, PA: Pennsylvania State University Press, 1999, pp. 147-154. 조안나 캐넌(Joanna Cannon)과 앙드레 보셰(André Vauchez)는 최근 필요 시 공유된 모델을 활용하는 워크숍을 논의했다.

42 Alessandro Bagnoli, Roberto Bartalini, & Max Seidel (Eds.), *Ambrogio Lorenzetti*, pp. 132-151, 268-277. 여기에 나온 두 가지 카탈로그 항목은 이 회랑 그림의 제작 시기가 1336년이라는 것, 그리고 사제단 회의장의 프레스코화 제작 시기는 1320~1325년이

크 순교를 그렸다기에는 시기가 너무 이르다. 이 가설이 매력적인 이유는, 이 그림이 차가타이 울루스의 수도에서 있었던 순교 현장을 묘사한 것이라면 그림에 몽골인이 그려져 있는 사실이 설명되기 때문이다. 알말리크 순교 소식이 유럽에 도달한 것은 1342년이었다. 그러나 이는 프레스코 벽화들의 제작 시기를 1340년대 중반 이후로 추정하게 만든다. 이 회랑에 그려진 시에나의 베드로에 관한 그림들은 프란체스코 수도사들이 자신들 교단의 최근 역사를 기록하고자 했음을 보여준다. 그러나 시에나의 베드로는 그들과 같은 교단의 수도사였고 그 장면들은 오도리코의 이야기가 알려지고 최소 5년이 지난 후에 그려졌다. 알말리크에서 죽은 사람들은 누구도 시에나와 직접적인 관련성이 없기 때문에, 이 특정 사건을 기념할 만한 지역적 이유는 아무것도 없었다.

이것은 두 번째 질문으로 이어진다. 이 그림은 몽골 지역과의 접촉에 의해 형성된 것인가 하는 것이다. 만약 알말리크의 장면이 아니라고 한다면 왜 몽골인들의 특징과 의상이 이 그림에서 묘사되었는가? 몇몇 학자는 프란체스코 교단 내의 분쟁과 이 그림 및 사제단 회의장의 이미지들을 관련지었다. 1310년에 프란체스코 수도사들 몇몇이 모여 만든 '영성파(the Spirituals)'가 이단으로 규정되었다. 이러한 영성 운동을 아시아의 신(新)마니교(neo-Manichaeism) 및 수피즘(Sufism)까지 연관짓는 학자도 있다.[43] 이러한 학자들에게는 이 그림이 시에나 수도사들의

라는 것을 주장한다. 사제단 회의장 그림의 시기에 대해 이와 같은 주장이 나오는 이유는 피에트로가 그린 프레스코화와 그가 1310년대 후반에 아시시에서 작업한 작품이 유사하기 때문이다. 순교 장면에 대해서 세우타는 명백하게 아니라고 하지만 다른 설명은 없다. 1320년대부터 암브로조가 그린 몇 가지 비교군 작품들이 있지만 이 시기에 제작된 패널화들은 사제단 회의장의 프레스코화와 다르다.

43 Alessandro Bagnoli, Roberto Bartalini, & Max Seidel (Eds.), *Ambrogio Lorenzetti*,

정통성을 입증하는 증거가 될 수 있다. 선교 임무를 강조함으로써 교회에 대한 복종을 강조한 것이다. 하지만 산 프란체스코의 화해와 정통으로의 회귀는 1326년에 완전하게, 그리고 공식적으로 이루어진다. 1330년대에 이것이 다른 곳보다도 시에나에서 더 많은 문제가 되었을 것 같지는 않다.[44]

해석의 맥락을 위해, 모든 학자는 자신에게 중요한 증거가 무엇인지, 그리고 이용 가능한 것에서 결론을 얼마나 광범위하게 도출할 것인지 결정해야만 한다. 이를 위해서는 14세기 양식의 회화에서 무엇이 일반적인지를 먼저 알아야만 한다. 예를 들어 한 학자는 돌을 던지고 있는 금발머리 소년들을 체르케스(Cherkess)의 여자 노예들로 간주한 반면, 기둥 뒤에서 바라보고 있는 인물 같은 디테일(상대적으로 흔한 14세기 양식 모티프를 바탕으로)을 로렌체티가 타브리즈(Tabriz) 출신의 라시드 앗 딘이 쓴 것과 같은 필사본을 봤을 가능성에 대한 증거로 제시한다.[45] 여기서 질문을 바꾸는 것이 도움이 될 것 같다. 만약 순교 장면이 알말리크나 타나에서 이루어진 것이 아니라면 그 장소는 아시아가 아닐 수도 있다. 북부 아프리카에서의 순교는 대부분 다른 프란체스코 수도회에서 더 자주 묘사된다. 세우타에서의 순교는 특히 프란체스코 수도회 역사에서 전환점이 되었는데, 이 사건이 파두아의 성 안토니를 고

---

pp. 132-151; Yakou, "Memory without Mementos: Franciscan Missions and Ambrogio Lorenzetti's Frescoes in Siena", 또한 신마니교(neo-Manichaeism)에 관해서는 Rozann Prazniak, "Siena on the Silk Roads: Ambrogio Lorenzetti and the Mongol Global Century, 1250-1350", pp. 213-214 참조.

44 이는 다이아나 노먼(Diana Norman)에 의해 지적되었다. Diana Norman, "The Chapterhouse of San Francesco, Siena", *Siena and the Angevins, 1300-1350: Art, Diplomacy, and Dynastic Ambition*, Turhout: Brepols, 2018, pp. 214-217.

45 Anne McClanan, "The Strange Lands of Ambrogio Lorenzetti", pp. 206-207.

무시켜 수도회에 입회하도록 했기 때문이다. 하지만 암브로조 로렌체티는 여전히 확연히 알아볼 수 있을 만큼 타타르인들을 그려넣었다. 이는 로렌체티가 세밀한 부분에 주의를 기울였던 예술가이기 때문에 특별한 의미가 있다. 예를 들어 그가 그린 1340년대의 제단화 2점에는 금으로 된 귀걸이를 한 성모마리아가 등장하는데, 이는 14세기 이탈리아의 유대인 여성들이 귀걸이를 했기 때문이다(기독교 여성들은 보통 귀걸이를 하지 않았다).[46] 마찬가지로 그의 동생 피에트로 역시 라틴어에서 이탈리아어로 번역된 지역 성자 이야기를 접한 후 그림의 세부적인 부분들을 묘사해낼 수 있었을 것이다.[47] 암브로조는 확실히 외국인에 대한 구어적 혹은 시각적 정보에 관심이 있었을 가능성이 크다. 세우타가 오랫동안 지중해 세계의 일부였으므로, 그는 또한 북아프리카의 세우타가 몽골 아시아 지역에 속해 있지 않다는 것도 알고 있었을 것이다. 그러나 두 지역 모두 희생에 의해 개종한 이교도 지역이었다. 파빌리온의 조각상들은 이러한 상황이 유럽 자체에서도 오래전에 시작되었다는 것을 상기시켜주었다. 그림에 나오는 다양한 민족은 이탈리아 중부의 작은 마을에서 보았을 때에도 당대의 세계가 얼마나 다양해졌는지를 알려주었다. 따라서 이 그림은 14세기 이탈리아에서, 몽골의 존재와 얼마나 많은 유라시아 몽골 세계 사람들·관습들이 이동했는지를 보여

46 Diane Owen Hughes, "Distinguishing Signs: Ear-rings, Jews, and Franciscan Rhetoric in the Italian Renaissance City", *Past and Present*, vol. 112, 1986, pp. 3-59. 제단 뒤의 그림들은 1342년의 *Presentation*(Uffizi, Florence; Alessandro Bagnoli, Roberto Bartalini, & Max Seidel Eds., *Ambrogio Lorenzetti*, pp. 427-447 참조)와 1344년의 *Annunciation*(Pinacoteca, Siena; Alessandro Bagnoli, Roberto Bartalini, & Max Seidel Eds., *Ambrogio Lorenzetti*, pp. 346-351을 보라) 참조.

47 지불에 관해서는 Gaetano Milanesi, *Documenti per la storia dell'arte senese*, 3 vols., Siena: Onorato Porri, 1854-185, vol. 1, p. 194 참조.

주는 또 하나의 증거가 된다. 시에나의 프란체스코 수도회가 세계를 개종시켜 기독교화해야 한다는 자신들의 사명을 상상했을 때, 몽골인들은 필수적이고 가시적인 존재가 되었던 것이다.

2장

이탈리아 상인들, 아시아로 진출하다

남종국

1237년 볼가강을 건넌 바투(Batu, 조치 울루스(Jochi Ulus)의 초대 군주)의 몽골 군대는 유럽으로 쇄도했다. 러시아의 도시들은 강력한 몽골 군대를 막아내지 못했고 1240년에는 키예프(Kiev)마저 무너졌다. 몽골 군대는 1241년 4월 카르파티아(Carpathia)산맥을 넘어 레그니차(Legnica) 평원의 왈슈타트(Wahlstatt)라는 마을에서 폴란드와 독일 기사 연합군을 격파했고, 그해 겨울 몽골 분견대는 도나우강을 건너 자그레브(Zagreb)를 함락시켰으며, 달마티아(Dalmatia)로 도주한 헝가리 국왕 벨라 4세(Béla IV)를 추격해 아드리아(Adria)연안에까지 도달했다.[1] 신출귀몰하는 몽골의 기마군단을 막아내고 유럽을 구할 수 있는 세력은 없어

1 김호동, 『동방 기독교와 동서문명』, 서울: 까치, 2002, 45-47쪽.

보였다. 도미니쿠스회 수도사인 율리우스(Julian)는 몽골족을 지옥에서 온 사자(Tartari)로 부름으로써 유럽인들의 공포심을 불러일으켰다. 지옥에서 온 사탄의 백성들인 타르타르인들(Tartars)이 사람들을 살해하고 굶주린 괴물처럼 개의 살과 인육을 먹는다는 13세기 영국 출신 수도승 매튜 패리스(Matthew Paris)의 절규가 과장된 면은 있지만, 당시 유럽이 얼마나 몽골을 두려워했는지 여실히 보여주는 예이다.[2]

하지만 몽골의 서방 진출은 유럽인들에게 공포만 안겨준 것은 아니었다. 역설적이게도 몽골은 중국에서 유라시아를 거쳐 동유럽에 이르는 광대한 제국을 건설함으로써 유럽과 중국이 최초로 직접적으로 접촉할 수 있는 계기를 제공했다. 그 덕분에 '몽골의 평화(Pax Mongolica)'라 불리는 이 시기에 다수의 유럽인들이 아시아를 다녀올 수 있었다. 플라노 드 카르피니(Plano de Carpini: Giovanni da Pian del Carpine, 1245~1247), 기욤 드 뤼브루크(Guillaume de Rubrouck, 1253~1255), 마르코 폴로(Marco Polo, 1271~1295), 조반니 다 몬테코르비노(Giovanni da Montecorvino, 1289~1294), 오도리코 다 포르데노네(Odorico da Pordenone, 1316~1330), 요르다누스 드 세베락(Jordanus de Sévérac, 1320~1328), 조반니 데 마리뇰리(Giovanni de' Marignolli, 1339~1346) 등 다수의 유럽 선교사와 상인은 아시아 현지에서 서한을 보내거나 아시아를 다녀온 후 여행기를 남겼다. 위의 기록들은 아시아에 대한 다양한 정보, 때론 지상낙원과 사제 요한 왕국과 같은 환상적인 이야기를 유럽인들에게 전달해주었다. 이러한 기록들은 유럽이 아시아와의 군사적 동맹의 가능성을 타진했으며, 궁극적으로 아시아로 기독교 복음을 전

2 Igor de Rachewiltz, *Papal envoys to the great Khan*, London: Stanford University Press, 1971, pp. 72-73, 76-81; Robert Silverberg, *The Realm of Prester John*, Athens: Doubleday, 1972, p. 74.

파하기 위해 노력했음을 보여준다.

몽골제국이 안전을 보장해주는 교통로는 정치외교적 접촉뿐만 아니라 상업 교류도 가능케 했다. 그렇다면 유럽과 아시아의 상업 교류는 얼마나 활발했으며, 얼마나 많은 상인들이 얼마나 자주 유럽과 아시아를 오가면서 장사를 했을까? 로베르-앙리 보티에(Robert-Henri Bautier)는 흑해를 통해 들어오는 향신료가 얼마 되지 않았고, 유럽이 아시아로 수출하고자 한 물건들이 보잘것없었으며, 인도와 아시아로의 사업 여행이 일회성 모험 사업이었다고 지적하면서 유럽과 먼 아시아 지역 사이의 직접적인 교역은 매우 제한적이었다고 주장한다.[3] 반면 로버트 로페스(Robert S. Lopez)를 필두로 한 다수의 연구자들은 많은 수의 유럽 상인들, 특히 이탈리아 상인들이 아시아로 상업 여행을 다녀왔다고 말한다.[4] 재닛 아부 루고드(Janet Abu-Lughod)는 몽골의 대제국 건설로

---

3 Robert-Henri Bautier, "Les relations économiques des Occidentaux avec les pays d'Orient au Moyen Age", *Sociétés et compagnies de commerce en Orient et dans l'Océan Indien*, Paris: S. E. V. P. E. N., 1970, pp. 263-321.

4 Robert S. Lopez, "European merchants in the medieval Indies: The evidence of commercial documents", *Journal of Economic History*, vol. 3, 1943, pp. 164-184; Robert S. Lopez, "Nuove luci sugli italiani in Estremo Oriente prima di Colombo", *Studi Colombiani*, vol. 3, 1951, pp. 350-354; Luciano Petech, "Les marchands italiens dans l'empire mongol", *Journal Asiatique*, 250, 1962, pp. 549-574; Jean Richard, "Les navigations des Occidentaux sur l'océan indien et la mer Caspienne(XIIe-XVe siècles)", *Sociétés et compagnies de commerce en Orient et dans l'Océan Indien*, Paris: S. E. V. P. E. N., 1970, pp. 353-363; Michel Balard, "Les gênois en Asie centrale et en Extrême-Orient au XIVe siècle: Un cas exceptionnel?", *Economies et Sociétés au Moyen Age. Mélanges offerts à Edouard Perroy*, Paris: Publications de la Sorbonne, 1973, pp. 681-689; Jacques Paviot, "Buscarello de'Ghisolfi, marchand génois intermédiaire entre la Perse mongole et la Chrétienté latine(fin du XIIIme-début du XIVme siècles)", *La Storia dei Genovesi*, 11, 1991, pp. 107-117; Christine Gadrat, "Une image de l'Orient au XIVe siècle". *Les Mirabilia descripta de Jordan Catala de Sévérac*, Paris: École des

1250년에서 1350년 사이 유럽으로부터 중국에 이르는 광범위한 상업 네트워크, 즉 13세기 세계 체제가 형성되었으며, 그 덕분에 국제 교역이 더욱 활성화되었다고 이야기한다.[5] 전체적으로 대다수의 학자들은 몽골 평화시대에 유럽 상인이 아시아와 유럽을 오가며 장사하는 것이 매우 드물거나 예외적인 현상은 아니었다고 해석한다.

그렇지만 여전히 아시아에서 유럽 상인들의 상업 활동은 상세하게 밝혀지지 않았다. 이러한 한계는 무엇보다도 사료의 부족에 기인한다. 교황청이나 군주의 명을 받고 동방을 다녀왔던 성직자들은 자신의 임무를 보고하는 형식의 글을 남겼던 반면, 상인들은 거의 기록을 남기지 않았기 때문이다. 아시아에 대한 나름의 상세한 기록을 남긴 상인은 13세기 말에 몽골의 대도(지금의 베이징)를 다녀왔던 베네치아 상인 마르코 폴로(Marco Polo)와 1330~1340년대 바르디 상사의 주재원으로 동지중해 지역에서 활동했던 피렌체 상인 프란체스코 발두치 페골로티(Francesco Balducci Pegolotti), 그리고 14세기 초엽 익명의 저자가 유일하다.[6] 아시아의 종교적 관습에 일차적으로 관심이 있었던 성직자들과는 달리 마르코 폴로는 상업적인 측면들을 상대적으로 세심하게 관찰했다. 하지만 그가 대도를 다녀왔을 당시는 유럽 상인들의 아시아 시장 진출이 이제 막 시작되던 시기였고, 그 자신이 직접 아시아와 유럽을 오가면서 장사

---

chartes, 2005.

5 Janet Abu-Lughod, *Before European Hegemony: The World System A.D. 1250~1350*, New York: Oxford University Press, 1989: 재닛 아부-루고드, 『유럽 패권 이전: 13세기 세계체제』, 박홍식 · 이은정 옮김, 서울: 까치, 2006.

6 마르코 폴로, 『마르코 폴로의 동방견문록』, 김호동 옮김, 사계절, 2000; Francesco B. Pegolotti, *La pratica della mercatura*, Allan Evans (Ed.), Cambridge, MA: Academy, 1936. 익명의 저자가 남긴 상업 기록은 다음 논문(Robert-Henri Bautier, "Les relations économiques des Occidentaux avec les pays d'Orient au Moyen Age", pp. 311-321)의 부록에 실려 있다.

를 한 것도 아니었다. 따라서 『동방견문록(*Le devisement du monde*)』은 아시아 시장에서 유럽 상인들의 구체적인 활동 양상에 대해서는 거의 정보를 제공하지 못한다. 페골로티와 익명의 저자가 남긴 『상업 안내서(*Pratica della mercatura*)』 모두 마찬가지의 한계를 가진다. 왜냐하면 페골로티는 실제로 장사를 목적으로 중국을 가보지 않았고, 아시아로 가는 여러 교역로들 중에서도 흑해 연안의 무역도시 타나(Tana)에서 출발해 대원의 수도인 대도로 가는 북방 노선에 관해서만 언급하기 때문이다.

그러나 상인들이 남긴 기록이 거의 없다는 사실이 상업 활동 자체의 부재를 의미하는 것은 아니다. 왜냐하면 대다수 상인들은 새로 개척한 시장에 대한 비밀을 유지하기 위해 의도적으로 기록을 남기지 않았기 때문이다.[7] 특히 아시아와의 교역에서 가장 왕성하게 활동했던 제노바 상인들은 철저히 비밀 유지 원칙을 고수했다. 제노바 상인들은 실제로 중국이나 인도로 사업 여행을 떠나면서도 투자 계약서에는 사업 목적지를 비잔티움 시장으로 명기하는 것이 일반적이었다.[8]

상인들은 자신들의 활동을 직접 기록한 여행기나 장부를 거의 남기지 않았지만 공증 문서, 외교 문서, 여행 중에 사망한 상인의 상속권자들이 제기한 상품 반환 청구 소송, 이에 대한 법원의 판결문, 종교적 임무를 띠고 아시아를 다녀온 선교사들이나 성직자들이 남긴 여행기, 도시 정부의 법령 등 다양한 기록들에서 그들의 흔적을 찾을 수 있다.[9] 이러

---

7 Robert S. Lopez, "European merchants in the medieval Indies", p. 168.

8 Robert S. Lopez, "European merchants in the medieval Indies", pp. 168, 171.

9 Louis de M. Latrie, "Privilège commercial accordé en 1320 à la république de Venise par un roi de Perse", *La Bibliothèque de l'École des Chartes*, Paris, 1870, pp. 1-31; , A. Van den Wyngaert, *Sinica Franciscana, I: Itinera et relationes fratrum Minorum saeculi XIII et XIV*, Quaracchi, 1929; Robert S. Lopez, "Nuove luci sugli italiani in Estremo Oriente prima di Colombo", pp. 337-398; Christopher Dawson,

한 기록들을 심층적으로 분석한다면 몽골 평화시대에 아시아 시장으로 진출했던 유럽 상인에 대한 좀 더 상세한 그림을 그릴 수 있을 것이다. 또한 이러한 기록 속에 직접적으로 언급되어 있지 않은 많은 것들을 적극적으로 유추해낼 수 있을 것이다. 가령 선교사나 외교 사절들이 상인들과 동행하는 경우가 많았고 그들이 이용했던 길은 대체로 상업 노선과 일치했다. 제노바 상인들 역시 도미니쿠스회 및 프란체스코회 수도사들과 긴밀한 관계를 유지하고 있었다. 실제로 도미니쿠스 수도원이 있는 곳에 제노바 상관이 같이 있는 경우가 많았다. 1339년에는 아말릭(Amalric)에서 도미니쿠스회 수도사들이 순교했을 때 제노바 상인도 함께 순교했다. 그리고 1278년에 교황 니콜라스 3세(Nicholaus PP. III)가 가자리아(Gazaria)에 설립한 프란체스코 교단이 제노바 상인의 지원에 힘입어 사라이(Sarai)까지 조직을 확장시킬 수 있었다.[10] 또한 잊지 말아야 할 것은 수도사들 역시 종교적 임무뿐만 아니라 교역에도 동참했으며, 때로는 지나치게 장사에 열중하는 수도사들도 있었다는 점이다.[11]

1. 아시아와 유럽을 연결하는 교역로

몽골은 중국으로부터 중앙아시아를 거쳐 동부 유럽에 이르는 광대

Mission to Asia, New York: Harper & Row, 1966; Henry Yule, *Cathay and the way thither 4*, London: Cambridge University Press, 1916, 1913-1916; Odorico da Pordenone, *The Travels of Friar Odoric*, Henry Yule (Trans.), Michigan & Cambridge: William B. Eerdmans, 2002; Christine Gadrat, "Une image de l'Orient au XIVe siècle"; 이븐 바투타, 『이븐 바투타 여행기』, 정수일 옮김, 파주: 창비, 2001.

10 Igor de Rachewiltz, *Papal envoys to the great Khan*, p. 156.

11 Christine Gadrat, "Une image de l'Orient au XIVe siècle". pp. 20-21.

한 영토를 통합함으로써 처음으로 유럽과 중국이 직접 접촉할 수 있는 계기를 마련했다. 이는 무엇보다도 몽골이 상대적으로 안전한 통행과 그에 필요한 기반 시설을 제공한 덕분이었다.[12] 우구데이(Ögödei, 재위 1229~1241)는 지역 간 교류를 활성화시키기 위해 카라코룸(Qara qorum)으로부터 제국 전역을 연결하는 광대한 역참로를 건설했다. 쿠빌라이(Qubilai, 재위 1260~1294)는 대도-상도-카라코룸을 연결하는 역로를 개통했을 뿐만 아니라 중앙아시아를 관통하여 킵차크 초원에 이르는 기존의 노선에도 역참을 추가로 설치했다.[13]

유럽인으로 가장 먼저 이 역참로를 이용했던 사람은 카르피니였다. 교황 인노켄티우스 4세(Innocentius IV)의 친서를 휴대하고 1245년 겨울 리옹(Lyon)을 출발한 카르피니는 중동부 유럽을 거쳐 드네프르(Dnepr)강변에 주둔하고 있는 바투 휘하의 몽골 군영에 다다랐다. 교황의 친서를 본 바투는 카르피니 일행을 대칸에게 보내기로 결정했고, 이에 따라 카르피니 일행은 1246년 4월 8일 카라코룸을 향해 떠났다. 카르피니 일행은 이 역참을 이용한 덕분에 100일 남짓한 기간 안에 목적지에 도달할 수 있었다. 또 다른 수도사 뤼브루크도 이 역참을 이용했다. 1253년 아크레(Acre)를 출발한 그는 콘스탄티노플과 흑해 북쪽의 솔다이아(Soldaia, 수다크(Sudak))를 경유한 다음 아랄(Aral)해 북부의 초

12 니콜라 디 코스모(Nicola Di Cosmo)는 유럽과 아시아와의 접촉에서 몽골인들이 주도적인 역할을 했다고 말한다. Nicola Di Cosmo, "Mongols and merchants on the Black Sea frontier in the thirteenth and fourteenth centuries: Convergences and conflicts", *Mongols, Turks, and others: Eurasian nomads and the sedentary world*, Reuven Amita & Michal Biran (Eds.), Leiden & Boston: Brill, 2005, pp. 391-392; Peter Jackson, *The Mongols and the West: 1221-1410*, Harlow: Longman, 2005, p. 291.

13 고명수, 「쿠빌라이 정부의 大都건설과 역참교통체계 구축」, 『중앙아시아연구』 15, 2010, 170-171쪽.

원을 지나 카라코룸에 도착했다.[14] 그들의 여행길은 흑해 북쪽에서 카스피해와 아랄해 북쪽 노선을 경유해 중앙아시아를 관통하는 노선이었다(천산 북로). 이 노선은 몽골 평화시대에 대도로 가는 유럽인들이 이용했던 몇 가지 노선 중에서 가장 북쪽에 위치해 있었다.

1260년 콘스탄티노플을 출발한 니콜로 폴로(Niccolò Polo)와 마페오 폴로(Maffeo Polo) 형제도 비슷한 노선을 따라서 대도까지 갔다. 차이가 있었다면 폴로 형제는 카스피해와 아랄해 사이를 남하하여 부하라(Bukhara)와 사마르칸트(Samarkand)를 경유해 동진했다는 것이다. 1271년 여행에서 폴로 형제는 어린 마르코 폴로를 대동했다. 1271년의 여행 경로는 1260년의 노선과 약간의 차이가 있었다. 그들은 동부 지중해 연안에 위치한 소아르메니아 왕국의 항구도시 라이아스(Lias)를 출발해 터키 동부를 지나 이란을 경유하여 페르시아만 입구에 위치한 호르무즈(Hormuz)에 도착했다. 그들은 그곳에서 배를 이용해 인도양을 건널 생각이었지만 선박이 견고하지 못하고 풍랑이 잦다는 말을 듣고 동북방으로 방향을 돌려 육로로 대도까지 갔다. 이 육로는 1260년 폴로 형제가 이용했던 노선보다는 약간 남쪽에 위치해 있었다.[15]

마르코 폴로 일행은 해로를 이용하지 않았지만, 이후 14세기 초반까지 대도로 가고자 하는 유럽인들은 북쪽에 위치한 육로보다는 해로를 선호했다. 이는 해로가 육로보다 절대적인 비교우위가 있어서가 아니라 쿠빌라이의 집권 이후 몽골 내부에서 발생했던 정치·군사적 갈등 때문이었다. 특히 카이두(Qaidu, 재위 1248~1301)와 쿠빌라이 사이의 갈등 및 전쟁으로 중앙아시아를 경유하는 육로는, 완전히 폐쇄되지는

---

14 김호동, 『동방 기독교와 동서문명』, 52-55쪽.

15 김호동, 『동방 기독교와 동서문명』, 76쪽.

않았지만 유럽인들의 입장에서는 가급적이면 피하고 싶은 길이 되어 버렸던 것이다.[16] 이후 1289년 카이두가 카라코룸을 점령하자 쿠빌라이는 군대를 이끌고 친정을 떠났다. 이런 상황으로 인해 마르코 폴로는 1289년 육로 대신 해로를 이용할 수밖에 없었다.[17] 1289년 베네치아를 출발해 대도까지 갔던 프란체스코회 수도사 몬테코르비노도 해로를 이용했다. 그는 대도에 도착해서 쓴 첫 보고 서신에서 육로와 해로의 장단점을 상세하게 비교하고 있다.[18]

> 노선에 관해서는 북방의 타르타르인들의 황제(칸)에 속하는 코타이 땅을 관통하는 노선이 짧고 좀 더 안전하다고 말할 수 있습니다. 사신들과 동행하면 5~6개월이면 도착할 수 있기 때문입니다. 반면 다른 노선은 두 번의 바다 여행을 거쳐야 하기 때문에 가장 길고 위험합니다.

---

16 고명수, 「쿠빌라이 정부의 交通·通商 진흥 정책에 관한 연구: 소위 '팍스 몽골리카'(Pax Mongolica)의 성립조건 형성과 관련하여」, 고려대학교 동양사학과 박사학위논문, 2009, 80-87쪽; Kim Hodong, "The unity of the Mongol empire and continental exchanges over Eurasia", *Journal of Central Eurasian Studies*, vol. 1, 2009, pp. 19-24.

17 마르코 폴로, 『마르코 폴로의 동방견문록』, 92-93쪽.

18 각 자료에 나오는 번역에 약간의 차이가 있기에 이곳에 라틴어 원문을 싣는다. A. Van den Wyngaert, *Sinica Franciscana, I*, p. 349; Henry Yule, *Cathay and the way thither 3*, London: Cambridge University Press, 1913, pp. 48-49; Robert S. Lopez, "European merchants in the medieval Indies", p. 172. "De via notificio quod per terram Cothay Imperatoris aquilonarium Tartarorum est via brevior et securior, ita quod cun nunciis infra v vel vi menses poterunt pervenire; via autem alia est longissima et periculosissima, habens duas navigaiones quarum prima est secundum distantiam inter Achon et provinciam Provincie, alia vero est secundum distantiam itner Achon et Angliam, et posset contingere quod in biennio vix perficerent viam illam. Quia prima via secura non fuit a multo tempore propter guerras, iedo sunt XII anni quod de Curia romana et de nostro Ordine et statu occidentis non suscepi nova."

> 두 번의 바다 여행 중 첫 번째는 아크레로부터 프로방스 지방에 이르는 거리 정도인 반면, 두 번째는 아크레로부터 잉글랜드까지의 거리입니다. 그 길로 여행하면 2년 안에 여행을 마치는 것도 쉽지 않을 것입니다. 그러나 (코타이 땅을 관통하는) 첫 번째 길은 숱한 전쟁들로 인해 오랫동안 안전하지 못했습니다. 그 때문에 로마의 교황청과 우리 교단으로부터 유럽 상황에 관한 소식을 받지 못한 것이 12년이나 되었습니다.

몬테코르비노의 지적처럼 북쪽 노선은 안전한 통행만 보장되면 가장 확실한 단거리 노선임이 틀림없었다. 실제로 몬테코르비노가 편지를 썼던 1305년 1월은 중앙아시아를 관통하는 노선이 이미 정상화된 시기였다. 1305년 훌레구 울루스(Hülegü Ulus)의 군주 울제이투(Öljeitü)가 프랑스 왕 필리프 4세(Philippe IV)에게 보낸 친서에서 "테무르 카안, 톡타, 차파르, 두아를 위시한 우리 칭기스 칸 일족들은 45년 전부터 지금까지 서로 비방해오던 것을, 이제 하늘의 가호를 받아 모든 형제들이 화목하게 되었다. 태양이 뜨는 중국 땅에서부터 탈루(Talu)해에 이르기까지 나라를 통합하고 역참을 연결했다"고 당시 상황을 증언한다.[19] 이후 북방 노선은 유럽 상인들이 가장 선호하는 교역로로 부상했다. 1330~1340년대 동지중해에서 활동했던 피렌체 거상 가문 바르디 상사의 주재원 페골로티는 자신의 상업 지침서에서 "타나에서 카타이로 가는 길은, 그 길을 이용해본 상인들의 이야기에 따르면 밤이건 낮이건 상관없이 최고로 안전하다"고 북방 육로의 장점을 언급하며, 타나에서 카타이로 가는 자세한 여정도 알려준다.[20]

---

19 고명수, 「쿠빌라이 정부의 大都건설과 역참교통체계 구축」, 174쪽.

20 Francesco B. Pegolotti, *La pratica della mercatura*, "Il cammino d'andare dalla Tana al Gattaio è sicurissimo e di dì ed di notte secondo si conta per li

타나(Tana) → 아스트라한(Astrakhan. 소를 이용하면 25일, 마차로는 12일) → 사라이(Sarai. 강을 건너면 하루) → 사라칸코(Saracanco. 수로로 8일. 아마 카스피해를 건넌다는 의미) → 우르겐치(Urganch. 낙타를 이용하면 20일) → 오트라르(Otrar. 낙타를 이용하면 35~40일) → 아말릭(Amaliq. 나귀를 이용하면 45일) → 감주(Camexu=Kan Chau. 나귀를 이용하면 70일) → Cassai[21](말을 타고 45일) → 베이징(Beijing, 北京. 30일).

그렇다고 유럽인들이 해로를 이용해 대도로 가는 길을 포기한 것은 아니었다. 1307년 교황 클레멘스 5세(Clemens V)가 대도로 파견한 6명의 선교사들도 해로를 이용했다.[22] 1320년대에 오도리코 또한 호르무즈에서 선박으로 인도양을 경유해 대도에 도착했다. 하지만 그는 유럽으로 귀환할 때는 중앙아시아를 통과하는 북방 노선을 이용했다.[23] 몽골 평화시대 대도의 주교로 파견된 마지막 선교사에 해당하는 마리뇰리도 페골로티의 『상업 안내서』에 나오는 길과 거의 유사한 루트를 통해 대도로 갔다.[24]

그러나 14세기 중반으로 갈수록 아시아로의 안전한 통행은 점차 어

---

mercantanti che l'anno usato."

21 요한 라인홀트 포스터(Johann Reinhold Forster)는 'Cassai'를 황하 유역의 'Kissen'으로 보는 반면, 헨리 율(Henry Yule)은 'Cassai'를 항저우(Quinsai)로 간주한다. 여행길을 감안할 때 율의 추정은 받아들이기 어렵고 황하 유역에 있는 지명으로 보는 것이 설득력이 있다. Henry Yule, *Cathay and the way thither 3*, p. 148.

22 John Larner, *Marco Polo and the discovery of the world*, New Haven & London: Yale University Press, 1999, p. 121.

23 주요 노선은 다음과 같다. 트레비존드-타브리즈-호르무즈-타나-퀼론-취엔저우-항저우-대도. Odorico da Pordenone, *The Travels of Friar Odoric*, 지도 참조; Igor de Rachewiltz, *Papal envoys to the great Khan*, pp. 184-185.

24 Igor de Rachewiltz, *Papal envoys to the great Khan*, pp. 191-201.

려워졌다. 몽골제국의 통일성에 균열이 가기 시작했던 것이다. 대도의 주교였던 마리뇰리는 몽골 내부의 정치적 불안정을 감지하고 유럽으로 돌아갈 것을 결심했다.[25] 훌레구 울루스와 조치 울루스에서도 상황은 마찬가지였다. 1343년 타나에서 베네치아 상인이 몽골인을 살해하는 사건이 일어났고, 이로 인해 성난 몽골인들이 갤리선을 이용해 채 피하지 못한 모든 유럽인들을 살해하고 그들의 집을 약탈했다. 이후 조치 울루스는 유럽인들을 적대적으로 대했고, 제노바 상관이 설치되어 있었던 카파(Caffa)를 포위했다. 1348년에는 흑해에서 퍼져나간 흑사병이 흑해를 통한 아시아와의 교역을 사실상 불가능하게 만들었다.[26] 타브리즈(Tabriz)의 상황도 유사했다. 일칸 아부 사이드(Abū Sa'īd Bahādur Khān)의 사망 후 정권을 장악한 세력들은 유럽 상인들을 강탈하기 시작했고 때론 학살을 용인하기도 했다. 이에 대한 보복으로 제노바 정부는 모든 제노바 상인들에게 타브리즈로 가는 것을 금지했다.[27]

물론 14세기 중엽 이후에도 베네치아와 제노바는 조치 울루스와 우호적인 관계를 유지하려고 노력했다. 1360년 베네치아는 자코포 코르나로(Jacopo Cornaro)를 내란 중이던 조치 울루스의 수도 사라이로 파견했다. 그의 핵심 임무는 타나에서 활동하는 베네치아인들의 권리 확보, 베네치아 상인이 현지에서 입은 손해에 대한 배상, 그리고 관세 인하 등이었다.[28] 그리고 1368년 몽골제국의 와해 이후에도 아주 간헐적이지만 유럽 상인들이 아시아로 장사를 떠난 사례들이 있었다. 14세기

---

25 Igor de Rachewiltz, *Papal envoys to the great Khan*, p. 196.

26 Robert S. Lopez, "European merchants in the medieval Indies", p. 179.

27 Michel Balard, "Les gênois en Asie centrale et en Extrême-Orient au XIVe siècle", pp. 681-686.

28 Nicola Di Cosmo, "Mongols and merchants on the Black Sea frontier in the thirteenth and fourteenth centuries", pp. 406-407.

후반에도 베네치아 상인들은 우르겐치(1362년), 아스트라한(1389년), 술타니아(Sultania, 1389년) 등지에서 활동하고 있었다.[29]

하지만 유럽에 좀 더 가까운 지역을 제외하면 대몽골제국이 안전한 통행을 보장했던 극동으로 가는 교역로는 몽골제국의 와해로 사실상 닫혀버렸고, 그로 인해 흑해를 통해 수입되는 아시아 물품의 양은 현격하게 줄어들었다. 실제로 14세기 말 제노바 상인들이 흑해에서 구입한 후추 등의 향신료는 시리아와 이집트에서 구입한 향신료의 5% 정도에 지나지 않았다.[30]

2. 기록 속의 상인들

카르피니가 몽골의 초대 수도였던 카라코룸으로 출발한 시기는 몽골의 서방 진출 직후인 1245년이었지만 유럽 상인들이 본격적인 의미의 장사를 목적으로 카라코룸이나 대도까지 간 것은 그보다 훨씬 늦은 시기였다. 그런 면에서 마르코 폴로의 여행은 본격적인 동방 진출보다 앞서 있었다. 왜냐하면 그는 『동방견문록』에서 현지의 생산물, 교역 물품, 상업적 가치가 있는 상품 등에 관해서 상세한 설명을 하고 있지만 몽골이나 인도에서 활동하는 유럽 상인들의 존재에 대해서는 언급하지 않았기 때문이다. 또한 그의 기나긴 여행 과정을 고려했을 때 그는

---

29 Michel Balard, "Precursori di Cristoforo Colombo: I Genovesi in Estremo Oriente nel XIV secolo", *Atti del Convegno Internazionale di Studi Colombiani, tome 1*, Genova: Civico istituto colombiano, 1978, pp. 158-159; John Larner, *Marco Polo and the discovery of the world*, p. 123.

30 Michel Balard, "Gênes et la mer Noire(XIIIe -XVe siècles)", *Revue Historique*, CCLXX, 1983, p. 38.

진정한 의미의 상인은 아니었고 오히려 외교 사절에 가까웠다. 마르코 폴로가 유럽으로 귀환하는 13세기 말에 가서야 유럽 상인들이 극동 시장으로 진출하기 시작했던 것 같다. 이를 증명하는 대부분의 기록들은 14세기 초 이후에 작성되었다.[31]

반면 유럽은 좀 더 가까운 위치에 있던 훌레구 울루스 및 조치 울루스와는 일찍부터 교역을 시작했다. 공증 문서를 포함한 다양한 종류의 기록들이, 1260년대부터 유럽 상인들이 훌레구 울루스의 타브리즈에서 활발한 상업 활동을 하고 있었음을 보여준다. 훌레구 울루스를 창설한 훌레구(Hülegü, 재위 1261~1265)는 맘루크(Mamluk)제국을 공략하는데 유럽의 군사적 협조나 연합 공격을 희망했기에 유럽 기독교 상인에 대한 우호적인 정책을 실행했다. 유럽과의 우호적인 관계를 유지하려는 정책은 훌레구 이후의 칸들에게서도 지속된다. 그들은 이를 위해 종종 유럽으로 사절단을 파견해 군사적 동맹의 가능성을 타진했다.[32] 이러한 훌레구 울루스의 정책 덕분에 유럽 상인들이 타브리즈에서 왕성하게 활동할 수 있었다.

타브리즈에서 활동한 유럽 상인에 관한 최초의 기록은 1264년 5월 2일 타브리즈에서 작성된 베네치아 상인 피에트로 벨리오네(Pietro Veglione)의 사망 문서이다. 이 문서에는 타브리즈에서 상사를 운영하는 피에트로 이외에도 8명의 유럽 상인이 증인으로 나온다. 증인 중 베네치아 상인은 한 명도 없으며 대부분이 제노바 상인이었다. 1269년 훌레구 울루스의 사절단이 제노바를 방문한 것으로 보아 제노바와 훌레구 울루스의 관계는 이전부터 시작되었던 것으로 사료된다. 1287년

31 Robert S. Lopez, "European merchants in the medieval Indies", p. 164; Luciano Petech, "Les marchands italiens dans l'empire mongol", pp. 549-552.

32 Igor de Rachewiltz, *Papal envoys to the great Khan*, pp. 144-159.

아르곤(Argon) 칸이 서방에 보낸 사절단에는 2명의 이탈리아 상인(통역자 Ugeto와 은행가 Thomas)이 포함되어 있었다. 1288년 4월 13일자 교황의 서신에는 아르곤을 위해 통역을 담당하는 9명의 기독교인들(제노바 출신의 Giovanni Barlaria와 3명의 베네치아인들 Pietro da Molin, Gerardo de Ca' Turco, Giorgio Zuffo 포함)이 언급되어 있다. 아마 이들은 타브리즈에서 활동하던 기독교 상인으로 추정된다.[33]

훌레구 울루스 궁정에서 신망을 얻었던 유럽 상인들은 제노바 상인들이었다. 그중에서도 가장 두드러진 역할을 했던 인물은 제노바 상인 부스카렐로 데 기졸피(Buscarello de Ghisolfi)였는데, 그가 아르곤으로부터 첫 외교 임무를 맡은 것은 1289년이었다. 일반적으로 아르곤의 서방 사절은 몽골 출신의 대표와 유럽 출신의 통역으로 구성되었던 반면, 이번에는 부스카렐로가 사절단의 대표를 맡았다. 그는 1289년 교황을 알현한 후 파리로 가 필리프 4세에게 아르곤의 친서를 전달했다. 친서의 골자는 맘루크에 대해 연합 공격을 하자는 것이었다. 그리고 이후의 일정은 외교 사절이 아니라 상인으로서의 일정이었다. 1291년 제노바로 돌아온 부스카렐로는 8명의 투자자들로부터 919리라의 자금을 확보했다. 계약서에 명시된 사업 목적지는 비잔티움제국이었지만 실제 목적지는 훌레구 울루스였다. 1291년 아르곤 사후 칸으로 즉위한 게이하투(Geikhatu, 재위 1291~1295) 시절에 부스카렐로는 외교 임무를 수행하기보다는 자기 본연의 업무인 상업 활동에 치중했다. 하지만 아르곤의 아들 가잔(Ghazan)의 통치 시기(1295~1304)에 부스카렐로는 다시 한 번 외교 임무를 맡았다.

아르곤은 제노바 상인들뿐만 아니라 제노바 선원과 장인들도 활용

33 Luciano Petech, "Les marchands italiens dans l'empire mongol", pp. 561-562.

했다. 1290년 제노바 출신 선원인 비발도 라바조(Vivaldo Lavaggio)는 아르곤을 위해 흑해에서 해적 소탕 작전에 참여했으며,[34] 1290년 아르곤에게 고용된 900명의 제노바 출신 선원들은 바그다드에서 2척의 갤리선을 건조했다. 아르곤은 이를 이용해 인도양에서 맘루크 상권을 견제하려고 했지만 제노바인들이 교황파와 황제파로 양분되어 서로 죽이는 사건이 발생하면서 아르곤의 계획은 실현되지 못했다.[35] 1290년 제노바 상인 피에트로 데 브라이노(Pietro de Braino)는 아르곤의 호의를 얻기 위해 매 조련사를 아르곤 궁정에 데리고 갔다.[36]

마르코 폴로가 타브리즈를 경유하던 1291년경 제노바와 베네치아 상인들은 이곳에서 확고하게 자리를 잡고 있었다.[37] 제노바 공증 문서를 조사한 미셸 발라(Michel Balard)의 연구에 따르면 14세기 전반기에 제노바 상인들은 타브리즈와의 교역에 상당한 자금을 투자했다.[38] 1306년 훌레구 울루스의 칸 울제이투는 베네치아의 도제(doge)에게 보

---

34 이에 관한 이야기는 1290년 4월과 5월 흑해 연안의 제노바 식민지 카파에서 작성된 공증 문서에 나온다. George I. Bratianu, *Recherches sur le commerce génois dans la mer noire au XIIIe siècle*, Paris: Paul Geuthner, 1929, p. 257.

35 이와 관련된 기록은 크게 세 가지이다. Bar Hebraeus, *Chronicon Syriacum 1*, Paul J. Bruns & Georg W. Kirsch (Eds.), & Adamus F. Lipsiae (Trans.), Boehm, 1789, p. 620; Jean de Winterthur, "Chronicon", Archiv für schweizerische Geschichte, XI, p. 52; Gaullaume Adam, *De modo Sarracenos extirpandi*, p. 551; Jean Richard, "Les navigations des Occidentaux sur l'océan indien et la mer Caspienne", pp. 359-360; John Larner, *Marco Polo and the discovery of the world*, p. 116.

36 Nicola Di Cosmo, "Mongols and merchants on the Black Sea frontier in the thirteenth and fourteenth centuries", p. 400.

37 마르코 폴로는 "이 도시가 얼마나 좋은 곳에 위치해 있는지, 인도와 바우닥, 모술과 쿠르모스, 그리고 다른 여러 곳에서 상품들이 들어오고 수많은 라틴 상인들도 낯선 지역에서 들어오는 물건을 사기 위해 그곳으로 모여든다"고 말했다. 마르코 폴로, 『마르코 폴로의 동방견문록』, 114-115쪽.

38 Michel Balard, "Precursori di Cristoforo Colombo", p. 151.

낸 서신에서 "이전부터 당신네 상인들이 나의 제국에서 장사를 했고, 때론 다른 상인이 남겨놓은 채무를 갚아야 하는 곤란함을 겪고 있었지만 이를 알리지 않았습니다. 앞으로 당신네 상인들은 자유롭고 안전하게 오가면서 장사할 수 있습니다"라면서 베네치아 상인의 상업 활동을 적극적으로 유치했다.[39] 1320년 베네치아 정부는 울제이투를 계승한 칸 아부 사이드와 공식적인 상업 협정을 체결함으로써 여러 가지 상업적 특혜를 확보했다. 협정에 따라 베네치아는 타브리즈에 베네치아 대표를 파견할 수 있게 되었고, 이 대표는 4명의 자문위원과 함께 현지 베네치아 상인의 활동을 관리·감독할 수 있게 되었다. 조약에 따르면 베네치아 상인들은 타브리즈뿐만 아니라 다른 곳에서도 장사를 할 수 있었으며, 제국 내의 모든 곳에서 현지 관리나 세관원의 도움 및 보호를 받을 수 있었다.[40]

한편 제노바와 베네치아 상인 이외에 피사와 피렌체 상인들도 당시 타브리즈에서 활동하고 있었다. 피사 상인 이올로(Iolo)와 조반니 데 보나스트로(Giovanni de Bonastro)는 아르곤 궁정에서 꽤 영향력 있는 상인이었다. 아르곤을 계승해 칸이 된 아부 사이드의 재위 기간(1317~1336)에도 타브리즈에서 이탈리아 상인들의 자유로운 상업 활동은 보장되었다. 1333년 타브리즈의 주교가 교리 논쟁에 대한 증인으로 타브리즈에서 활동하는 이탈리아 상인 11명(제노바 상인 5명, 베네치아 상인 2명, 피사 상인 1명, 피아센차 상인 1명, 아스티 상인 1명, 출신을 모르는 이탈

39 Georg M. Thomas, & Riccardo Predelli (Eds.), *Diplomatarium Veneto-Levantinum sive acta et diplomata res venetas graecas atque Levantis illustrantia a. 1300-1350*, Venezia: Deputazione veneta di storia patria, 1880-1899, pp. 47-48.

40 Louis de M. Latrie, "Privilège commercial accordé en 1320 à la république de Venise par un roi de Perse", pp. 24-31.

리아 상인 1명)을 불렀다는 기록이 있다.[41]

1336년 아부 사이드 사망 후 타브리즈가 추판(Chupanid) 왕조 하산 쿠첵(Hasan-i Kūchik, 재위 1337~1343)의 수중에 떨어진 후 상황은 반전되었다. 유럽 상인에 대한 우호적인 정책은 사라졌고 이탈리아 상인들은 타브리즈 시장을 떠나기 시작했다. 제노바 상인들은 타브리즈 시장 출입을 금하는 법령을 제정하기도 했다.[42] 하지만 제노바 정부는 1341년 타브리즈에 상업 사무소(Officium mercantie)를 설치하는 등 마지막까지 타브리즈 시장에 대한 희망을 가지고 있었다.[43] 1344년 말리크 아스라프(Malek Ashraf, 재위 1343~1355)는 제노바에 사절을 보내 평화를 제안하며 제노바 상인들의 피해를 보상하겠다고 약속했다. 하지만 이 약속은 지켜지지 않았고 이후 제노바 상인이 입은 손실은 20만 리라에 달했다.[44]

단편적으로 남아 있는 기록들은 흑해 북쪽에 자리한 조치 울루스와 유럽의 교역이 1260년대 무렵부터 시작되었음을 보여준다. 물론 몽골의 서방 진출 이전 이탈리아 상업 도시들은 이미 흑해에 진출해 있었다. 베네치아는 1204년 4차 십자군의 승리로 흑해 통행권을 확보했고, 제노바는 1261년 콘스탄티노플 수복에 대한 원조의 대가로 비잔티움 제국으로부터 흑해 진출을 허용받았다. 그렇지만 흑해에서 이탈리아 상인들의 상업 활동이 본격화된 것은 1260년대 이후부터였다. 이는 몽

41 Girolamo Golubovich, *Biblioteca bio-bibliografica della Terra Santa e dell'Oriente Francescano 3*, Quaracchi: Wentworth Press, 1919, pp. 436-438; Luciano Petech, "Les marchands italiens dans l'empire mongol", p. 569.

42 Robert S. Lopez, "Nuove luci sugli italiani in Estremo Oriente prima di Colombo", pp. 393-398.

43 Michel Balard, "Precursori di Cristoforo Colombo", pp. 151-152.

44 Luciano Petech, "Les marchands italiens dans l'empire mongol", p. 569.

골의 흑해 진출 때문이었다. 몽골은 소아시아반도 셀주크(Seljuk)의 술탄과 트레비존드(Trebizond)제국 황제에게 공납을 바치도록 했을 뿐만 아니라 코카서스(Caucasus) 지방을 정복함으로써 흑해에 면한 대부분의 지역을 정치적으로 복속시켰다.[45] 비잔티움제국도 몽골과 좋은 관계를 유지하길 희망했다. 이러한 정치적 통합과 몽골제국 내에서 상업 활동의 자유 및 안전한 통행을 보장하려는 몽골의 정책은 흑해를 통한 무역을 활성화시키는 계기를 제공했다.

이탈리아 상인들이 조치 울루스와의 교역을 원한 우선적인 이유는 조치 울루스 영토인 흑해 북부에서 생산되는 곡물, 생선, 가죽, 꿀, 밀랍 등의 농수산물이 풍부했기 때문이다. 1268년 기근이 들자 베네치아 정부는 조치 울루스 영토에까지 가서 곡물을 구해올 것을 의결했고, 이를 막기 위해 제노바는 교황에게 베네치아 상인들이 타나로 가지 못하도록 해달라고 요구했다("quod non iretur ad Tanam").[46] 1291년 베네치아 정부는 조치 울루스와 좀 더 긴밀한 관계를 맺기 위해 대사를 파견했다. 하지만 조치 울루스와 우호적인 관계를 수립하려는 베네치아의 정책은 제노바의 반감을 불러일으켰다. 결국 베네치아와 제노바의 갈등은 지중해에서와 마찬가지로 흑해에서 재현되었다.

1289년에서 1290년 사이 조치 울루스와 훌레구 울루스 간의 갈등이 발생하자 제노바는 훌레구 울루스를, 베네치아는 조치 울루스를 지지했다. 이로 인해 조치 울루스와 제노바의 관계는 악화되었고 1298년

---

45 Marie Nystazopoulou-Pélékidis, "Venise et la mer Noire du XIe au XVe siècle", *Venezia e il Levante fino al secolo X V*, Agostino Pertusi (Ed.), Florence, 1973, pp. 550-551.

46 Mihnea Berindei & Migliardi O'Riordan Giustiniana, "Venise et la Horde d'Or fin XIIIe-début XIVe siècle(A propos d'un document inédit de 1324)", *Cahiers du monde russe et soviétique*, 29, 1988, p. 245.

몽골은 크림(Crimea)반도의 제노바 상관들을 약탈했다. 한편 1291년 시작된 조치 울루스 내부의 권력 투쟁은 상업 활동을 어렵게 만들었다. 일시적이나마 14세기 초 조치 울루스와의 관계가 정상화되면서 타나의 제노바 상관은 1304년 활동을 재개할 수 있었다. 그러나 제노바 상인들이 몽골 아동들을 노예로 팔아먹는 사실에 분개한 칸 톡타(Tohta, 재위 1291~1313)는 1307년 사라이에서 활동하는 제노바 상인들의 재산을 몰수하고 그들을 감금했다. 같은 해 톡타의 아들은 군사를 이끌고 카파의 제노바 상관을 포위 공격했으며 300명의 제노바인들과 300명의 그리스인들이 8개월간의 저항 끝에 도시에 불을 지른 후 선박을 이용해 도망쳤다.[47]

우즈베크(Ūzbak, 재위 1313~1341)가 칸으로 즉위하면서 상황은 호전되었다. 그의 호의적인 상업 정책 덕분에 이탈리아 상인들은 다시 조치 울루스와 활발한 상업 교류를 재개할 수 있었다.[48] 칸은 1313년 제노바 상인들이 카파에 상관을 설립하는 것을 허락했으며, 같은 해 제노바 정부는 이 지역에서의 교역을 활성화시키기 위해 8명의 원로로 구성된 위원회를 설립했다. 제노바 상인들은 1315년 타나로 돌아왔으며, 1320년에는 조치 울루스의 수도 사라이에서 교역을 시작할 수 있었다.[49]

이 시기 타나는 국제 교역의 루트가 교차하는 중요한 상업 거점으로 부상했다.[50] 14세기 초반에 작성된 두 『상업 안내서』[51]에 따르면 몽골의

---

47 Wilhelm Heyd, *Histoire du commerce du Levant au Moyen Age 2*, Leipzig: O. Harrassowitz, 1923, p. 170.

48 Mihnea Berindei & Migliardi O'Riordan Giustiniana, "Venise et la Horde d'Or fin XIIIe-début XIVe siècle", p. 243.

49 George I. Bratianu, *Recherches sur le commerce génois dans la mer noire au XIIIe siècle*, pp. 283-284.

50 Nicola Di Cosmo, "A note on the Tana route and 14th century international

대도로 가는 유럽 상인들이 이용하는 제일의 출발지가 바로 타나였다. 타나는 또한 베네치아 상인들에게도 매우 중요한 시장이었다. 베네치아 원로원 문서에 따르면 14세기 초 설립된 흑해 행 베네치아 갤리 상선단의 핵심 기항지가 타나였다.[52] 1324년 10월 10일 콘스탄티노플에서 2명의 베네치아 상인 마리노 마린(Marino Marin)과 레오나르도 콘타리니(Leondardo Contarini)가 공증인을 통해 체결한 상업 계약서는 베네치아 상인들의 구체적인 사업 형태를 잘 보여준다. 계약에 따르면 마리노는 레오나르도로부터 199이페르어치의 주석(약 940kg)을 받았고, 이것을 우즈베크제국, 즉 조치 울루스(portare debeo in contratis imperii de Uusbeco)로 가져가 판매할 것을 약속했으며, 사업에서 생기는 수익의 4분의 3은 투자자인 마리노가, 나머지 4분의 1은 레오나르도가 갖는 것으로 약속했다.[53] 계약서는 납 판매 장소를 명확하게 언급하지 않았지만 당시 조치 울루스의 수도 사라이가 금속 가공업으로 유명했던 점을 고려할 때 아마 사라이가 유력한 판매처였을 것으로 추정된다. 베네치아는 1326년 타나에 베네치아 상인을 대표하는 콘술(consul)을 임명했고, 1333년에는 칸 우즈벡으로부터 타나에 상관을 설치할 수 있는

---

trade", *Aspects of Altaic Civilization III. Proceedings of the 30th Meeting of the Permanent International Altaistic Conference*, Bloomington, IN: Indiana University Press, 1990, pp. 20-32.

51 Robert-Henri Bautier, "Les relations économiques des Occidentaux avec les pays d'Orient au Moyen Age", pp. 315-316; Francesco B. Pegolotti, *La pratica della mercatura*, pp. 21-23.

52 베네치아 갤리 상선단이 흑해에서 가장 오래 정박한 기항지 중의 한 곳이 타나였다. 타나에서는 10~14일 정도 정박했다. Doris Stôckly, *Le système de l'Incanto des galées du marché à Venise (fin XIIIe-milieu XVe siècle)*, Leiden, New York, & Köln: Brill, 1995, pp. 101-119.

53 Mihnea Berindei & Migliardi O'Riordan Giustiniana, "Venise et la Horde d'Or fin XIIIe-début XIVe siècle", p. 243.

허가권을 얻었다. 협정문에는 상관 설립 허가뿐만 아니라 상관 부지 양도, 우호적인 관세 책정, 상인에 대한 보호, 법적 문제에 대한 처리 규정이 나와 있다. 법적 문제는 베네치아 상인 대표인 콘술과 현지의 몽골 관리가 함께 처리하도록 규정되어 있었다.[54]

1291년 라틴 왕국의 최후 거점이었던 아크레(Acre)의 몰락은 아시아와의 상업 교류를 더욱 확대시키는 결과를 가져왔다. 이 사건 이후 교황청은 맘루크제국에 보복하기 위해 유럽 상인들에게 이들과의 교역을 금지하는 일련의 법령들을 반포했고, 맘루크제국과의 교역에서 향신료와 같은 아시아 상품들을 구입하던 유럽 상인들은 새로운 대안을 찾아야 했다.[55] 그리고 그 해답은 바로 몽골제국과의 교역을 더욱 확대하는 것이었다. 그 결과 훌레구 울루스 및 조치 울루스 너머에 있는 세계와 유럽 사이의 교역이 본격화되었다. 이전 시기와 달리 1310년대 이후에는 공증 문서에서 아시아를 구체적인 사업 목적지로 언급하는 것이 일반화되었다. 이는 아시아로의 사업 여행이 일반화되었음을 의미한다.[56] 하지만 이 지역에서 활동했던 유럽 상인들에 관한 기록은 적을뿐만 아니라 매우 단편적이다. 그들에 관한 기록은 주로 중국과 인도를 다녀온 선교사나 성직자들이 남긴 여행기, 보고서, 서한 등인데 이러한 기록에서 상인과 교역에 대한 사안은 주변적인 문제일 뿐이었다.

---

54 Nicola Di Cosmo, "A note on the Tana route and 14th century international trade", p. 411.

55 Eliyahu Ashtor, *Levant Trade in the Later Middle Ages*, Princeton, NJ: Princeton University Press, 1983, pp. 57-63; Gherardo Ortalli, "Venice and papal bans on trade with the Levant: The role of the jurist", *Intercultural contacts in the Medieval Mediterranean*, London: Psychology Press, 1996, pp. 242-258.

56 Robert S. Lopez, "Nouveaux documents sur les marchands italiens en Chine à l'époque mongole", L'Académie des Inscriptions et Belles-Lettres: comptes-rendus, vol. 2, 1977, p. 451.

그러나 이들 여행기에 언급된 단편적인 여러 이야기들을 모아가면 좀 더 구체적인 그림을 완성할 수도 있을 것이다.

첫 번째 기록자는 후에 대도의 대주교가 된 수도사 몬테코르비노(Montecorvino)이다. 그의 기록에 등장하는 상인은 제노바 거상(great merchant) 피에트로 디 루카롱고(Pietro di Lucalongo)[57]였다. 1396년 그는 수도사와 함께 타브리즈를 출발하여 인도에서 약 13개월을 보낸 후 최종적으로 대도에 도착했다. 후에 그는 대도에서 땅을 구입해 몬테코르비노에게 희사했고, 수도사는 이 땅에 200명을 수용할 수 있는 교회를 세웠다. 이러한 사실로 보아 짧은 시간 동안 피에트로는 꽤 많은 재산을 모았던 것으로 짐작된다. 몬테코르비노가 쓴 1305년 1월 8일자 편지에는 또 한 명의 유럽인이 등장한다. 편지에 따르면 그는 1303년 베이징에 도착한 롬바르디아(Lombardia) 출신의 의사로 로마 교황청과 프란체스코 교단에 대해 믿을 수 없을 정도의 불경스런 이야기들을 쏟아냈다고 한다.[58] 몬테코르비노의 편지를 대도에서 유럽으로 가져간 사람은 베네치아 상인이었다.[59]

두 번째 기록자는 인도 남부까지 간 세베락이다. 그는 인도에서 활동하고 있는 유럽 상인들의 이야기를 기록했다. 우선 세베락은 4명의 프란체스코회 수도사 및 1명의 제노바 상인과 동행했다.[60] 세베락

---

57 여러 상인들이 피에트로가 제노바 출신이라고 주장했지만 페테크(Petech)는 베네치아에도 비슷한 성이 존재했다고 말한다. Luciano Petech, "Les marchands italiens dans l'empire mongol" p. 553.

58 상인에 관한 이야기는 코르비노가 1306년 2월 베이징에서 쓴 편지에 나오며, 롬바르디아 출신 의사에 관한 이야기는 1305년 1월 8일자 편지에 나온다. A. Van den Wyngaert, *Sinica Franciscana*, I, pp. 345-355; Christopher Dawson, *Mission to Asia*, pp. 226-229; Henry Yule, *Cathay and the way thither 3*, pp. 55-56.

59 John Larner, *Marco Polo and the discovery of the world*, p. 120.

이 1321년 10월 12일 인도의 카가(Caga=Ghoga)에서 쓴 편지에 따르면, 그곳에서는 라틴 상인들이 활동하고 있으며, 그들은 그곳에서 해로를 이용해 에티오피아까지 갈 수 있었다고 한다. 세베락은 다음 목적지인 인도의 타나로부터 피신온 많은 라틴 상인들[61]로부터 그곳에서 4명의 수도사가 순교했다는 소식을 들었다. 세베락의 편지를 받은 타브리즈의 교구장도 자신의 연대기에 인도 타나에서의 순교 사실을 언급하며 순교 당시 많은 라틴 상인들이 타나에서 장사를 하고 있었음을 증언했다.[62]

세베락의 기록에서 주목할 사실은 유럽인들이 인도양에서 선박을 운영할 수도 있다는 지적이다. 1323년 1월 인도 타나에서 쓴 편지에 세베락은 "우리의 교황께서 이 바다(인도양)에 갤리선 두 척을 띄운다면 그것은 이로운 일이며, 알렉산드리아(Alexandria)의 술탄에게는 손해와 타격이 될 것입니다!"라고 썼다.[63] 1317년 인도양을 실제로 항해했던 굴리엘모 아담(Guglielmo Adam)은 자신의 저서 『사라센을 절멸시키는 방법에 관하여(*De modo Sarracenos extirpandi*)』에서 좀 더 구체적인 안을 제시한다. 즉 서너 척의 갤리선과 1천 200명 정도의 선원이면 많

60 John Larner, *Marco Polo and the discovery of the world*, p. 121.

61 Christine Gadrat, "Une image de l'Orient au XIVe siècle". p. 310. "a multis mercatoris latinis qui fuerunt presentes negocio."

62 이 이야기는 타비리즈의 관구장이 쓴 순교 기록에 나온다. "multi mercatores Latini venerunt, dicentes se fuisse presentes et istud negocium et mirabilia divulgarunt." Christine Gadrat, "Une image de l'Orient au XIVe siècle". pp. 314-315.

63 Christine Gadrat, "Une image de l'Orient au XIVe siècle". p. 22. "O si duae galeae per dominu Papam in hoc mari constituerentur, quale esset lucrum et Soldano de Alexandria quale damnum et detrimentum!" 영어 번역문은 Henry Yule, *Cathay and the way thither 3*, p. 80 참조.

은 적선을 무찌르고 수천 명의 이슬람 상인, 그리고 그들과 사업을 하는 인도 상인들을 물리칠 수 있으며, 이러한 일에 가장 적합한 사람들이 제노바 사람이라는 것이다. 그리고 인도양의 섬인 소코트라(Socotra)의 기독교 해적들에게서 40~50척의 선박을 징집하면 인도양의 여러 거점 지역들(인도의 타나, 퀼론)을 통제할 수 있다는 것이다.[64] 또한 아담의 기록은 제노바 상인들이 인도양에서 그들 자신의 선박을 운영하고 있었음을 알려준다. 15세기 아랍 문서도 옛날에 프랑크인의 선박들이 마다가스카르(Madagascar)와 인도 서해안까지 항해했음을 증명한다.[65] 이처럼 세베락과 다른 몇몇 사람들의 편지는 꽤 많은 유럽 상인들이 인도 서해안 항구도시들(카가, 인도의 타나, 퀼론)에서 상업 활동을 하고 있었고, 때론 인도양을 통해 에티오피아나 아라비아와 교역도 했음을 짐작케 해준다.

1320년대에 몽골제국을 다녀왔던 또 다른 프란체스코회 수도사인 오도리코는 자신의 여행기를 통해 아시아에서 활동한 유럽 상인과 그들의 활약상에 대해 이야기하지는 않았지만, 자신이 경유했던 도시가 상업적으로 얼마나 중요했는지는 간략하게 언급한다. 오도리코가 본 타브리즈는 상업적으로 매우 중요한 도시였고, 그곳에 많은 기독교인들이 거주하고 있었다. 인도 남부 지역에서 그의 관심을 끈 산물은 향신료였다. 그는 인도 남서부 해안의 말라바(Malabar) 지역은 후추 생산으로 유명하며, 자바(Java)섬은 값비싼 향신료들이 많이 재배되고 있다

---

64 Jean Richard, "Les navigations des Occidentaux sur l'océan indien et la mer Caspienne", pp. 360-361; Christine Gadrat, "Une image de l'Orient au XIVe siècle". p. 22.

65 Gabriel Ferrand, "Une navigation européenne dans l'Océan indien au XIVe siècle", *Journal Asiatique*, vol. 1, 1922, p. 307.

고 기술한다. 그의 눈에 비친 중국 남부의 항구도시인 광저우, 취엔저우, 항저우는 세계적인 규모의 무역항이었다. 오도리코는 광저우에 대해 300파운드어치의 신선한 생강을 단돈 1그로트에 살 수 있을 정도로 향신료값이 저렴한 시장이며, 프란체스코회 수도사들이 활동하고 있던 취엔저우에 대해서는 생활에 필요한 모든 산물이 풍부한 도시라고 했고, 기독교 상인들이 활동하고 있던 항저우에 대해서는 세계에서 가장 위대한 도시라면서 감탄했다.[66]

중국 남부 항구도시 취엔저우의 주교직을 맡았던 유럽 성직자들이 남긴 간단한 보고 편지에는 제노바 상인들의 활동이 적혀 있다.[67] 페루자(Perugia) 출신의 주교 안드레아는 취엔저우에서 제노바 상인들을 만났고, 그들이 매년 대칸으로부터 100피오리노 정도의 하사금을 받는다는 이야기를 들었다고 1326년 1월자 편지에 적고 있다.[68]

마리뇰리는 많지는 않지만 여행 도중 보고 들은 유럽 상인들에 관한 이야기를 단편적으로 전해준다.[69] 흑해 북쪽에 위치한 카파를 떠난 마리뇰리는 조치 울루스의 궁전에 도착해 교황의 친서, 고급 직물, 몸집이 큰 군마 한 마리, 독주와 같은 교황의 선물들을 칸 우즈베크에게 전달했다. 그다음 조반니는 차가타이 울루스(Chaghatai Ulus)의 수도 아말

66 실제로 그는 베네치아에서 항저우를 다녀온 많은 사람들을 만나기도 했다. 그러나 이 이야기는 영어 번역문에는 나오지만 라틴어 원문에는 언급되어 있지 않다. Odorico da Pordenone, *The Travels of Friar Odoric*, pp. 69, 96-107, 126; A. Van den Wyngaert, *Sinica Franciscana, I*, pp. 463-469.

67 Igor de Rachewiltz, *Papal envoys to the great Khan*, pp. 172-173.

68 Christopher Dawson, *Mission to Asia*, p. 236; Henry Yule, *Cathay and the way thither 3*, p. 73.

69 마리뇰리의 여행기 라틴어 원문과 영어 번역은 다음 자료에 나온다. A. Van den Wyngaert, *Sinica Franciscana, I*, pp. 515-560; Henry Yule, *Cathay and the way thither 3*, pp. 209-269.

릭에 도착했고 그곳에서 한 해 전에 발생한 순교 소식을 전해 들었다. 조반니의 기록에 따르면 순교 당시 길로투스(Gilottus)라는 이름의 유럽 상인이 아말릭에서 활동하고 있었다. 대도에서 3년을 보낸 후에 조반니는 귀로에 오른다. 그는 남쪽으로 내려가 해로를 이용했다. 그는 "남쪽의 취엔저우(자이툰)는 매우 훌륭한 항구도시로서 믿을 수 없을 만큼 방대하며 그곳에는 교회 3개와 유럽 상인들을 위한 목욕탕과 상관이 있다"고 기술한다.[70] 그는 취엔저우를 떠나 퀼론(Quilon=Colombum)에 도착했고 그곳에서 14개월 동안 머물렀다. 그는 세상의 모든 후추가 이곳에서 생산된다고 감탄하면서 후추 생산 과정을 상세하게 묘사했다. 이후 조반니는 퀼론을 떠나 북상하다가 폭풍우를 만나 페르빌리스(Pervilis)라 불리는 항구에 표류하게 되었다. 그곳의 통치자는 조반니가 칸과 다른 군주들로부터 받은 물건들(금과 은, 비단, 금박 직물, 진주, 장뇌, 사향, 몰약)을 빼앗았다.[71] 이 이야기는 수도사들도 오가는 길에 일종의 장사를 했음을 간접적으로 증명한다.

선교사의 여행기나 보고 편지는 상인들의 존재를 간략하게 언급하는 정도에 그친다. 반면 사업 여행 도중에 상인이 사망하고 그의 재산에 관련된 소송 사건이 발생하면서 만들어진 법정 문서나 공증 문서에는 보다 구체적이고 상세한 상업 활동이 기록되어 있다. 다음의 두 이야기가 바로 그것이다. 첫 번째는 1310년대에 인도로 사업 여행을 하는 도중 사망한 제노바 상인 베네데토 비발디(Benedetto Vivaldi)에 관

70 A. Van den Wyngaert, *Sinica Franciscana, I*, p. 536. "Est etiam Zayton, portus maris mirabilis civitas, nobis incredibilis, ubi fratres Minores habent tres ecclesias pulcherrimas, optimas et ditissimas, balneum, fundatum, omnium mercatorum depositorium."

71 A. Van den Wyngaert, *Sinica Franciscana, I*, p. 538.

한 이야기이다. 1315년 그는 인도로 장사를 떠나기 위해 3명의 투자자들, 즉 필리포 비발디(Filippo Vivaldi), 시모네 비발디(Simone Vivaldi), 지네브라 비발디(Ginevra Vivaldi)와 코멘다(commenda)라 불리는 투자 계약을 맺고 그들로부터 303리라 정도의 자금을 투자받았다. 계약서에 언급된 형식적인 목적지는 비잔티움제국이었지만 그의 실제 목적지는 인도였다. 인도에는 이미 그의 사업 동료인 페르치발레 스탄코네(Percivale Stancone)가 있었다. 그러나 불행하게도 비발디는 인도에서 사망했고 스탄코네는 제노바에 있는 비발디의 상속인과 채권자들에게 동료의 사망 소식을 알리면서 비발디의 자본을 보내겠다고 통보했다. 하지만 채권자들은 자금을 스탄코네에게 위탁하기로 결정했다. 아마 투자자들도 이러한 사실을 알고 있었을 것이다.[72] 분명한 사실은 투자자들도 사업 목적지가 비잔티움제국이 아니라 인도라는 사실을 명확하게 알고 있었다는 것이다. 그런 맥락에서 사업 목적지가 비잔티움제국으로 되어 있는 많은 공증 문서들이 실제로는 동방 사업과 관련되어 있을 가능성이 높다. 또한 소규모 투자자들도 아시아와의 교역에 자본을 투자했다는 사실은 아시아 교역이 소수 상인들만의 독점 영역이 아니라 보통의 제노바 사람들의 관심 영역이기도 했음을 보여준다. 이 이야기에서 한 가지 아쉬운 점은 문서에 인도 어느 곳인지를 알 수 있는 구체적인 지명이 언급되어 있지 않다는 사실이다.

두 번째도 비슷한 이야기, 즉 인도 사업 여행 도중 사망한 베네치아 상인에 관한 것이다.[73] 1338년 베네치아 상인 6명이 베네치아를 떠나

72 공증 문서에 끼워져 있는 이 문서는 엄밀한 의미에서 상업 계약서가 아니라 법원의 판결문이다. 판결문에서 원래 상업 계약을 언급하고 있다. Robert S. Lopez, "Nuove luci sugli italiani in Estremo Oriente prima di Colombo", pp. 361-368.

73 R. S. Lopez, "Nuove luci", pp. 361-368.

인도의 델리로 향했다. 이 중 4명, 즉 조반니 로레단(Giovanni Loredan), 파올로 로레단(Paolo Loredan), 마르코 소란초(Marco Soranzo), 마리노 콘타리니(Marino Contalini)는 베네치아의 대표적인 귀족 출신들이었다. 그렇지만 베네치아 상인들도 앞의 제노바 상인들처럼 여러 투자자들로부터 사업 자금을 조달했으며, 개별 상인의 모금액은 200리라 정도로 제노바 상인들과 비슷했다. 베네치아 상인들은 크림반도를 경유해 아스트라한까지 갔으며, 강이 얼어 그곳에서 50일 동안 머물 수밖에 없었다. 일행은 아스트라한에서 우르겐치로 가는 또 다른 베네치아 상인 안드레아 주스티니아니(Andrea Giustiniani)를 만나기도 했다. 불행히도 조반니 로레단은 가즈니(Ghazni) 근처에서 사망했고, 나머지 일행은 우여곡절 끝에 델리에 도착했다. 당시 델리의 술탄은 무함마드 이븐 투글루크(Muhammad bin Tughlug)였으며 그는 외국인에 대해 많은 시혜를 베푸는 기인으로 소문이 나 있었다.[74] 실제로 베네치아 상인들은 술탄으로부터 선물로 20만 브잔트(7천 500베네치아 리라에 해당하는 금액)를 받았다. 관례대로 술탄에게서 받은 선물의 10분의 1은 돌려주어야 했고, 1%는 뇌물로 세관원들에게 주어야만 했다. 그리고 대신들의 호의를 얻어내기 위해 900~1천 브잔트 정도를 그들에게 바쳤다. 상인들은 투자 상환금을 제외하고 나머지 금액의 일부로 진주(10만 2천 브잔트)를 구입했고 각자 1만 브잔트씩 나눠 가졌다. 파올로 로레단은 자신의 몫과 사망한 형의 몫을 함께 받았다. 상인들은 남은 돈으로 현지 화폐를 구입했고, 귀로에 우르겐치에 도착해 진주(각자 1만 7천 브잔트에 해당)와 현지 화폐를 나눠 가졌다. 우르겐치에서 상품과 자금을 나눈 것은 이

---

74 소문에 따르면 그는 적들과 자신의 신민들에 대해서는 잔인했지만 외국인에 대해서는 매우 관용적이었고 때론 지나친 시혜를 베풀기도 했다. Robert S. Lopez, "European merchants in the medieval Indies", p. 174.

곳에서 각자 헤어졌음을 의미한다. 마르코 소란초는 자신의 몫으로 받은 진주를 프랑스로 보내 판매했다. 소송 기록에 따르면 이들의 사업은 기대했던 만큼 큰 이익을 가져다준 것은 아니었다. 조반니 로레단의 경우 원금 포함 총 수익은 투자금의 2배가 채 되지 않았다. 하지만 이 기록 내용은 채권자와 상속자들에게 적은 돈을 주기 위한 술책일 수도 있었다.

제노바와 베네치아 기록뿐만 아니라 중국 문헌에도 흔적을 남긴 보기 드문 유럽 상인이 바로 제노바 출신의 안달로 데 사비뇨네(Andalo de Savignone)였다.[75] 이전부터 그의 가문 사람들은 몽골제국에서 상업 활동을 하고 있었고,[76] 특히 그는 대원제국의 수도를 세 번이나 다녀왔다. 1330년 10월 안달로는 동료 레오네 베지아(Leone Vegia)와 함께 대도에 체류하면서 현지에서 사망한 제노바 상인 안토니오 사르모레(Antonio Sarmore)의 유산 처리를 맡았다. 안달로는 1333년 3월 제노바에서 그 유산을 채권자인 페르치발레 마초노(Percivale Mazzono)에게 전달했고, 1334년 다시 대도를 향해 떠났다.[77] 이후 1336년 그는 톡 테무르(Toɤ Temür)의 명을 받고 15명의 수행원과 함께 교황청에 파견되었다.[78] 대칸은 서유럽과 좋은 관계를 맺길 원했다. 이 사절단은 나중에

---

75 Archivio di stato di Venezia, *Senato Misti, Deliberazioni*, reg. XVII, fo 116v.(1388년 12월 22일 법령); Girolamo Golubovich, *Biblioteca bio-bibliografica della Terra santa e dell'Oriente Francescano 4*, Quaracchi: Wentworth Press, 1923, p. 250; Arthur C. Moule, *Christians in China before the year 1550*, London: Society for Promoting Christian Knowledge, 1930, pp. 256-258.

76 George I. Bratianu, *Recherches sur le commerce génois dans la mer noire au XIIIe siècle*, pp. 307-308, 321.

77 Michel Balard, "Precursori di Cristoforo Colombo", pp. 154-155.

78 Luciano Petech, "Les marchands italiens dans l'empire mongol", pp. 554-555, 571. 니콜로 사비뇨니는 1292년 타브리즈에서 활동하고 있었고, 란프란키노 사비뇨니는

제노바 상인 안드레아 데 나시오(Andrea de Nassio)와 함께 유럽으로 귀환했다.[79] 안달로는 1338년 아비뇽(Avignon)에서 교황 베네딕투스 12세(Benedictus XII)를 만난 후 교황의 친서를 가지고 다음 해 6월에 파리로 가 프랑스 왕을 만난 다음 이탈리아로 귀환했다. 톡 테무르로부터 유럽에서 말과 다른 진귀한 물건들을 가지고 오라는 명을 받은 그는 베네치아의 유리 세공품과 크리스털 보석을 사 가기로 결심했다. 크리스털 보석은 몽골에서 꽤 알아주는 유럽산 상품이었다. 폴로 가문 사람들도 크리스털 보석을 칸에게 가져간 적이 있었다. 1338년 12월 22일 베네치아 정부는 제노바 출신 귀족 안달로가 구입한 5~10마리의 말과 1~2천 피오리노 상당의 크리스털 세공품을 몽골의 칸에게 가져갈 수 있도록 허용하는 칙령을 반포했다.[80] 베네치아 공화국에서 허락했지만 안달로는 최종적으로 제노바에서 구입하는 것을 선택했다. 제노바를 떠나 나폴리에 도착한 안달로는 그곳에서 교황의 특사인 마리뇰리를 만났고, 1339년 함께 나폴리를 떠나 중국으로 향했다. 최종적으로 조반니와 말은 중국 대도에 도착했지만[81] 그 이후 안달로에 관한 기록은 남아 있지 않다.

특정 상인에 관한 기록은 아니지만 몽골제국으로 장사 가길 원하는

1274년 흑해 연안의 제노바 식민지에서 활동하고 있었다.

79 케다르(B. Z. Kedar)는 대칸의 명을 수행했던 사절은 안달로가 아니라 안드레아였다고 주장한다. John Larner, *Marco Polo and the discovery of the world*, p. 122, 212; Benjamin Z. Kedar, Kedar, Benjamin Z., “Chi era Andrea Franco?”, *Atti della società Ligure di Storia Patria*, no. 17, 1977, pp. 369-377.

80 Robert S. Lopez, “Nuove luci sugli italiani in Estremo Oriente prima di Colombo”, pp. 390-391.

81 몽골 황제는 궁정 시인들에게 말에 대한 찬시를 짓도록 명했고, 화가 주랑(Tcheou Lang)이 이 말을 그렸다. Luciano Petech, “Les marchands italiens dans l’empire mongol”, p. 555.

상인들에게 매우 유용한 정보를 제공했던 책은 피렌체 바르디 상사의 주재원 페골로티의 『상업 안내서』였다. 여기에는 카타이로 사업 여행을 떠나는 상인들에게 필요한 것들이 상세하게 적혀 있다.[82]

> 우선 수염을 기르고 면도를 하지 않아야 한다. 타나에서 통역을 한 명 구하고, 이때 좋은 통역을 구하는 데 돈을 아끼지 마라. 터키 방언에 능통한 2명의 하인을 구해야 한다. 밀가루와 염장한 생선을 준비하라. 다른 물건들은 도중에 충분히 구입할 수 있으며, 고기는 모든 곳에서 구입 가능하다. 2만 5천 피오리노 상당의 상품을 가지고 간다. 대도까지 가는 데 쓰는 비용은 60~80소모(sommo=300~400피오리노에 해당)이다. 귀로에 상품을 운송하는 가축에 드는 비용은 마리당 5소모(25피오리노에 해당) 정도이다. 소 수레는 소 1마리가 필요하며 10칸타르(cantar) 정도의 비단을, 낙타 수레는 낙타 3마리가 필요하고 30칸타르 정도의 비단을, 말 수레는 말 1마리가 필요하며 평균 6.5칸타르(250제노바 리라)의 비단을 수송할 수 있다. 유럽에서 린넨을 구입해 우르겐치에서 처분한 다음 그곳에서 금화 소모를 구입하는 것이 좋다. 카타이에 도착하면 그곳의 군주들은 은화를 취하고 대가로 그곳의 화폐, 즉 노란색 지폐를 준다. 발리쉬(balishi)라 불리는 이 지폐에는 군주의 인장이 찍혀 있다. 이 지폐로 원하는 물건을 구입할 수 있는데, 이곳의 모든 신민들은 이 지폐를 받아야 한다. 1소모로는 18~20리라의 중국 비단을 구입할 수 있다.

---

82 Francesco B. Pegolotti, *La pratica della mercatura*, pp. 22-23; Henry Yule, *Cathay and the way thither 3*, pp. 151-155.

3. 상업 활동

비록 단편적이긴 하지만 여러 기록에서 아시아로 간 상인들과 그들의 상업 활동의 흔적이 확인된다. 이로부터 몇 가지 사실들을 유추할 수 있다. 첫 번째는 몽골 평화시대 동서 교역을 주도한 상인은 이탈리아 상인들, 특히 제노바 상인들이었다는 사실이다. 이 사실은 여러 측면에서 확인된다. 중국에 관한 이야기의 진위를 알아보려면 제노바 상인들에게 물어보라는 조반니 보카치오(Giovanni Boccaccio)의 조언은 이를 시사한다.[83] 페골로티의 『상업 안내서』에 나오는 몽골제국과 유럽 사이의 교역에 사용되었던 기준 도량형은 제노바 도량형이었다.[84] 몽골제국이 유럽과의 외교에서 제노바 상인들을 주로 이용했다는 사실 또한 제노바 상인들이 몽골제국에서 가장 활발한 활동을 전개했음을 증명한다.[85]

흑해를 통해 아시아로 가는 교역로가 활성화되면서 흑해에 상관이나 상업 식민지를 확보하고 있었던 제노바 상인들은 아시와의 교역에서 가장 유리한 고지를 점할 수 있었다.[86] 제노바 상인 다음으로 아시아와의 교역에 적극적으로 참여했던 것은 베네치아 상인들이었다. 페

---

83 Robert S. Lopez, "European merchants in the medieval Indies", p. 167.

84 Francesco B. Pegolotti, *La pratica della mercatura.*, pp. 22-23.

85 13세기 후반 제노바 출신의 '부스카렐로 데 기졸피(Buscarello de Ghisolfi)'는 훌레구 울루스의 칸 아르군의 사절로 활동했다. Jacques Paviot, "Buscarello de'Ghisolfi, marchand génois intermédiaire entre la Perse mongole et la Chrétienté latine", pp. 107-117. 1338년 베네치아에 도착한 원제국의 사절은 다름 아닌 제노바 출신의 안달로 데 사비뇨네(Andalo de Savignone)였다. Robert S. Lopez, "Nuove luci sugli italiani in Estremo Oriente prima di Colombo", p. 390.

86 George I. Bratianu, *Recherches sur le commerce génois dans la mer noire au XIIIe siècle*, pp. 197-208; Michel Balard, *Romanie génoise (XIIIe-début XVe siècle)*, Genova & Roma: École française de Rome, 1978.

골로티의 『상업 안내서』는, 카타이로 가는 사업 여행을 원하는 상인들을 언급할 때 제노바나 베네치아 상인들을 예로 들고 있다.[87] 매우 드물기는 하지만 피렌체, 피사, 시에나 출신의 상인들도 페르시아 및 중국과의 교역에 참여했다.[88]

제노바와 베네치아 정부는 유럽과 가까운 훌레구 울루스 및 조치 울루스와는 상업 협정이나 특혜를 통해 상당히 자유로운 상업 활동을 보장받았지만, 좀 더 멀리 있는 인도나 나머지 몽골 국가와는 공식적인 상업 관계를 수립하지 못했다. 그렇지만 유럽 상인들은 개별적으로 인도와 극동까지 진출했다. 유럽 상인들이 상관을 세우거나 꽤 활발하게 장사를 했던 곳은 조치 울루스의 카파, 타나, 사라이, 훌레구 울루스의 수도 타브리즈, 흑해의 타나에서 대도로 가는 교통로상에 위치한 우르겐치, 사마르칸트, 아말릭, 대원제국의 수도였던 대도, 중국 남부의 광저우, 취엔저우, 항저우, 양저우[89]와 같은 항구도시들, 인도 북부의 델리, 인도 서부 해안에 위치한 카가, 타나, 퀼론 등의 항구도시들이었다. 이 도시들은 주교관구가 설치되어 있거나 수도회가 활동하던 지역과 대체로 일치했다.[90] 일반적으로 유럽 성직자와 상인들은 낯선 땅에서 서로 협력했다. 그런 점에서 근대 이전에도 유럽 너머의 세계에

---

87 Henry Yule, *Cathay and the way thither 3*, p. 154.

88 Luciano Petech, "Les marchands italiens dans l'empire mongol", p. 552.

89 1951년 중국 공산군은 양저우에서 유럽인의 것으로 추정되는 묘 하나를 발견했다. 논란은 남아 있지만 묘 주인의 성은 대체로 제노바 일리오니(Ilioni) 가문으로 추정된다. Francis A. Rouleau, "The Yangchow latin tombstone as a landmark of medieval christianity in China", *Harvard Journal of Asiatic Studies*, vol. 17, 1954, pp. 360-363; John Larner, *Marco Polo and the discovery of the world*, p. 122; Robert S. Lopez, "Nouveaux documents sur les marchands italiens en Chine à l'époque mongole", p. 457.

90 John Larner, *Marco Polo and the discovery of the world*, pp. 119-120.

서는 유럽의 종교와 상업이 함께하고 있었던 것이다. 마리뇰리가 취엔저우를 방문할 당시 프란체스코 교단은 그곳에 3개의 교회, 목욕탕, 푼두크(funduq)[91]와 약간의 토지를 가지고 있었다. 모든 상인들(omnium mercatorum)은 이 푼두크에 상품을 보관할 수 있었다. 물론 여기서 모든 상인들은 유럽 상인들을 의미하는 것이다.[92] 또한 루카롱고의 사례처럼 상인들은 교회에 재정적 지원을 아끼지 않았다.

유럽 상인들이 몽골제국과 인도 시장에서 구입한 상품에 관한 기록은 빈약한 편이다. 그렇지만 한 가지 분명한 사실은 제노바 상인을 포함한 유럽 상인들이 몽골제국에서 가장 구입하고 싶었던 상품은 원견이었다는 것이다. 페골로티도 자신의 『상업 안내서』에서 중국에 가면 원견을 살 것을 권했다.[93] 키타이(Khitāy, 중국) 원견은 페르시아 것보다 품질이 떨어졌지만 가격이 저렴해 유럽 시장에서 인기가 높았다. 1257년 제노바 상인들은 중국 비단을 이탈리아와 프랑스 시장에서 판매하

91 푼두크는 원래 아랍어(푼두크)로 대상들이 머무는 숙소를 의미했다. 때론 상품 창고를 뜻하기도 했다. 중세 이슬람 국가에서는 외국 상인들에게 할애된, 숙소와 창고가 있는 일종의 거류지를 지칭하는 용어로 사용되었다. 남종국, 『중세 지중해 교역은 유럽을 어떻게 바꾸었을까』, 서울: 민음인, 2011, 137쪽.

92 1318년 자이툰의 주교 페레기누스(Peregrinus)의 편지에는 집이 딸린 교회 하나와 교외에 위치한 숲이 있는 토지를 보유하고 있었다. 편지에서 주교는 이 교외의 토지에 창고(cellas)와 예배당을 짓기를 희망한다고 이야기한다. 아마 이 창고가 후에 푼두크가 된 것으로 추정된다. A. Van den Wyngaert, *Sinica Franciscana, I*, pp. 367-368; 536. "Est etiam Zayton, portus maris mirabilis, nobis incredibilis, ubi fratres Minores habent tres ecclesias pulcherrimas, optimas et ditissimas, balneum, fundatum, omnium mercatorum depositorium, habent etiam campanas optimas et pulcherrimas, quarum duarum ego feci fieri cum magna solempnitate, quarum unam videlicet maiorem Iohanninam, alia Antoninam decrevimus nominandas, et in medio sarracenorum sitas."

93 Francesco B. Pegolotti, *La pratica della mercatura*, pp. 22-23.

고 있었다.[94] 그렇지만 당시 제노바 시장에서 거래된 비단이 유럽 상인들이 중국으로 직접 가서 사온 것인지 아니면 이슬람이나 비잔티움 세계를 통해 수입한 것인지는 확실하지 않다. 그러나 14세기 초반 무렵이면 유럽 상인들이 중국에서 원견을 구입해 유럽 시장에 판매한 것으로 추정된다.[95] 런던 관세 기록에 따르면 1304년 상당한 양의 중국 비단이 런던항에 수입되었다. 수입업자는 피렌체의 프레스코발디 상사였다.[96] 당시 유럽에서 가장 유명한 견직물 생산지였던 이탈리아의 루카(Lucca)는 1330년대 연평균 40톤 정도의 견직물을 수출하고 있었다. 루카의 견직물 산업에 원료를 제공한 것은 주로 제노바 상인들이었으며, 원료 중 상당 부분은 중국산이었을 것으로 추정된다.[97] 이처럼 꽤 많은 양의 중국 원견이 유럽으로 수입될 수 있었던 것은 상대적으로 저렴한 가격 덕분이었다. 페골로티의 『상업 안내서』에 따르면 중국 원견의 현지 가격은 유럽 시장 가격의 3분의 1 정도였다.[98] 이러한 가격 차이는 유럽 상인들에게 긴 여행의 위험과 비용을 감수할 만한 동기를 제공했다.[99]

---

94 1266년 한 제노바 출신의 과부는 95리라어치의 카타이 비단을 구입했다. Robert S. Lopez, "Nuove luci sugli italiani in Estremo Oriente prima di Colombo", p. 390.

95 Eliyahu Ashtor, *Levant Trade in the Later Middle Ages*, pp. 60-61.

96 Robert S. Lopez, "Nuove luci sugli italiani in Estremo Oriente prima di Colombo", p. 352.

97 Robert S. Lopez, "Nuove luci sugli italiani in Estremo Oriente prima di Colombo", pp. 353-354; Robert S. Lopez, "Nouveaux documents sur les marchands italiens en Chine à l'époque mongole", p. 454.

98 Francesco B. Pegolotti, *La pratica della mercatura.*, pp. 23, 25.

99 대도에서 흑해까지의 수송비는 제품 가격의 6분의 1 정도였고, 비용을 제외한 최종 이윤은 100% 정도였다. 대도와 흑해를 왕복하는 사업 순환 주기는 18개월 정도였다. Robert S. Lopez, "China silk in Europe in the Yuan period", *Journal of the American Oriental Society*, vol. 72, 1952, pp. 75, 449.

또 다른 『상업 안내서』에 따르면 원견 이외에도 진주와 향신료 등이 아시아로부터 유럽으로 수입되고 있었다.[100] 실제로 베네치아 상인들은 델리(Delhi)에서 진주를 구입해 유럽에 내다 팔았다.[101] 이 『상업 안내서』는 향신료에 관해 다음과 같이 설명한다. "모든 종류의 향신료가 타나를 통해 서방으로 수입되고 있지만 그 양이 많지 않다(Trasi della Tana per portare verso Ponente … spezierie d'ongni ragone, ma poche).", "생강, 육계, 육계 꽃, 대황(rhubarb)이 중국으로부터 서방으로 수출되고 있다(Trasi del Ghattaio per rechare nelle parti di verso Ponente: Seta cruda che è chattaio, e gengovi, cannelle, ribarberi e fiore di channelle)." 흑해를 통해 유럽으로 들어오는 향신료의 양이 적었다는 『상업 안내서』의 이야기와 다르게, 14세기 중엽 아시아로 가는 교통로가 차단되면서 향신료 가격은 50~100%로 상승했다. 이러한 사실은 흑해를 통한 향신료 수입 중단이 유럽 향신료 시장 전체에 큰 영향을 미칠 정도로 적지 않은 양의 향신료가 흑해를 통해 수입되었음을 반증한다.[102] 향신료는 유럽인들이 가장 탐하던 동방의 상품이었고, 14세기 전반 유럽 상인들은 향신료 생산지였던 남부 인도까지 갈 수 있었다.[103] 그렇지만 유럽 상인

---

100 Robert-Henri Bautier, "Les relations économiques des Occidentaux avec les pays d'Orient au Moyen Age", pp. 314-315.

101 Robert-Henri Bautier, "Les relations économiques des Occidentaux avec les pays d'Orient au Moyen Age", pp. 178-179.

102 Eliyahu Ashtor, *Levant Trade in the Later Middle Ages*, p. 63.

103 인도 남부를 여행했던 선교사들은 그곳이 향신료 생산지이고 그곳의 생산량은 전 세계로 팔려나갈 정도로 많았다고 말한다. 그러나 또 다른 향신료 생산지인 동남아시아까지 진출한 유럽 상인들은 거의 없었던 것으로 추정된다. 13세기 말 말라바에서 작성된 한 편지에 따르면 이 지역은 후추, 생강, 계피 같은 향신료와 염료인 브라질우드가 풍부하게 생산되는 곳이며, 해로를 통해 많은 사라센 상인들이 말라바까지 왔고, 이곳에서 그들의 영향력은 대단하지만 내륙까지 진출한 사라센 상인들은 드물었다. 기독교와 유대 상인들은 많지 않으며 이곳 사람들은 기독교인들과 기독교식 이름을 가진 모든 사람을 처형했

들이 향신료 생산지에서 직접 향신료를 구입해갔다는 것을 명확하게 증명하는 사료는 거의 발견되지 않았다.

익명의 『상업 안내서』에 따르면 유럽 상인들은 판매하거나 물물교환을 하기 위해 마직물, 낙타 모직물(camlet), 주석, 산호, 은과 용연향(ambergris) 등을 중국으로 가져갔다.[104] 페골로티의 조언처럼 동방으로 갈 때 일반적으로 가져갈 수 있었던 상품 중 대표적인 것은 유럽산 마직물이었다.[105] 이것 이외에 유럽 상인들이 동방으로 가져갔던 상품은 말, 시계, 금속 세공품, 보석과 크리스털 정도였는데, 이런 것들은 소수의 지배계층에게만 판매할 수 있는 상품들로서 지배계층의 환심이나 특혜를 얻기 위한 선물로 제공되곤 했다.[106] 유럽산 말과 베네치아의 크리스털은 몽골의 지배계층에게 꽤 인기가 있었던 것으로 추정된다. 왜냐하면 대칸이 유럽에 파견한 제노바 출신 사절 안달로에게 5~10마리 정도의 말과 1천~2천 피오리노 상당의 베네치아 크리스털을 가져올 것을 직접 부탁했기 때문이다.[107]

아시아 사업은 결코 국제적인 규모의 거상들만의 전유물이 아니었

다. Henry Yule, *Cathay and the way thither 3*, p. 63.

104 Robert-Henri Bautier, "Les relations économiques des Occidentaux avec les pays d'Orient au Moyen Age", p. 315.

105 1303년 제노바 상인이 편집한 백과사전(라틴어, 페르시아어, 코만어로 되어 있는)에는 유럽 상인들이 아시아로 가져간 13가지 종류의 마직물(프랑스, 이탈리아, 독일)이 언급되어 있다. Robert S. Lopez, "Nouveaux documents sur les marchands italiens en Chine à l'époque mongole", pp. 450-451.

106 1330년대 대칸의 사절로 유럽에 파견되었던 안달로 데 사비뇨네는 돌아가는 길에 조치 울루스의 칸과 대칸에게 말을 가져왔다. 1338년 베네치아 상인들은 델리의 술탄에게 시계와 금속 분수를 선물했다. Robert S. Lopez, "Nouveaux documents sur les marchands italiens en Chine à l'époque mongole", p. 450.

107 ASV, *Senato Misti*, reg. 17, f. 116v, 117v; Robert S. Lopez, "Nuove luci sugli italiani in Estremo Oriente prima di Colombo", pp. 390-391.

다. 실제로 다양한 신분과 계층의 이탈리아 상인들이 아시아로 장사를 떠났다.[108] 공증인 기록에서 알 수 있듯이 아시아로 사업 여행을 떠났던 대부분의 상인들은 가까운 친척들뿐만 아니라 소규모 투자자들로부터도 자금을 후원받았다. 물론 비밀을 유지하기 위해 투자 계약서에서는 사업 목적지를 숨기는 경우가 많았다. 일반적인 투자 계약서에서는 "나는 신께서 나를 인도하시는 곳으로 갈 것을 약속합니다(promitto ire quo Deus mihi administraverit)"라는 애매한 표현을 사용했지만[109] 계약 당사자들은 신께서 인도하실 구체적인 목적지를 알고 있었을 것이다. 만약 최종 목적지를 모르고 있었다면 소규모 투자자들이 큰 위험을 무릅쓰고 투자를 했을 리 만무하기 때문이다.

* * *

우리는 앞서 훌레구 울루스의 칸 아르곤을 위해 일했던 '수백 명'의 제노바 상인과 장인들, 인도 서해안의 항구도시에서 활동했던 '많은' 유럽 상인들, 중국 남부의 항구도시에서 장사를 했던 '적지 않은 수의' 유럽 상인들, 장사를 위해 몽골제국을 다녀왔던 '다수의' 이탈리아 상인들 등의 사례들을 기록 속에서 확인했다. 이를 통해 몽골 평화시대 유럽 상인들이 아시아와 유럽을 오가며 장사하는 것이 드물거나 예외적인 현상이 아니었음을 분명하게 알 수 있었다.

통계 자료의 부족으로 아시아와 유럽 사이의 교역량을 정확히 평가

108 Michel Balard, "Precursori di Cristoforo Colombo", p. 160; Robert S. Lopez, "Nouveaux documents sur les marchands italiens en Chine à l'époque mongole", p. 453.

109 Robert S. Lopez, "European merchants in the medieval Indies", p. 168.

하기는 사실상 불가능하지만 몇 가지 기록들은 개별 상인들이 한 번의 사업 여행에 가져간 자금의 규모를 짐작케 해준다. 페골로티의 『상업 안내서』에 따르면 동방 여행에 필요한 물품들과 비용은 통역, 2명의 하인, 2만 5천 피오리노 상당의 상품이다. 300~400피오리노 정도 소요되는 대도까지의 비용을 제외하더라도 나머지 자금으로 충분히 현지 상품을 구입할 수 있었을 것이다. 주목할 것은 이 정도 규모의 자금은 엄청난 액수였다는 사실이다.[110] 따라서 페골로티가 제시한 투자금은 과장된 수치였던 것으로 사료된다. 실제로 대부분의 투자 계약은 1천 리브르를 넘지 않았다. 1315년 인도로 떠난 제노바 상인 베네데토 비발디가 가지고 간 투자금은 303리라 16데나리 6솔디였다(제노바 'denarius' 기준).[111] 또 1338년 인도의 델리로 사업을 떠났던 6명의 베네치아 상인들은 각자 200리라 정도의 자금을 인도 여행에 투자했다(베네치아 'grossi' 기준).[112] 그러나 아시아와의 교역 규모를 지나치게 낮게 평가해서도 안 될 것이다. 1333년 페라(Pera)를 출발해 중국으로 간 제노바 상인 자코포 올리베리오(Jacopo Oliverio)는 4천 313리브르를 가지고 있었으며, 1330년대에 대도에서 사망한 제노바 상인 안토니오 살모리아 디 키아바리(Antonio Salmoria di Chiavari)는 4천 750리라어치의 원견을 가지고 있었다.[113] 더불어 1344년 제노바 상인들이 타브리즈 시장에서 입었던 손실액이 20만 리라였다는 사실은 아시아 사업이 결코 하찮은 규

110 Francesco B. Pegolotti, *La pratica della mercatura*, 페이지 누락.

111 Robert S. Lopez, "European merchants in the medieval Indies", p. 171.

112 Robert S. Lopez, "European merchants in the medieval Indies", p. 176.

113 이에 관한 공증 문서는 다음 논문에 나온다. Michel Balard, "Precursori di Cristoforo Colombo", pp. 161-162; Robert S. Lopez, "Nouveaux documents sur les marchands italiens en Chine à l'époque mongole", pp. 453-454.

모가 아니었음을 시사한다.[114]

그러나 여전히 유럽 상인들의 활동에 관한 많은 부분이 규명해야 할 과제로 남아 있다. 유럽 상인들이 정기적으로 유럽과 아시아를 오가면서 장사를 했는지, 아니면 아시아 현지에서 장기간 거주하면서 장사를 했는지는 확실하지 않다. 만약 후자가 일반적인 경우라면 유럽과 아시아의 직교역은 그다지 중요하지 않았을 것이다. 이러한 한계들로 인해 동서 교역의 의미와 중요성에 대한 평가는 여전히 확정적이지 않다. 로페스는 이탈리아 상인들의 중국에서의 활동을 "진정한 대규모 교역(un véritable commerce de masse)"으로 높이 평가한 반면, 엘리야후 애시터(Eliyahu Ashtor)는 장거리 수송으로 인한 높은 수송비를 감안할 때 이를 상쇄할 수 있는 향신료와 같은 고가의 상품만이 수입되었을 것이라고 보았다.[115]

이 장의 일차적 목적은 유럽 상인들이 아시아에서 어떤 활동을 했는지를 구체적으로 밝히는 데 있었다. 이처럼 한계를 설정한 이유는, 상대적으로 사료가 풍부한 선교사들과 그들의 행적에 관한 역사는 이미 상당 부분 밝혀진 반면, 상인과 그들의 활동에 관한 역사는 많은 부분이 더 규명되어야 하기 때문이다. 이 장에서는 시도하지 않았지만, 이 연구를 바탕으로 궁극적으로 밝히고자 하는 것은 몽골 평화시대 유럽과 아시아 사이의 직접적인 교류와 접촉이 유럽에게 어떤 영향을 주었는지를 규명하는 것이다. 분명한 것은 유럽 상인들이 아시아로부터 유럽으로 들여온 것이 상품만은 아니었다는 사실이다. 이 시기의 교류와

114 Luciano Petech, "Les marchands italiens dans l'empire mongol", p. 569.

115 Robert S. Lopez, "Nouveaux documents sur les marchands italiens en Chine à l'époque mongole", p. 453; Eliyahu Ashtor, *Levant Trade in the Later Middle Ages*, p. 63.

접촉을 통해 얻은 아시아에 대한 풍부한 지리 정보 및 지식, 기술이 없었다면 유럽이 15세기 말 아시아로 가는 모험 여행을 감행하기란 쉽지 않았을 것이다. 이러한 중요성에도 불구하고 이 시기 유럽과 아시아 사이의 교류는 중세 말 유럽인들에게도 잊히거나 비밀에 부쳐졌으며, 현대의 역사가들도 그 의미와 중요성을 간과하는 경향이 있다.[116] 그러나 근대와 대항해 시대가 갑자기 나온 것이 아님을 기억한다면 13~14세기 유럽과 아시아 간 교류의 역사에 대한 깊이 있는 연구의 필요성과 그 의의를 되새길 수 있을 것이다.

---

116 Igor de Rachewiltz, *Papal envoys to the great Khan*, conclusion.

3장 비각 자료가 보여주는 원대 무슬림의 지위

조원희

1. 비각 자료 연구의 가치

13~14세기 몽골제국의 지배 아래에 있었던 중국에서 여러 종교가 다양하게 존재했던 것은 많은 이들에게 잘 알려져 있으며, 지금까지도 큰 관심의 대상이 되어왔다.[1] 그러나 이처럼 여러 종교가 존재했다는

1 심지어 가장 최근에는 몽골제국의 종교적 관용성이 미국 건국 이념 중의 하나였던 종교의 자유에도 큰 영향을 미쳤다는 연구 역시 있으나, 필자는 이 시각에 동의하지 않는다. Jack Weatherford, *Genghis Khan and the Quest for God: How the World's Greatest Conqueror Gave us Religious Freedom*, New York: Viking, 2016. 몽골제국 대칸들이 종교에 가졌던 태도에 대해서는 Christopher P. Atwood, "Validation by Holiness or Sovereignty: Religious toleration as political theology in the Mongol world empire of the thirteenth century", *The International History Review*, vol.

사실에 대한 일반적인 서술을 넘어, 각 종교의 상대적 지위 혹은 국가와 종교의 관계 등과 같은 보다 구체적인 양상에 대해서는 여전히 많은 연구가 필요하다. 특히 원대(元代) 무슬림에 관한 연구의 경우, 무슬림들의 존재 양상을 확인하는 일반적인 서술에 머무르는 한계가 분명히 드러난다. 물론 원대 무슬림들의 존재는 여러 가지 문헌 기록과 유물을 통해서 분명히 확인되며,[2] 상당수의 무슬림들이 원대 정부에서 고위 관료직을 차지하고 있었다는 사실도 이러한 기록을 통해 확인할 수 있다.[3] 그럼에도 불구하고 자료의 한계로 인하여 (특히 불교나 도교에 비해서) 원대 무슬림들의 지위, 혹은 무슬림과 관련된 정부의 정책이 어떠했는가는 상대적으로 덜 알려져 있다.

이러한 점에서 최근의 한 연구는 원대 지배하의 여러 종교가 지니고 있었던 다양한 권한과 지위를 다각도로 분석하여 각 종교 간 차이, 특히 중국 전통 종교라고 할 수 있는 불교와 도교, 이와는 상대적으로 외래 종교라고 할 수 있는 이슬람과 기독교의 차이에 대한 여러 가지 흥미로운 견해들을 제시했다.[4] 이 중 특히 흥미로운 것은 면세 혜택을 부

26, no. 2, 2004, pp. 237-256 참조.

2 가장 대표적으로는 Morris Rossabi, "The Muslims in the Early Yuan Dynasty", *China under Mongol Rule*, John D. Langlois (Ed.), Princeton, NJ: Princeton University Press, 1981, pp. 257-295 및 杨志玖,『元代回族史稿』, 天津: 南开大学出版社, 2005 등의 연구에서 정리된 기록들을 들 수 있다.

3 杨志玖,「元代回回人的政治地位」,『历史研究』1984-3, 112-135쪽; 杨志玖,「回回人与元代政治(一)」,『回族研究』1993-3, 4-16쪽; 杨志玖,「回回人与元代政治(二): 元世祖时期」,『回族研究』1994-1, 20-31쪽; 杨志玖,「回回人与元代政治(三)」,『回族研究』1994-2, 25-39쪽; 杨志玖,「回回人与元代政治(四)」,『回族研究』1994-3, 10-19쪽; 杨志玖,「回回人与元代政治(五)(上)」,『回族研究』1994-4, 9-26쪽; 杨志玖,「回回人与元代政治(五)(下)」,『回族研究』1995-2, 2-17쪽 등의 연구를 참조할 수 있다. 다만 문헌 기록에서 재상들의 종교 자체가 명시되어 있는 경우는 많지 않기 때문에 이름만 가지고 바로 고위 관료들이 무슬림이었다고 단정 짓는 것은 이론의 여지가 있을 수 있다.

여하는 성지(聖旨), 이른바 면세 성지(免稅聖旨, Darqan Yarliq)라고 불리는 자료의 분석을 통하여 무슬림들의 지위에 대한 새로운 견해(구체적으로 특정한 시기에 무슬림들의 지위가 상대적으로 낮아졌을 가능성)를 제시한 것이었다.

몽골제국 시기 무슬림들에 대한 자료가 상대적으로 부족하기 때문에 비각 자료에 대한 분석을 통하여 무슬림들의 지위를 분석한 이 연구는 더 자세히 소개 및 분석할 필요가 있다고 생각한다. 따라서 먼저 2절에서는 이러한 비각 자료를 통해 볼 수 있는 무슬림의 지위를 분석하고, 나아가 사료로서의 성지 비문 비각 자료의 특징과 연구에서 주의해야 할 점을 정리해볼 것이다. 나아가 3절에서는 비각 자료 이외의 사료에서 무슬림들의 지위에 대해 어떤 서술을 하고 있는가를 살펴보고자 한다. 이 장의 출발점은 물론 앞서 언급한 특정한 논의에 부응하여 이를 보완 및 보충하려는 것이나, 이 장의 논의가 이에만 그치는 것은 아니다. 필자는 이 장을 통하여, 첫째, 면세 성지 비문을 사료로 이용하면서 어떤 점들에 유의해야 할 필요가 있는지를 확인하고자 한다. 이어서 둘째, 비각 자료에서 보이는 소위 이슬람 학자 및 지도자들, 사료상으로는 답실만(答失蠻) 내지 달실만(達失蠻) 등으로 표기되는 이들에 관한 기록이 특정한 시기에 없어지는 점과 관련하여 이를 어떻게 해석해야 하는가에 대해 살펴보고자 한다.[5] 마지막으로 셋째, 이 논의 과정을

---

4 Christopher P. Atwood, "Buddhists as Natives: Changing positions in the religious ecology of the Mongol Yuan Dynasty", *The Middle Kingdom and the Dharma Wheel: Aspects of the Relationship between the Buddhist Saṃgha and the State in Chinese History*, Thomas Jülch (Ed.), Leiden: Brill, 2016, pp. 278-321. 필자는 애트우드 교수의 주장에 대해서 동의하지 않는 부분도 있으나, 국가와 종교 간의 관계 및 각 종교의 특수성이 원대 중국의 종교 정책을 결정했다는 애트우드 교수의 대의에 대해서는 의견을 같이한다.

통해서 몽골제국의 종교 정책에 영향을 끼쳤던 요소들이 무엇이었는가를 확인할 것이다.

2. 면세 성지 비각 자료와 무슬림 사제의 지위

원대 무슬림의 지위를 살펴보기 위해서는 가장 먼저 1280년대 전후로 벌어진 무슬림의 동물 도살 금령(禁令)과 관련된 논의에 대해 알아볼 필요가 있다. 이는 몽골의 '종교적 관용성'의 한계를 보여줄 뿐만 아니라 원대 무슬림들의 실상을 구체적으로 알려주는 사건 중의 하나이다. 먼저 이 사건의 중요한 진행 과정을 간략히 서술한 뒤 논의를 이어가고자 한다.[6]

한문으로 기록된 『원사(元史)』[7]와 『원전장(元典章)』[8]의 기록, 그리고

5 이 한자 표기는 '유식자(有識者)'를 의미하는 페르시아어의 'dānishmand'에서 유래한 표현이며, 원대 사료에서는 무슬림 종교 지도자들을 지칭했다.

6 이 유명한 사건에 대해서 여러 언어로 된 연구가 많이 있으므로 여기서는 최근에 발표된 대표적인 것만 소개한다. 가장 최근에 일본어로 발표된 연구로는 宮紀子, 「『元典章』が語るフレグ·ウルスの重大事變」, 『モンゴル時代の「知」の東西: 下』, 名古屋市: 名古屋大学出版会, 2018, 672-831쪽, 한글로 발표된 연구로는 김호동, 「몽원제국기(蒙元帝國期) 한 색목인(色目人) 관사의 초상: 이사 켈레메치('Isa Kelemechi, 1227-1308)의 생애와 활동」, 『중앙아시아연구』 11, 2006, 75-114쪽을 참조할 수 있으며, 기존 서양권의 연구 성과 중에서는 Isenbike Toghan, "Variations in the Perception of Jasagh", *History of Central Asia in Modern Medieval Studies (In Memoriam of Professor Roziya Mukminova)*, Tashkent: Yangi Nashr, 2013, pp. 67-101도 참조할 수 있다.

7 "丁酉, 八里灰貢海青. 回回等所過供食, 羊非自殺者不食, 百姓苦之. 帝曰: 「彼吾奴也,飲食敢不隨我朝乎?」 詔禁之." 『원사』 권10 「세조본기」, 217-218쪽.

8 『大元聖政國朝典章』, 臺北: 國立故宮博物院, 1972(이하는 『원전장』), 권57: 11a, 「禁回回抹殺羊做速納」: "至元十六年12月二十四日, 成吉思皇帝降生, 日出至沒, 盡收諸國, 各依風俗. 這許多諸色民內, 唯有回回人每, 爲言俺不喫蒙古之食上, 爲天護助, 俺收撫了您也. 您

페르시아어로 된 『집사(集史)』[9]의 기록과 당시 중국에 방문했던 마르코 폴로(Marco Polo)의 기록[10]을 모두 참고하여 사건을 재구성해보면 다음과 같다. 1279년 말, 한 무리의 이슬람 상인들은 쿠빌라이(Qubilai) 카안이 준 음식이 이슬람식으로 도살되지 않았다는 이유로 먹기를 거부했다. 이를 계기로 쿠빌라이 카안은 지원(至元) 16년 12월 24일(서력 1280년 1월 27일)에 칭기스 칸부터 우구데이(Ögödei, 재위 1229~1241) 카안에 이르기까지 지켜졌던 원칙, 즉 이슬람식의 양 도축을 금지하는 원칙을 다시 강조하고, 한 발 더 나아가 무슬림과 유대인에 대해 할례(割禮)까지 금지하기에 이른다. 기존의 연구에서 이미 지적했듯이 한문 이외의 기록들, 즉 『집사』와 마르코 폴로의 기록에서는 이 사건에서 보이는 반이슬람적인 측면이 강조되었던 것에 비하여, 한문 기록에서는 무슬림들이 국가 권력에 도전했다는 점, 그리고 그에 대한 원조(元朝)의 대응을 강조했다.[11]

是俺奴僕, 却不喫俺底茶飯, 怎生中? 麼道, 便教喫. 若抹殺羊呵, 有罪過者! 麼道, 行條理來. 這聖旨行至哈罕皇帝時節. 自後, 從貴由皇帝以來, 爲俺生的不及祖宗, 緩慢了上, 不花剌地面裏荅剌必八八剌達魯沙一呵的這的每起歹心上, 自被誅戮, 更多累害了人來. 自後, 必闍赤賽甫丁·陰陽人忽撒木丁·麥木丁也起歹心上, 被旭烈大王殺了, 交衆回回每喫本朝之食, 更譯出木速合文字與將來. 去那時節合省呵, 是來. 爲不曾省上, 有八兒瓦納又歹尋思來, 被阿不合大王誅了. 那時節也不省得. 如今, 直北從八里灰田地裏將海青來底回回每, 別人宰殺來的, 俺不喫, 麼道, 搔擾貧窮百姓每來底上頭, 從今已後, 木速魯蠻回回每,木朮忽回回每, 不揀是何人殺來的肉, 交喫者. 休抹殺羊者. 休做速納者. 若一日合禮拜五遍的納麻思上頭, 若待加倍禮拜五拜做納麻思呵, 他每識者. 別了這聖旨, 若抹羊胡速急呵, 或將見屬及強將奴僕每却做速納呵, 若奴僕首告呵, 從本使處取出爲良, 家緣財物不揀有的甚麼, 都與那人. 若有他人首告呵, 依這體例斷與. 欽此."

9 라시드 앗 딘, 『집사 3·칸의 후예들』, 김호동 옮김, 파주: 사계절, 2005, 436-438쪽.

10 마르코 폴로, 『마르코 폴로의 동방견문록』, 김호동 옮김, 사계절출판사, 2000, 248쪽.

11 구체적인 분석은 김호동, 「몽원제국기(蒙元帝國期) 한 색목인(色目人) 관사의 초상」, 92-96쪽 참조.

이 조치가 언제까지 지속되었는지는 정확히 알기 어렵다. 먼저 한문으로 된 기록에서 이 조치가 풀렸다는 내용은 없는 듯하다.[12] 그나마 이 금령이 해제되었다는 시기를 명시하고 있는 사료는 『집사』인데, 이 기록의 신빙성에 대해서는 더 논의해볼 필요가 있다. 『집사』의 기록에 따르면 이 금령은 7년 동안 유지되었다가, 여러 무슬림 대표들이 당시의 실세였던 상가(한문 사료에서는 '桑哥'로 표기)에게 자신들의 뜻을 전달하여 이 금령을 풀었다고 한다.[13] 그러나 7년이라고 명시한 이 『집사』 기록의 정확성에 대해서는 의문의 여지가 있다. 먼저 『집사』에서는 이 사건 자체, 즉 금령이 내려진 사건이 원대의 유명한 재정 관료인 아흐마드(한문 사료에서는 '阿合馬'로 표기) 몰락 후인 상가 집권기에 이루어졌다고 했는데, 한문 기록에 따르면 이 금령이 내려졌다고 하는 1280년은 아흐마드가 몰락하기 전이다. 따라서 『집사』가 과연 이 사건과 관련된 연도를 정확히 기록하고 있는가에 대해서 의문이 생길 수밖에 없다. 더

---

12 다만 여기서 지적할 것은 원대의 경우 한 종교를 목표로 삼는 금령이 선포된 이후에 해제되는 경우를 사료상에서 찾기가 쉽지 않다는 것이다. 가령 1281년에 도교와 불교의 계속된 대립 끝에 쿠빌라이 카안은 도교의 경전을 모두 소각하라고 명한다. 『원사』와 『통제조격』 같은 관찬 자료에서는 이 소각 명령이 내려진 이후 실제로 어떻게 집행이 되었는지에 대해서는 구체적 기록이 없으나, 당시 도교 측의 중요한 인물이었던 장류손(張留孫)의 노력으로 도교의 경전들이 실제로 불태워지는 것을 막았다는 것이 그의 행적을 기록한 도교 측의 문서를 통해서 확인된다. 이와 관련된 더 자세한 논의는 高橋文治, 『モンゴル時代道教文書の研究』, 東京: 汲古書院, 2011, 274쪽 참조. 도교 경전의 소각과 관련된 구체적인 내용은 方齡貴 校注, 『通制條格校注』, 권29 「僧道」, 寺觀僧道數目, 北京: 中華書局, 2001, 704-706쪽 참조.

13 참고로 이에 대해서 저우량샤오(周良霄)는 이 금령이 반포된 시기가 쿠빌라이의 황태자였던 친킴(眞金)의 친정이 선언된 지원 16년 10월로부터 2개월 후이며, 7년 후이면 친킴이 사망한 시기와 일치한다는 점을 지적하여 이 금령이 친킴과 깊이 관련이 되어 있는 것이라고 주장했다(周良霄, 『忽必烈』, 吉林: 吉林教育出版社, 1986, 179쪽). 저우량샤오의 분석을 소개해준 고명수 선생님께 감사의 말을 전하는 바이다. 다만 저우량샤오의 의견도 합리적인 추정일 뿐, 사료를 통해서 확실하게 검증되는 것은 아니다.

구나 『원사』와 『원전장』에서 제시된 날짜의 구체성과 더불어 『집사』와 『원사』의 기록이 서로 일치하지 않는 경우 『원사』의 기록이 더 정확하다고 분석한 기존의 논의를 참고해볼 때,[14] 『집사』에 제시된 7년이라는 기간을 그대로 받아들이기 힘든 면이 분명히 있다.[15] 한편으로는 『원전장』이 편찬된 시기가 1320년이기 때문에 이때까지 이 금령이 유지되었다고 하는 의견도 있으나[16] 이는 추정일 뿐 이를 확증할 수 있는 근거는 없다. 이상의 논의를 종합적으로 보면 7년 동안 이 금령이 유지되었다는 『집사』의 기록은 그 신빙성에 문제가 있으며, 나아가 다른 사료에서도 금령이 유지된 시기가 분명하게 기록되어 있지 않다는 점을 확인할 수 있다.[17]

---

14 『집사』와 『원사』의 날짜가 서로 일치하지 않는 경우에는 『원사』의 기록이 더 정확할 가능성이 크다는 점에 대해서는 김호동의 논의를 참조할 수 있다. 김호동은 뭉케(Möngke) 사망 이후 벌어진 쿠빌라이와 아릭부케(Ariq Böke) 각각의 즉위 시기에 대한 『집사』와 『원사』 기록이 다름을 분석하고, 이 두 가지 사료에 대한 분석을 통하여 『원사』의 기록이 더 정확할 것이라고 보았다. 김호동, 『몽골제국과 고려: 쿠빌라이 정권의 탄생과 고려의 정치적 위상』, 서울: 서울대학교출판문화원, 2007, 15-17쪽 참조.

15 물론 금령이 유지된 기간에 대해서 『집사』의 기록을 수용하고, 금령이 반포된 시기에 대해서 『원사』의 기록을 수용하여 금령이 유지된 기간이 1280년부터 1287년까지라고 본다면, 금령의 반포와 해제가 셍게의 집권기 동안 이루어졌다는 『집사』의 기록이 아주 허황된 것은 아니라고 볼 수 있다. 셍게가 중서성을 완전히 장악한 것은 1287년 이후이지만 그 이전 시기를 셍게의 권한이 점차 강해지는 시기로 본다면, 편의상 『집사』의 저자가 이 사건을 셍게 집권기 동안 벌어진 일이라고 서술했을 가능성은 있을 것이다. 셍게에 관해서는 Herbert Franke, “Sangha”, *In the Service of the Khan: Eminent Personalities of the Early Mongol-Yüan Period (1200-1300)*, Igor de Rachewiltz (Ed.), Wiesbaden: Harrassowitz, 1993, pp. 558-583 참조.

16 Christopher P. Atwood, “Buddhists as Natives”, p. 301. 그러나 『원전장』에는 시행 이후에 효력이 없어지거나 수정된 조항들이 여럿 있다는 점을 볼 때 이 주장을 뒷받침하기 위한 더 구체적인 근거가 필요할 것이다.

17 참고로 마르코 폴로 또한 이러한 금령이 내려진 시기가 아흐마드가 몰락한 직후라고 서술하고 있다. 마르코 폴로, 『마르코 폴로의 동방견문록』, 248쪽.

그렇다면 이 금령이 언제까지 유지되었고, 그 효력을 다른 자료에서 확인할 가능성은 없을까? 이에 대한 한 가지 단서를 제공하는 자료는 앞서 언급한 면세 비문 자료들이며, 논의의 편의상 먼저 비문의 형식에 대해 간단하게 소개할 필요가 있겠다. 몽골제국 시기에 카안을 비롯한 황실의 인물들이 여러 종교를 대상으로 면세의 혜택을 주었다는 것은 비교적 잘 알려진 사실이며, 그러한 사실을 가장 가시적으로 보여주는 것이 각 사원 등에 비각 자료 형태로 남아 있는 면세 비문들이다.[18] 특히 몽골 지배하의 중국에서는 1260년대 이후부터 이러한 성지 비문들의 형식과 내용이 점점 정형화 및 표준화되어 면세 비문들은 대체로 비슷한 형식을 띠기 시작했다. 한 가지 대표적인 예로 1260년 도교 궁관(宮觀)인 창덕부(彰德府) 상청정일궁(上淸正一宮)에 하사된 성지 비문을 살펴보자.

영원한 하늘의 힘에 따른 황제의 성지. 각 주(州) · 성(城) · 현(縣) · 진(鎭) · 촌(村) · 요새[채(寨)]에 있는 다루가치들, 대소관원(大小官員), 그리고 왕래하는 사신들에게 다음과 같은 사실을 알리는 바이다.

과거 황제의 성지에 따르면, "도인[탈인(脫因)][19] · 야리가온(也里可溫:

---

18 이에 대한 가장 개략적인 설명으로는 Christopher P. Atwood, "Validation by Holiness or Sovereignty", pp. 237-256에 정리된 내용을 들 수 있다. 크리스토퍼 애트우드(Christopher P. Atwood)는 특히 중국뿐만이 아니라 몽골제국 전반에 이러한 면세 성지가 존재했던 점을 강조했다. 중국에 남아 있는 비각 자료의 특징 등에 대해서는 중국의 주성리(祖生利)와 일본의 후나타 요시유키(船田善之)의 연구를 참조할 수 있으며, 그중에서 특히 祖生利 · 船田善之, 「元代白話碑文的體禮初探」, 『中國史硏究』, 2006, 117-175쪽을 참조할 수 있다.

19 '脫因(탈인)'은 몽골어의 'doyin'을 한자로 음사한 것으로, 어원 자체는 한문의 도인(道人)에서 유래된 것이 사실이나, 몽골제국 시기에는 서방과 동방의 자료에서 대체로 문맥상

기독교 사제)·선생(先生: 도교 사제)·답실만(答失蠻: 무슬림 사제)은 누구든지 크고 작은 차발(差發)[20]에서 면제를 받도록 하여라. 하늘에 축복을 위해 기도하여라!"고 했다.

창덕부(彰德府)에 있는, 이 태사(李太師)를 우두머리[두(頭)]로 하는 상청정일궁의 선생들에게 이하의 성지를 내린다. 너희는 태상로군(太上老君)의 도를 어기지 말 것이며, 하늘에 우리의 축복을 위해서 기도하여라! 이를 위해서, 지금 이 성지를 내리는 바이다.

본 궁관(宮觀)의 건물은 모두 선생들의 소유이다. 사신들은 여기에 머물지 말라! [타인들은 이들에게] 포마(鋪馬)[포두구(鋪頭口)], 보급물자[지응(祗應)]를 요구하지 말라! 상세(商稅)와 지세(地稅)를 거두지 말

불승(佛僧)을 의미했다. 이에 대해서는 祖生利, 「元代白話碑文研究下篇: 元代白話碑文集錄校注(初稿)」, 中國社會科學研究所 博士論文, 2000, 47쪽 각주 3 참조. 이후로 대부분의 면세 비문의 경우 이러한 애매함을 회피하기 위함인지 불승을 지칭할 때 '和尙(화상)'이라는 용어를 쓴다.

20 '差發(차발)'이라는 용어의 한문 어원에 관한 연구도 있는 것이 사실이나, 일단 여러 성지 비문의 자료를 통해서 '差發'이라는 말이 몽골어 'alba qubchiri'라는 단어를 번역한 것임이 분명하므로 이 'alba quchiri'라는 용어를 분석할 필요가 있을 것이다. 이 용어는 몽골의 지배를 받고 있었던 여러 지역에서 공통적으로 보이는 단어이기는 하나 시대와 지역에 따라서 다양한 의미를 가지고 있었으며, 징세(徵稅) 대상에 따라서는 가축세(家畜稅), 인두세(人頭稅), 현물세(現物稅) 등 여러 가지 세목(稅目)으로 쓰인다는 것이 기존 연구들에서 내린 결론이다. 이에 대해서는 Herbert F. Schurmann, "Mongolian Tributary Practices of the Thirteenth Century", *Harvard Journal of Asiatic Studies*, vol. 19, no. 3/4, 1956, pp. 304-389; John M. Smith Jr., "Mongol and Nomadic Taxation", *Harvard Journal of Asiatic Studies*, vol. 30, 1970, pp. 46-85 등의 논의를 참조. 따라서 'alba qubchiri'라는 용어를 포괄적으로 '공과(公課)' 내지 '세(稅)' 정도의 의미를 가지는 단어라고 보아야 한다는 이와무라 시노부(岩村忍)의 의견에 필자 역시 동의하는 바이다. 岩村忍, 「稅制」, 『モンゴル社會經濟史研究』, 京都: 京都大學人文科學研究所, 1968, 119쪽.

라! 그들의 전토[전지(田地)]와 수토(水土), 어떤 물건이든, 누구도 힘에 의지해서 강제로 가져가지 말라! …

우리의 성지. 원숭이의 해, 6월 24일, 개평부(開平府)에서 쓰였다.[21]

앞의 예시에서 볼 수 있듯이, 비록 성지 비문 자체는 도교의 도관(道觀)에 하사된 것이지만 도교 이외의 다른 종교 지도층, 구체적으로 불교, 기독교, 무슬림의 사제들이 면세의 대상이 됨이 명시되어 있으며, 나아가 이들이 황제들을 위해서 기도할 것을 요구하고 있음을 볼 수 있다. 이와 비슷한 형식은 원대의 면세 비문에서 자주 보이는 표현이다.

그런데 흥미롭게도 특정한 시기부터 비교적 오랫동안 이 네 가지 다른 종교의 지도층 가운데 무슬림 사제를 지칭하는 답실만(答失蠻)의 명칭이 대부분의 성지 비문에서 누락된다. 더 구체적으로, 관련된 면세 성지 비문의 내용을 다음 <표 3-1>과 같이 정리할 수 있다.[22]

---

21 祖生利, 「元代白話碑文研究下篇: 元代白話碑文集錄校注(初稿)」, 47-48쪽. "長生天底氣力裏皇帝聖旨, 道與隨州城縣鎮村寨達魯花赤每 · 大小官員每 · 去的來的使臣每: 已先底聖旨裏: "脫因 · 也里克溫 · 先生 · 答失蠻, 不揀那個, 大小差發休着者! 天根底禱告祈福祝願者!" 道來的聖旨體例裏. 彰德府咱每的上清正一宮有的李太師為頭先生每根前, 太上老君的道子休別了者, 告天與咱每祝願祈福者! 為這般上頭, 把着行踏的聖旨與來. 這先生每的宮觀房子裏是他每的, 使臣休下者. 鋪頭口祗應休要者. 地稅商稅休與者. 這的每田地水土, 不揀是麼東西, 揀那阿誰休倚氣力奪要者 … 聖旨俺每的. 猴兒年六月十四日, 開平府有的時分寫來."

22 <표 3-1>에서 사용한 각 자료의 출처 및 소개에 대해서는 이 장 끝의 <부록> 참고. 이 표에 수록된 성지 비문은 부록에서 정리한 자료에서 ① 특정한 대상에 면세를 보장해주는 면세 비문 중 ② 동시에 세 가지 이상의 종교가 언급된 비문을 포함시킨 것이다.

<표 3-1> 면세 비문의 연도, 출처 및 기록된 종교 사제

	황제 묘호	년대	祖	蔡1955	종교 사제	기타 출처
1	세조(世祖)	1260	27	36	和尚 也里可溫 先生 答失蠻	
2		1261	29		和尚 也里可溫 先生 答失蠻	T.U(Khub. I)
3		1261	30	21	和尚 也里可溫 先生 答失蠻	
4		1267			和尚 也里可溫 先生 答失蠻	*F
5		1268	31		和尚 也里可溫 先生 答失蠻	T.U(Khub. II)
6		1272	32	37	和尚 也里可溫 先生 答失蠻	
7		1276	35	23	和尚 也里可溫 先生 答失蠻	C(1)-2, T.P(I-1)
8		*1277/1289			和尚 也里可溫 先生 答失蠻	C(3), T.P(I-4)
9		*1277/1289	37		和尚 也里可溫 先生 答失蠻	
10		1277	38		和尚 也里可溫 先生 答失蠻	T. U. (Jïb.)
11		1280	42	22	和尚 也里可溫 先生 答失蠻	C(2)-1, T.P(I-5)
12		1280	43	25	和尚 也里可溫 先生 答失蠻	
13		1282	45	28	和尚 也里可溫 先生 答失蠻	T.P(I-6)
14		1285	33	39	和尚 也里可溫 先生 答失蠻	
15		1293	51	33	和尚 也里可溫 先生	
16		*1277/1289	36		和尚 也里可溫 先生 答失蠻	T.P(I-2)
17		*1277/1289			和尚 也里可溫 先生	T.P(I-3) = H02
18	성종(成宗)	1294			和尚 也里可溫 先生	C(4), T.P(I-11)
19		1295	52	34	和尚 也里可溫 先生	
20		1295			… 也里可溫 先生 … (缺)	*F
21		1296	53	35	和尚 也里可溫 先生	
22		1296	54	38	和尚 也里可溫 先生	
23		1298	55	41	和尚 也里可溫 先生	
24		1298	56	42	和尚 也里可溫 先生	
25		1298	57	43	和尚 也里可溫 先生	C(6), T.P(I-7)
26		1300	58	44	和尚 也里可溫 先生	

	황제 묘호	년대	祖	蔡1955	종교 사제	기타 출처
27	성종(成宗)	1301	59	45	和尚 也里可溫 先生	
28		1301			和尚 也里可溫 先生	T.P(I-8)
29		1303			和尚 也里可溫 先生	C(7), T.P(I-9)
30		1304	63	49	和尚 也里可溫 先生	
31	무종(武宗)	1305			和尚 也里可溫 先生	T.P(I-10)
32		1309	94	75	和尚 也里可溫 先生	C(8), T.P(I-24)
33		1309	67	53	和尚 也里可溫 先生	
34		1309	68	54	和尚 也里可溫 先生	
35		1309	69	55	和尚 也里可溫 先生	
36		1309	70	56	和尚 也里可溫 先生	
37		1309	71	57	和尚 也里可溫 先生	T.P(I-12)
38	인종(仁宗)	1311	72	58	和尚 也里可溫 先生	
39		1311	73	59	和尚 也里可溫 先生	
40		1312			和尚 也里可溫 先生	T.P(I-13)
41		1312	74	60	和尚 也里可溫 先生	
42		1312	75		和尚 也里可溫 先生	
43		1312	76		和尚 也里可溫 先生	T.P(I-14)
44		1312	77	61	和尚 也里可溫 先生	
45		1313	78	62	和尚 也里可溫 先生	C(10), T.P(I-17)
46		1314	79	63	和尚 也里可溫 先生	C(13), T.P(I-20)
47		1314	80	64	和尚 也里可溫 先生	C(11), T.P(I-18)
48		1314	81	66	和尚 也里可溫 先生	C(9)-2, T.P(1-21)
49		1314	82		和尚 也里可溫 先生	C(12), T.P(I-19)
50		1314	84	67	和尚 也里可溫 先生	
51		1314	85	69	和尚 也里可溫 先生	
52		1315	87		和尚 也里可溫 先生	
53		1316	88	70	和尚 也里可溫 … (缺)	
54		1318	91	72	和尚 也里可溫 先生	C(14), T.P(I-22)

	황제 묘호	년대	祖	蔡1955	종교 사제	기타 출처
55	인종(仁宗)	1318	92	73	**和尚 也里可溫 先生 答失蠻	C(9)-3
56		*1311-1320			和尚 也里可溫 先生	T.P(I-15)
57		*1312-1320			和尚 也里可溫 先生	T.P(I-16)
58		1323			和尚 也里可溫 先生	T.P(I-26)
59	태정(泰定)	1324			和尚 也里可溫 先生 答失蠻	T.P(I-27)
60		1324			和尚 也里可溫 先生 答失蠻	T.P(I-28)
61		1324	95	76	和尚 也里可溫 先生 答失蠻	
62		1326	96	77	和尚 也里可溫 先生 答失蠻	
63	문종(文宗)	1330	97	78	和尚 也里可溫 先生 答失蠻	
64		1332	98		和尚 也里可溫 先生 答失蠻	
65	순제(順帝)	1335	101	83	和尚 也里可溫 先生	C(16), T.P(I-30)
66		1335	102	82	和尚 也里可溫 … (缺)	
67		1335	103	81	和尚 也里可溫 先生 答失蠻	
68		1335	104		和尚 也里可溫 先生 答失蠻	
69		1336	105		和尚 也里可溫 先生 答失蠻	T.P(I-31)
70		1336	106	84	和尚 也里可溫 先生 答失蠻	
71		1337	107	85	和尚 也里可溫 先生	
72		1339	108		和尚 也里可溫 先生	
73		1341	110	86	和尚 也里可溫 先生 答失蠻	
74		1343	111	87	和尚 也里可溫 先生	C(18) T.P(I-33)
75		1345			和尚 也里可溫 先生	T.P(I-34)
76		1351	112	89	和尚 也里可溫 先生 答失蠻	T.P(I-35)
77		1354	113	90	和尚 也里可溫 先生	
78		1356	114	91	和尚 也里可溫 答失蠻 先生	
79		1357	115	88	和尚 也里可溫 先生 答失蠻	
80		1363	116	93	和尚 也里可溫 先生 答失蠻	

* 연도 앞의 *표는 연도 비정이 불확실한 경우임. 출처는 이 장 끝의 <부록> 참조.

표를 살펴보면 앞서 언급한 이슬람식 도살의 금령이 내려진 시기 이후, 가장 분명하게는 성종 테무르 카안(Temür qa'an, 재위 1294~1307) 즉위 이후부터 근 30년이 넘는 기간(다만 1318년에 1건의 예외가 있다[23]), 더 구체적으로 태정제(泰定帝) 예순 테무르(Yesün Temür, 재위 1323~1328) 이전까지 일괄적으로 답실만이라는 표기가 비문에서 빠진다는 사실을 알 수 있다. 그리고 이름으로 봐서는 무슬림으로 추정되는 '다울라 샤(Dawlat Shāh, 한문 사료에서는 '倒剌沙'로 표기)'의 권력이 강해지고, 여러 정황상 한인(漢人) 출신 관리들보다는 서역(西域) 출신 관료들의 영향력이 눈에 띄게 강해진 태정 시기에 존재하는 모든 비문에서 다시 답실만이 일관성 있게 등장한다. 하지만 그에 이어서 마지막으로 토곤 테무르(Toghon Temür, 재위 1333~1368) 시기에는 답실만이 포함된 비문과 아

---

23 한 가지 주목해야 할 사실은 1318년에 반포된 이 면세 성지(<표 3-1>의 55번)는 그 전후 시기의 성지 비문과는 분명히 다르다는 점이다. 대부분의 성지 비문을 보면 성지를 내리는 황제가 이전의 황제들이 불교, 기독교, 도교, 이슬람의 사제가 면세의 대상임을 선언했다는 점을 먼저 밝히고, 이어서 자신의 성지를 반포했다는 것을 볼 수 있다. 그러나 이와 달리 1318년의 성지는 기본적으로 먼저 지역의 도교 선생들이 면세를 요구하자 황제가 그 요구에 부응하여 내려진 성지이다. 즉 불교의 화상(和尚), 기독교의 야리가온(也里可溫), 도교의 선생(先生), 이슬람의 답실만(答失蠻) 등 네 종교의 사제층이 모두 나오는 부분은 면세를 요구하는 선생들의 상주(上奏)에서 나온 것으로, 실제로 황제가 먼저 이를 선언적으로 말하는 것이 아니다. 이러한 차이에서 볼 때, 1318년의 화상, 야리가온, 선생, 답실만이 모두 등장하는 것은 답실만이 없는, 앞뒤의 다른 비문들과는 분명히 다른 형식으로 작성되었다는 점을 유념해야 할 것이다. 더 나아가 이를 통해서 볼 때 적어도 1280년대부터 1323년까지, 황제와 그의 친척들이 주도적으로 직접 반포한 성지에서는 일괄적으로 '答失蠻(답실만)'이 빠진 것으로 볼 수 있을 것이다. 1318년 비문의 내용은 다음과 같다. "長生天氣力裏 · 大福廕護助裏皇帝聖: 中書省 · 樞密院 · 御史臺官人每根底, 行中書省 · 行御史臺 · 宣慰司 · 廉訪司官人每根底, 軍官每根底, 軍人每根底, 城子裏達魯花赤官人每根底, 各枝兒頭目每根底, 眾百姓每根底宣論的聖旨. 曲出為頭集賢院官人每奏: 孫真人文書裏說有: 在先成吉思皇帝 · 月闊台皇帝 · 薛禪皇帝 · 完者都皇帝 · 曲律皇帝聖旨裏: '和尚 · 先生 · 也里可溫 · 答失蠻, 不揀甚麼差發休當, 告天祝壽者!麼道, 宣諭了來. 如今依着在先聖旨體例裏, 告天祈福者!麼道 …."

닌 비문이 혼재해 있음을 볼 수 있다. 다만 정확하게 언제부터 답실만이 빠지게 되었는지, 그것이 빠졌다면 쿠빌라이 재위기 중 어느 시기부터 예외 없이 빠졌는지 분명히 알 순 없는데, 이는 <표 3-1>에서 8, 9, 16, 17의 4개 비문 연도를 정확하게 비정할 수 없기 때문이다.

앞의 내용을 정리해보면 다음과 같다. 1260년대 이후 원 말까지 존재하는 총 80개의 면세 비문을 보면 분명히 1280년대 말부터 1324년, 즉 쿠빌라이 카안 말기부터 예순 테무르 카안 시기 전까지 약 40년 이상 동안 원대의 면세 성지 비문에서 불교, 기독교, 도교, 이슬람의 사제들 중 이슬람의 사제를 지칭하는 답실만이 빠졌다는 사실을 분명히 확인할 수 있다. 즉 이슬람식 도살 금령이 내려진 이후로 특정한 시기 동안 답실만이 생략되는 것이 상징하는, 무슬림들의 지위 하락에 대해 추정해볼 여지가 있는 것이다. 이 현상을 어떻게 설명할 수 있는가에 대해서는 뒤에서 더 자세히 보도록 하겠다.

3. 비각 자료의 한계: 문헌 사료와의 비교

답실만이 면세 성지 비문에서 없어진 것과 관련하여 가장 먼저 생각해볼 수 있는 점은 정확히 그러한 누락이 언제 나타났는가를 확인하는 것이다. <표 3-1>에서 볼 수 있듯이 면세 비문의 경우 가장 이른 시기에 반포되었을 가능성이 있는 것은 1277년 혹은 1289년에 반포된 것으로 추정되는 17번이며, 가장 확실한 경우는 1293년에 반포된 15번이다. 한편 『원전장』에는 지금까지 살펴본 성지 비문과 비슷한 형식의 면세 성지가 하나 있는데, 이 성지에서 불교의 화상, 기독교의 야리가온, 도교의 선생 등 세 종교의 사제는 언급되나 이슬람의 답실만은 언급되어 있지 않으며, 성지가 하사된 것도 소위 이슬람식 도살의 금령이 반포된 1280년 이전이다. 이 성지는 1277년 남송(南宋)의 수도 임안(臨安, 현 중국 절강성 항저우시)이 함락된 얼마 후, 몽골제국과 비교적 가까운 관계를 유지하고 있었던 정일교(正一教) 도교의 수장 장종연(張宗演)에게 하사된 비문이다.[24] 즉 이슬람식 도살 금령이 내려지기 전, 아흐마드가 여전히 권력을 잡고 있었던 시기에 답실만이 빠진 성지 비문이 반포된 셈인데, 그 정확한 이유는 알기 어렵다. 한 가지 가능성은 비각 자료에 보이는 성지 원문과는 달리 이 자료의 경우 분명히 "성지절해(聖旨節該)"로 시작되는, 즉 성지의 요약된 내용이기 때문에 성지를 기록한 이가 편의상 답실만을 생략한 것이라고 볼 여지는 있다.

두 번째로 생각해봐야 할 문제는, 면세 성지에서 답실만이 생략되는 현상이 과연 1280년에 벌어진 이슬람식 도살 금령과 직접적으로 연관이 있는가의 문제이다. <표 3-1>을 보면 이슬람식 도살 금령이 내려진 1280년 이후에도 꾸준히 1280년에 두 차례, 1282년에 한 차례, 1285년에 한 차례 답실만이 언급된 비문이 있다는 것을 볼 수 있다.[25] 1280년에 이슬람식 도살 금령이 반포된 것이 직접적으로 답실만이 성지 비문에서 빠진 계기가 되었다는 가설을 수용하면, 1280년 이후 쿠빌라이

---

24 『원전장』 권33: 6a, 「宮觀不得安下」: "至元十四年十一月, 欽奉聖旨節該: 成吉思皇帝·哈罕皇帝聖旨裏, 和尚·也里可温·先生, 不揀甚麼休着者! 告天, 與俺每祝壽祈福者!' 麼道的有來 …." 강남 정복 전후의 원 정부와 도교의 관계에 대해서는 조원희, 「蒙元帝國의 江南 정복 前後 佛教·道教·基督教·摩尼教 관리 기구의 설립 및 그 함의」, 『東洋史學研究』 135, 2016, 211-244쪽 참조.

25 연도가 비교적 정확하게 비정이 되는 <표 3-1>의 11, 12, 13, 14번이 이에 해당된다. 특히 14번의 연도 비정에 대해서는 졸고 Wonhee Cho, "Negotiated Privilege: Strategic tax exemptions policies for religious groups and the Mongol-Yuan Dynasty in 13th-centery China", *Journal of the Economic and Social History of the Orient*, vol. 63, no. 1/2, 2019, pp. 27-28 참조.

카안 재위기 동안 무슬림 사제들이 면세 비문에 포함된 것을 얼핏 수긍하기가 어렵다. 더구나 연도를 정확히 확정 지을 수 없는 나머지 4개의 비문까지 생각하면, 정확히 어느 시기부터 어떤 계기로 답실만이 비문에서 빠지기 시작했는지를 설명하기는 더욱 어렵게 된다.

세 번째로 살펴봐야 할 것은 1294년 쿠빌라이 카안의 사망과 뒤이은 테무르 카안의 즉위, 그리고 1295년에 성립되는 소위 '양의 해의 체례(羊兒年的體例)' 반포로 인한 면세 정책의 변화이다.

먼저 1294년 테무르 카안의 즉위 직후 당시의 사정을 기록하고 있는, 『불조역대통재(佛祖歷代通載)』에 남아 있는 티베트 승인 담빠(한문 사료에서는 '膽巴'로 표기)의 전기(傳記)를 살펴보자. 이 전기에서 담빠는 테무르 카안과의 친밀한 관계를 이용하여 '승도(僧道)'의 역할이 국가를 위해서 기도를 하는 것인 만큼, 자신들이 면세를 받아 마땅하다고 강조한다. 이에 대해서 카안은 이 문제는 중서성(中書省)의 승상(丞相)이었던 울제이(한문 사료에서는 '完澤'으로 표기)와 상의를 거쳐서 결정해야 될 일이라고 하나, 담빠는 이에 대해서 승도를 상대로 징세를 하려는 시도가 중서성 관리들의 음모라고 치부한다. 그리고 담빠는 결국 불승들만을 위한 전면적인 면세 특권을 성종으로부터 얻어내게 된다.[26] 이때는 지

---

26 「불조역대통재(佛祖歷代通載)」에 기록된 이 이야기로 알 수 있는 것에는 한계가 있다. 그러나 전체적인 맥락을 고려해보면, 담빠는 지세와 상세를 포함한 가장 포괄적인 면세 혜택을 요구했던 것으로 보인다. 우구데이 카안 시기부터 원칙적으로는 종교인이라고 할지라도 지세와 상세는 납부하도록 해왔지만, 그는 이 원칙을 뛰어넘는 혜택을 받아내고자 했으며 이를 위해 다른 종교는 물론 중서성의 관리 역시 논의에서 배제하려고 했던 것이 아닐까 싶다. 「佛祖歷代通載」, 『北京圖書館古籍珍本叢刊』 第77卷, 子部, 釋家類, 書目文獻出版社, 1988, 卷22, 458쪽: "甲午四月成宗皇帝踐祚, 遣使召師. 師至慶賀畢. 奏曰: '昔成吉思皇帝有國之日, 疆土未廣, 尙不徵僧道稅糧. 今日四海混同萬邦入貢, 豈因微利而棄成規? 倘蠲其賦則身安志專, 庶可勤修報國.' 上曰: '師與丞相完澤商議.' 奏曰: '此謀出於中書省官, 自非聖裁他議何益?' 上良久曰: '明日月旦就大安閣釋迦舍利像前修設好事,

원 31년 4월로, 『원사』에 기록된 성종 테무르 카안의 즉위 시기와 일치한다. 다른 종교를 배제하고 불승에게만 특혜를 부여한 것은 다소 의외로 보이는 일이다.

그러나 한 달 후 지원 31년 5월에는 다시 다음과 같은 내용의 성지가 내려졌다.

> 지원 31년 5월 16일, 중서성이 받은 성지의 내용을 요약하면 다음과 같다.
>
> 칭기스 칸, 우구데이 카안, 그리고 선황제(先皇帝)[27]의 성지에 따르면 화상, 야리가온, 선생은 모든 차발에서 면제를 받을 것이며, 그들은 우리의 축복을 위해 기도하도록 되어 있다.
>
> 이 성지의 뜻에 따라, [이상의 세 가지 종교의 사제들은] 차발에서 면제를 받고, 우리의 축복을 위해서 기도하도록 하여라.[28]

師宜早至.' 翌日師登內閣, 次帝師坐, 令必闍赤朗宣敕旨. 顧問師曰: '今已免和上稅糧, 心歡喜否?' 師起謝曰: '天下僧人咸沾聖澤.'" Herbert F. Schurmann, "Tan-Pa, a Tibetan Lama at the Court of the Great Khan", *Orientalia Venetiana*, vol. 1, 1984, pp. 157-180의 논의 및 영문 번역도 참고할 만하다. 몽골제국 시기 종교인에 대한 면세 정책과 그 변화에 대한 이하의 서술은 졸고 Wonhee Cho, "Negotiated Privilege", pp. 1-37에 더 자세히 소개되어 있다.

27 쿠빌라이 카안을 말한다. '先皇帝(선황제)'라는 표현은 다른 비각 자료에서는 잘 보이지 않는 표현이다. 그러나 이 시기는 분명히 쿠빌라이가 사망한 이후로, 성지를 반포한 인물은 이미 대칸으로 새로 집권한 성종 테무르 카안으로 보아야 할 것이다. 다만 이 당시는 쿠빌라이가 사망한 지 5개월도 지나지 않았던 상태이며, 그의 묘호 역시 아직 정해지지 않았기 때문에 '선황제'라는 다소 어색한 표현을 쓴 것으로 보인다. 『원사』에 따르면 쿠빌라이 카안의 묘호가 정해진 것은 이로부터 몇 달 후이며, 성종도 이제 막 즉위를 했기 때문에 쿠빌라이 당시의 연호인 지원(至元)을 여전히 쓰고 있다.

28 『원전장』 권33: 1a 「僧道差發例」: "至元 31년五月十六日, 中書省欽奉聖旨節該: 成吉思皇帝 · 月吉合皇帝 · 先皇帝聖旨裏, 和尚 · 也里可温 · 先生每, 不揀甚麼差發休教着. 告天祝壽者. 麼道來. 如今依着在先聖旨體例, 不揀甚麼差發休教着者, 告天祝壽者. 欽此."

즉 불승에게만 전면적인 면세의 혜택이 주어진 지 한 달도 안 돼서 테무르 카안은 다른 종교들, 구체적으로 기독교와 도교의 사제들에게도 동일한 면세 혜택이 있음을 확인시켜주었다. 흥미로운 점은 이때까지도 역시 이슬람의 사제를 지칭하는 답실만은 빠져 있다는 것이다.

그리고 1년이 지난 후 1295년에는 각 종교의 면세 문제를 가장 포괄적으로 다룬 일련의 규정, 즉 '양의 해의 체례'가 반포된다. 『원전장』에 기록된 이 규정을 보면 테무르 카안 즉위 초와 달리 불교, 도교, 기독교, 이슬람의 사제들이 모두 포함된 것을 볼 수 있다.[29] 즉 1294년에 일시적으로 (의도되었든 아니든) 이슬람의 사제층인 답실만이 제외되었다고는 해도 1295년에 들어서 적어도 『원전장』의 기록에서는 무슬림들이 다른 네 종교와 동일한 수준의 면세 특혜를 받았음을 확인할 수 있다.

더욱 주목해야 할 점은, 1295년에 새로 확정된 이 규정이 형성된 과정이다. 비록 『원전장』에서는 이 규정의 의사 결정 과정이 자세히 보이지 않으나, 『통제조격(通制條格)』에서는 각 종교에 대한 징세를 논의하는 과정에서 1295년 당시에 울제이 승상(1294년에 티베트 승려인 단바가

29 『원전장』 권24: 8b, 「僧道租稅体例」: "元貞元年閏四月□日, 欽奉聖旨: 諭中書省 · 樞密院 · 御史臺 · 宣政院 · 行中書省 · 行御史臺 · 司農司 · 宣慰司 · 管民官 · 應管公事大小官吏 · 諸色人等. 據中書省 · 宣政院奏: 和尚 · 也里可溫 · 先生 · 荅失蠻等, 地糧商稅所辦錢物, 若不再行明諭, 恐在下官府合徵納者, 妄作免除不應徵納者, 卻行追收致使僧道人等生受, 乞降聖旨事. 准奏. 所有條畫開列于後. [一]西番 · 漢兒 · 畏兀兒 · 雲南田地裏, 和尚 · 也里可溫 · 先生 · 荅失蠻, 擬自元貞元年5월已前應有已未納稅地土. 盡行除免稅石. 今後續置或影占地土, 依例隨地徵稅. [一]江南和尚 · 也里可溫 · 先生 · 荅失蠻田土, 除亡宋時舊有常, 住并節次續奉先皇帝聖旨撥賜常住地土, 不納租稅外, 歸附之後 諸人捨施或典賣一切影占地畝, 依舊例徵納稅糧. 隱匿者, 嚴行治罪. [一]和尚 · 也里可溫 · 先生 · 荅失蠻, 買賣不須納稅, 卻不得將合納稅之人等物貨. 妄作已物夾帶影蔽違者, 取問是實, 犯人斷罪, 物貨沒官. 其店肆 · 塌房 · 客旅 · 停塌 · 物貨, 依例銷報納稅 …"

배제하려고 했던 바로 그 인물)이 종교인들에 대한 면세 문제를 제기했다는 사실을 볼 수 있다.[30] 당시 중서성의 대표로는 울제이가, 선정원(宣政院)의 대표로는 답실만이라는 관료,[31] 그리고 제사(帝師)였던 '닥빠 외세르(한문으로는 '吃剌思八斡節兒')'가 각각 논의 과정에 참여했다는 것을 볼 수 있는데, 흥미롭게도 기독교, 도교, 이슬람을 대표하는 특별한 인물이 없었음에도 결국은 불교뿐만 아니라 다른 종교들도 같은 면세의 혜택을 누리게 되었다. 즉 면세 성지 비문에서 답실만이라는 글자가 생략되었던 시기에도, 더 자세한 내용을 기록하고 있는 이 『원전장』의 규정에서는 분명히 답실만도 다른 종교와 마찬가지로 동일한 특혜를 받는 것으로 기록되어 있는 것이다.

마지막으로 1311년 전후에 벌어진, 각 종교의 사법적 자치권의 박탈 과정에서도 이와 비슷한 현상이 보인다. 무종(武宗) 카이샨 카안(Qaišan qa'an, 재위 1307~1311)이 사망하고 인종(仁宗) 아유르바르와다 카안(Ayurbarwada qa'an)이 즉위한 직후인 1311년에 인종은 그 이전까지 각 종교가 가지고 있던, 그들 자신의 통제 아래에 있는 이들을 재판할 수 있는 권한을 박탈하고 각 종교 휘하의 아문(衙門)을 모두 폐지할 것을 명령한다. 그러나 이 와중에도 각 종교, 구체적으로 불교, 도교, 기독교와 이슬람은 물론, 백운종(白雲宗)과 두타교(頭陀教) 역시 기존과

30 『통제조격교주』 권29, 「僧道」, 725-726쪽, "皇慶元年四月十七日, 中書省奏: 爲僧·道·也里可溫·荅失蠻納稅糧的上頭, 在先省官與宣政院官互相聞奏不一的上頭, 完澤篤皇帝時分羊兒年裏, 完澤丞相等省官·荅失蠻等宣政院官·吃剌思八斡節兒帝師根底商量呵, 除亡宋時分舊有常住並奉世祖皇帝聖旨做常住與來的地土外, 其餘歸附之後諸人捨施·或典買來的·一切影占的, 依舊納稅糧者, 麽道奏過定體了來."

31 여기서 한자로 '荅失蠻(답실만)'으로 표기되는 인물은, 이슬람 사제층을 지칭하는 일반 명사가 아닌 페르시아어 및 한문 자료에서 성종 시기 자주 등장하는 당시 원 정부의 고위 관료 이름이다.

마찬가지로 면세의 혜택은 여전히 유지할 수 있도록 명시하고 있다.[32]

즉 앞의 두 예시(1294년에서 1295년 사이의 면세 관련 논의 및 1311년 전후의 아문의 폐지와 관련된 규정)에서 확인할 수 있는 것은, 비록 '답실만'이라는 표현이 사실상 예외 없이 면세 성지 비문에서 제외되고 있는 시기에도, 여전히 『원전장』과 『통제조격』 같은 관청 문서에는 이슬람 사제들이 다른 세 종교, 즉 불교, 도교, 기독교의 사제들과 동일한 특권을 보장받도록 명시하고 있다는 것이다.[33] 즉 비록 각 종교에 대한 면세의 범위가 변화했고, 각 종교 지도자들 휘하의 사법권이 제약을 받았으며, 특정 종교가 일시적인 혜택의 변화를 겪었지만, 그 과정에서도 한편으로는 모든 종교를 차별 없이 동등하게 대하라고 했던 칭기스 칸의 뜻, 그리고 그것을 계속 지키려고 했던 후계자들의 노력[34]이 또한 어느 정도 영향을 끼쳤을 것임을 짐작할 수 있다.

결론적으로 앞의 네 예시를 통해 분명히 면세 비문에서 답실만이라

32 『원전장』 권33: 1a-1b 「革僧道衙門免差發」: "至大四年四月, 欽奉聖旨: 和尚·先生·也里可温·荅失蠻, 不教當差發, 告天, 咱每根底祝壽者! 道來. 和尚·先生·也里可温·荅失蠻·白雲宗·頭陀教每根底, 多立着衙門的上頭, 好生搔擾他每. 麼道, 說有. 爲那般上頭, 除這裏管和尚的宣政院·功德使司两個衙門外, 管和尚·先生·也里可温·荅失蠻、白雲宗·頭陀教等, 各處路府州縣裏有的他每的衙門, 都教革罷了, 拘收了印信者. 歸斷的勾當有呵, 管民官依體例歸斷者. 今後依着聖旨體例, 和尚·先生·也里可温·荅失蠻在前不曾交當的差發, 休交當者. 管民官休教他每當里正主首者. 休倚氣力者. 這般宣諭了呵, 别人的人有罪過者. 這和尚·先生·也里可温·荅失蠻等, 倚着這般宣諭了也, 麼道, 不依自己教門行, 做無體例勾當呵, 不羞·不怕那甚麼?"

33 무슬림들이 포함되어 있는 1318년의 성지에서 볼 수 있는 바이다. 앞의 각주 23 참조.

34 이러한 관용적인 태도 내지 모든 종교를 동등하게 대우하도록 한 몽골인들의 자세에 대해서는 아타 말릭 주베이니('Atā Malik Juvayni)의 기록 'Alā' al-Dīn 'Atā Malik Juvaynī, *Genghis Khan: The History of the World Conqueror*, John A. Boyle (Trans.), Seattle, WA: University of Washington Press, 1997, p. 26 혹은 쿠빌라이 카안에 대한 마르코 폴로의 전언을 들 수 있다. 마르코 폴로, 『마르코 폴로의 동방견문록』, 227쪽.

는 글자가 비교적 일관되게 사라진 것이 틀림이 없다고 해도, 그런 현상이 시작된 시기를 정확하게 단정 짓기 어려우며, 나아가 비문 이외의 다른 기록에서는 분명히 답실만도 다른 종교와 마찬가지의 면세 혜택을 누리도록 명시했다는 점에서, 비각 자료에서 나타난 현상만으로 무슬림의 지위가 상대적으로 약해졌다고 결론 내리기는 어렵다고 할 수 있다.

4. '답실만'과 대원제국의 무슬림: 의의와 한계

이 장의 논의는 다음과 같이 정리될 수 있다. 1280년 이슬람식 도살 금지령이 내려진 이후, 약 50년에 걸친 기간 동안 이슬람의 사제층이라고 할 수 있는 답실만이라는 명칭이 면세 성지 비문에서 비교적 일관되게 없어지는 현상이 나타났다. 이는 보기에 따라서는 이 시기 동안 무슬림이 다른 종교들, 즉 불교, 도교, 기독교 등에 비해 상대적으로 더 불리한 위치에 놓이게 된 것이 아닌가 하는 생각이 들 수 있게 한다. 이 장에서는 그러한 점을 보여주는 비각 자료 목록을 구체적으로 제시한다.

다만 비문에서 '답실만'이라는 기록이 사라진 것, 좀 더 일반적으로 말하자면 사료상 기록의 부재를 어떻게 해석하느냐의 문제는 여전히 조심스럽게 접근해야 한다는 점을 이 장의 논의를 통해서 다시 한 번 강조하고자 한다. 비록 비문에서 '답실만'이라는 표현이 1280년 전후로 시작하여 1324년까지 사라지기는 하나, 『원전장』과 『통제조격』을 비롯한 다른 기록을 보면 비문에서 보이는 경향과 달리 무슬림 역시 다른 종교들과 비슷하게 각종 특권을 누리고 있었음을 볼 수 있다.

즉 비록 비문에서는 답실만이 일괄적으로 기록되어 있지 않았더라도, 그것만으로는 무슬림의 지위가 특별히 낮아졌다고 확언하기 어렵다는 것이다. 조금 더 확대해서 이야기하면, 사료상의 부재를 가지고 역으로 무엇인가를 결론 내리는 것이 가져올 수 있는 잠재적 위험성을 주의 깊게 생각해보아야 할 것이다.

물론 '답실만'이라는 표현이 지속적으로 보이지 않는 것에 대한 자세한 연구 내지 좀 더 충분한 설명이 있어야 할 것이나, 이는 사료상의 한계로 쉽지 않을 것 같다. 다만 한 가지 생각할 수 있는 가능성은 화상, 야리가온, 선생, 답실만 등 네 종교가 모두 열거되는 부분이 실질적인 면세 내용이 아닌, 선언적인 내용을 천명하는 부분에서 등장한다는 점이다. 또 하나의 가능성으로 생각할 수 있는 것은 면세 비문의 예상 청중(일차적으로는 사원과 궁관에서 면세의 혜택을 누렸던 이들과 이를 보았을 현지인)에게는 꼭 무슬림에 관한 내용을 언급하지 않아도 큰 상관이 없었던 것은 아닌가 하는 조심스러운 추정이다. 실제로 중국 이외의 다른 지역에 하사된 면세 성지, 가령 러시아의 한 교회에 하사된 비슷한 형식의 성지를 보면 한문 사료와 달리 러시아 사제들만 면세의 대상으로 언급되고 있는 것을 볼 수 있다.[35]

마지막으로 이상의 분석을 통해서 몽골제국의 중국 지배 정책, 즉 원조의 종교 정책을 결정한 요소들이 무엇이었는가를 확인해보고자 한다. 비각 자료를 통해 무슬림의 지위와 그 한계점을 검토하는 과정에서 보았듯이 몽골의 종교 정책에 영향을 끼친 것은 여러 가지였다. 이슬람식 도살 금령에서 보이는 국가의 권위를 세우는 문제, 1294년 담

35 Herbert F. Schurmann, "Mongolian Tributary Practices of the Thirteenth Century", pp. 304-389 참조.

빠의 요구 및 불승에 대한 면세 조치에서 보이는 특정 인물과 황제 간 개인적 관계의 문제, 그리고 이러한 특정 종교에 대한 선호 속에서도 모든 종교를 동일하게 대우할 것을 명령한 창업자 칭기스 칸의 뜻을 지키려는 노력 등 여러 가지 요소에 따라 종교 정책이 결정되었던 것을 볼 수 있었다. 물론 이 모든 설명이 여전히 1280년대에서 1320년대 사이에 지속적으로 나타난, 이슬람 사제층이라고 할 수 있는 답실만이라는 표현이 비각 자료에서 누락되는 현상을 충분히 설명하지는 못한다. 이는 원대 무슬림 관련 사료가 상당히 적다는 점에 기인하며, 더 크게는 원대 연구의 어려움을 반영하는 것이라고도 볼 수 있다.

부록

면세 성지 비문 관련 참고 자료

1. 한문 성지 비문 자료

(1) 蔡美彪,『元代白話碑文集錄』, 科學出版社, 1955. (표에서 "蔡1955"로 약칭)

이 책은 영미권 학계에서는 여전히 인용이 많이 되고 있으나 출판 초기부터 적지 않은 수의 오류가 있었음이 제기되었으며[36] 특히 연도 비정에 있어서 다소 아쉬움이 남는 부분이 있다. 실제로 저자 차이메이뱌오(蔡美彪)는 이후의 자신의 연구 업적에서 이러한 오류를 수정하기도 했다. 따라서 사실상 이하의 주성리(祖生利)의 저작으로 대체되어야 할 것이다. 이 저서는 전자본으로 대만 중앙 연구소의 '漢籍電子文獻資料庫'에서 검색이 가능하다.

(2) 祖生利,『元代白話碑文研究下篇: 元代白話碑文集錄校注(初稿)』, 中國社會科學研究所 博士論文, 2000. (표에서 "祖"로 약칭)

제목 그대로 (1)의 내용을 수정 보완한 것으로, 특히 1955년 이후에 새로 발견된 비문 자료를 포함시켰을 뿐만 아니라 각 비문의 연도 비정과 관련하여 자세한 설명을 포함하고 있다.

2. 팍파문 성지 비문 자료

(1) Domi Tumurtogoo (Ed.), *Mongolian Monuments in 'Phags-pa Script: Introduction, transliteration, transcription and bibliography*, Institute of Linguistics, Academia Sinica, 2010. (표에서 "T.P"로 약칭)

몽골과 관련된 팍파문 문헌 자료를 모은 자료집으로, 각 자료의 음사와 전사를 기재하고, 나아가 각 자료와 연관된 기존의 연구 성과를 각 비문마다 참고문헌의 형태로 소개하고 있다. 다만 참고문헌만 소개할 뿐 각 비문 자료에 대한 구체적인 설명을 기재하고 있지는 않다는 점에서 아쉬움이 있다.

(2) 呼格吉勒圖 薩如拉 編, 『八思巴字蒙古語文獻匯篇』, 內蒙古敎育出版社, 2004. (표에서 "H"로 약칭)

(1)에 포함된 대부분의 자료와 더불어 (1)에는 일부 누락된, 중국 시장[서장(西藏)]에 보관된 사료를 포함했다. 각 비문의 전사와 더불어 중문 번역을 제공하고 있으나 가장 기본적인 해제만 있을 뿐 자세한 각주나 추가 설명은 사실상 없다는 점에서 아쉬움이 있다.

3. 한문과 팍파문을 모두 포함하는 성지 비문 자료

蔡美彪, 『八思巴字碑刻文物集释』, 中國社會科學出版社, 2011. (표에서 "蔡"로 약칭)

차이메이뱌오가 여러 학술지를 통해 출판했던 논문들을 모은 책으로, 한문과 팍파문으로 된 여러 비문 및 비각 자료에 대한 자세한 해설 등이 돋보인다. 특히 기존의 연구자들이 미정으로 표시했거나 연도를 비정하지 않았던 많은 자료에 대한 자세한 연도 비정 및 해설을 포함하고 있다. 다만 일부 팍파 비문은 포함되지 않아 다소 아쉬움이 있다.

4. 위구르문 비각 자료

Domi Tumurtogoo (Ed.), *Mongolian Monuments in Uighur-Mongolian Script (XIII-XVI centuries): Introduction, transcription and bibliography*, Institute of Linguistics, Academia Sinica, 2006. (표에서 "T.U"로 약칭)

위구르 문자로 전해진 일부 원대 비각 자료를 모은 자료집으로, 2-(1)과 마찬가지로 여러 비각 자료의 음사 및 전사를 기재하고 관련 연구서를 소개하고 있다. 다만 면세 비문의 경우 1269년 팍파문의 공식 선포 이후 위구르문으로 반포된 비문이 거의 없기 때문에 면세 비문은 단 3편만 포함하고 있다.

5. 기타

일본과 중국의 학자들 중에서 특히 주성리(祖生利)와 후나타 요시유키(船田善之)의 연구들, 가령 **船田善之, 「蒙元時期硬譯公牘文體的格式化」 宮海峰 譯, 『元史論叢』 11(2009): 354-368. (표에서 "F"로 약칭)** 등을 참고할 수 있다. 특히 이 장의 경우 최근에 발표된 영암사(靈岩寺)에서 발견된 비문에 대한 가장 자세한 해설을 기재했다.

---

36 入矢義高, 「蔡美彪氏編『元代白話碑集録』を読む」, 『東方学報』 26, 1956, 186-228쪽.

2부

여행기를 통해 본 몽골 평화시대

4장
'몽골의 평화' 시대 여행기들을 통해서 본 『맨더빌 여행기』의 새로움

성백용

1. '몽골의 평화'

크리스토퍼 콜럼버스(Cristoforo Colombo)는 유럽 근대의 서막을 알리는 상징적 인물 가운데 하나이지만, 그라고 해서 중세의 상상 세계를 완전히 탈피한 것은 아니었다. 실은 그의 유명한 항해조차도 그 역사적 근원을 따져보면 멀리 유럽의 십자군 원정과 그에 뒤이은 몽골의 정복에까지 거슬러 올라간다고 할 수 있다. 테무진이 몽골 초원을 평정하고 '칭기스 칸'으로 추대된 1206년부터 우구데이(Ögödei, 재위 1229~1241), 구육(Güyük, 재위 1246~1248), 뭉케(Möngke, 재위 1251~1259), 쿠빌라이(Qubilai, 재위 1260~1294) 칸으로 계승된 대칸(Qa'an)들의 시대, 그리고 다시 원제국을 세운 이 쿠빌라이 대칸으로부터 제국이 멸망한 1368년에 이르기까지, 한 세기 반 넘게 지속된 이른바 '몽골의 평화(Pax Mongolica)' 시대는 동서문명이 대면하고 소통하는 매우 역동적인 시기였고, 그리하여 훗날 유럽의 대항해 시대로 나아가는 첫걸음이 되었다.[1]

특히 최초의 '황화(黃禍)'라 할 수 있는 '타타르의 공포'가 점차 막연한 기대와 희망으로 옮아가던 13세기 중엽부터 외교 사절로, 선교사로, 상인으로 미지의 몽골 땅을 찾아가고 자신의 여행 경험을 기록으로 남긴 이들이 하나둘 등장하기 시작했다. 교황 인노켄티우스 4세(Innocentius PP. IV)의 명을 받고 구육 카안을 찾아간 성 프란체스코의 제자 플라노 드 카르피니(Plano de Carpini: Giovanni da Pian del Carpine), 8년 뒤인 1253년 성왕 루이(Louis IX)의 서한을 지니고 뭉케 카안을 알현한 프란체스코 수도회의 기욤 드 뤼브루크(Guillaume de Rubrouck), 1271년에 베네치아를 떠나서 1295년에 귀환할 때까지 쿠빌라이의 치세와 겹치는 긴 세월을 여행한 마르코 폴로(Marco Polo), 동방 선교의 사명을 띠고 파송된 프란체스코회 수도사 오도리코 다 포르데노네(Odorico da Pordenone) 등이 바로 그들이다. 이런 선구자들의 여행과 그들의 경험을 기록한 보고서, 서한, 여행기 등을 통해서 서유럽인들에게 전설과 상상의 세계에 가까웠던 동양은 비로소 좀 더 현실적인 세계, 말하자면 실제로 방문할 수 있고 거주할 수 있는 세계로 점점 더 가까이 다가오게 되었다.[2]

---

1 몽골제국사에 관해서는 스기야마 마사야키, 『몽골 세계제국』, 김장구 외 옮김, 서울: 신서원, 1999; 김장구, 「플라노 드 카르피니의 『몽골인의 역사』에 보이는 몽골사 인식」, 『동국사학』 49, 2010, 69-103쪽 참조.

2 이 여행기들의 번역본으로 여기서 주로 이용된 텍스트들은 다음과 같다. Manuel Komroff (Ed.), *Contemporaries of Marco Polo: Consisting of the travel records to the eastern parts of the world of William of Rubruck(1253-1255); The journey*

물론 이 작품들이 모두 똑같이 빛을 본 것은 아니었다. 예컨대 뤼브루크가 성왕 루이에게 보고한 『여행기(*Itinerarium*)』는 3세기 반가량 어둠에 묻혀 있다가 1600년 무렵에 이르러 영국의 저명한 지리학자 리처드 해클뤼트(Richard Hakluyt)의 기념비적인 편찬물인 『영국 민족의 주요 항해, 여행과 발견들(*Principall Navigations, Voiages, and Discoveries of the English Nation*)』(1598~1600)을 통해서 겨우 빛을 보게 되었고, 현존하는 필사본도 겨우 5종에 불과하다.[3] 또한 최초의 베이징 대주교로 파송되어 1328년경 현지에서 뼈를 묻은 조반니 다 몬테코르비노(Giovanni da Montecorvino)와 그의 관구에 속해 있던 일곱 주교들의 행적이나, 그로부터 10년 뒤 아비뇽(Avignon) 교황청이 원(元)의 마지막 황제 순제(順帝)의 요청에 응하여 파송한 50명의 프란체스코회 수도사들을 이끌고 떠난 조반니 데 마리뇰리(Giovanni de' Marignolli)의 기록은 훨씬 더 나중에 가서야 발굴되었다.[4] 반면 잘 알다시피 마르코 폴로

---

of John of Pian de Carpini (1245-1247); The journal of Friar Odoric(1318-1330), The oriental travels of Rabbi Benjamin of Tudela(1160-1173), New York: Boni & Liveright, 1928; Richard Hakluyt, *The Travels of Sir John Mandeville, with Three Narratives in Illustration of it: The voyage of Johannes de Plano Carpini, the journal of friar William Rubruquis, the journal of friar Odoric, Navigation, Voyages, and Discoverries* (1598-1600 ed.), New York: Dover, 1964; Guilelmus de Rubruquis, *The Mission of Friar William of Rubruck: His journey to the court of the Great Khan Möngke, 1253-1255*, Peter Jackson & David Morgan (Trans.), London: Hakluyt Society, 1990; 마르코 폴로, 『마르코 폴로의 동방견문록』, 김호동 옮김, 파주: 사계절, 2000.

3 그나마 이러한 기록이 존재한다는 사실이 알려지게 된 것은, 뤼브루크가 파리에서 만났던 같은 수도회의 영국인 로저 베이컨(Roger Bacon)이 그의 저술(*Opus major*)에서 소개한 덕분이었다. Peter Jackson, "William of Rubruck: A review article", *Journal of the Royal Asiatic Society of Great Britain and Ireland*, no. 1, 1987, pp. 92-97.

4 이들에 관해서는 Livarius Oliger, "Franciscan Pioneers amongst the Tartars", *The Catholic Historical Review*, vol. 16, 1930, pp. 249-275; James D. Ryan, "European

의 『동방견문록(*Le devisement du monde*)』이 겪은 운명은 정반대였다. 이 책은 저자의 생전에 널리 인기를 끌었고, 이후 각국어로 번역되어 120종에 이르는 필사본과 160여 종의 인쇄본을 갖게 되었다.

한편 실제의 체험에서 나온 이 여행기들과 사뭇 다르게, 이것들을 포함한 다양한 전거들에 작가의 상상을 투사하여 지어낸 한 '가상의 여행기'가 중세에 나온 동방 여행기들의 대미를 장식했으니, 세인트 올번스(St. Albans) 출신의 기사 맨더빌 경(Sir John of Mandeville)이라는 이름으로 14세기 후반에 쓰인 작품이 바로 그것이었다. 게다가 이 작품의 인기는 마르코 폴로의 작품을 능가했다. 『맨더빌 경의 재발견(*The Rediscovery of Sir John Mandeville*)』이라는 저서를 낸 조세핀 베네트(Josephine W. Bennett)의 서지 목록은 10개 언어로 번역된 약 250종의 필사본을 열거하고 있으며, 아널드 클렙(Arnold Kleb)이 작성한 인쿠나불라(incunabula) 통계에서 맨더빌은 여덟 번째의 인기 작가이자 중세 산문 작가 가운데서는 단연 으뜸으로 나타났다.[5] 16세기에만 180여 종의 인쇄본이 출판되었으니, 이 책의 출판 부수가 거의 성경 수준이라는 속설이 나올 만도 하다. 그 인기만큼이나 이 책이 누린 권위와 영향력도 대단했다. 그것은 콜럼버스를 비롯하여 존 디(John Dee), 마틴 프로비셔(Martin Frobisher), 폰세 데 레온(Ponce de Léon)과 같은 탐험가들에게 열정과 영감을 불어넣었고, 마르틴 베하임(Martin Behaim), 게라르두스 메르카토르(Gerardus Mercator), 아브라함 오르텔리우스(Abraham

---

Travelers before Columbus: The fourteenth century's discovery of India", *The Catholic Historical Review*, vol. 79, 1993, pp. 648-670 참조.

5 Josephine W. Bennett, *The Rediscovery of Sir John Mandeville*, New York: The Modern Language Association of America, 1954; Mary B. Campbell, *The Witness and the Other World: Exotic European Travel Writing, 400~1600*, New York: Cornell University Press, 1988, p. 122, n. 1.

Ortelius)와 같은 르네상스 시대의 지리학자들에게 '세계의 모습(imago mundi)'을 어렴풋이 보여준 길잡이였다. 심지어 이 시기에 맨더빌은 콜럼버스나 아메리고 베스푸치(Amerigo Vespucci)와 어깨를 나란히 하는 '세계의 발견자들' 가운데 하나로 회자될 정도였다.

하지만 세계의 진상이 밝혀짐에 따라 오랫동안 이 유명한 책은 '새빨간 거짓말', '문학적 사기'라는 오명을 뒤집어쓰게 되었고, 최근에 와서야 그의 텍스트에 주목한 일군의 학자들을 통해서 '재발견'되었다. 먼저 오늘날 거의 모든 학자들은 '수수께끼의 기사' 맨더빌의 실존을 믿지 않으며,[6] 또 이 저자가 "아마도 좋은 도서관 너머로는 아무데도 여행하지 않은" 이른바 '안락의자에 앉은 여행가(armchair traveller)'였을 것이라고 추측한다. 이 작품이 앞서 언급한 여행기들은 물론이고 플리니우스(Plinius), 가이우스 솔리누스(Gaius J. Solinus), 자크 드 비트리(Jacques de Vitry), 뱅상 드 보베(Vincent de Beauvais) 등 고대와 중세의 여러 전거들을 짜깁기(pastiche)했다는 것도, 특히 성지 일대를 다룬 전반부와 인도, 중국 등을 다룬 후반부는 각각 빌헬름 폰 볼덴젤레(Wilhelm von Boldensele)의 『순례기(*Liber de Quibusdam Ultramarinis Partibus et Praecipue de Terra Sancta*)』와 오도리코의 『여행기(*Relatio de Mirabilibus Orientalium Tatarorum*)』를 상당 부분 표절했다는 것도 명백하다. 그래서 오늘날 여러 학자들은 그것을 '여행기 대전(大全, summa)'이라든가 '공상 여행 소설(romance of travels)', 또는 이국에 관한 갖가

6 예컨대 이언 히긴스(Iain M. Higgins)는 이러한 이유로 'Mandeville-author'(맨더빌을 자처하는 저자)라는 표기를 고집한다. 하지만 가일스 밀턴(이영찬 옮김, 『수수께끼의 기사』, 서울: 생각의나무, 1996) 같은 작가는 줄곧 저자의 실존 가능성을 타진하고 있다. '맨더빌'의 정체에 관한 자세한 논의는 성백용, 「맨드빌의 『여행기』와 동양」, 『동국사학』 49, 2010, 105-138쪽 참조.

지 전승과 단편적인 지식들을 모자이크하여 재구성한 '대중적 백과사전' 등으로 평가한다.[7]

하지만 이 작품의 장르를 어떻게 평가하든지 간에, 작자의 진정한 저술 의도와 작품의 성격에 관한 일련의 질문들은 여전히 남아 있다. 이를테면 저자는 낯선 세계에 대한 과학적 지식과 정보를 제공하려고 했던 것인가, 아니면 이런 구실을 앞세워 실은 독자들의 구미를 돋우기 위한 예술적 허구를 지어내려고 했던 것인가? 허무맹랑한 기담들(marvels, wonders)과 과학적인 사유들이 어떻게 한데 뒤섞일 수 있었던 것일까? 작자 자신과 독자들은 그런 기담들을 진지한 지식으로 여겼을까, 아니면 우화나 판타지 같은 한낱 이야기로 받아들였을까? '맨더빌'의 텍스트를 아무리 치밀하게 분석한다고 해도 이런 질문들에 답하기는 어려울 것이다. 오히려 이 질문들은 '맨더빌'의 텍스트보다 더 이전에 쓰여진 여행기들과의 비교 분석을 통하여 그 텍스트에서 나타나는 관성과 새로운 면모를 살펴봄으로써 그 해결의 실마리를 찾을 수 있을 것이다.

2. 몽골을 찾아간 여행가들

전술한 바와 같이, 1236년 바투(Batu)의 서방 원정으로 시작된 타타

---

7 이러한 경향을 대표하는 저술로는 Josephine W. Bennett, *The Rediscovery of Sir John Mandeville*; Donald T. Howard, *Writers and Pilgrims: Medieval pilgrimage, narrative and their posterity*, Berkeley, CA: University of California Press, 1980; Christian K. Zacher, *Curiosity and Pilgrimage: The literature of discovery in fourteenth-century England*, Baltimore, MD: The Johns Hopkins University Press, 1976 참조.

르인들(Tartars, 몽골인들)의 범람은 대단한 공포를 자아냈다. 전설적인 '알렉산더의 장벽'을 넘어 밀어닥친 이 야만인들은 유럽인들에게 '지옥의 자식들(filii Tartari)'이거나 말세의 메뚜기 떼처럼 불길한 존재였다. 대안은 다음과 같은 세 가지, 즉 십자군을 일으켜 격퇴하거나, 외교 협상에 나서거나, 아니면 선교를 통해 개종시키는 것 가운데 하나였다. 그러나 교황청과 황제의 투쟁이 한창인 마당에 새로운 대규모 십자군을 일으키는 것은 거의 불가능했다. 그런데다 애초의 공포를 누그러뜨리고 오히려 이를 반전의 기회로 삼을 만한 징후들이 엿보이기 시작했다. 1258년 칭기스 칸의 손자 훌레구(Hülegü)에 의한 바그다드의 함락과 압바스(Abbas)조의 멸망, 곧이은 몽골군에 대한 이집트 맘루크(Mamluk)조의 치열한 항전에서 잘 드러나듯이, 타타르인들은 분명히 무슬림의 적이었다. 또한 아직 이슬람에 물들지 않은 칸들의 종교적 정체성이 모호했던 데다가, 정복 지역의 기독교도에 대한 이들의 태도는 퍽 관용적이었다.[8]

교황과 서유럽의 군주들은 무엇보다도 먼저 이들의 실체와 목적이 무엇인지를 알아낼 필요가 있었고, 그래서 탁발수도회, 특히 프란체스코회 수도사들이 외교 사절이자 정보원, 선교사로 활약하게 되었다. 1245년 인노켄티우스 4세가 소집한 리옹(Lyon) 공의회가 열리기 직전에 교황의 친서를 지니고 리옹을 출발한 플라노 드 카르피니는 이듬해 8월 몽골 초원 깊숙이 자리 잡은 카라코룸(Qara qorum) 근방에 도착하여 구육 카안의 즉위식에 참석하고 대칸을 접견했다. 뒤이어 성왕 루이의 이집트 십자군을 수행한 바 있었던 뤼브루크는 1253년 오로지 선

8 Henry Yule, *Cathay and the Way Thither 1: Preliminary essay of the intercourse between China and the western nations previous to the discovery of the Cape route*, Henry Cordier (Ed. & Trans.), London: Forgotten Books, 1913, pp. 154-156.

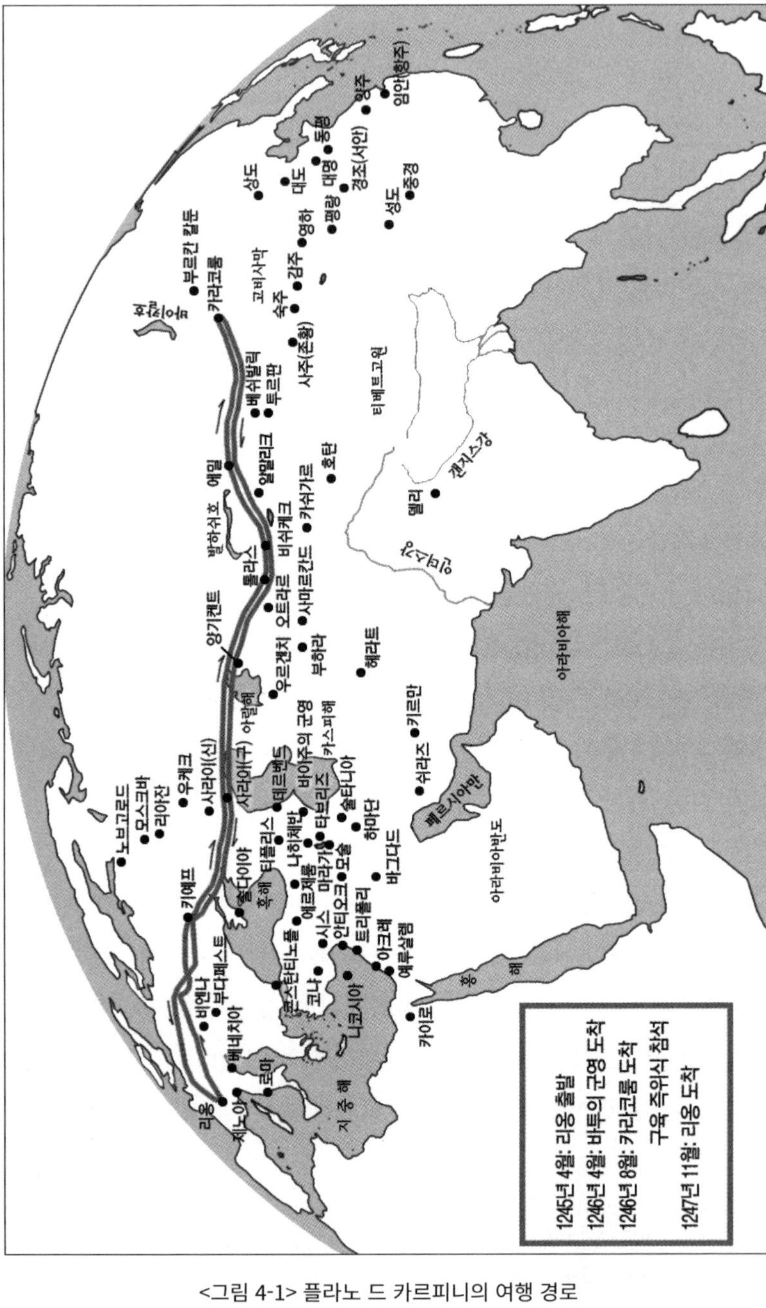

<그림 4-1> 플라노 드 카르피니의 여행 경로

교에 대한 일념으로 아크레(Acre)에서 흑해와 볼가강 하류를 거쳐서 카르피니와 비슷한 경로로 그해 연말에 뭉케 카안의 둔영(屯營)에 도착한 뒤 몽골에서 반 년가량을 체류하고 돌아왔다.[9]

타타르인들의 범람은 역설적이게도 황하에서 다뉴브까지 소통을 방해하던 많은 장벽들을 헐어버렸다. 이 수도사들이 일단 볼가강 유역에 있는 바투의 본영(ordu)까지 찾아가기만 하면 거기서부터는 몽골제국의 유명한 역참 체제 덕분에 하루에 5~7필의 말을 갈아타면서 석 달 반 만에 카라코룸에 도착할 수 있었다. 그리고 이렇게 안전하고 신속한 통로를 따라서 사실상 처음으로 실제의 관찰에 근거한 동양에 대한 정보와 지식이 들어오게 되었다.

예컨대 카르피니와 뤼브루크는 마르코 폴로가 전혀 언급하지 않은 카타이(Cathay) 사람들의 한자(漢字)를 거론하며, 뤼브루크는 한자와 아울러 그들의 지폐 사용에 대해 이렇게 소개하고 있다.[10] "카타이의 통상 화폐는 면(綿)으로 된 종이인데, 길이와 너비가 손바닥만 하며 뭉케 카안의 인장과 흡사한 선들이 찍혀 있다. 카타이 사람들은 화가들처럼 붓으로 글씨를 쓰며 하나의 그림이 몇 개의 철자를 포함하여 하나의 단어를 뜻한다." 특히 뤼브루크는 알려진 문헌에서는 처음으로 카스피해가 인도양이나 흑해와 같은 대해의 일부가 아니라 거대한 내해(內海)라는 것을 알아냈으며, 돈강과 볼가강의 발원지와 흐르는 방향을 밝혀내고, 카타이 너머로 타타르인들이 침입한 '고려(Caule)'[11]를 언급한 것

---

9 그는 국왕의 추천서를 소지하기는 했지만 실은 공식 사절이 아니었다. 성왕 루이는 이미 1249년에 도미니쿠스회 수도사 앙드레 드 롱쥐모(André de Longjumeau)가 이끈 사절단을 몽골에 파송한 바 있으며, 뤼브루크도 이 형제 수도사의 이름을 몇 군데에서 언급하고 있다.

10 William of Rubruck, *The Journal of Friar William of Rubruck*, p. 152.

11 William of Rubruck, *The Journal of Friar William of Rubruck*, p. 152. 마르코 폴로

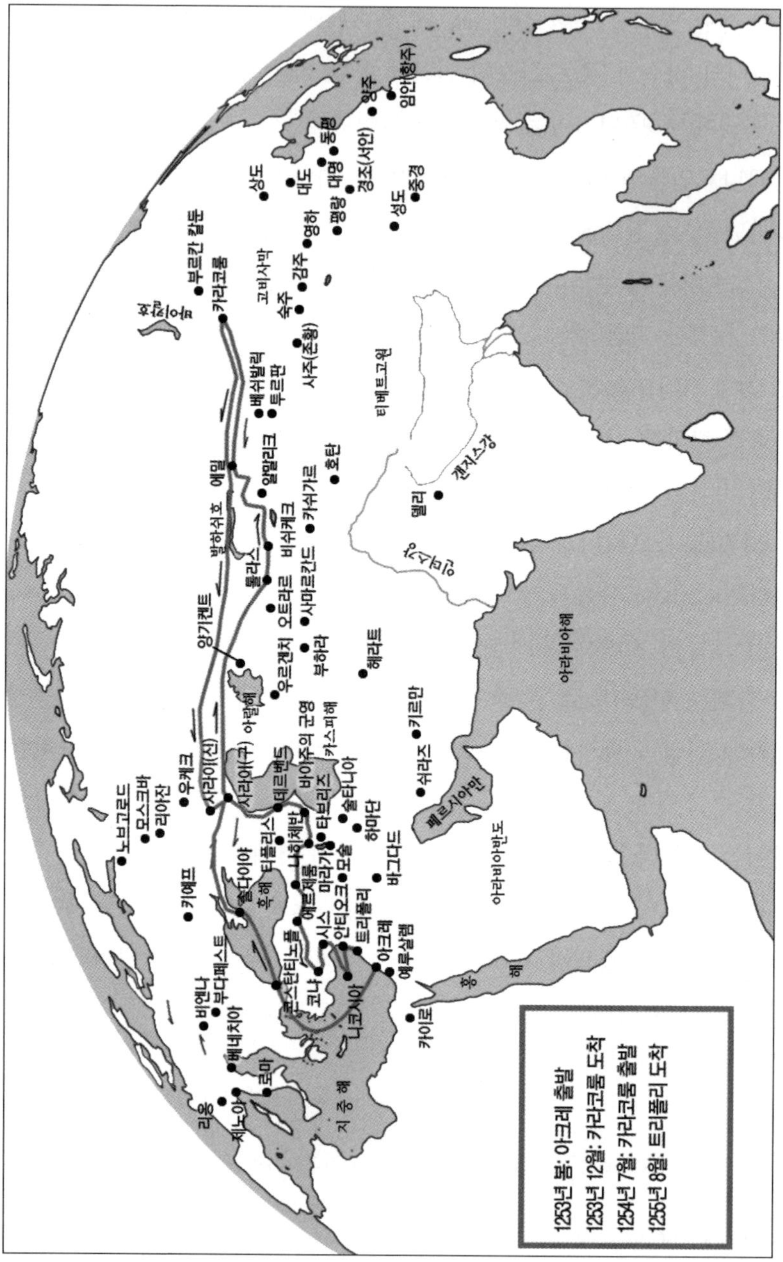

<그림 4-2> 기욤 드 뤼브루크의 여행 경로

으로도 유명하다.

최대 관심사인 종교와 관련하여, 카르피니는 카타이 사람들은 이교도로 한 분의 신과 영생을 믿으며, 많은 성인이 있고, 그리스도와 '우리'의 성서를 공경하나, 세례를 받지 않는다고 말한다(제7장). 바투의 아들로 돈 유역의 수령인 사르탁(Sartach)이 기독교 신자라는 소문을 믿고 먼 길을 나선 뤼브루크는 훨씬 더 자세한 이야기를 늘어놓는다.[12] 알고 보니 사르탁은 기독교인이 아니었을 뿐만 아니라 선교 활동을 허락해달라는 그의 요청을 거절한 채 바투에게 보냈고, 바투 역시 같은 요청을 거절하고는 그를 다시 카라코룸으로 보냈다. 천신만고 끝에 찾아간 대칸의 궁정 역시 실망스럽기 짝이 없었다. 거기에는 무식하고 무위도식하는 그리스인, 아르메니아인, 네스토리우스파의 사제와 수도사들, '사라센인들', 그가 '우상숭배자'라고 부르는 불교 승려들('Tuins')이 진을 치고 있었고, 대칸은 마치 꿀을 좇는 벌처럼 어떤 신앙이든 가리지 않고 이들로부터 되는 대로 많은 복을 그러모으려는 미신에 빠져 있었다. 심지어 그는 군중이 지켜보는 가운데 이들 종교의 우열을 가리려는 듯이 그 대변자들 사이의 토론장을 벌여놓고 지켜보기도 한다(제51장). "하느님이 말씀하시길, 누구든 믿고 세례 받은 자는 구원을 받을 것이

또한 쿠빌라이에게 복속한 네 지방을 열거하면서 '카울리(Cauli)'라는 지명을 언급한다. 마르코 폴로, 『마르코 폴로의 동방견문록』, 제80장.

12 사르탁의 개종에 관한 소문은 팔레스타인의 십자군 사이에서 퍼져나간 것으로 보인다. 또한 1248년 십자군 원정에 나선 성왕 루이는 키프로스에서 훌레구 울루스(Hülegü Ulus)의 사절로부터 대칸의 모친이 기독교인이며 모든 기독교인에게 우호적이라는 이야기를 듣고 선교사의 파송을 작정한 것으로 알려져 있다. Peter Jackson, "William of Rubruck: A review article"; Manuel Komroff (Ed.), *Contemporaries of Marco Polo*, p. xvii. 뤼브루크에 따르면 루이가 대칸에게 보낸 서한은 "모든 기독교도의 친구가 되고 십자가를 찬양하며 모든 십자가의 적들의 적이 되어줄 것"을 권유하는 내용이었다고 한다. William of Rubruck, *The Journal of Friar William of Rubruck*, p. 125.

요, 믿지 않는 자는 저주를 받을 것"(제21장)이라든가 "(폐하의) 부는 불교도의 우상들로부터 온 것이 아니라 하늘과 땅을 지으신 전능하신 하느님으로부터 온 것이니, 모든 왕국들이 그분의 손 안에 있으며, 인간의 죄로 말미암아 그 분은 한 민족의 권세를 다른 민족에게로 옮기신다"(제51장)는 은근한 협박도 몽골 군주들의 마음을 움직이지는 못했다. 게다가 부실한 통역 탓에 그는 여행의 진짜 목적인 설교도 변변히 하지 못하고 고작 6명에게 세례를 주었을 뿐이다. 그리하여 출발할 당시의 부푼 희망은 낙담과 냉소 섞인 우려가 되어 돌아왔다. 그는 귀향길에 교황의 서한을 지니고 몽골로 향하는 수도사들과 마주치자 그들에게 그곳에서의 선교 활동의 어려움을 들려주고, 성왕 루이에게는 차후 타타르 땅에 다른 선교사들을 보내는 것은 쓸모없겠다는 조언을 고한다.

카르피니와 뤼브루크가 교황과 프랑스 왕에게 개인적으로 보고를 올렸다면, 마르코 폴로는 온 유럽인을 상대로 자신의 오랜 체류 경험을 훨씬 더 소상히 보고했다.[13] 그 앞의 수도사들처럼 선교나 정탐과 같은 특정한 임무를 띤 성직자 신분이 아니라 상인 신분이었던 그는 종교나 정치보다는 현지의 자잘한 일상과 문물에 관심이 더 많았다. 그의 체재 기간과 겹치는 원 세조 쿠빌라이 카안의 치세는 몽골인들이 예전과 같은 활력과 전사 기질을 잃어가던 시기였다. 그런 까닭에 뤼브루크가 생드니 수도원의 반에도 못 미친다고 했던 대칸의 천막 궁전은 이제 금은으로 치장한 으리으리한 대궐로 바뀌었고, 또 그가 꾀죄죄하다고 흉보았던 사람들은 온몸에 비단을 두르고 있었다.

---

13 그의 책은 "황제, 국왕, 공작, 후작, 백작, 기사, 시민들 그리고 여러 시대의 인간들과 여러 지역의 다양함에 대해서 알기를 원하는 분들이여. 이 책을 잡고 읽어보시라"라는 구절로 시작한다. 마르코 폴로, 『마르코 폴로의 동방견문록』, 73쪽.

마르코 폴로의 기록은 중국으로 가는 길에 거친 서아시아 및 중앙아시아(제1~2편), 17년간의 체류 기간을 보낸 수도와 중국의 여러 지방들(제3~5편), 귀환하는 길에 거친 인도양 각지(제6편)와, 끝으로 중앙아시아 대초원 일대(제7편)에 대한 지리학적·인류학적 지지(地誌)의 성격이 강하다. 비록 그의 구술을 기록한 로망작가 루스티첼로 다 피사(Rusticello da Pisa)의 필치로 심심치 않게 기사도 로망을 연상시키는 과장과 윤색, 허구가 끼어들긴 하지만, 『세계에 대한 기술(*Le devisement du monde*)』이라는 제목에 걸맞게 그의 '기술'은 대개 '지식'의 등가물이라고 해도 괜찮을 것이다. 그는 카르피니나 뤼브루크처럼 특정한 소속의식과 사명에 따른 자의적인 판단을 자제하고 "마치 '편람'을 읽는 듯한 느낌을"[14] 줄 정도로 담담하고 기계적으로 자신이 목격한 바를 진술한다.

물론 마르코 폴로에게서는 앞의 두 수도사들에게서 나타나는 긴장감과 경계의식 같은 것도 찾아보기 힘들다. 예컨대 적정을 살피는 데 민감했던 카르피니는 "악마처럼 해를 끼치려고 호시탐탐 엿보고 궁리하는" "타타르인들이 침입하여 하느님의 교회에 임박한 크나큰 위험이 닥치지 않을까 하는 두려움 때문에" 저들의 무기와 전술, 군사 조직 등을 눈여겨 관찰하고는 그에 대한 군사적 대응 방안을 조언한다.[15] 심지어 그는 대칸의 사절 파송 제안을 거절한 이유 가운데 하나로 사절이라는 자들이 뒤로 첩자 노릇을 하지 않을까 우려했다는 점을 들고 있다.[16] 하지만 마르코 폴로는 카르피니가 "하느님의 교회와 로마제국, 서

14 마르코 폴로, 「해설」, 『마르코 폴로의 동방견문록』, 28쪽.

15 Plano de Carpini, *The Journey of Friar John of Pian de Carpini*, ch. 12, 15, 16.

16 그가 드는 다른 이유들은 저들이 기독교 세계의 내분을 알고 침략 의지를 북돋우리라는 것과 사절들의 신변상의 안전을 보장하기 어렵다는 것 등이다. Plano de Carpini, *The*

양의 모든 기독교 왕국과 민족들에 대한 도전의 깃발을 꽂았다"고 보고한(제26장) 그 대칸의 후계자 아래서 3년 동안 얀주[양주(楊洲)]라는 도시의 수령을 지냈다고 자랑한다(제144장).

이로부터 다시 한 세대 뒤에 마르코 폴로와 같은 지역 출신의 수도사인 오도리코가 여행할 무렵, '몽골족을 통한 신의 역사(Gesta Dei per Mongolos)'에 대한 꿈은 점점 더 멀어지고 있었다. 1291년 아크레의 함락 직후 훌레구 울루스의 통치자 울제이투(Öljeitü)가 무슬림으로 개종한 것을 필두로 중앙아시아와 러시아 일대의 봉신 국가들이 이슬람에 의해 '재정복' 당하기 시작했다. 맘루크 세력의 격퇴와 성지의 양도를 위하여, 서유럽 군주들과 훌레구 울루스의 칸들 사이를 분주히 오갔던 사절들의 발길도 하릴없이 끊어지고 말았다.[17] 기독교 왕들은 더 이상 유럽 밖으로 나가지 않았고, 훌레구 울루스는 정치적인 불안과 조치 울루스(Jochi Ulus), 차가타이 울루스(Chaghatai Ulus)의 위협에 직면해 있었다. 오도리코의 여행 경로가 보여주듯이, 몬테코르비노 이후 선교사들이 중앙아시아 초원을 가로지르는 길 대신 페르시아만에서 인도 서해안을 거쳐 남중국으로 가는 바닷길을 이용하게 된 것도 이 같은 정세의 변화와 무관하지 않다.[18]

이 길을 따라간 오도리코는 앞의 두 수도사와 같은 수도회 소속이지

Journey of Friar John of Pian de Carpini, pp. 48-49.

17 Jacques , "England and the Mongols(c. 1260-1330)", *Journal of the Royal Asiatic Society*, vol. 10 no. 3, 2000, pp. 305-318. 일례로 쿠빌라이에게 새 신붓감을 요청하여 마르코 폴로가 호송 임무를 띠고 찾아간 훌레구 울루스의 칸 아르군(Arghun)은 승리할 경우 예루살렘을 넘긴다는 조건으로 프랑스의 필리프 4세(Philippe IV)와 영국의 에드워드 1세(Edmund 1 the Magnificent)에게 맘루크에 대한 연합 공격을 제안했다.

18 Jean Richard, "European Voyages in the Indian Ocean and Caspian Sea(12th~15th Centuries)", *Iran*, vol. 6, 1968, pp. 45-52.

만 이들과 달리 순전히 개인적인 선교의 열정으로 길을 떠났다. 『여행기』 서두에서 그는 “나는 사람들의 영혼을 수확하고자 바다를 건너 여러 불신자의 나라들을 방문했다”고 밝힌다.[19] 14~16년간의 여행 끝에 귀환한 그는 교황청에 50명의 선교사 지원을 요청하러 가던 중 몸져누워서 자신의 여행 경험을 구술한 뒤 사망했고, 이 같은 선교의 열정으로 사후에 성인으로 공경을 받았다. 실제로 그는 1321년 4월 인도 뭄바이 인근의 타나(Thane)에서 무슬림들에게 처형당한 네 수도사 형제들의 순교에 관하여 많은 지면을 할애하며(제6~12장), 아울러 서남부 말라바(Malabar) 연안에 있는 성 도마(Saint Thomas)의 묘소와 성 도마 교회에 대해 자세히 기술한다(제18장).

하지만 이 같은 선교의 열정이 그의 세속적인 호기심을 가로막지는 못했다. 그는 그에 앞서 떠난 형제들보다 훨씬 더 오랜 기간을 여행하기도 했거니와, 그 누구보다도 예리한 관찰자이기도 해서 종종 자신의 사명을 잊기라도 한 듯이 마르코 폴로처럼 낯선 세계의 희한한 풍물과 풍습에 관한 이야기를 들려주는 데 열중한다. 예컨대 티베트의 조장(鳥葬) 풍습(제45장)이나 중국인들의 전족(纏足) 풍습(제46장) 등은 마르코 폴로에게서도 들을 수 없는 귀중한 정보이다. 그래서인지 그의 책 또한 비교적 널리 읽힌 것 같다. 그가 죽은 직후부터 여러 라틴어 필사본이 돌았고, 이탈리아어는 물론 프랑스어, 독일어로도 번역되어 유럽 각지에 전파되었다.[20]

오도리코가 1331년 프리울리(Friuli)의 한 수도원에서 숨을 거둔 뒤

---

19 Odorico da Pordenone, *The Travels of Friar Odoric*, Henry Yule (Trans.), Michigan & Cambridge: William B. Eerdmans, 2002, ch. 1.

20 Odorico da Pordenone, “Introduction(P. Chiesa)”, *The Travels of Friar Odoric*, pp. 49-50.

7년 뒤에 아비뇽 교황청에서 파송되어 1347년 말까지 중국에 머문 마리뇰리는 '몽골의 평화' 시대에 중국을 여행한 마지막 선교사가 되었다. 1368년 몽골족의 지배가 무너지고 한족의 지배가 회복됨으로써 기독교 교회는 그곳에 발붙일 여지가 없어졌고, 이로써 한동안 활기를 띠었던 문명 간의 소통도 위축되고 말았다. 하지만 선구자들의 도전과 노력마저 무위로 돌아간 것은 아니었다. 12세기까지만 해도 상상과 비현실의 영역에 가까웠던 이른바 '근동' 너머의 동양이 이들의 여행과 기록을 통해서 좀 더 익숙하며 기술이 가능한 세계, 요컨대 '알려진 세계(the Known)', 정보와 지식의 영역 안으로 들어오게 된 것이다.

3. 『맨더빌 여행기』의 새로움

사실과 허구

앞에서 논의한 네 여행기의 진정성에 관한 한, 비록 세부적인 면에서 논란의 여지가 있다 해도 그것들이 저자의 실질 체험을 기술한 텍스트라는 것은 이론의 여지가 없다. 자신의 이야기가 진실임을 주장하는 상투적인 말치레가 아니더라도, 실제 체험이 아니고서는 도저히 나올 수 없는 세부적인 묘사들(이를테면 여행과 체류 과정에서 일어나는 자질구레한 에피소드, 예사롭지 않은 상황에서의 갈등과 내밀한 감정 표현, 동양에서 만난 유럽인들의 면면 등) 하나하나가 그 진실성을 방증한다. 유럽인에게는 생소한 현상에 대한 과장되고 종종 허황되기까지 한 묘사들 또한 그 경험의 허구성보다는 오히려 진실성에 대한 심증을 더해줄 뿐이다. 예컨대 마르코 폴로가 처음 보는 악어를 아주 크고 무시무시한 구렁이로 묘사한다거나(제119장), 서양 문헌에서 묘사된 바로는 최초로 알려진 코뿔소를 일각수로 호명한 것(제166장)은 콜럼버스가 카리브해에서 아마도 해우(海牛) 같은 바다짐승을 보고서 인어를 보았다고 말하는 것처럼 자연스러운 일이었다.[21]

허무맹랑하게 들릴 수도 있는 특유의 과장법 역시 이 시대의 정서로는 충분히 용인될 만했을 것이다. 이 점에서는 경건한 수도사인 오도리코도 허풍쟁이로 이름난 마르코 폴로에 때로는 뒤지지 않으니 말이다. 예컨대 그는 대칸이 샹두[상도(上都)]에서 캄발룩(Cambaluc, 대도(大都))으로 이궁할 때의 광경을 이렇게 기술한다(제39장).

> 네 무리의 기병 군대가 황제를 호위하는데, 그중 하나는 그의 전방으로 하룻길을 앞서 행군하고, 또 양옆으로 하나씩, 그리고 또 하나는 후방으로 하룻길 뒤에서 행군하며, 이렇게 해서 그는 늘 십자대형의 한 복판에서 행차하게 된다. … 황제는 아주 훌륭한 방이 있는 이륜마차로 여행하며 … 잘 길들이고 마구를 갖춘 네 마리 코끼리와 화려한 덮개를 두른 네 필의 말이 마차를 끈다. … 믿거나 상상하기 어렵겠지만, 군주를 호위하는 이 군대들의 인원은 50투만(tuman, 1투만은 1만)이다. …

대칸을 섬기는 가인(歌人)이 13투만이고, 사육사가 15투만이니(제38장) 이만한 호위 군사가 대수로울 것은 없다. 맨더빌은 이 대목을 거의 그대로 옮기면서 황제의 후위 "군사는 다른 무리들보다 수가 훨씬 더 많으며, 화살을 쏘아 닿을 거리만큼 뒤처져서 간다"고 고치고, 황제의 마차 또한 이륜에서 사륜마차로 바꾼다. 여기다가 그는 "군사의 수가

21 크리스토퍼 콜럼버스, 『콜럼버스 항해록』, 이종훈 옮김, 파주: 서해문집, 2004, 76쪽.

이렇게 많지는 않"지만 제각기 "같은 방식으로 배치된 군사들을 거느리고" 황후와 그의 장남이 탄 마차가 그 뒤를 따라간다고 덧붙인다.

또 상당수의 이야기들은 여기저기서 주워들은 전설이나 소문을 그럴듯하게 꾸미고 엮어낸 것이다. 일례로 마르코 폴로부터 맨더빌에 이르기까지 모두가 전하는 '아사신파(Assassins)'에 관한 이야기를 들어보자. 동시대의 기록자인 뤼브루크는 "뭉케 카안에게는 3명의 친형제와 5명의 이복형제가 있었는데, 친형제 중 하나(훌레구)를 저들이 물리데트(Mulidet)라 부르는 암살자들의 나라로 보내 그들을 처치하라고 명했다"는 역사적 사실을 간략히 언급할 뿐이다. 한편 마르코 폴로는 여러 사람들에게서 주워들은 이야기라며, 알라무트(Alamut) 요새를 근거로 젊은 청년들을 환락으로 유혹하여 암살자로 만들었다고 하는 '산상(山上)의 노인'과 이 암살자들의 행태에 관한 그 유명한 이야기를 3장(章)에 걸쳐 흥미진진하게 풀어놓는다. 그런데 한 세대 뒤의 오도리코 역시 사제 요한(Prester John)의 나라에서 서쪽으로 가는 길에 이 '산상의 노인'이 살았던 지방을 지난다면서 폴로의 이야기를 되풀이하며, 더 나중에 맨더빌은 사제 요한이 다스리는 큰 섬에 얼마 전까지 살았다는 가톨로나베스(Gatholonabes)라는 대단히 부요하고 교활한 사람을 예의 '산상의 노인'으로 지목하여 비슷한 이야기를 들려준다(제41~43장).

이야기의 진위 여부를 떠나서, 또 출처와 표절의 문제를 떠나서, 하고많은 화제들 가운데 '산상의 노인' 이야기가 세 텍스트에서 거듭되는 이유는 무엇일까? 더군다나 나중의 텍스트들이 여행의 경로와도 맞지 않는 엉뚱한 대목에다 구태여 이 이야기를 끼워 넣은 이유는 무엇일까? 아마도 그것은 '아사신파'의 이야기 자체가 대중의 호기심을 끌고도 남을 만큼 자극적이며, 게다가 이미 세간에 어지간히 알려졌기 때문일 것이다. 요컨대 저자들은 그것이 독자들이 듣기를 원하며 또 대중의 구미에도 맞는 이야기이기 때문에 그냥 지나치기가 어려웠을 것이다.

'사제 요한'의 나라에 관한 이야기도 같은 맥락에서 이해할 수 있다. 1145년경 오토 폰 프라이징(Otto von Freising)의 『두 도성(*Chronica de Duabus Civitatibus*)』에서 처음 문헌상에 등장한 것으로 알려진 이 전설상의 사제는 교황과 서신을 주고받을 정도로 확실히 생존하는 인물이 되어갔다.[22] 그는 특히 서유럽이 이슬람과 대적하면서 기독교 세계의 욕망이 투사된 매혹적인 존재가 되었고, 13세기에는 간혹 칭기스 칸 등의 실존 인물과 동일시되기도 했다.[23] 카르피니의 기록에서 그는 우구데이 카안이 대인도를 침입해올 때 교묘한 전술로 이를 물리친 기독교인들의 왕으로 등장하며(제8장), 뤼브루크는 그가 네스토리우스파 교도인 나이만족(Naimans)의 통치자로 자신이 돌아오는 길에 그의 궁정을 보았다고 적는다(제19, 29장).[24] 마르코 폴로는 한술 더 떠서 사제 요

---

22 Otto von Freising, *The Two Cities: A chronicle of universal history to the year 1146 A.D.*, Austin P. Evans & Charle Knapp (Eds.), & Charles C. Mierow (Trans.), New York: Columbia University Press, 1928, pp. 443-444. 이 연대기 작가는 동쪽 끝 나라의 왕인 '사제 요한'을 성경에 나오는 동방박사(Magi)의 후손으로 기술하고 있다. '사제 요한'에 관한 기록과 전설의 역사에 대해서는 김호동, 「제1장 '사제왕 요한'」, 『동방 기독교와 동서문명』, 서울: 까치, 2002 참조.

23 '사제 요한'의 기원에 관한 여러 학설에 대해서는 Peter Jackson, "Prester John 'redivivus': A review article", *Journal of the Royal Asiatic Society*, vol. 7, no. 3, 1997, pp. 425-432 참조. 한 저자가 적절히 지적하듯이, '사제왕 요한'은 그 시대의 요구와 욕망에 따라 다양한 모습으로 등장하며, 특히 적그리스도에 맞서 기독교 세계를 구원할 '황제-구세주'에 대한 오랜 믿음과도 관련이 있다. Henri Baudet, *Paradise on Earth: Some thought on European images of non-European man*, Elizabeth Wentholt (Trans.), Middletown: Wesleyan University Press, 1988, p. 16.

24 뤼브루크는 사제 요한이 후사 없이 죽어서 그의 동생 옹(Unc) 칸이 뒤를 이었다고 말한다(제19장). 이러한 오해의 문헌상의 배경에 대해서는 Peter Jackson, "Prester John 'Redivivus': A review article" 참조. 마르코 폴로는 사제 요한이 몽골인들의 언어로 옹칸(Uncan)이라고 말한다. 마르코 폴로, 『마르코 폴로의 동방견문록』, 제64장.

한이 1200년 그의 딸을 신부로 맞고 싶다는 칭기스 칸의 청을 거절하여 대칸과 결전을 벌이게 되었고, 이 전투에서 전사하여 영토를 잃었다고 말한다(제66~68장). 오도리코는 카타이를 떠나 서쪽으로 50일을 가서 요한 사제의 나라에 이르렀으나, 정작 그에 관해 확실한 사실처럼 떠도는 소문들은 100분의 1도 진실이 아니며 토잔(Tozan)이라는 그의 도읍도 비첸차(Vicenza)만 못하다고 회의적인 생각을 내비친다(제44장). 한편 맨더빌의 『여행기』는 지구 반대편에 있는 인도의 황제 사제 요한을 대칸과 함께 "하늘 아래 최고의 군주"로, 아울러 그의 나라를 질서 바르게 통치되고 그 나름의 계율에 따라 신실하게 살아가는 더없이 훌륭한 기독교 왕국으로 묘사한다(제31장).

하지만 근대 초의 탐험가들조차 굳게 믿고 찾아나섰던 사제 요한의 나라를 한낱 환상에 불과하다고 할 수는 없을 것이다. 이에 비하면, 맨더빌의 텍스트가 마치 기담의 편람인 양 늘어놓은 괴물 같은 존재들과 기이한 현상들은 진정한 판타지 세계의 파노라마라 해도 과언이 아니다. 이를테면 개 대가리를 가진 사람들, 거대한 귀로 외투처럼 몸을 덮는 사람들, 말발굽을 가진 사람들, 눈이 어깨에 있는 초식인들, 외눈박이 거인들, 큰 발로 햇볕을 가리며 누워 자는 외다리 인간들, 음식을 먹는 대신 사과 향기만 맡고 사는 사람들, 머리에 뿔이 나 있고 돼지처럼 꿀꿀거리는 사람들, 남녀추니, 성인 남자 서너 명이 들어갈 수 있는 달팽이, 몸집이 개만 한 식인 개미, 밀가루·꿀·포도주·독(毒) 따위가 열리는 나무들, 그 나라의 왕에게 경의를 표하러 사흘 동안 차례로 해변에 밀려와 잡히는 온갖 물고기 떼, 자갈이 밀려갔다 밀려왔다 하는 자갈 바다 등이 그러한 파노라마를 이루어낸다.

그렇다고 이 같은 기이한 소재를 즐기는 것이 비단 맨더빌 같은 저자만의 취향은 아니다. 카르피니도 개의 머리와 소 발굽을 가진 인간,

고기 냄새나 연기만 맡을 뿐 거의 아무것도 먹지 않고 사는 소식인, 가슴 복판에 외팔과 외다리가 달린 인간들을 보았다고 보고하며, 몽골 북부의 유목민들에게 "세비야의 이시도루스(Isidore de Seville)와 솔리누스가 이야기한 괴물들이나 요괴인간의 존재에 대하여 물어"본 뤼브루크는 그런 것들을 본 적이 없노라는 대답을 듣고 크게 놀랐다고 말한다(제41장). 맨더빌이 늘어놓는 그 숱한 기담의 전거인 오도리코 역시 등딱지가 교회 돔보다 더 큰 거북이, 혹은 멜론에서 태어나는 양 등을 거론하면서 "직접 보지 않고서는 믿을 수 없을 것"이라고 너스레를 떤다(제23, 43장).

요컨대 실제 여행 경험을 보고하는 저자든 맨더빌처럼 순전히 전거와 상상력에 의존해서 창작한 저자든 간에, 정도의 차이는 있지만 현실성이 희박한 기담이나 괴담들을 텍스트에 끼워 넣고 있다는 것이다. 일단 우리는 오늘날의 잣대로 사실과 허구를 준별하는 대신 그 둘의 경계가 대단히 모호할 수 있었던 중세의 정신 상태를 염두에 둬야 한다.[25] 또는 메리 캠벌(Mary B. Campbell)이 지적하듯이, "중세의 사실이라는 것은 문헌상의, 또는 적어도 언어상의 대상이었으며, 그런 점에서 그것을 처음으로 공표한 특정 저자에게로 귀착될 수 있었"고, "지식은 대개 그것을 전달하는 특정한 텍스트와 따로 떼어놓고 생각할 수 없었다"는 점을 고려해야 한다.[26] 즉 마르코 폴로가 묘사하는 '드라곤(dragon)'이나

---

25 괴물 등의 기담(marvels)에 관한 기독교 세계의 표상 및 사상적 전통에 대해서는 John B. Friedman, *The Monstrous Races in Medieval Art and Thought*, Cambridge, MA: Harvard University Press, 1981; Ridolf Wittkower, "Marvels of the East: A study in the history of monsters", *Journal of the Warburg and Courtauld Institutes*, vol. 5, 1942, pp. 159-197; Thomas Hahn, "The Indian Tradition in Western Medieval Intellectual History", *Viator*, vol. 9, 1978, pp. 213-234 참조.

26 Mary B. Campbell, *The Witness and the Other World*, p. 140.

'그리핀(Griffin)', '피닉스(Phoenix)' 따위는 플리니우스나 솔리누스 같은 고대의 저자들 이래로 여러 저자와 텍스트가 언명했기 때문에 사실로 인정될 수 있었다는 것이다.

또 하나 고려할 점은 동양에 관한 애초의 고정관념, 그리고 오랫동안 교정될 기회를 만나지 못하여 거의 지식의 지위를 부여받게 된 고정관념이 특정의 정형화된 '동양'에 대한 독자들의 기대와 그에 부합하는 저자들의 펜을 이끌었다는 것이다. 무릇 중심에서 멀어질수록 통제를 벗어난 무질서가 판을 치듯이 자연 역시 주변으로 갈수록 점점 더 기기묘묘하게 변형되기 마련이며, 또 본디 그런 공간이기에 동양은 몽상과 상상을 자유로이 투사하는 스크린이 된다. 그리하여 단순히 머나먼 세계의 대명사였던 '인도'는 『알렉산더 이야기(*Roman d'Alexandre*)』에서처럼 그로테스크한 생태계, 요괴인간들의 세계, 신비와 모험의 세계가 된다. 동양에 대해 이야기한다는 것은 뭔가 신기하고 기이한 현상에 대해 이야기하는 것이며, 그러므로 여기서는 지리학이나 인류학에 관한 지식과 대중의 흥미를 겨냥한 허구의 경계가 흐려질 수밖에 없는 것이다. 이쯤 되면 동양을 기술하는 텍스트에 그로테스크한 소재들이 등장하는 것이 오히려 그러한 기술의 사실성을 더해주는 장치가 될 수도 있다. 캠벨의 표현을 빌리면, "동양의 낯섦은 익숙한 낯섦"인 것이다.[27] 맨더빌이 이런 소재들로 자신의 텍스트를 수놓았다면, 그것은 단순히 재미가 있어서만이 아니라 당시 사람들에게 그것들이 또한 진실로 들릴 만했기 때문이었을 것이다.

하지만 정작 맨더빌이라는 저자는 자신이 늘어놓은 그런 기담들을

---

27 여기서 그는 이렇게 말한다. "마르코 폴로는 그에 앞서 미리 절반쯤 창조된 풍경을 가로질러 여행한다." Mary B. Campbell, *The Witness and the Other World*, p. 88.

진실로 믿었을까? 물론 그는 다분히 그 시대의 세계관과 지적 한계 안에 갇힌 인물이었다. 그는 예루살렘이 세계의 중심이며, 아시아가 위치한 지도 위쪽으로 그리스도가 굽어보는 동쪽 맨 끝에 지상낙원이 자리 잡고 있는, 이른바 'T-O 형'의 전통적인 세계지도(mappa mundi)와 '세계상(imago mundi)'을 믿었음에 틀림없다.[28] 그럼에도 이런 질문을 던질 수밖에 없는 이유는 그가 자기 시대의 상식과 가치관을 뛰어넘은 계몽된 지식인이었기 때문이다. 다른 글에서 논의한 바 있거니와, 그는 지구가 실타래나 계란 속의 노른자처럼 구형이며, 대척지에 사는 사람들(antipodes)이 존재한다는 것을 확신했다.[29] 물론 중세인이라고 해서 모두 지구가 원반 같다고 생각한 것은 아니다. 하지만 맨더빌에게서 구형의 지구에 대한 확신은 상대주의적인 세계관과 맞물리고, 그럼으로써 사실상 전통적인 세계상을 전복시키는 지렛대가 된다. 그에 따르면, 사제 요한의 영역은 "지구가 시작되는 지점에 있지만, … 그 동쪽은 우리가 흔히 말하는 그 동쪽이 아닌"데, 이는 "우리 주 하느님께서 천공의 한가운데에 지구를 둥글게 만드셨기 때문"이라고 한다(제34장). 지구는 둥그니 사실 해 뜨는 동쪽과 해 지는 서쪽이 따로 없는 것이요, 한쪽이 낮이면 다른 쪽은 밤이며, 절대적인 중심도 주변도 없는 것이다.

---

28 근대 지도와 달리 전통적인 "마파 문디(mappaemundi)의 기능은 정확한 지리적 정보의 전달에 있는 것이 아니라 주로 교훈적인 것이며 교화하는 데 있는 것이다." Martin Camargo, "The Book of John Mandeville and the Geography of Identity", Thimothy S. Jones & David A. Sprunger (Eds.), *Marvels, Monsters, and Miracles: Studies in the Medieval and Early Modern Imaginations*, Kalamazoo, MI: Medieval Institute, 2002, p. 70. 중세의 지도와 우주관에 관해서는 Christiane Deluze, "La représentation du monde au Moyen Age", *L'Histoire*, no. 93, 1986, pp. 6-13; 에벌린 에드슨·새비지 스미스, 『중세 하늘을 디자인하다』, 이정아 옮김, 고양: 이른아침, 2006 참조.

29 성백용, 「맨드빌의 『여행기』와 동양」 참조.

이렇듯 계몽된 지성이 과연 그 우화 같은 이야기들을 진실로 믿었을까? 어떤 학자들은 맨더빌이라는 저자가 그런 허황된 이야기들을 믿었을 가능성은 희박하며, 따라서 그 자신이 스스로 거짓말을 하고 있음을 알았고, 또한 독자들이 어디까지가 사실이고 어디서부터가 허구인지를 쉽사리 분간하리라 믿었을 것이라고 생각한다.[30] 사실 그 이전의 텍스트들과 면밀히 비교해보면, 맨더빌의 경우 실제 여행가들보다도 자신의 이야기가 진실임을 주장하는 수사의 빈도가 더 적기도 하지만, 무엇보다도 진실성을 뒷받침하는 초보적인 증거들, 이를테면 여행의 동반자들과 여행 도중의 에피소드, 자질구레한 의식주 문제들에 관한 이야기가 전혀 없다. 물론 이러한 일상들이 저자가 서문에서 밝힌 저술 의도, 즉 이국에 대한 이야기를 듣고 싶어 하는 사람들의 욕구를 충족시키겠다는 의도에 맞지 않기 때문에 일부러 무시했을 수도 있다. 하지만 자신의 여행 자체가 허구임을 암암리에 내비치려는 의도된 침묵이었을 가능성도 배제할 수는 없다.[31]

여하튼 이 질문에 대해 명쾌한 답을 내놓기는 쉽지가 않다. 저자는 괴물 이야기를 믿었을 수도 있고 믿지 않았을 수도 있다. 적어도 한 가지 확실한 것은, 마르코 폴로와 오도리코의 텍스트에서도 어느 정도 그러하지만, 그러한 기담들을 주로 인도 주위의 섬들에서 만지(Manzi)라 불린 남중국 직전의 공간, 말하자면 유럽인들이 보기에 문명과 동떨어지고 접근하기도 어려운 알려지지 않은 영역에 주로 몰아넣었다는 점

---

30 Josephine W. Bennett, *The Rediscovery of Sir John Mandeville*, p. 36; Charles Moseley, "The Metamorphoses of Sir John Mandeville", *The Year Book of English Studies*, vol. 4, 1974, pp. 5-25.

31 캠벨은 '맨더빌의 서문에서 분명한 진실 주장이 없다는 것'은 그의 문학적 의도를 파악하는 데 중요한 단서가 된다고 지적한다. Mary B. Campbell, *The Witness and the Other World*, p. 147.

이다. 이는 적어도 이슬람 및 중국과 같은, 유럽인들에게 개방된 '문명' 세계를 아직 개방되지 않은 '야만' 세계와 뚜렷이 구별하려는 의도가 아니었을까?

한편 이와 관련하여 캠벌은 맨더빌이 오히려 동양을 '합리화(rationalize)', '자연화(naturalize)'했다는 흥미로운 해석을 제시한다. 이러한 견해의 예증 가운데 하나는 피그미에 대한 오도리코와 맨더빌의 기술에서 나타나는 차이이다. 먼저 오도리코가 묘사하는, 양쯔강 유역에 거주하는 피그미는 신장이 세 뼘에, 면직(綿織)에 능하고, 여자는 5세에 결혼하여 성인 남자 체구의 반 남짓한 아이들을 낳으며, "우리처럼 이성적인 영혼을 가지고 있다." 이와 달리 맨더빌은 똑같은 대상을 다음과 같이 상세하게 묘사한다(제23장).

> … 그 강은 피그미들의 땅을 지나는데, 이들은 키가 세 뼘밖에 안 되는 작은 종족이지만 남자든 여자든 그들의 작은 체구에 비례하여 퍽 맵시 있고 잘생긴 사람들이다. 이들은 한 살 반이 되면 결혼을 하여 아이를 낳으며, 길어야 6년이나 7년밖에 살지 못한다. … 이 사람들은 세상의 다른 어떤 것보다도 금과 은, 면, 비단 같은 것들을 다루는 작업에서 가장 뛰어난 솜씨를 발휘한다. 이 작은 종족은 경지에서도 포도밭에서도 일하지 않으나, 그들 사이에 키가 우리만 한 큰 사람들이 있어서 이 사람들이 그들을 위하여 땅을 갈고 포도밭을 가꾼다. 피그미들은 키가 우리만 한 사람들을 몹시 조롱하고 이상하게 여기는데, 만일 우리들 사이에 거인이 있다면 우리도 그들에 대해 그렇게 대할 것이다. 여느 도시들 가운데서도 이들 작은 종족이 아주 많이 모여 사는 크고 아름다운 도시가 하나 있다. 여기에는 피그미들 사이에 키가 큰 사람들도 있는데, 이들이 아이를 낳으면 그 아이들도 피그미들

처럼 작은 사람이 된다. 이곳의 풍토가 본디 그러하므로, 대개 다 피그미들처럼 되어버리는 것이다. 이 도시는 대칸의 영역에 속하는데, 그는 이 도시를 아주 잘 지키도록 한다. 피그미들이 비록 체구는 작지만, 그들은 제각기 나이에 걸맞은 지각이 있으며 선과 악을 충분히 분별할 줄도 안다.

오도리코가 별로 연관이 되지 않는 다섯 문장으로 피그미의 특징을 아주 간결하게 묘사했다면, 맨더빌은 서로 연관되는 문장들로 조리 있고 치밀하게 이들을 묘사한다. 오도리코의 피그미가 "이성적인 영혼이 있는" 존재에 그친다면, 맨더빌의 피그미는 하나의 문화 종족으로 격상된다. 특히 캠벨은, 맨더빌이 피그미의 수명을 덧붙여 언급한 것은 자신의 고국에서 나타나는 체구와 수명의 상관관계를 반영한 고려라고 읽어낸다. 이렇게 낯설고 기이한 대상을 매우 디테일하게 묘사함으로써 그것을 접근 가능하고 좀 더 친근한 대상으로, 바꿔 말하면 놀라움의 대상에서 공감할 수 있는 대상으로, 더 나아가 '하등 자연(sub-nature)' 또는 '초자연(super-nature)'의 세계를 '자연의 일부, 우리의 일부'로 만들었다는 것이다.[32] 그렇다면 전통적인 기담의 소재들에 대한 맨더빌의 이 같은 문학적 처리 방식들은 알려진 세계의 영역이 실제로 확대되고 동서양의 심리적 거리가 이전보다 상당히 좁혀진 상황에서 기술 불가능한 대상, 신비화된 대상을 기술하고 탈신비화하는 텍스트상의 전략이었다고 할 수 있다.

---

32 Mary B. Campbell, *The Witness and the Other World*, pp. 136-161.

계몽정신과 자기비판

앞서 살펴본 바와 같이 온갖 기담들로 가득 찬 인도양을 지나 만지와 카타이에 이르면 전혀 다른 문명 세계가 펼쳐진다. 이곳은 일단 그로테스크한 동양의 또 다른 상투적 이미지인 풍요의 땅이다. "이곳은 세상에서 더없이 아름답고 쾌적하며 사람이 가질 수 있는 온갖 재물이 가장 풍부한 최상의 땅이다"(제23장). 그것은 오래전 뤼브루크가 목격한 불결하고 추하고 가난한 '야만인들'의 나라와 달라도 너무 다르다.

하지만 두 세대 뒤에 만지를 여행한 오도리코는 뤼브루크처럼 편치 않은 속내를 드러낸다. 흥미롭게도 그는 항저우(Cansay)에 있는 "우상 숭배자들의 한 대수도원"에서 본 광경을 소개한다. 그 사원 주위의 숲 속에 동산이 있는데, 수도승이 음식물을 담은 큰 양동이를 들고 들어가서 종을 치면 3천여 마리의 원숭이와 그 밖의 온갖 짐승 무리들이 서열에 따라 그 주위에 차례로 원을 지어 모여들고, 그가 준 먹이를 먹은 뒤 다시 수도승이 종을 치면 원래 자리로 돌아간다는 것이다. 그래서 '내'가 껄껄 웃으며 "이게 다 웬 일이냐?"고 묻자 그는 "귀족의 혼령은 고상한 짐승의 몸으로 들어가고, 농사꾼의 혼령은 천한 짐승의 몸으로 들어가 그 안에서 산다"고 답하더라는 것이다(제33장). 한편 같은 에피소드를 맨더빌은 이렇게 각색한다(제23장).

> 이 도시에서 사람들은 마음의 위안과 기분 전환을 위해 배를 타고서 훌륭한 수도사들이 그들 자신의 신앙과 계율을 좇아 사는 인근의 한 수도원으로 간다. 이 수도원 안에는 다양한 종류의 과실수가 무성한 크고 아름다운 정원이 있다. … 매일 이 수도원의 형제들이 식사를 하고 나면, 보시 담당 수도사는 이들에게 남은 음식물을 정원으로 가

> 져가게 한다. … 사람들은 이 멋지게 생긴 짐승들이 자신의 모습을 닮은 훌륭한 인간의 영혼이며, 그래서 하느님에 대한 사랑으로 말미암아 이들에게 음식을 베푸는 것이라고 말한다. 한편 추하게 생긴 다른 짐승들은 가난하고 천한 인간의 영혼이라고 한다. 그들은 이렇게 믿고 있으며, 어느 누구도 그들의 이런 생각을 바꾸게 할 수는 없다. 나는 그 남은 음식을 짐승들에게 주느니보다 가난한 사람들에게 주는 것이 더 낫지 않겠냐고 그들에게 물었다. 그러자 그들이 내게 대답하기를, 그 지방에는 가난한 사람이 없기도 하거니와 설령 사람들 사이에 그런 이가 있다고 해도 저렇게 회개하고 있는 영혼들에게 보시를 하는 것이 더 바람직하다는 것이다.

오도리코는 하찮은 짐승을 환생으로 믿는 '우상숭배자들'을 경멸하고 탓하지만, 맨더빌에게 그들은 "자신들의 계율을 좇아 사는" "훌륭한 수도사들"일 뿐이다. 그가 의아하게 여기는 것은 이들의 '허황된' 믿음이 아니라 가난한 사람들보다 짐승을 먼저 돌보는 이유이며, 그런 그에게 돌아온 대답은 그곳에는 "가난한 사람이 없기도 하거니와"라는 것이다.

그렇다고 해서 맨더빌과 그 이전의 저자들이 다른 세계에 대해 한결같이 판이한 태도를 보였다는 것은 물론 아니다. 마르코 폴로는 말할 것도 없고 카르피니나 뤼브루크 같은 완고한 수도사들에게도 이제 동양은 냉정하게 관찰하고 '우리'와 비교하여 기술해야 할 엄연한 '실체'가 되었다. 단적인 예로 뤼브루크는 동서양의 의술을 놓고, "그들은 모든 기술에서 솜씨가 좋은 일꾼들이며, 이네의 의사들은 약초의 효능을 아주 잘 알고 맥을 짚어서 병을 알아내지만, 오줌에 관한 지식은 없다. 이것이 적어도 내가 관찰한 바"(제29장)라고 비교한다. 마르코 폴로는 '저들'과 '우리'의 문물을 대응시키는 비교어법을 훨씬 더 자주 구사한다. 예를 들면 인도의 승려들은 마치 "도미니쿠스회나 프란체스코회 수도사들처럼 삭발을 하고 있"으며(제49장), 추기라 불리는 수행자들이 "쇠똥을 태워 가루를 낸 것을 아주 경건하게 몸의 여러 군데에 바르는" 것은 "마치 기독교도가 성수로 그렇게 하는 것과 같"고(제177장), '사가모니'라는 우상의 숭배자들이 아주 먼 곳에서 순례를 오는 것은 "마치 기독교도들이 사도 성 야고보의 묘지를 순례하는 것과 같"으며(제178장), 대칸의 박시들이 모시는 "모든 우상들이 마치 우리의 성인들처럼 각기 고유한 제삿날을 갖는다"(제75장)는 식이다.

하지만 이교도에 대한 경계심과 적대감은 여전히 골이 깊었다. 콜럼버스 시대의 탐험가들조차도 어떤 면에서는 십자군 정신의 포로였으니, 이 시대의 저자들이 이교도에 대한 적개심을 노골적으로 드러내는 것은 하등 놀라운 일이 아니다. 뤼브루크에게도 오도리코에게도 '마호메트'는 '악마의 자식'이거나 '개'였다. 마르코 폴로 또한 '사라센 개들'이라는 표현을 쓰며(제193장), "세상의 모든 사라센들이 세상의 모든 기독교도에 대해 아주 몹쓸 일을 바라는 것은 사실"이라고 말하면서 무슬림들의 폭력성을 강조한다(제27장). 앞서 언급한 타나에서의 순교 사건에 치를 떠는 오도리코에게서 잘 나타나듯이 이들에게 동양은 그 신앙 여하에 상관없이 일단 혐오스러운 우상숭배와 불경의 공간이었다.

맨더빌 또한 책의 첫머리에서부터 "이교도의 수중에 있는" "우리의 정당한 유산"인 성지를 되찾기 위한 새로운 십자군을 촉구한다. 그런데 이렇게 십자군의 이상에 사로잡혀 있는 그가 성지로 들어가기 전에 한동안 바빌로니아(카이로) 술탄의 궁정에 기거하고, 게다가 "베두인족과 전쟁하고 있던 술탄을 수행하며 군인으로 봉직했다"고 말한다. 그나마 이런 이적 행위를 무마하려는 듯이, 자신이 대제후의 딸을 배필로

주고 높은 벼슬까지 내리겠다는 술탄의 제의를 뿌리치고 기독교 신앙을 지켰노라고 떠벌린다(제6장). 점입가경으로 이 술탄은 맨더빌과 독대한 자리에서 그리스도의 율법을 스스로 짓밟은 기독교인들을 질타하며, 이러한 죄로 말미암아 그들이 성지를 잃은 것이니 "하느님을 더욱더 정성껏 섬기면 우리의 손안에서 도로 찾을 수 있을 것"이라고 자못 진지하게 충고의 말을 건넨다(제16장).

이어서 저자는 이슬람의 신조와 기독교의 신조가 공통점이 많아서 무슬림들이 쉽사리 개종하리라는 낙관론을 펴기도 한다. 마요르카(Mallorca) 태생으로 1300년을 전후하여 북아프리카 일대에서 선교 활동을 펼치다가 숨진 철학자 라이문도 룰리오(Raimundo Lulio)도 유대인이나 동방 기독교도보다 무슬림을 개종시키는 것이 더 쉽다는 견해를 표명한 바 있거니와, 사실 무력보다 설교를 앞세우는 선교 전략이 점점 더 설득력을 얻던 때였다.[33] 여하튼 맨더빌의 십자군에 대한 호소는 이슬람에 대한 그의 소신과 다분히 모순되는 것이며, 그렇다면 그러한 호소는 어떤 의도에서건 일종의 말치레로 끼워 넣었을 가능성이 크다.

비단 이슬람만이 아니라 그 밖의 여러 이질적인 관습과 문화에 대해서도, 맨더빌은 그 이전의 저자들과 달리 관용적인 태도와 상대주의적인 관점을 잃지 않는다. 단적인 예로 인도양의 섬이나 티베트 같은 오

33 Benjamin Z. Kedar, *Crusade and Mission: European approaches toward the Muslims*, Princeton, NJ: Princeton University Press, 1984, pp. 159-169; 199-203. 프랭크 그래디(Frank Grady)는 리처드 서던(Richard W. Southern, *Western Views of Islam in the Middle Ages*, Cambridge, MA: Harvard University Press, 1978, p. 3)이 제시한 바, 이슬람과의 관계 문제에서 당시 기독교 세계가 취할 수 있었던 네 가지 대안, 즉 십자군, 개종, 공존, 통상의 가능성 가운데 맨더빌은 통상, 정치·군사 면에서의 국제적 공조 관계를 추구한 것이라고 해석한다. Frank Grady, "'Machomete' and Mandeville's Travels", *Medieval Christian Perceptions of Islam*, John V. Tolan (Ed.), New York: Garland, 1996, pp. 271-288.

지에서의 식인·장례 풍습에 대해 카르피니나 오도리코는 몹시 혐오스러운 감정을 숨기지 않는 반면에,[34] 맨더빌은 이런 풍습을 훨씬 더 차분하고 공감적으로, 그리고 훨씬 더 치밀하게 묘사할 뿐만 아니라 '저들'의 풍습이 따지고 보면 그리스도의 성체를 나눠 먹는 '우리'의 의식과 흡사하다고 생각한다.

동방 기독교에 대한 태도 역시 완연히 다르다. 뤼브루크는 대칸의 궁정과 카타이에서 만난 아르메니아 교회나 네스토리우스파 성직자들을 흘겨보고 헐뜯으며, 오도리코는 인도의 네스토리우스파를 "기독교도이긴 하나 천박하고 해로운 이교도"(제18장)라 매도하면서 사실상 무슬림과 다를 바 없는 로마 가톨릭교회의 적으로 취급한다. 하지만 맨더빌은 형식적인 교리와 신조보다도 실질적인 경건성과 도덕성을 중시한다. 그는 시리아의 야고보파 신자들이 사제에게 고해하기를 거부하는 것을 놓고 그것이 이단이기는커녕 원초적인 교회의 관행에 부합한다고 지적하면서, 병을 알아야 치유하듯이 자신의 죄를 똑바로 아는 것이 중요하다고 말한다(제14장). 또한 사제 요한의 나라 교회에서 목격한 미사에 관해서는 이렇게 말한다(제33장).

> 그의 땅에는 선량한 신앙과 율법을 따르는, 다시 말해서 그 나라 사람들의 신앙과 율법을 따르는 기독교인들이 많이 있다. 이들 사이에는 미사를 집전하는 사제들이 함께 있는데, 이 사제들은 그리스인들이 쓰는 것과 같은 빵으로 성체 성사를 거행한다. 하지만 이들은 우리나라 사람들처럼 미사 때 그렇게 많은 말을 하지 않고, 다만 성 베드로와 성

34 Plano de Carpini, *The Journey of Friar John of Pian de Carpini*, ch.9; Odorico da Pordenone, *The Travels of Friar Odoric*, ch. 20, 26.

도마를 비롯한 사도들이 미사를 드리면서 주기도문과 성체 봉헌 기도를 외운 것과 같이 우리 주님이 가르치신 대로 사도들이 전한 것만을 말한다. 그런데 우리는 그들은 전혀 알지도 못하는 여러 교황들의 말을 거기에다 많이 덧붙인다.

더 나아가 그는 기독교를 모르면서도 "자연종교를 좇아 온갖 미덕이 넘치고 일체의 악덕과 악의와 죄를 멀리하며," 요컨대 기독교도보다 더 신실하고 정결하고 선량하게 살아가는 브라그만(Bragman: 브라만)섬 사람들을 소개하면서 오히려 이런 이교도들을 하느님이 보살피실 것이라고 장담한다(제33장). 설령 이런 사람들이 어떤 우상을 숭배한다고 해도, 그것은 그들에게 하느님의 존재를 정확하게 가르쳐주는 사람이 없었기에 그런 것일 뿐이다. 또 어떤 종족이든 신을 본떠 만든 모상(模像, simulacres)과 우상이 있기 마련이니, 하기야 "우리 기독교인들의 경우만 해도 우리가 숭배하는 성모와 여느 성인들의 성상(聖像)이 있지 않느냐"는 것이다(제35장). "하느님이 손에 여러 개의 손가락을 주신 것처럼 사람에게도 여러 가지 길을 주셨다"고 뭉케 카안이 뤼브루크에게 이르는 말처럼(제51장), 아마도 맨더빌은 하느님은 한 분이되 모든 종족들 가운데 편재하여 그들 나름의 방식대로 살게 하셨다고 생각했을지도 모른다.

이렇듯 기독교도와 거의 같은 신조를 따르는 이슬람교도가 있고, 로마 가톨릭교회의 의식과 일부 다르기는 하되 더 순수한 면이 있는 동방 기독교도 및 사제 요한의 나라가 있으며, 유감스럽게도 하느님을 신실하게 믿지는 않으나 그럼에도 그분에 대한 이야기에 귀를 기울이며 십자가를 공경하는 대칸의 나라가 있고, 이교도이되 브라만들처럼 성육신 이전부터 기독교도조차 오를 수 없을 높은 도덕성과 신성에 도달한 '고결한 야만인들(Noble Savage)'이 있으니,[35] 온 세상은 잠재적으로 이미 보편 기독교의 이상을 향해 다가가 있는 셈이다. 그러므로 이제 십자군은 더더욱 필요가 없다. 정작 필요한 것은 이집트의 술탄이 충고하듯이 기독교 세계의 자기정화이다. "하느님이 당신의 사자 마호메트를 통해 보내신 『코란』이라는 성서의 계명을 온전히 지"키면서 선량하고 신실하게 살아가는 '사라센인'들은 오히려 타락한 기독교 세계의 귀감이 됨직하다(제16장). 그렇기에 기독교 세계의 허물을 당당하게 비판할 수 있었을 술탄은 또한 휘하의 제후와 백성들로부터 공경을 받는 강력한 통치자이다. 그렇지 않다면, 맨더빌이 술탄에게 기꺼이 봉사하지도 또 그러한 사실을 은근히 자랑하지도 않았을 것이다.[36]

그 이전의 여행기 텍스트들과 비교해볼 때, 그의 『여행기』에서 나타나는 가장 두드러진 특징 또는 새로움은 바로 여기에 있다. 즉 다른 여행기들이 실제 체험한 동양이라는 대상을 기술하고 표상하는 데 목적을 두었다면, 맨더빌의 텍스트는 이렇게 기술되고 표상된 동양이라는 격자 또는 거울을 통해서 바로 저자 자신이 몸담고 있는 기독교 세계를 성찰하고자 했다는 것이다. 그에게 독서와 상상을 통한 동양과의 만남은 종교적·문화적 다양성이 펼쳐지는 외부 세계의 스크린에 자기 자신, 즉 기독교 세계를 투영함으로써 자기성찰과 자기비판에 이르는 하나의 통로였다.[37] 동양에 관한 그 많은 정보들 가운데 저자가 특정한

---

35 브라만에 대한 기독교 세계의 담론과 이미지에 관해서는 Thomas Hahn, "The Indian Tradition in Western Medieval Intellectual History" 참조.

36 그래디는 이런 의미에서 술탄의 비판과 충고를 저자의 단순한 '복화술'로 치부하는 것은 오류라고 말한다. Frank Grady, "'Machomete' and *Mandeville's Travels*", p. 274.

37 히긴스는 그런 타자의 거울이, 이 같은 자기성찰과 아울러 역설적이게도 기독교 세계가 다른 모든 세계들을 포괄할 수 있다고 상상함으로써 자기 세계의 우월성을 확인하는 데 이용되기도 한다고 지적한다. Iain M. Higgins, "Imagining Christendom from

이야기를 선택하고 변형시켰을 때, 그의 펜을 이끈 것은 주로 이러한 의도였을 것이다.

다른 여행기들에서는 조연에 불과한 사제 요한이 그의 『여행기』에서 대칸과 쌍벽을 이루는 위대한 통치자로 등장하는 것도 이런 맥락에서 보면 퍽 자연스러운 선택이다. 그에 따르면, "훌륭하고 더없이 고귀한 군주인 이 황제"가 사제 요한이라는 이름으로 불리게 된 연유는 어느 날 이집트의 교회에서 집전된 신품성사(神品聖事)를 우연히 목격하고 자신도 이제 황제가 아니라 사제로 불리기를 원했으며, 그래서 첫 번째 서품 받은 사제인 요한의 이름을 따게 되었다는 것이다. 이 황제이자 사제는 그 아래로 7명의 왕과 72명의 공작, 360명의 백작, 12명의 대주교와 20명의 주교들로부터 공경과 섬김을 받으며 그 광대하고 훌륭한 기독교왕국을 다스린다(제31~33장). 여기서는 유럽에서와 같은 성속(聖俗) 권력의 분리도 없고, 따라서 투쟁도 없다.

반면에 라틴 '기독교왕국'은 분열되어 있었고 흑사병의 엄습과 결핍으로 고통받고 있었다. 1291년 아크레가 이슬람의 수중으로 넘어간 이후 14세기 중엽에 이르러 십자군과 아시아 선교는 실패로 끝났음이 분명해졌다. 이 같은 시대적 상황이 저자의 펜을 문학적 상상을 통한 유토피아로 이끌었을 것이다. 그의 『여행기』가 사제 요한의 나라로, 그리고 그 너머의 범접할 수 없는 지상낙원으로 향하는 것은 어찌 보면 예견된 결말이라고 하겠다. 그런데 공교롭게도 사제 요한의 나라, 카타이 너머 머나먼 동쪽의 그 유토피아는 "우리 아래쪽 반대편"(제21장), 즉 영국 또는 서유럽의 대척점에 있었다. 결국 타자에게로 떠나는 여행은

Jerusalem to Paradise: Asia in Mandeville's Travels", *Discovering New Worlds: Essay on Medieval exploration and imagination*, Scott D. Westrem (Ed.), New York: Garland, 1991, pp. 91-114.

바로 '자기'를 향하는 여행인 것이며, 이것이 곧 "고향으로부터 멀리 여행할수록 고향을 향하게 되는 역설"[38]의 의미인 것이다. 그것이 가능한 이유는 지구가 둥글기 때문이다.

4. 근대의 '맨더빌들'

이렇듯 『맨더빌 여행기』의 '새로움'은 종종 '영어 산문의 아버지'로 불리는 저자에게 '중세의 계몽사상가'라든가 '근대 유토피아 문학의 아버지'라는 칭호를 덧붙여도 괜찮을 만큼 시대를 앞서간 면이 있다. 이 작품을 역사적으로 중요한 텍스트의 하나로 만든 엄청난 대중적 인기는 그의 이야기꾼으로서의 자질뿐 아니라 이 같은 새로움에도 힘입은 바가 컸을 것이다. 그렇지 않았다면 그의 책이 근대에까지 그렇게 많은 애독자를 끌어들이지는 못했을 것이다.

이런 근대의 독자들 가운데 하나인 메노키오(Menocchio)는 이 텍스트의 새로움을 아마도 가장 잘 읽어낸 위인이 아닐까 싶다. 이 시골 방앗간주인으로 하여금 로마 교회의 가르침에 등을 돌리게 하고, 결국 그를 화형대로 이끈 화근들 가운데 하나가 된 것이 바로 이 『여행기』였다. 한 심문관에게 보낸 편지에서 그는 자신이 저지른 두 번째 잘못은 "수많은 운명과 수많은 법(율법)들이 소개된 책으로서 저에게 많은 고통과 번뇌를 안겨준 『맨더빌의 기사』를 읽은 것"이라고 자백한다.[39]

---

38 Martin Camargo, "The Book of John Mandeville and the Geography of Identity", p. 83.

39 카를로 긴즈부르크, 「『맨더빌의 기사』」, 『치즈와 구더기: 16세기 한 방앗간 주인의 우주관』, 김정하 · 유제분 옮김, 서울: 문학과지성사, 2001.

카를로 긴즈부르크(Carlo Ginzburg)가 발굴한 그의 심문 기록을 보면 이러한 자백은 거짓이 아닌 것 같다. 우선 메노키오가 고백성사의 신성한 가치를 부정한 것은 맨더빌이 야고보파의 관행에 대해 말한 바와 일치한다. 또한 "예수가 하느님이 아닐지도 모른다"는 그의 의심은 이슬람 교리에 관한 맨더빌의 기술에 근거한 것이고, 교회의 부패상에 관한 그의 거침없는 비판은 이집트 술탄이 맨더빌에게 일갈한 바와 상통한다(제20장). 무엇보다도 이 촌부의 문화적 다원주의("종족의 수가 많고 다양하다 보니 사람들의 신념도 다르기 때문입니다"(제21장))와 종교적 관용사상("전능하신 하느님은 기독교인, 이단자, 투르크인, 유대인, 이 모든 사람들에게 성령을 주셨습니다. 그리고 하느님은 이 모든 사람들을 사랑하시며 이들을 같은 방법으로 구원하십니다"(제6장))은 맨더빌의 텍스트에서 길어낸 것이 확실하다. 하지만 메노키오는 기구한 운명 때문에 우연히 각광을 받게 된 사례 중 하나일 뿐이다. 그 말고도 맨더빌과 같은 생각을 품고 같은 메시지를 전파한 수많은 '맨더빌들'이 있었을 것이며, 후대로 갈수록 점점 더 많은 후예들이 그 뒤를 좇을 것이었다.

5장
요르다누스 여행기에 나타난 새로운 정보의 서술 방법

박용진

1. 중세의 여행기란

중세는 사람들의 이동이 적은 정적인 사회로 묘사된다. 그러나 농촌을 떠나 도시에 정착한 '뿌리 뽑힌 자들'의 존재나 농촌과 도시를 오가며 생활했던 사람들, 이 도시 저 도시를 돌아다니며 기술을 배워야 했던 견습공과 직인들, 무엇보다 중세의 도로 위에서 흔히 볼 수 있었던 순례자들을 떠올린다면, 중세는 오히려 돌아다니는 사람들로 넘쳐났던 시기라고 할 수 있다. 이처럼 중세에 대한 일반적인 묘사와 실제의 차이는 이동수단이나 도로 사정 때문에 오늘날처럼 먼 거리를 빠르게 이동할 수 없었을 것이기 때문이기도 하지만, 여행에 관련된 기록의 부재에도 원인이 있다. 즉 여행과 관련된 기록이 많이 남아 있지 않기 때문에 사람들의 이동 자체가 적었을 것이라는 인상을 갖기 쉽다는 것이다. 기록이 적은 이유는 대부분의 사람들이 문맹이었으므로 기록할 수 없기도 했지만, 무엇보다도 농촌에서 도시로의 이동이나 직인의 이동과 같은 여행이란 일상적인 것이거나 누구나 알고 있는 내용이어서 굳이 기록해야 할 필요가 없다고 판단했기 때문이기도 할 것이다.

중세에는 물론이고 오늘날에도 여행을 기록으로 남기는 경우란 특기할 만한 내용이 있을 때이다. 가령 아무도 가보지 않은 새로운 지역을 여행하거나 아무도 경험하지 못한 특별한 여행을 한다면 누구나 그것을 기록으로 남기고 싶은 생각이 들 것이다. 이러한 여행 경험은 기존의 세계관에 충격을 주어 여행자 자신을 변화시킬 뿐만 아니라, 그가 작성한 여행 기록은 독자들을 변화시키기도 한다. 중세의 경우 성지 순례나 십자군 원정, 또는 인도나 중국 등 동방에 다녀온 기록이 이러한 경우에 해당한다. 이러한 원거리 여행 기록은 당시에 알려져 있던 지리적 정보, 특히 아시아에 관련된 정보를 수정하는 역할을 했다. 이러한 정보의 수정이 축적되어 마침내 15세기 말에 이르러 유럽인들은 아시아를 찾아 떠나게 되었다.

그런데 중세인들은 이러한 새로운 정보를 아무런 의심 없이 받아들일 정도로 개방적이었을까? 만약 오늘날 달에 다녀온 우주비행사가 달에 토끼가 살고 있었노라고 말한다면 그 말을 믿겠는가? 토머스 쿤(Thomas S. Kuhn)이 말했듯이 하나의 지식 체계는 일단 패러다임으로 완성되고 나면 그 힘이 워낙 강고하여 쉽사리 변화되지 않는다. 중세 시대의 지식 체계도 마찬가지여서 고대부터 전해져 내려온 지식 체계와 기독교적 지식 체계가 일단 혼합되어 중세의 지식 체계를 형성한 이후에는 쉽사리 변화되지 않았다. 이러한 지식 체계를 가지고 있는 상황에서 여행을 통하여 새로운 정보를 얻었다고 한들 그 정보를 쉽게 믿었을 것 같지는 않다. 그렇다고 해서 새로운 정보가 기존의 지식 체계에 전혀 영향을 미치지 않았다면, 크리스토퍼 콜럼버스(Christoforo Colombo)의 항해로 상징되는 대항해 시대는 불가능했을 것이다. 즉 새로운 정보가 기존의 지식을 완전히 대체하지도 못했을 것이며, 역으로 기존의 지식 체계가 굳건히 자리를 지키는 상태에서 새로운 정보가 사라져버리지도 않았을 것이다. 이러한 그럴듯한 추측으로부터 끌어낼 수 있는 성급한 결론은 중세 여행가들이 틀림없이 기존의 지식과 새로운 정보를 조화롭게 다루었을 것이라는 점이다. 여행기가 중세인들의 세계관과 지식 체계에 어떤 영향을 미쳤는지에 대해 살펴보기 위해서는 여행기의 내용 중 기존의 지식 체계에 포함되어 있는 것과 포함되어 있지 않은 것을 구분하고, 이 구분에서 기존의 지식 체계에 포함되어 있지 않은 새로운 정보를 당대인들이 어떻게 받아들였는지 살펴보아야 한다. 그러나 중세의 아시아 여행기 전부의 내용을 분석하는 것은 너무나도 방대한 작업이 될 것이다. 그러므로 여기서는 14세기 초 인도에 포교 여행을 다녀온 요르다누스 카탈라(Jordanus Catala)의 인도 여행기인 『신기한 것에 관한 서술(*Mirabilia Descripta*)』를 중심으로 이와 같은 정보의 수용 과정을 살펴보고자 한다.

2. 요르다누스 카탈라와 인도 여행기

중세의 원거리 여행기는 크게 보아 두 종류로 나눌 수 있는데, 하나는 로마, 콤포스텔라, 예루살렘 등 성지에 다녀오는 순례 안내서와 순례기이며, 다른 하나는 인도나 중국 등 동방(Orient)에 다녀온 동방 여행기이다. 순례 안내서와 순례기는 원래 중요한 성지에 다녀오는 기록이지만, 중요 성지 중 하나인 예루살렘을 탈환하려는 목적을 가진 십자군 원정도 순례의 일종이었으므로 십자군 원정기도 순례기의 일종이라고 할 수 있으며, 「롤랑의 노래(La Chanson de Roland)」와 같은 무훈시(chanson de geste)의 경우에도 군사 원정이 기독교 성지의 회복이라든가 성인의 계시와 같은 기독교적 색채를 띠고 있었으므로[1] 넓게 보아 순례기의 전통에 속한다고 할 수 있다. 순례기의 경우 해당 순례가 대체로 유럽 내에서 이루어질 뿐만 아니라 내용 역시 순례 여정과 성지에서 만날 수 있는 유물과 성인의 기적 이야기가 주를 이루고 있으므로, 기존 지식 체계나 세계관에 대한 영향력이 크지는 않다. 오히려 기독교적 성격을 띠고 있었으므로 중세의 기독교적 세계관을 형성하고 확산시키는 데에 기여했다고 할 수 있다.

이와 달리 원거리 여행기는 완전히 새로운 지역을 여행한 결과였으므로 세계관과 지식 체계에 새로운 정보 제공이라는 영향을 주었다. 인도나 중국을 비롯한 아시아 여행기는 13세기 이후에야 등장했다. 아시아 여행기가 등장한 계기는 몽골의 침입이었다. 몽골의 침입은 두 가지 점에서 유럽인들의 아시아 여행을 가능하게 했는데, 우선 유럽인들로서는 몽골이 다시 침입할 것인지 정탐을 해야 했고, 다른 한편으로 중앙아시아 일대가 몽골에 의해 통일됨으로써 아시아까지 안전하게 통

---

1 순례기는 이미 4세기부터 존재했으나 활발하게 발전한 것은 11세기경부터였다. 대표적인 순례기는 교황 칼릭스투스(Pope Calixtus II)가 편찬한 『산티아고 순례 안내서(*Camino de Santiago*)』이다. 이 순례 안내서는 프랑스에서 스페인 북부에 있는 산티아고 데 콤포스텔라(Santiago de Compostela)로 가는 순례 여정에서 들러보아야 할 중요 지점을 소개하고 있는데, 순례기 작성의 목적은 산티아고 순례를 활성화함으로써 이베리아반도 북부에서 기독교의 영향력을 확대하는 것이었다. 이 책에 대해서는 William Melczer, *The Pilgrim's Guide to Santiago de Compostela*, New York: Italica Press, 1993 참조. 십자군 원정기의 경우 십자군 원정 자체가 예루살렘 순례였으므로 당연히 순례기에 속한다.

행할 수 있는 교통로가 확보되었다는 점이 그것이다.

유럽인들의 아시아 여행은 1240년대에 시작되어 1368년 몽골제국이 망할 때까지 지속되었다. 몽골 이후 중국을 차지한 명나라는 이민족에 대한 쇄국정책을 폈기 때문에 문명 간의 교류가 끊기게 되었다. 이 기간 중에 동방을 찾아간 여행을 기록한 여행가들로는 플라노 드 카르피니(Plano de Carpini), 기욤 드 뤼브루크(Guillaume de Rubroeck), 마르코 폴로(Marco Polo), 요르다누스 카탈라, 오도리코 다 포르데노네(Odorico da Pordenone), 조반니 데 마리뇰리(Giovanni de' Marignolli), 조반니 다 몬테코르비노(Giovanni da Montecorvino) 등이 있다.[2] 이들 중 마르코 폴로를 제외하면 모두 다 수도사들이며 뤼브루크를 제외하면 교황이 파견한 사람들이었다. 교황이 파견한 수도사들의 경우 그들의 여행은 공적 임무를 지닌 것이었고 교황의 친서를 지니고 있는 경우도 있었다. 그들의 기록 역시 교황에게 보고하는 공적 문서였으므로 비교적 널리 알려졌고, 이에 따라 현재 남아 있는 판본의 수도 상당하다. 이

---

2 이 중에서 카르피니, 뤼브루크, 오도리코의 여행기는 Manuel Komroff (Ed.), *Contemporaries of Marco Polo*, New York: W. W. Norton, 1980에 번역되어 있으며, 이 책에는 투델라의 벤자민(Benjamin of Tudella)의 여행기도 실려 있다. 또한 Christopher Dawson, *Mission to Asia* (Medieval Academy reprints for teaching 8), Toronto: University of Toronto Press, 2005도 참조했다. 마르코 폴로, 오도리코, 카르피니, 뤼브루크의 여행기는 우리말로 번역되어 있다. 마르코 폴로, 『마르코 폴로의 동방견문록』, 김호동 옮김, 파주: 사계절, 2000; 오도릭, 『오도릭의 동방 기행』, 정수일 옮김, 파주: 문학동네, 2012; 플라노 드 카르피니 · 윌리엄 루브룩, 『몽골제국 기행』, 김호동 옮김, 서울: 까치, 2015. 한편 여행기는 아니지만 동방에 관한 책으로서 당시에 큰 인기를 끌었던 맨더빌 여행기도 번역되어 있다. 존 맨더빌, 『맨더빌여행기』, 주나미 옮김, 인천: 오롯, 2014. 아울러 이들의 성과를 종합한 헨리 율과 앙리 코르디에의 글을 참조할 만하다. 헨리 율 · 앙리 꼬르디에, 『중국으로 가는 길』, 정수일 옮김, 사계절, 2008: Henry Yule, *Cathay and the Way Thither 3 · 4*, London: Cambridge University Press, 1913 · 1916.

와 달리 뤼브루크는 성왕 루이(Louis IX)가 파견한 수도사였다. 따라서 그의 여행 기록은 성왕 루이에게 보고하는 개인적인 보고서였으며, 이러한 이유로 그의 여행기는 널리 알려지지 않았고 현재 전해지는 판본의 수도 다섯 종류에 불과하다. 그러나 기묘하게도 이들의 여행기보다 상인이었던 마르코 폴로의 『동방견문록(*Le devisement du monde*)』이 훨씬 더 널리 알려졌다. 더욱 기묘한 사실은 당시에 가장 널리 읽혔던 여행기는 『맨더빌 여행기』였다는 점이다. 맨더빌 여행기는 실제 여행을 하지 않은 사람이 쓴 '유사 여행기'로서 마르코 폴로의 『동방견문록』보다 두 배나 많은 250여 종의 판본이 전해지고 있다.

그러나 여기서 대상으로 삼고 있는 요르다누스에 대해서는 알려진 바가 거의 없다. 그의 이름은 요르다누스 카탈라인데 그의 성에 해당하는 카탈라는 틀림없이 카탈루냐 출신(Catalanus)을 의미하므로, 그의 집안이 원래 스페인의 카탈루냐에서 왔음을 알 수 있다. 그런데 그의 책 첫머리에는 요르다누스 드 세베락(Jordanus de Sévérac)[3]이라고 되어 있다. 세베락이라는 지명은 프랑스에 다섯 군데 있지만, 그중 세 군데가 루에르그(Rouergue) 지방의 지명이다. 그가 본문에서 툴루즈(Toulouse)를 비교의 대상으로 삼은 점으로 보아[4] 그 자신이 알고 있는 가장 큰

---

3 fratrem Jordanum ordinis praedicatorum oriundum de Severaco, Christine Gadrat, "Une image de l'Orient au XIVe siècle". *Les Mirabilia Descripta de Jordan Catala de Sévérac*, Paris: École des chartes, 2005, p. 243. 요르다누스의 판본 및 번역본에 관해서는 뒤에서 설명할 것이다. 필자는 크리스틴 가드라(Christine Gadrat)의 라틴어-프랑스어 대역본을 참조했으며, 특별한 경우가 아니면 원문 인용 표시를 하지 않았다.

4 "이 제국에는 매우 큰 도시들이 있다는 이야기를 그 도시를 직접 본 사람에게서 들었다. 그 도시는 예모(Hyemo, 아마도 베이징일 것이다)라고 불리는 도시인데, 중앙 일직선 길을 똑바로 가로지는 데에 말을 타고 하루가 걸린다. 내가 듣기로 그 황제의 휘하에 툴루즈보다 큰 도시가 200개나 된다고 들었다." Christine Gadrat, "Une image de l'Orient au XIVe siècle", pp. 262, 290. 프랑스 남부의 툴루즈를 비교의 대상으로 삼은 것은 요

도시가 툴루즈였을 것으로 추측할 수 있다. 따라서 프랑스 남부의 툴루즈 근처 출신이라고 추측할 수 있는데, 이러한 추측에 가장 근접한 장소는 아베롱(Aveyron)에 있는 세베락르샤토(Sévérac-le-Château)이다. 특히 세베락르샤토가 바르셀로나 백작의 봉신이었던 점을 고려하면, 요르다누스의 이름에 붙어 있는 '카탈라'라는 중간이름도 설명이 가능하게 된다.[5] 즉 그의 가문은 원래 카탈루냐 출신이며 바르셀로나 백작의 봉신으로서 현재의 세베락르샤토를 영지로 받은 가문일 가능성이 높다.

그의 행적에 관련된 편린들을 모아보면 다음과 같이 그의 여정을 재구성할 수 있다. 그는 1320년 인도로 떠나기에 앞서 페르시아의 타브리즈(Tabriz)에 있는 한 수도원에 있었다. 이곳에서의 체류가 나중에 여행기를 쓸 때 아르메니아에 대한 시술을 길고 자세하게 하는 데에 도움을 주었을 것이다. 그리고 1321년에는 서부 인도에 도착한 것 같다. 함께 갔던 프란체스코회의 수도사 동료들은 1321년 4월 봄베이(Bombay) 근처에서 순교했고,[6] 그는 10월에 홀로 퀼론(Quilon, Kollam)에 도착하여 포교를 했다. 그러다가 1327년 가을에서 1328년 봄 사이에 아라비아반도의 호르무즈(Hormuz)를 거쳐 당시 교황청이 있던 프랑스의 아비뇽(Avignon)으로 돌아왔다.[7] 아비뇽에서는 한 수도원에 거

르다누스가 남부 프랑스에서 주로 활동했음을 보여주는 증거이다. 그가 본 가장 큰 도시가 아마도 툴루즈였을 것이다.

5 Henri Cordier, *Mirabilia Descripta: Les merveilles de l'Asie par le Père Jourdain Catalani de Sévérac*, Paris: Librairie Orientaliste Paul Geuthner, 1925, p. 10.

6 네 수도사의 이름은 다음과 같다. 앙코나 근처의 지명인 톨렌티노의 토마스(Thomas de Tolentino), 파도바의 야고보(Iacobus de Padua), 시에나의 베드로(Petrus de Senis), 통역사였던 조지아 출신인 티플리스의 데메트리우스(Demetrius de Tiflis) 등이다. Henri Cordier, *Mirabilia Descripta*, p. 18.

7 1309년부터 1377년까지 교황청은 로마가 아닌 아비뇽에 있었다.

처를 정했다. 아마도 동료 수도사들이 그의 경험을 궁금해 했을 것이므로 계속 이야기로 전해주기보다는 글을 써서 남기는 것이 좋겠다고 판단했을 것이다. 그는 교황 요한 22세(Ioannes PP. XXII)와의 친분도 깊었던 것으로 보인다. 교황 요한 22세는 프랑스 남부 카오르(Cahors) 출신이었고, 카오르는 세베락르샤토에서 그리 멀지 않았으므로 그가 요르다누스를 신뢰했을 것으로 추측된다. 그리하여 1329년 교황 요한 22세는 그를 인도의 퀼론 주교로 임명했다. 그 관할 구역은 오늘날의 인도와 파키스탄, 방글라데시 등에 해당한다. 그가 언제, 그리고 어느 곳에서 죽었는지는 알려져 있지 않다.[8]

그가 인도 포교 여행을 기록한 것이 『신기한 것들에 관한 서술』이다. 이 책의 필사본은 영국 국립도서관(British Library)에 있는 단 한 부만 전해지고 있다.[9] 이 필사본은 원본을 직접 필사한 1차 필사본으로 추정되며 작성 시기는 1330년대이고, 장소는 남부 프랑스인 것으로 추정된다. 이 필사본의 존재마저도 19세기 초까지는 거의 알려져 있지 않다가 1839년에 편집된 인쇄본이 출간되었고, 헨리 율(Henry Yule)과 앙리 코르디에(Henri Cordier)에 의해 라틴어-영어 대역본과 라틴어-프랑스어 대역본이 출간되었다. 사정이 이러했으므로 오늘날까지 마르코 폴로나 맨더빌 등의 동방 여행기가 몽골 평화시대(Pax Mongolica)의 동서 교류를 알려주는 자료로서 상당한 연구가 이루어진 데에 반해 요르다누스의 이 책은 거의 연구가 되지 않았다.[10] 그러나 최근에 요르다누

---

8 요르다누스가 두 번째 인도 포교 여행을 하던 중에 순교했다는 설도 있다.

9 British Library, Additional 19513, fol.3-12. 참고로 해당 사본집에는 자크 드 비트리(Jacques de Vitry)의 『예루살렘의 역사(*Hystoria Jerosolemitana*)』, 마리노 사누도(Marino Sanudo)의 『기독교 신앙의 비밀(*Liber Secretorum Fidelium Crucis*)』, 주교 튀르팽(Tilpin)의 『샤를마뉴 업적록(*Liber de Gestis Caroli Magni*)』 등이 같이 묶여 있다.

10 편집 인쇄본은 Charles Coquebert de Montbret (Ed.), *Jordan de Severac, Mirabilia*

스와 마리뇰리 등 14세기 동방 여행가들의 기록에 대한 자세한 연구서가 나옴으로써 새로운 각도에서 이 책을 바라볼 수 있게 되었다.[11] 요르다누스와 마리뇰리의 여행 기록이 갖는 독특성은 여정을 중심으로 기록된 일반 여행기와 달리 지역을 중심으로 기록되어 있다는 점이다.

요르다누스는 다음과 같이 지역을 구분하여 제목을 붙여놓았는데, 그리스, 아르메니아, 페르시아 왕국, 소인도(Minori Yndia), 대인도(Majori Yndia), 제3인도(tercia Yndia), 대아라비아(Majori Arabia), 대타타르(magno Tartaro), 칼데아(Chaldaea), 아란(terra Aran), 모간(Terra Mogan), 카스피산맥(Mons Caspium), 조지아(Georgiana), 키오스섬(insula Chyo) 순서로 되어 있다. 언뜻 요르다누스가 아비뇽을 출발하여 이 순서대로 여행한 듯이 보인다. 그러나 이 순서가 반드시 그의 여정을 그대로 반영하는 것은 아닐 수도 있다는 점에 유의해야 한다. 이러한 순서는 요르다누스가 기억하기 쉽도록 세계를 구성하는 각 지역의 위치에 순번을 매겨, 그것에 따라 기록한 것일 수도 있기 때문이다. 예를 들어 그가 인도로 가는 길에 페르시아 왕국에 들르지 않고 유럽으로 돌아오는 길에 들렀다고 하더라도, 자신이 가지고 있는 지리적 지식과 지역적 위치에 근거하여 페르시아와 관련된 내용을 아르메니아 다음에 기록하는 것이 순서에 맞고 기억하기도 편했을 수 있다는 것이다. 한

Descripta. Recueil de voyages et memoires, Paris: Societe de Geographie, 1839, t. IV, pp. 1-68 참조. 프랑스어 번역본은 Henri Cordier, *JJourdain Catalani de Severac, Mirabilia Descripta, les mesveilles de l'Asie*, Paris: Librairie Orientaliste Paul Geuthner, 1925 참조; 영어 번역본은 Henry Yule, *Mirabilia Descripta: The wonders of the east by friar Jordanus*, London: Hakluyt Society, 1863: Peter B. Lobo, *Mirabilia Descripta: Wonders of the east*, Dublin: Dominican, 1993 참조.

11 요르다누스에 관한 가장 정평 있는 연구서로는 앞서 인용한 바 있는 Christine Gadrat, "Une image de l'Orient au XIVe siècle"을 들 수 있으며, 마리뇰리의 연구서로는 Christine Gadrat, *Au jardin d'Eden*, Toulouse: Anacharsis, 2009가 있다.

마디로 요르다누스의 서술 방식은 여정을 중심으로 한 서술이 아니라 지역을 중심으로 한 서술이라고 할 수 있다.[12] 순서뿐만 아니라 내용의 분량에 있어서도 각 지역에 관한 서술은 균등하지 않다. 그의 관심은 인도에 있었으므로 대인도와 소인도의 분량이 가장 많다. 이러한 불균형은 그가 설명하려는 대상이 여행 자체라기보다는 인도에 있다는 것을 말해준다. 즉 그의 책은 인도 여행기라기보다는 오히려 인도에 관한 지리서에 가깝다고 할 수 있다. 마리뇰리의 여행 기록 역시 여행에 관련된 내용이 여정에 따라 서술되지 않고 『보헤미아 연대기(*Cronica Boemorum*)』의 일부로 포함되어 있는데, 이 책은 세계사를 기독교의 관점에서 서술한 작품이었다.[13] 즉 그의 여행 기록은 새로운 경험을 기록으로 남겨두거나 사람들의 호기심을 자극하기 위한 것이라기보다는 변경 지역에 대한 새로운 정보를 기존의 지식 체계인 세계사에 편입시켜 설명하려는 시도였다고 할 수 있다. 그러므로 여행기는 뤼브루크나 마르코 폴로의 여행기처럼 여행의 정보를 기록한 것들이 있는가 하면, 요르다누스나 마리뇰리의 여행기처럼 여행에서 얻은 새로운 정보를 기존의 지식 체계나 세계사에 편입시키고자 한 것도 있었다. 결국 여행기가 그리는 세계의 모습은 세계관과 그 세계의 지식 체계에 영향을 줄 수밖에 없었다고 할 수 있다.[14]

---

12 요르다누스의 서술 방식과는 달리, 여정을 중심으로 구간별로 서술하고 있는 대표적인 여행기는 바로 뤼브루크의 여행기라고 할 수 있다.

13 『보헤미아 연대기』가 세계의 창조부터 시작되는 것만 보더라도 그 작품의 목적이 기독교에 근거한 세계사 서술에 있음을 알 수 있다. Christine Gadrat, "Une image de l'Orient au XIVe siècle", p. 84.

14 13세기 중반 카라코룸(Qara qorum)까지 다녀온 카르피니는 『몽골인의 역사(*Ystoria Mongalorum*)』라는 여행기를 썼다. 여행 일정대로 기록되어 있는 이 여행기는 13세기 중반 편찬된 뱅상 드 보베(Vaincent de Beauvais)의 방대한 백과사전인 『역사의 거울(*Speculum Historiale*)』에 포함되어 있는데, 이것은 여행 일정에 따른 여행기 작성과 그 여

3. 요르다누스 여행기의 내용

전승의 확인

사실 중세 유럽인들에게 동방, 혹은 동쪽이란 이슬람 거주 지역 너머의 세계를 통칭하는 개념이었다. 그러므로 그들에게 동방은 인도라는 현실적인 장소가 있는 곳이면서 동시에 '곡과 마곡(Gog and Magog)' 같은 전설의 장소나 상상의 장소가 위치해 있는 곳이기도 했다. 이곳은 에덴(Eden)과 같은 낙원이 있는 곳이기도 하지만, 동시에 괴물이 살고 있는 곳이기도 하다. 중세 유럽인들의 동방에 대한 인식에 영향을 미친 요인으로는 사제왕 요한의 왕국이나 동방에서 순교한 성인에 대한 이야기와 같이 종교적인 것, 불을 뿜는 용이나 석류석과 같이 고대로부터 내려온 전승, 그리고 사막의 악마와 같이 동방에서 들어온 전설 등을 들 수 있다.

이러한 동방에 대한 관심 중에서 가장 중요한 것은 무엇보다도 낙원에 대한 관심이다. 낙원에 대한 관심이야 어느 문명권에서나 나타나는 현상이지만, 중세 유럽의 경우 그것은 기독교와 성경에 근거하고 있다. 주지하다시피 이 낙원은 아담과 이브가 사는 에덴의 '동쪽'에 있지 않

행 기록의 기존 지식 체계로의 편입 과정을 보여주는 사례라고 할 수 있다. 다만 카르피니의 여행기는 독립된 책으로 출판되어 여행기로서의 측면은 상당히 연구가 진척되었으나, 뱅상 드 보베의 백과사전이 너무도 방대하여 카르피니의 여행기가 백과사전 내에서 어떤 위치를 차지하고 있는지, 그리하여 어떻게 기존 지식 체계에 편입되어 있는지를 연구하기는 매우 힘든 실정이다. 『역사의 거울』은 뱅상 드 보베의 백과사전인 『거대한 거울(Speculum maius)』(『자연의 거울』, 『역사의 거울』, 『학문의 거울』의 3부작으로 구성)의 일부이다. 뱅상 드 보베의 백과사전에 관한 설명은 이혜민, 「세계의 모습을 비추는 커다란 거울」, 『서양중세사연구』 20, 2007, 1-5쪽 참조.

은가. 더욱이 이러한 낙원을 추상적인 공간으로 이해하지 않고 현세와 동일한 평면상에 존재하는 것으로 생각했으므로, 당대의 유럽인들은 동쪽으로 계속 간다면 낙원에 도착할 수 있다고 믿었다. 그것은 T-O 지도상에서도 확인된다.

그렇지만 요르다누스는 낙원에 대해 직접 언급하고 있지는 않다. 요르다누스에게서 발견되는 기독교 전설로는 낙원보다는 노아의 방주와 성인에 대한 이야기를 들 수 있다. 그는 아르메니아를 지날 때 노아의 방주가 있는 산 근처에 갔던 이야기를 하고 있다. 그러나 그는 여전히 방주가 산에 있다고 들었다는 입장을 견지한다.

> 대아르메니아(Armenia Major)에서는 놀라운 일을 목격했다. 아주 높고 큰 산이 있었는데, 그 산 위에 노아의 방주가 **놓여 있다고 한다**. … 이 **이야기를 해준 사람**은 고귀하고 믿을 만한 사람이었는데 ….(강조는 필자)[15]

즉 그는 본 것과 들은 것을 구분한다. 게다가 낙원이나 방주에 대해 언급하기보다는 그곳에서 순교한 성인들에 대해서 오히려 더 길게 이야기한다. 알렉산드로스 대왕(Alexander the Great)의 전설도 영향을 미쳤다. 다른 여행기들과 달리 요르다누스는 알렉산드로스 대왕을 직접 언급하고 있지는 않지만, 페르시아의 영토가 '철의 문'으로 둘러싸여 있다는 내용이나 인도의 뿔 달린 뱀에 대한 언급에서 볼 수 있듯이, 간접적

---

15 "In Armenia Majori unum vidi notabile valde, scilicet 'montem unum in excessu altum et immense agnitudinis, super quem **dicitur archa Noe requievisse**'. Hic mons numquamsine nibibus …." Christine Gadrat, "Une image de l'Orient au XIVe siècle", p. 243.

으로 알렉산드로스 대왕 전설을 기지의 사실로서 전제하고 있음을 알 수 있다. 그 이외에 다른 여행기에서도 흔히 등장하는 식인종, 견두인(犬頭人, cynocephalos), 아마조네스(amazones)와 같은 이상한 종족, 혹은 거대한 새의 일종인 로크(roc)와 같은 괴물 등에 관한 이야기도 등장한다.

이렇듯 텍스트의 내용 중 일부가 다른 여행기에서 이미 나왔던 내용[16]이라는 점은 이 책이 고대로부터 전래되어오던 지식을 다시 확인하는 입장에 있음을 알려준다. 요르다누스의 저술뿐만 아니라 중세 여행기 전체를 비교해보면 대체로 일치하는 부분이 많음을 발견할 수 있다. 이러한 여행기들은 전래되어오던 지식을 확인하는 경향을 갖고 있기 때문이다. 대체로 이들에게 근거를 제공하는 것은 플리니우스(Plinius)의 『자연사(*Naturalis Historia*)』, 세비야의 이시도루스(Isidore de Seville)의 『어원(*Etymologiae*)』, 가이우스 솔리누스(Gaius J. Solinus)의 『역사들(*Polyhistor*)』 등이다. 예를 들어 뤼브루크는 자신의 지리적 지식이 잘못되었음을 밝히면서, 자신의 잘못된 지식 체계가 이시도루스에 근거하고 있음을 다음과 같이 밝히고 있다.

> 우리는 에틸리아강에 도착했는데 … 이시도루스는 카스피 바다라고 불렀다. … 이 바다는 삼면이 산맥으로 둘러싸여 있지만, 북쪽 해안으로는 평원을 향해 열려 있다. 이시도루스가 한 말, 즉 그것은 대양에서 내륙을 향해 뻗어 있는 하나의 만이라고 한 것은 정확하지 않다. 왜

---

16 요르다누스의 여행기는 폴로, 맨더빌, 오도리코, 카르피니, 뤼브루크, 마리뇰리 등 당시의 중요한 여행기들과 공통된 부분이 많이 포함되어 있다. 물론 그중에서 폴로와 맨더빌의 여행기가 가장 많이 인용되었다. 이는 이 두 책의 분량이 많아서이기도 하겠지만, 다른 측면에서는 사람들이 듣고자 했던 전설들을 이 책들이 가장 많이 포함하고 있어서 가장 널리 읽혔기 때문이기도 할 것이다.

냐하면 그것은 어느 지점에서도 대양과 접하지 않고 완전히 땅으로 둘러싸여 있기 때문이다.[17]

만약 어떤 수도사가 여행에서 이러한 백과사전류의 책이 제공하는 세계에 대한 정보와 이미지를 보지 못했다고 하면서 자신의 여행기에 포함하지 않는다면, 거꾸로 여행을 가보지 않은 사람으로 간주될 우려가 더 높았을 것이다. 그러므로 거의 모든 중세 여행기들은 공통적으로 고대부터 전승되어 내려온 전설을 포함하고 있다. 요르다누스 역시 이러한 전설을 포함하고 있기는 하지만 그것을 장황하게 설명하거나 확인하지 않고 "들었다"고 하거나 목록만 열거함으로써 전설에 전적인 신뢰를 부여하고 있지는 않다. 게다가 이러한 전설과 상상의 장소들을 제3인도에 위치시킴으로써 자신이 본 것과 들은 것을 지역적으로 구분하고 있다. 이렇게 함으로써 오히려 그는 자신이 직접 관찰한 인도의 관습과 자연에 대해서는 신빙성을 부여했던 것이다.

신기한 것

사실 요르다누스의 작품이 기존의 전승을 반복하고 있기는 하지만,

17 플라노 드 카르피니 · 윌리엄 루브룩, 『몽골제국 기행』, 234-235쪽. 이시도루스는 지구에 대해 설명하면서 다음과 같이 카스피해가 호수가 아니라 대양에서 육지 쪽으로 뻗은 만이라고 했다. "지중해의 이오니아해처럼 바다가 내륙 방향으로 들어와 있는 것을 만(灣)이라고 하는데, 대양에는 카스피해, 인도양, 페르시아해, 아라비아해가 만이고, 홍해 역시 대양에 닿아 있다(Sinus dicuntur majores recessus maris, ut in mari Magno Ionius, in Oceano Caspius, Indicus, Persicus, Arabicus, qui et mare Rubrum, qui Oceano adscribitur).", Isidore of Seville, *The Etymologies of Isidore of Seville*, Stephen A. Barney et al. (Trans.), Cambridge, MA: Cambridge U.P., 2006, XIII, xvii, 1.

다른 여행기에 비하면 반복이 그다지 많은 편은 아니다. 오히려 여행에서 본 신기하고 새로운 것들에 대한 언급이 상당한 편이다. 무엇보다 사제왕 요한 왕국의 위치를 수정했다는 점이 중요하다. 요르다누스는 인도를 세 부분으로 나누고 그중 "제3인도"에 요한 왕국이 있다고 했다. 그런데 이 제3인도는 아프리카에 있으며, 에티오피아와 접경하고 있다고 했다. 사제왕 요한 왕국에 대한 소문은 이미 오래전부터 유럽에 널리 퍼져 있었다. 그런데 13세기 중반부터 시작된 여행기를 통해서 더욱 많이 알려지게 되었다. 생각해보면 사제왕 요한 왕국이 이슬람 세계 너머에 있으므로 그들과 손을 잡을 수만 있다면 십자군에서의 승리는 확실하지 않겠는가. 그런데 문제는 사제왕 요한 왕국에 갔다 왔다고 주장하는 사람들의 증언을 들어보니 그 왕국의 규모나 영향력이 기대 이하였다는 점이다. 더욱이 몽골제국의 붕괴와 중앙아시아의 혼란은 사제왕 요한 왕국에 대한 인기를 식게 만들었다. 그런데 요르다누스가 사제왕 요한 왕국은 제3인도 너머에 있다고 함으로써 독자들이 다시금 기대를 갖게 했다. 사실 요르다누스는 자신이 방문한 곳에서 사제왕 요한 왕국을 보지 못했으므로, 다른 곳에 있다는 이야기를 들었다고만 함으로써 요한 왕국에 대한 확답을 피했다고 할 수 있다. 그러나 이 주장을 근거로 포르투갈인들이 요한 왕국을 찾아 나섰고, 이것이 신항로 개척으로 이어졌다. 만약 포르투갈이 인도를 찾으러 갔다면, 콜럼버스처럼 서쪽으로 계속 항해하려는 시도를 한 번이라도 했어야 하지 않을까? 그러므로 포르투갈이 굳이 아프리카를 돌아가는 항로를 개척하려 한 것은 대인도에 도착하려는 것보다도 제3인도, 즉 아프리카 동부에 도착하려는 목적이 있었다고 보아야 할 것이다.[18]

---

18 헤리퍼드 지도(Hereford Mappa Mundi)와 같은 중세 T-O 지도를 보면, 포르투갈에서 에티

그 이외에 기독교와 관련된 것으로서, 요르다누스는 로마 가톨릭은 아니지만 기독교를 믿는 사람들로서 아르메니아인, 조지아인에 대해 비교적 자세히 언급했다. 물론 아르메니아에 대해 언급한 여행기가 요르다누스의 것이 유일한 것은 아니다. 그러나 요르다누스는 이들에 대해 상당히 길게 언급했다. 그 이유는, 앞서 말한 바 있듯이 요르다누스가 페르시아의 수도원에 잠시 체류한 적이 있기 때문이다. 그런데 요르다누스는 이들의 종교 의례에 관심을 가질 뿐 이단으로 생각하여 배척하지는 않았다.

무엇보다 요르다누스의 저술이 다른 여행기와 내용상 다른 점은 종교 이외에 인도의 음식이나 꽃, 동물, 자연현상, 천문, 종교, 풍속에 대해 비교적 다양하고 자세히 설명하고 있다는 점이다. 그중에서도 특히 동식물과 광물에 관한 설명이 많은데, 가령 여러 가지 색깔을 지닌 새, 일 년 내내 열매를 맺는 나무, 거대한 거북, 코끼리 등이 그것이다. 이처럼 인도에 대한 글도 자신이 본 것을 중심으로 서술하고 있으며, 보지 못한 것들은 자신이 가보지 않은 곳으로 밀어내버렸다. 한마디로 그는 철저하게 객관적 태도를 지닌 관찰자였던 것이다. 말하자면 그는 중세의 다윈이나 훔볼트로 불릴 만하며, 그의 여행기는 일종의 풍속사(風俗史)나 민속지(民俗誌)였던 셈이다.

이보다 좀 더 주목해야 할 부분은 그가 '신기한 것(mirabilia)'이라고 말한 것들이다. 경이, 놀람, 새로운 일 등을 뜻하는 이 단어는 12~13세기가 되어야 문헌에 자주 등장하는데, 그 뜻은 "자연적 현상이지만 우리의 이해 범위를 벗어난 현상"[19]을 지칭하는 것이었다. 이리하여 '신

오피아와 같은 아프리카 동부로 여행하려면 지중해와 중동을 통과하는 것보다 외해(外海, oceanus)를 돌아가는 것이 더 간단하다는 사실을 알 수 있다.

19 저베이스 오브 틸버리(Gervase of Tilbury)가 일종의 백과사전인 『제국의 평화(*Otia*

기한 것'이라는 단어가 고대나 중세 초기에 기적(miracula) 혹은 괴물(monstra)로 표현되던 것들을 대체하게 되었다. 더욱이 동쪽으로의 여행이나 순례가 진전되면서 이 표현은 동방에 있다고 전해지는 괴물과 기적을 지칭하는 것으로 굳어졌다. 한마디로 몽골이나 인도로의 여행기가 작성되던 시기에 '신기한 것'이라는 단어는 고대로부터 내려오는 여러 괴물과 기이한 것들을 지칭했던 것이다.

그러나 요르다누스는 '신기한 것'이라는 단어를 다소 다른 의미로 사용한 듯하다. 그가 '신기한 것' 혹은 그와 동일한 어원을 가진 단어,[20] 또는 그와 같은 의미의 단어들[21]을 사용한 횟수는 46회에 이른다. 그런데 이러한 단어는 꽃, 인구, 보석 등 요르다누스 자신이 직접 본 것, 그리고 관심을 가지고 있었던 것을 언급할 때 주로 사용되었다. 예를 들어 코끼리에 대해 설명하면서 코끼리의 크기라든가 그것을 포획하는 방법에 대해 상세하게 설명하고 있는데, 이러한 상세한 설명은 직접 관찰하지 않고서는 쓸 수 없는 내용이라고 할 수 있다. 요르다누스는 그가 '직접 눈으로 관찰한' 새로운 사실들을 서술할 때에는 '신기한 것'이라는 단어를 사용했다. 이 단어의 어근 "mir"에 '본다(miror)'는 뜻이 포함되어 있음을 고려할 때, 요르다누스가 이러한 단어의 의미를 염두에 두고 의도적으로 자신이 직접 본 것에 대해 '신기한 것'이라는 단어를 사용했을 것으로 생각된다.

게다가 이 단어가 대인도를 설명할 때 가장 많이 사용되었고, 그다

Imperialia)』에서 정의한 내용이다. "Lexique", *L'Histoire. Les collections de l'Histoire*, vol. 36, 2007, p. 95.

20 'mirabilia'의 형용사 'mirabile', 부사 'mirabiliter', 동일한 어원을 가진 'mirus', 'mira', 혹은 동사형인 'mirari' 등이 사용되었다.

21 'digna marracione', 'digna notabile' 등이 여기에 속한다.

음이 소인도이며, 제3인도를 설명하는 부분에서는 거의 나오지 않는다는 점도 주목할 만하다. 앞서 언급했듯이 요르다누스는 제3인도에 전통적으로 '신기한 것'이라고 지칭되었던 것들, 즉 고대부터 전해져 내려오던 전설상의 민족이나 상상의 장소들이 있다고 했다. 그런데 이러한 전설과 상상에는 '신기한 것'이라는 이름을 붙이지 않은 것이다. 한마디로 자신이 방문한 지역에서 '직접 보고 관찰했던 것들(miror)'에는 '신기한 것'이라는 타이틀을 새로이 부여하고, 자신이 직접 보지 못한 것들은 "들었다"고 하면서 전통적으로 붙어 있었던 '신기한 것'이라는 이름을 빼앗아 제3인도로 내쫓아버렸던 것이다.

요르다누스의 여행기는 한편으로는 중세 유럽인들의 전형적인 세계관을 반영하고 있으면서도 다른 한편으로는 그 자신의 개인적인 경험에 근거한 '신기한 것'에 관한 서술을 담고 있다. 대체로 자신이 직접 방문하지 않은 지역에 관한 내용은 전승에 의존하고 있으며, 자신이 직접 방문한 지역은 꼼꼼한 관찰에 근거하여 서술하고 있다. 이렇게 서술하다보면 직면하게 되는 어려움이 있다. 전설에서는 '신기한 것'이 특정 지역에 있다고 하는데, 실제 그 지역을 방문한 요르다누스는 그러한 것들을 발견할 수 없었다는 점이다. 이럴 때 요르다누스는 자신이 방문한 곳에 있어야 할 '신기한 것'들을 다른 장소에 있다고 함으로써, 자신의 관찰과 기존의 세계관이 충돌하지 않도록 했다. 결국 요르다누스는 자신이 방문한 인도에 관해서는 비교적 정확한 지식을 '신기한 것'이라는 이름으로 제공하고 전설상의 '신기한 것들'은 다른 지역, 예를 들어 제3인도나 인도양의 섬들로 이동시킴으로써 중세 유럽인들의 세계관을 확장시켰던 것이다.

4. 요르다누스 여행기의 독자

그렇다면 여행기에 포함되어 있는 새로운 것들을 사람들은 어떻게 받아들였을까? 이 질문에 대답하기 위해서는 여행기의 독자가 누구였는가를 알아야 한다. 그러나 오늘날의 출판과 달리 중세의 서적은 필사를 통해서 유통되었고, 책의 내용은 개별적으로 읽혀지는 것만이 아니라 낭독되는 경우가 많았으며, 책이 담고 있는 정보 역시 독서보다는 구전을 통해서 전파되었기 때문에 그 독자가 누구였는지를 가늠하기란 매우 힘들다.

다만 필사되는 판본의 수를 헤아려본다면 거칠게나마 책의 영향력을 추정해볼 수 있지 않을까 생각된다. 각 여행기의 판본 수는 오늘날 출판의 쇄(刷) 또는 판(版)과 같을 것이므로, 판본의 수가 많다는 것은 그만큼 인기가 많았다는 뜻이고 그만큼 영향력이 있었다고 말할 수도 있을 것이다. 중세 여행기들 중에서 가장 많은 판본이 남아 있는 여행기는 『맨더빌 여행기』이다. 그것은 무려 250여 종에 달한다. 유명한 마르코 폴로의 『동방견문록』이 그 뒤를 잇는데, 그 양이 140여 종에 불과한 점을 고려하면 『맨더빌 여행기』의 인기를 짐작할 수 있다. 예를 들어 저명한 이탈리아 역사가 카를로 진즈부르그(Carlo Ginzburg)의 책 『치즈와 구더기(The Cheese and the Worms)』의 주인공 메노키오의 독서 목록에도 이 책이 등장할 정도로 그 인기가 높았다. 『맨더빌 여행기』의 이러한 인기는 많은 사람들이 듣기를 원했던 내용들이 이 책에 있다는 것을 뜻한다. 그런데 이 책은 새로운 정보를 담고 있는 것이라기보다는 기존의 정보를 재미있게 편집한 유사 여행기였고, 실제 여행기 중에서는 마르코 폴로의 『동방견문록』이 가장 많은 판본이 남아 있다. 그 이외에 다른 여행기들은 40종을 넘는 것이 없다. 즉 『맨더빌 여행기』와 마르코 폴로의 여행기가 가장 널리 읽혔고 널리 알려져 있었다는 것을 짐작할 수 있다. 이러한 인기는 이 두 여행기에 플리니우스나 이시도루스의 작품과 같은 권위를 부여하기에 충분했다. 그리하여 다른 여행기와 서적들은 이 두 여행기와 다른 내용을 포함할 수 없었을 것이다. 또한 여행기뿐만 아니라 다른 분야의 저자들조차도 맨더빌이나 폴로의 여행기처럼 유명한 이야기를 인용함으로써 자신이 교양인이며 책을 쓸 정도로 지식을 갖추고 있음을 증명해야 할 필요가 있었을 것이다. 한마디로 대중을 독자로 하는 여행기와 이야기들은 맨더빌과 폴로의 여행기를 인용할 수밖에 없었다는 것이다.

반대로 여기서 초점을 맞추고 있는 요르다누스 여행기의 판본은 단 한 종에 불과하다. 이러한 차이는 어디에서 오는 것일까? 맨더빌과 요르다누스의 차이는 어디에 있을까? 맨더빌은 풍부한 전설을 이야기함으로써 사람들의 관심을 끌었던 반면, 요르다누스는 그런 전설들이 말하는 기이한 것들을 멀리 보내고 자신이 직접 체험한 것들만을 이야기했다는 점에 그 차이가 있을 것이다. 한마디로 요르다누스의 이야기는 객관적이기는 하지만 사람들의 흥미를 끌지는 못했던 것이다.

그렇다고 해서 요르다누스의 이야기가 전혀 독자를 갖지 못했던 것도 아니었다. 요르다누스 이후 아시아를 다녀온 마리뇰리 역시 인도에 관해 이야기하면서 빵나무를 지칭하는 "샤키(Chaqui)와 블로키(Bloqui)"[22]나 인도 코코넛을 지칭하는 "나르길(narguil)"[23] 등을 언급하고

22 요르다누스는 "샤키와 블로키"라고 하며 그것이 두 가지 식물인 것처럼 언급하고 있는데, 마리뇰리는 "샤케바루에(chakebaruhe)"라는 하나의 식물처럼 언급하고 있는 점이 다르다. Christine Gadrat, "Une image de l'Orient au XIVe siècle", pp. 247, 275-276; Giovanni de Marignolli, *Chronicon Johannis de Marignoli de Florentia, Monumenta Historica Boemiae*, Gelase Dohner (Ed.), t. II, Prague, 1768, p. 98.

23 마리뇰리의 표현은 다음과 같다. "나르길(nargillus)과 같이 우리에게는 없는 놀라운 나

있는데, 이것은 요르다누스가 처음 언급한 식물들이다. 그리고 그 설명 방식 또한 비슷했다. 그러므로 요르다누스의 여행기는 주로 아시아의 실체에 관심을 가지고 있던 수도사나 지식인들에게 읽혔을 것으로 생각된다.

단 하나 남은 판본을 자세히 살펴보면 앞서 설명한 바와 같은 경향을 다시 확인할 수 있다. 단 한 종의 필사본에는 주석이 달려 있는데,[24] 이 주석을 살펴봐도 요르다누스의 여행기에 관심을 가진 사람들은 소수에 불과하지만 모두 매우 깊게 읽었음을 알 수 있다. 주석의 작성 시기는 대체로 여행기의 작성 직후부터 15세기 말까지에 이르는 기간이며, 필체 및 필기구로 보아 주석을 단 사람은 4명이고, 주석이 책의 처음부터 끝까지 골고루 분포되어 있는 점으로 보아 모두 책 전체를 읽은 것으로 보인다. 첫 번째 독자는 책의 앞부분에 많은 주석을 달았는데, 이는 동방기독교에 대한 관심 때문인 것으로 보인다. 두 번째 독자는 보석과 같은 전통적인 '신기한 것'에 관심을 보였다. 세 번째 독자는 매우 자세하고 꼼꼼하게 읽은 인물로서, 마르코 폴로의 번역서와 비교하며 주석을 달았다. 이 독자는 '신기한 것'보다는 포교에 관심을 가지고 있었던 것으로 보인다. 네 번째 독자는 책의 후반부에 주석을 많이 달았는데, 이는 앞부분에 이미 주석이 달린 상태였기 때문인 것으로

무와 과일들이 많다. 나르길은 인도 코코넛이다." Giovanni de Marignolli, *Chronicon Johannis de Marignoli de Florentia, Monumenta Historica Boemiae*, p. 98. 요르다누스의 표현은 다음과 같다. "가장 특이한 것은 '나르길(nargil)'이라고 불리는 나무인데 … 이 열매가 바로 우리가 '인도 코코넛(nuces de Yndia)'이라고 부르는 것이다." Christine Gadrat, "Une image de l'Orient au XIVe siècle", pp. 248, 276-277.

24 필자는 필사본을 직접 볼 수는 없으므로 필사본의 주석에 관해서는 가드라의 설명에 전적으로 의존했다. Christine Gadrat, "Une image de l'Orient au XIVe siècle", pp. 82-84.

보인다. 네 독자들 중 세 사람은 전통적인 '신기한 것'에 관심이 많았던 데에 반해 가장 깊이 읽은 세 번째 독자는 인도의 실체에 관심이 있었던 것으로 판단된다.

요컨대 새로운 신기한 것들에 대해 관심을 가지고 있었던 사람들은 요르다누스와 같은 수도사나 지식인들이었던 것이다. 많은 독자를 거느리고 있다는 사실만으로도 판본이 많은 여행기들이 당시에 큰 영향력을 가지고 있었다는 것을 부인할 수는 없다. 그러나 지식 체계의 커다란 변화도 미세한 균열로부터 시작된다는 점을 고려할 때, 요르다누스 여행기의 독자가 적다고 해서 그 영향력이 과소평가되어서는 안 될 것이다.

5. 요르다누스 여행기의 의의

요르다누스의 인도 여행기는 전형적인 여행기는 아니다. 여행기라면 자신이 이동한 경로에 따라 이야기를 전개하는데, 그에 비해 이 글은 각 지역을 구분하고 설명하는 식으로 이루어져 있어서 오히려 지리서에 가깝다. 또한 이 책은 환상을 모아놓은 책이기도 한데, 이러한 환상의 이야기들은 고대부터 내려온 백과사전적 지식 체계, 성경, 『알렉산더 이야기(*Roman d'Alexandre*)』, 그리고 동방에 관련된 전설 등에서 비롯되었다. 이러한 환상에 대한 이야기는 아주 오래된 전통을 갖고 있을 뿐만 아니라, 사람들이 듣기를 기대하고 있는 바이기도 했으므로, 대부분의 중세 여행기에 반드시 포함되는 내용이었으며 요르다누스 여행기에서도 생략될 수 없었을 것이다.

요르다누스 여행기는 중세 여행기가 가지고 있는 이와 같은 일반적인 특징 이외에 '신기한 것'을 중심으로 서술되어 있다는 독특성을 가지고 있다. 12~13세기에서야 사용되기 시작한 '신기한 것'이라는 단어는 고대로부터 내려오는 전통적인 괴물이나 기적과 같은 것을 포함하여 모든 놀라운 것들을 지칭하는 용어였다. 요르다누스 역시 이러한 용법에 충실하게도 인도에 있다고 전해지던 전설적인 것들 중에서 자신이 직접 본 것들을 '신기한 것'이라고 칭했다. 그런데 요르다누스는 자신이 직접 본 것들 중 완전히 새로운 것을 지칭할 때에도 '신기한 것'이라는 단어를 사용했다. 한마디로 전통적으로 동방에 있다고 전해지던 괴물, 기적, 진기한 풍습 등을 관례대로 '신기한 것'이라고 지칭하면서, 동시에 자신이 새롭게 본 것에도 역시 '신기한 것'이라는 단어의 지위를 부여함으로써 자신이 직접 관찰한 새로운 지식을 전통적인 백과사전직 지식에 통합시켰던 것이다. 이처럼 요르다누스는 자신이 직접 확인한 것들에 대해서는 그것이 전통적으로 인도에 있다고 여겨지던 것이건 새롭게 본 것이건 상관없이 공통적으로 '신기한 것'이라고 지칭하면서, 자신이 확인하지 못한 것들로부터는 '신기한 것'이라는 단어를 박탈함으로써 적어도 자신의 책에서만큼은 전통적인 지식 체계에서 틀린 부분이 갖는 지위를 약화시키고 그 자리에 새로운 정보를 '신기한 것'이라는 이름으로 포장하여 교묘하게 편입시켰던 것이다. 이러한 편입은 대중의 인기를 얻지는 못했지만 지식인의 관심을 끄는 데에는 다소간 성공한 것으로 보인다.

요르다누스는 여행기에서 옛날부터 인도나 동방에 있다고 전해지던 전통적인 '신기한 것들' 중 자신이 보지 못한 것들은 '신기한 것들'이라고 칭하지 않고 대부분 제3인도, 즉 아프리카에 존재한다고 함으로써 자신이 확인하지 못한 기존의 지식을 변경 지역으로 몰아냈다. 이로써 과거에는 불확실한 변경 지역이었던 인도가 점차 여행과 관찰에 근거한 현실 세계로 편입되었고, 미지의 변경 세계는 점차 축소되었다. 이러한 교묘한 편입은 중세 말 동방으로의 여행에서 획득한 지식이 지도 제작이나 전통적인 지식 체계인 백과사전적 지식 체계에 서서히 편입되고, 그에 따라 점차 지배적인 위치를 차지해나가는 과정을 보여주고 있다.

6장
프라 마우로 지도에 나오는 마르코 폴로의 중국 지리

박현희

1. 프라 마우로 지도의 중요한 사료, 『동방견문록』

유라시아 동부에서 축적되어 발전한 지리 지식이 중세 후기의 유럽에 나타난 지리 · 지도 제작 지식의 변화에 어느 정도의 영향을 끼쳤는가에 대해서는 지속적으로 논의가 이루어져왔다. 이러한 논의에 대응하여 몇몇 학자들이 최근 중세 유럽과 이슬람의 지리 · 지도학 문화 사이에서 이루어진 영향의 가능성을 탐구해왔다.[1] 구체적인 증거

1 푸아트 세즈긴(Fuat Sezgin)은 그의 역작 *Mathematical Geography and Cartography in Islam and Their Continuation in the Occident*, vol. 3, Guy Moore & Geoff Sammon (Trans.), Frankfurt am Main: The Institute for the History of Arabic-Islamic Science, 2007을 통해 이슬람의 지리학 저작들이 유럽의 중세 후기와 근

가 부족하기 때문에 이슬람 지도 등을 통해 전해진 유라시아 동부에 대한 지식이 중세 유럽의 지리학에 끼친 영향은 제한적이었다고 볼 수 있다. 하지만 유럽과 아시아 사회 간의 교류가 확대됨에 따라 중세 후기 유럽 지리학의 일부 저작들이 이슬람 지도 제작 문화의 영향을 받아 아프로·유라시아 세계를 더 정교하게 묘사해나간 사실이 몇 가지 정황적 증거들에서 보인다. 이러한 지도학적 발전과 함께, 13~14세기에 몽골이 유라시아 각 사회를 연결시키고 그 결과 유라시아 동부 지역에 대한 유럽인들의 지리 지식이 획기적으로 발전한 사실을 주목해야 한다. 헝가리에서 태평양 서안에 이르는 유라시아의 넓은 지역을 아우르는 몽골제국은 그 광대한 영역에 걸쳐 네트워크를 확장함으로써 지식의 전례 없는 유통을 가능케 했다. 몽골에 정복될 위험으로부터 간신히 벗어난 대부분의 유럽 사회들은 이 네트워크에 직접적으로 연결되지는 않았다. 하지만 몇몇 개인이 아시아에서의 교류를 바탕으로 기록한 여행기 및 지리서가 유통되면서 유럽인들은 더 넓은 세계의 새로운 지식을 축적할 수 있었다.[2] 학자들 대부분

세 초기 지리학 저작들에 끼친 많은 영향들을 증명하고자 했다. 스테판 슈뢰더(Stefan Schröder)와 알프레드 하이어트(Alfred Hiatt)를 포함하는 새로운 그룹의 학자들도 여러 출판물과 워크숍을 통해 이러한 영향과 그 한계의 여러 측면들을 탐구해오고 있다. 그 예로는 Stefan Schröder, “Wissenstransfer und Kartieren von Herrschaft? Zum Verhältnis von Wissen und Macht bei al-Idrīsī und Marino Sanudo”, *Herrschaft Verorten: Politische Kartographie im Mittelalter und in der fruhen Neuzeit*, Ingrid Baumgartner & Martina Stercken (Eds.), Zurich: Chronos, 2012, pp. 313-333 참조. 또한 중세 후기에 아시아에서 유럽으로 전달된 지리적 지식이 중세 세계지도의 혁신에 끼친 영향의 예들을 탐구한 필자의 논문도 참조할 수 있다. Park Hyunhee, “The Transfer of Geographic Knowledge of Afro-Eurasia in the ‘Bright’ Middle Ages: Cases of late medieval European maps of the world”, *The Bright Dark Ages: Comparative and Connective Perspectives*, Arun Bala & Prasenjit Duara (Eds.), Leiden: Brill, 2016.

은 중국 등 아시아에 관한 가장 풍부한 지리 정보가, 1200년대 후반에 17년 동안 중국에서 살았다고 주장한 마르코 폴로(Marco Polo)의 『동방견문록(*Le devisement du monde*)』에 의해 유럽에 소개되었다는 것에 동의한다(<그림 6-1> 참조).[3] 폴로의 원본과 다양한 언어로 쓰인 사본들이 유럽의 여러 지역에서 유통되면서 이 저작 속의 정보 또한 점차 확산되었고, 이는 유럽의 지리·지도 저작들에도 영향을 끼쳤다. 그 결과 일부 혁신적 유럽 지도들은 이슬람 지도의 요소와 폴로의 저술 내용을 포함하기 시작했다. 이 가운데 아시아에 대해 가장 풍부한 정보를 포함하는 지도가 프라 마우로(Fra Mauro, 1400경~1464)의 지도이다. 이 지도는 폴로 여행기의 원본이 처음 출판된 후 한 세기도 더 지난 15세기 중반에 베네치아에서 제작된 것이었다.

이 장은 프라 마우로 지도에 포함된 중국에 대한 마르코 폴로의 정보를 검토한다. 이는 유럽의 지도들에 끼친 폴로 여행기의 영향력이 절정에 이른 것을 보여주는 사례이다. 그간 이 지도에 대해 많은 연구가 진행되었지만, 최근에 폴로의 여행기를 포함하여 여러 사료를 분석한

2 몽골에 대한 정보가 아르메니아어 연대기들을 통해서도 전달되었다는 것을 볼 수 있다. 마리노 사누도(Marino Sanudo)는 그의 저작에 몽골에 대해서 기록하고 있는데, 이 저작에 피에트로 베스콘테(Pietro Vesconte)가 제작한 세계지도가 포함되어 있다. 사누도가 자신의 저작에서 몽골에 대해 기록한 부분은 Marino Sanudo Torsello, *The Book of the Secrets of the Faithful of the Cross*, Peter Lock (Trans.), Farnham: Ashgate, 2011, pp. 372-377 참조.

3 프라 마우로 지도와 같은 지도 저작을 포함하는 유럽의 문헌들에 마르코 폴로가 끼친 영향에 관한 가장 최신의 포괄적인 연구로는 Christine Gadrat-Ouerfelli, *Lire Marco Polo au Moyen Age: Traduction, diffusion et réception du Devisement du monde*, Turnhout: Brepols, 2015 참조. 마르코 폴로의 여행기나 다른 동시대의 저작들이 유럽인들의 아시아에 대한 지식에 끼친 전반적인 영향에 대해서는 Peter Jackson, *The Mongols and the West: 1221-1410*, Harlow: Longman, 2005, pp. 329-357 참조.

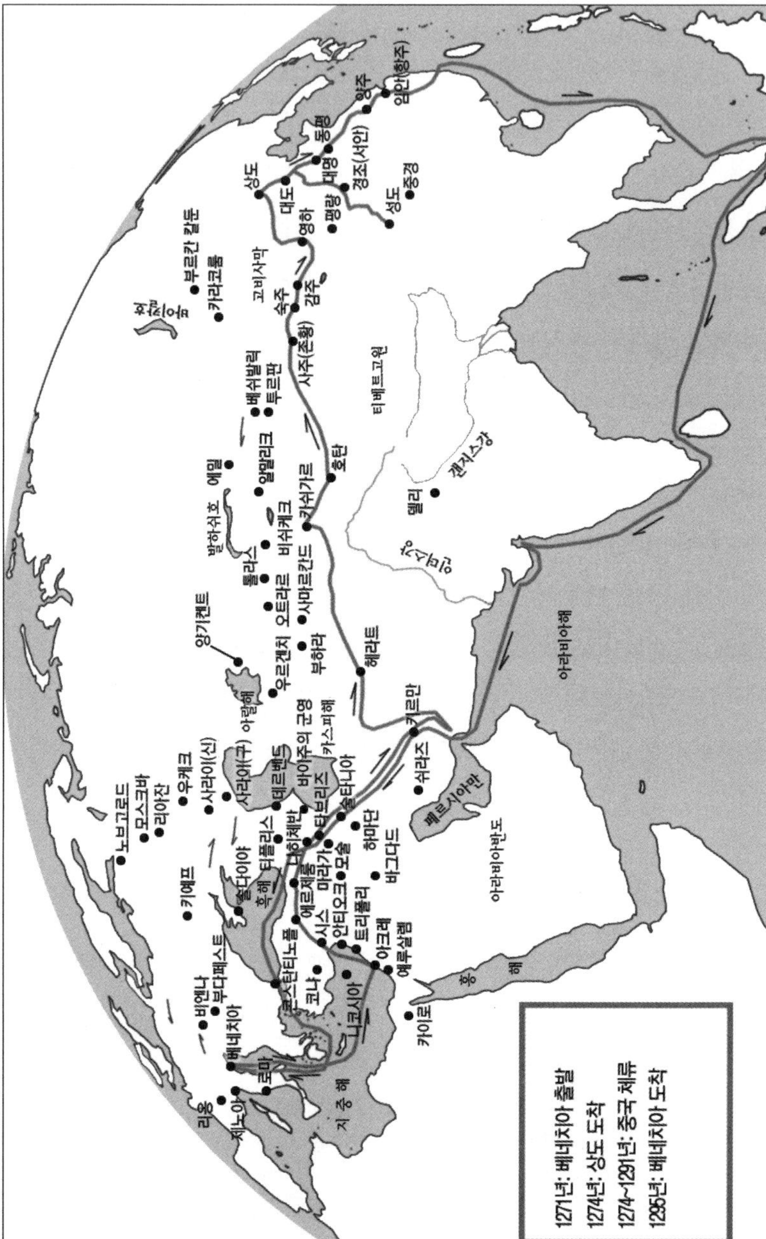

<그림 6-1> 마르코 폴로의 여행 경로

보다 면밀한 연구들이 수행되었다.[4] 동시에 중세 말 유럽에서 만들어진 지리 저작과 지도들에 관한 연구도 한층 더 진행되었는데, 이는 프라 마우로 지도가 이전의 지도들로부터 받은 지도학적 영향을 이해하는 데 도움을 준다. 따라서 최근의 연구들로부터 도출된 새로운 연구 결과를 활용하여 프라 마우로 지도에 끼친 마르코 폴로 여행기의 영향을 재조명하는 것은 중요하고 의미 있는 작업일 것이다. 폴로 여행기가 프라 마우로 지도 내용에 끼친 영향은 중국이나 이란 등의 다른 지역에서도 보인다. 다만 이 장은 폴로로부터 받은 영향의 정도가 큰 중국 부분에 초점을 맞추어 분석하고자 한다.

이러한 분석에 기초하여 이 장은 이 지도의 중국 부분에 대한 세 가지 요점을 제시한다. ① 프라 마우로 지도는 폴로와 기타 동시대의 저서들로부터 받은, 중국 여러 지역에 대한 풍부하고 실제적인 정보를 적극적으로 활용해 대부분의 중세 유럽 지도에서 보이는 극동 지역의 기독교적 지상낙원 묘사를 대체함으로써 아시아에 대한 유럽인들의 인식 변화에 기여했다. ② 프라 마우로 지도가 폴로로부터 온 최신 정보와 함께, 클라우디오스 프톨레마이오스(Claudius Ptolemy)를 포함한 고전 사료들의 오래된 정보도 함께 포함하고 있으므로, 이 지도는 동방에 대해 유럽인들이 갖고 있던 지식의 한계를 드러낼 뿐만 아니라 근대로 이행하는 모습을 보이기도 한다. 『동방견문록』과 같은 새롭지만 낯선 여행기는 당시의 기타 학술 저작들만큼 완전히 신뢰할 수 있는 권위를

4 프라 마우로의 지도에 대한 가장 상세한 최신 연구들로는 Piero Falchetta, *Fra Mauro's World Map*, Turnhout: Brepols, 2006; Angelo Cattaneo, *Fra Mauro's Mappa Mundi and Fifteenth-Century Venice*, Turnhout: Brepols, 2011 등 참조. 고전적 연구의 재판본으로는 Tullia G. Leporace (Ed.), "Il Mappamondo di Fra Mauro", Presentazione di Roberto Almagià, Rome: Istituto Poligrafico e Zecca dello Stato, Libreria dello Stato, 2002 등 참조.

갖고 있지 못했다. 그래서 프라 마우로가 더 권위 있는 고전 저작들의 정보를 원용해서 이 새로운 기록들이 가진 약점을 보완하고자 했던 것이다.[5] ③ 프라 마우로는 이슬람 사료들을 비롯해서 당시에 유통되던 기타 아시아 사료들을 사용했을 가능성이 높은데, 이에 대해서는 더 심층적인 연구가 필요하다. 여러 저작들로부터 추출한 정보를 섞어서 사용하는 것은 15세기에 일반적으로 보이는 현상이었다. 그리고 15세기 중반은 유럽의 대항해가 시작되기 직전에 권위 있는 전통 저작들로부터 추출한 오래된 정보가 동시대의 새로운 정보와 함께 유통되고 있던 시점이었다. 이 장은 이러한 현저한 특징들 외에도 지도의 중국 지명을 분석하는 과정에서 얻은 여러 가설들과 앞으로의 연구 과제들을 함께 제기하고자 한다. 지도 내용의 분석에 앞서 폴로 여행기의 유통이 중세 유럽의 지도들에 끼친 영향과, 그 가운데 프라 마우로 지도가 가진 특별한 위치 등을 살펴본다.

2. 프라 마우로 지도 제작의 역사적 배경

마르코 폴로가 『동방견문록』의 원본을 저술하고 수십 년이 지난 후, 다양한 사본들이 유럽의 여러 지역에서 대규모로 유통되기 시작했다. 루스티켈로 다 피사(Rustichello da Pisa, 13세기 후반에 활동)의 원본

---

5 크리스틴 가드라-우에펠리(Christine Gadrat-Ouerfelli)의 최신 저작인 *Lire Marco Polo au Moyen Age: Traduction, diffusion et réception du Devisement du monde* (pp. 272-277)를 포함한 이전의 연구들도 이 첫 번째와 두 번째 요점을 논하거나 암시했기 때문에 이 장의 주장은 전적으로 새로운 논점은 아니다. 그러나 이 장은 지도 속 중국 부분의 상세한 예를 활용해서 프라 마우로가 이 다른 사료들로부터 온 정보를 합성한 것임을 검토하고 확인하고자 한다.

『동방견문록』은 현재 남아 있지 않다. 하지만 나중에 관련 사본과 복사본의 저본이 된 몇몇 주요 사본이 14세기 중반부터 많이 만들어졌다.[6] 폴로 여행기로부터 온 정보를 포함한 최초의 지도는 1375년에 유대인 지도 제작자에 의해 스페인 카탈루냐(Catalonia)에서 제작된 카탈란 아틀라스(Catalan Atlas)이다.[7] 이는 폴로 여행기의 초기 사본들이 유럽의 지리 저작들에 빠르게 영향을 미친 사실을 시사한다. 8개의 직사각형 패널에 컬러 그림들을 가득 채운 이 독특한 지도는 그 여섯 번째 패널 상단부에서 실크로드 위를 이동하는 마르코 폴로 대상(隊商, caravan)의 이미지를 보여준다. 이 지도는 또한 폴로 여행기에 있는 몇몇 중국 도시들을 포함한다.[8] 마르코 폴로 이미지와 중국 도시는 앞선 유럽 지도들에서는 보이지 않았던 새로운 현상이었다. 이를 통해 당시 유럽의 많은 동시대 지도들이 여전히 유라시아 동부에 지상낙원을 위치시키고 있을 때, 한편에서는 폴로의 명성과 아시아 정보를 활용하여

---

6 마르코 폴로 여행기의 주요 사본들에 대한 최신의 상세한 연구는 Christine Gadrat-Ouerfelli, *Lire Marco Polo au Moyen Age*, pp. 19-113 참조. 마르코 폴로 여행기의 몇몇 주요 사본의 계보에 대한 최신 분석은 Suzuki Tetsuya, "A mystery of co-editor - another story of Marco Polo's travels (謎の共同編集者"―マルコ・ポーロの「東方見聞録」異聞)", *Journal of Foreign Language and Literature Department at Teikyō University*(『帝京大学外国語外国文学論集』), vol. 9, 2002, pp. 13-34 참조.

7 카탈란 지도는 세계를 4개의 직사각형 패널에 그렸다. 이 지도의 독특한 특징으로는 컴퍼스의 방위선을 포함하는 유럽 포토란 차트(portolan chart) 전통, 그리고 마르코 폴로와 존 맨더빌의 텍스트에 기반한 아시아에 대한 새롭고 풍부한 정보의 영향을 받은 새로운 지도 제작 스타일이 있다. 이 지도에 대한 간결한 논의는 Evelyn Edson, *The World Map, 1300-1492: The Persistence of Tradition and Transformation*, Baltimore, MA: The Johns Hopkins University Press, 2007, pp. 74-89 참조.

8 Kathleen Holland, "Looking Beyond: Globalization in the Catalan Atlas of the Fourteenth Century", Paper given at the fifth annual graduate student symposium: Language and Communication in the Middle Ages, 2010 참조. 2011년 5월 28일 Medievalists.net에 업로드됨.

아시아에 대한 기본적이지만 실제적인 정보를 지도에 넣기 시작했음을 알 수 있다.

카탈란 아틀라스 이후 제작된 지도 한 폭이 아마도 프라 마우로 지도에 스타일과 내용 면에서 직접적인 영향을 끼친 것 같다. 드 비르가(De Virga) 세계지도는 1411년과 1415년 사이 베네치아인 알베르티누스 드 비르가(Albertinus de Virga)에 의해 제작된 것으로 간주된다.[9] 수평으로 긴 직사각형 형태의 카탈란 아틀라스와 달리, 드 비르가 세계지도는 원형 지도이다. 이는 이슬람 세계지도의 영향을 받아 아프로·유라시아와 인도양을 실제적으로 묘사한 사누도-베스콩티(Sanudo-Vesconte) 지도와 같은 유형이며, 몇몇 전 시기의 지도와 비슷하다. 그러나 드 비르가의 세계지도는 북쪽을 위로 두고 있고, 중앙아시아의 중앙에 아마도 몽골-훌레구 울루스(Hülegü Ulus) 지배하의 사마르칸트(Samarqand)에 건설되었던 울루그 벡(Ulugh Beg) 천문대로 보이는 풍배도(風配図)를 그려넣은 점에서 독특하다. 이러한 특징들을 통해 베네치아의 지도 제작자 드 비르가가 여러 전통 자료와 지리 기록들로부터 복합적인 영향을 받았던 것을 알 수 있다. 그 이전의 어떤 유럽 지도보다 아시아에 관한 보다 자세한 정보를 담은 드 비르가의 세계지도가 이용한 가장 확실하고 중요한 사료는 아시아 지역의 공간을 채워넣기 위해 사용한 마르코 폴로의 여행기였다. 이 지도의 특수한 지도적 특징들과 정보의 내용은, 아마도 수세기 이후에 가서야 추가된 지리 기록과 정보를 합쳐서 더 최신의 지도를 제작하게 된 프라 마우로에게 직접적으로 기여했을 것이다. 앞으로 더 심도 있는 연구를 통해 검증해야 하겠지만, 두 지도 모

9 이 지도에 대한 간결한 논의로는 Evelyn Edson, *The World Map, 1300-1492*, p. 76, 252 참조.

두 베네치아에서 제작되었기 때문에 실제로 드 비르가의 세계지도가 프라 마우로의 지도에 이러한 영향을 끼쳤을 가능성은 크다.

15세기 중반 베네치아의 지도 제작자였던 프라 마우로는 지도 속에 중국을 포함한 아시아의 큰 공간을 채우기 위해 주요 근거 자료로 마르코 폴로의 여행기를 사용했다. 학자들은 프라 마우로가 폴로의 여행기 외에 폴로가 가져온 지도의 사본을 사용했을 것이라는 조반니 바티스타 라무지오(Giovanni Battista Ramusio)의 주장을 주목해왔다. 그러나 이에 대한 뚜렷한 증거가 없다(이들 지도 모두가 손실된 것으로 보고된다). 단지 현존하는 두 저작의 내용을 비교함으로써 프라 마우로 지도에 끼친 폴로 여행기의 영향을 추적할 수 있다.[10] 피에로 팔케타(Piero Falchetta)는 프라 마우로 지도를 분석한 연구서에서 지도 속의 모든 지명을 분석하고 프라 마우로가 사용했을 가능성이 있는 사료들에 대한 상세한 주석을 달았다.[11] 필자는 그의 연구를 이 지도의 중국에 대한 정보를 검토하기 위한 자료로 활용한다.

단어 수를 고려해서 추정해본다면, 폴로 여행기의 구절들을 요약하고 의역한 문장들을 다 포함시킬 때 프라 마우로 지도의 중국 기록 중 90% 이상이 폴로 여행기에서 파생되었음을 쉽게 알 수 있다. 프라 마우로 지도에 나오는 중국 지명들을 『동방견문록』의 주요 사본들에 나오는 해당 지명들과 비교한 팔케타의 표를 통해 중국의 정보에 관한 프라 마우로와 폴로 사이의 직접적 연관성을 확인할 수 있다.[12] 팔케타

---

10 Angelo Cattaneo, *Fra Mauro's Mappa Mundi and Fifteenth-Century Venice*, p. 191.

11 Piero Falchetta, *Fra Mauro's World Map*, 페이지 누락.

12 "마르코 폴로의 중국에서의 여정"이라는 제목의 표를 보라. Piero Falchetta, *Fra Mauro's World Map*, pp. 64-66. 이 표에서 프라 마우로의 지명과 비교하기 위해 팔케타가 사용한 마르코 폴로의 『마르코 폴로의 동방견문록』 사본은 라무지오본, 프랑코-이

는 이 분석에서 프라 마우로가 Z 라틴어본을 사용했다고 주장한다.[13] 이 라틴어 사본이 15세기 중반의 베네치아에서 유행하고 영향력을 지녔을 가능성도 있지만, 동시에 프라 마우로의 선택적인 결과물이었을 수도 있다. 안젤로 카타네오(Angelo Cattaneo)는 최근 연구에서 프라 마우로 지도를 새롭게 분석했다. 그는 프라 마우로가 실제로는 하나 이상의 사본을 사용했을 가능성이 있다고 주장한다.[14] 팔케타의 표를 봐도 프라 마우로 지도 속 중국 지명 중 Z 라틴어본의 것과 일치하지 않는 것들이 있기 때문에, 카타네오의 주장은 더 설득력이 있어 보인다. 게다가 프라 마우로 지도 속의 몇몇 문장들 중에는 폴로 여행기 기사의 형식을 띠고 있지만 현존하는 버전에서 발견할 수 없는 내용들이 있다. 이 점을 고려하면 기존 사본과 다른 몇 가지 사본들도 당시에 유통되었고, 프라 마우로가 그것들을 사용했을 것으로 추정해볼 수 있다. 프라 마우로는 또한 당시에 유행했던, 폴로 여행기의 내용과 비슷한 스타일을 가진 별도의 사료를 사용했을 수 있다.

프라 마우로 지도 속에 중국 정보를 넣기 위한 주요 근거 자료로서 폴로 여행기를 사용한 것이 명백함에도 불구하고, 프라 마우로는 폴로를 전혀 인용하고 있지 않다. 표절의 문제는 근대에 와서야 중요한 이슈가 되었을 뿐, 원사료를 인용하지 않는 것은 전근대 시대의 일반적인 관행이었다. 하지만 관행의 문제는 차치하더라도 폴로 여행기가 처음 출판된 때부터 지식인들은 이에 대해 뭔가 거리낌을 가지고 있었던 듯

탈리아본, 투스칸본, Z 라틴어본, 라틴어본(토알도 사본), 베네치아본이다. B4본을 비롯한 팔케타가 사용하지 않은 몇몇 주요 사본도 주목할 필요가 있다.

13 Piero Falchetta, *Fra Mauro's World Map*, p. 64.

14 Angelo Cattaneo, *Fra Mauro's Mappa Mundi and Fifteenth-Century Venice*, pp. 191-198.

하다. 예를 들어 유명한 이탈리아 작가인 단테(Dante, 1265~1321년경)도 그의 『신곡(*La Divina Commedia*)』에서 세계의 지리를 묘사하기 위해 폴로의 내용을 인용하거나 사용하지 않았다.[15] 폴로의 책은 첫 출판 이후 수십 년 동안 유럽 전역에 걸쳐 널리 보급되어갔지만, 15세기에 여전히 존 맨더빌과 함께 판타지 문학으로 분류되기도 했다.[16] 그럼에도 불구하고 폴로 여행기의 영향력이 지속적으로 증가하면서 프라 마우로는 폴로의 정보를 사용했을 것이다. 프라 마우로는 그가 살던 시대의 가장 최신이자 포괄적인 지도를 만들기 위해 폴로의 여행기뿐 아니라 오도리코 다 포르데노네(Odorico da Pordenone, 1286~1331)와 니콜로 데 콘티(Niccolò de' Conti, 1395~1469)를 포함한 다른 많은 동시대 지리 · 지도 저작들을 함께 사용했다.[17] 그는 이 자료들도 인용을 하지는 않았다.

프라 마우로는 전적으로 검증되지 않은 동시대의 자료들을 보완하기 위해 프톨레마이오스나 플리니우스(Plinius) 같은 몇 가지 고전 사료를 사용했다. 프라 마우로가 가장 중요하게 사용한 고전 지리 사료는 15세기 초에 발견되어 유통되기 시작한, 기원후 2세기 알렉산드리아의 프톨레마이오스의 저술이었다.[18] 프톨레마이오스의 『지리학(*Geographia*)』에 나오는, 경위도 좌표 수치를 바탕으로 만들어진 몇몇 세계지리 복원본들이 중세 후기와 근세 초기의 유럽 내 지리 저작들에 영향을 끼치기 시작했다. 프라 마우로는 지도 속의 아시아 부분에 폴로에서 가져온 지

---

15 Brenda D. Schildgen, *Dante and the Orient*, Urbana, IL: University of Illinois Press, 2002, pp. 12-13.

16 Anthony Bale, *Sir John Mandeville: The Book of Marvels and Travels*, Oxford: Oxford University Press, 2012, p. xvi., 각주 25.

17 프라 마우로가 지도의 아시아 부분을 그리기 위해 사용한 문헌 사료들에 대해서는 Piero Falchetta, *Fra Mauro's World Map*, pp. 59-69 참조.

18 Evelyn Edson, *The World Map, 1300-1492*, pp. 114-140.

명들과 프톨레마이오스에서 가져온 많은 지명들을 함께 배치했다. 흥미롭게도 프톨레마이오스의 저술은 프라 마우로가 중국을 그리기 위해 사용한 사료들 중에서 유일하게 인용하고 있는 것이다. 프라 마우로는 만지(Mango: "남중국") 부근의 한 설명을 통해, 프톨레마이오스가 아시아의 다양한 지역들에 대해 제공하고 있는 정보들이 시대에 뒤떨어지고 왜곡되었기 때문에 지도에 다 기록하지 않는다고 스스로 밝혔다. 동시에 "그렇지만 내가 프톨레마이오스가 언급하지 않는 다른 지역들을 기록하고 있다는 사실도 주목하라"고 말하고 있다.[19] 이는 프라 마우로가 프톨레마이오스의 저작이 가진 권위 때문에 이를 완전히 배제할 수는 없었지만, 그 속에 있는 정보 자체는 시대에 뒤진 것이라는 사실을 알고 있었다는 것을 의미한다. 따라서 프라 마우로는 자신의 세계지도를 그리기 위한 기본 틀로 프톨레마이오스 지도를 사용하지 않았음을 알 수 있다. 그대신 프라 마우로는 지도의 기본적 윤곽을 그리기 위해 아마도 이슬람 세계지도를 활용했을 것이다. 그는 프톨레마이오스의 닫힌 인도양과 달리, 1200년대 후반부터 유럽의 지도들에 보이는, 열린 바다로서의 인도양 등을 포함하는 많은 실제적인 특징들을 추가한 원형 지도의 모델을 기본 프레임으로 선택했다. 남쪽을 위에 둔 프라 마우로 지도의 방위는, 이러한 방위를 기본으로 사용한 이슬람 세계지도들로부터 직접적인 영향을 받은 것임을 시사한다.

이 지도 제작자가 이러한 많은 동시대의 주요 사료들을 이용할 수 있었던 사실도 놀랍다. 최근 연구들은 프라 마우로가 천지학(cosmography)에 관한 개인 서고에 "10권가량의 권위 있는 사료들과 몇몇의 역사 지리 요약본을 보관"했고, 그가 베네치아의 다른 주목할

19 Piero Falchetta, *Fra Mauro's World Map*, pp. 452-453. *1405를 참조.

만한 도서관 컬렉션도 이용할 수 있었을 것이라고 밝힌다.[20] 베스트셀러 중 하나였던 폴로의 『동방견문록』을 포함해 당시 유통되던 아시아 여행기 사본들을 구하는 것은 어렵지 않았을 것이다. 카타네오가 지적하듯이, 프라 마우로가 사료들을 직접적으로 인용하고 있지는 않지만 그의 지도의 아시아 부분에서 어느 정보를 어느 사료로부터 가져왔는지를 알아내는 것은 어렵지 않다.[21]

다른 사료들로부터 온 정보를 섞어서 사용했음에도 불구하고, 폴로 여행기가 프라 마우로가 중국을 묘사하기 위해 사용한 주요 사료라는 사실은 주목할 만하다. 폴로의 중국에 대한 묘사는 유럽인들의 더 넓은 세계를 향한 지리 지식을 확장하는 데에 이 베네치아 출신 여행가가 끼친 가장 중요한 공헌의 하나라 할 수 있다. 대부분의 중세 유럽 지리서와 마파 문디(Mappa mundi, 중세 유럽에서 제작된 세계지도의 통칭)는 유라시아 대륙의 동쪽 끝에 지상낙원을 배치했다.[22] 폴로 여행기는 중국에 직접 가서 경험한 외부인의 견해를 보여주며, 특히 많은 탁월한 도시들과 그곳의 융성한 상업, 발전된 경제를 강조한다. 따라서 지상낙원을 보여주는 폴로의 광대하고 부유하며 문명화된 제국에 대한 상세한 기록은 많은 유럽인들을 충격에 빠뜨렸을 것이고, 실제로 그들은 처음에 그의 정보가 지닌 신뢰성을 의심했다. 폴로 원고의 초기 사본들이

---

20 Angelo Cattaneo, *Fra Mauro's Mappa Mundi and Fifteenth-Century Venice*, p. 243.

21 Angelo Cattaneo, *Fra Mauro's Mappa Mundi and Fifteenth-Century Venice*, p. 188.

22 마파 문디에 대해서는 Evelyn Edson, *The World Map, 1300-1492*, pp. 11-32; David Woodward, "Medieval Mappaemundi", John B. Harley & David Woodward (Eds.), *The History of Cartography 1: Cartography in Prehistoric, Ancient and Medieval Europe and the Mediterranean*, Chicago, Il: University of Chicago Press, 1987, pp. 286-370 등 참조.

판타지 문학의 범주에 속하는 것으로 간주되었던 반면, 더 많은 사본들이 계속해서 유통됨에 따라 유럽인들은 점차 폴로의 정보를 신뢰하게 된 듯하다. 프라 마우로는 이렇게 폴로의 정보를 점차 신뢰하게 된 이들 중 한 명이었을 것이다. 가톨릭 수도사였던 프라 마우로는 지상낙원을 지도에서 완전히 배제하지는 않았다. 하지만 이를 원형 지도 프레임 밖의 북동쪽 귀퉁이로 옮기고 본지도의 대륙 동쪽 끝에 중국을 그렸다. 이제 지도를 보는 이들은 프라 마우로가 폴로 여행기를 사용해서 그린 이 동방에 있는 뛰어난 왕국을 한눈에 볼 수 있게 된 것이다.

세계지도에 폴로가 중국과 관련해서 기록한 다양한 정보를 포함시킨 것은, 확실히 지도를 본 유럽인들의 중국과 동방에 대한 현실적인 이해를 증진시켰을 것이다. 프라 마우로가 포르투갈의 왕 아폰수 5세(Afonso V de Avis)의 의뢰로 1459년에 이 지도의 사본을 제작해 보낸 사실은, 폴로 여행기의 동방에 관한 내용이 포르투갈 왕실이 추진한 아프리카 및 동방으로의 대항해 원정에 적지 않은 영향을 끼쳤을 가능성을 시사한다.[23] 그러나 프톨레마이오스 등의 이전 저작들에서 온 일부 오래된 지명들을 동시에 포함시킨 것은, 한때 미지의 세계로 간주되었던 곳에 대한 오래된 정보와 새로운 정보에 대해 독자들이 어떻게 해석해야 할지 혼란하게 만들었을 것이다.

이제 프라 마우로가 폴로를 비롯한 사료들을 어떻게 사용했는지, 그 주요 패턴을 이해하기 위해 프라 마우로 지도에 나오는 중국에 대한 정보를 몇 가지 특징에 주목하며 좀 더 상세히 검토하고, 이를 폴로 여행기 및 프라 마우로가 사용한 몇몇 다른 사료들 속의 중국에 대

23 이 사본의 제작 과정과, 이 지도가 포르투갈의 대항해 원정에 끼친 영향을 시사하는 근거에 대해서는 Angelo Cattaneo, *Fra Mauro's Mappa Mundi and Fifteenth-Century Venice*, pp. 48-56 참조.

한 정보와 비교하겠다.

3. 프라 마우로 지도의 중국 묘사와 마르코 폴로 여행기

프라 마우로 지도는 가로세로 크기 2.3×2.3m 크기의 거대한 지도이다. 프라 마우로는 마르코 폴로의 『동방견문록』과 기타 자료들에서 얻은 중국 지리와 관련된 많은 기본 정보를 세계지도 북동쪽 측면의 작은 공간에 배치했다.[24] 이 지도는 대체로 남쪽을 상단에 두고 있는데, 이 지도 위의 중국 지리를 현대 지도의 중국 위치와 비교해서 이해하려면 원지도를 200도 시계방향으로 돌려야 한다(<그림 6-2> 참조).

그 이유는 프라 마우로가 이 원형 지도 동남부에 있는 유라시아 동쪽 부분(즉, 남아시아, 동남아시아, 중국)의 해안선을 압축하는 과정에서 인도를 지도의 남동쪽에 두고 중국을 북동쪽으로 밀어 올려 그렸기 때문이다. 전근대의 지도들은 비슷한 형식으로 해안선을 압축한 경우가 많으며, 프라 마우로 지도도 마찬가지여서 압축으로 인한 왜곡 정도는 알 이드리시(Al Idrisi)의 지도(1154년)와 같은 일부 유명한 이슬람 지도들보다 심하다. 아마도 프라 마우로는 이 지역에 대해 정교한 이해를 가지고 있지 않았을 수 있다. 지도의 이러한 방향성을 이해한다면, 이 지도 속에서 대부분의 중요한 지명들이 상대적으로 정확한 위치에 배치되어 있음을 확인할 수 있다. 중국과 인도 사이의 경계로서 갠지스강(Sinus Gangeticus)은 유라시아 대륙의 남동쪽에 위치하고 있고 이 부근

24 프라 마우로 지도의 원본은 베네치아의 마르챠나 국립 도서관(Biblioteca Nazionale Marciana)에 있다(http://marciana.venezia.sbn.it/la-biblioteca/la-storia-e-il-patrimonio/il-patrimonio/patrimonio-librario/il-mappamondo-di-fra-mauro).

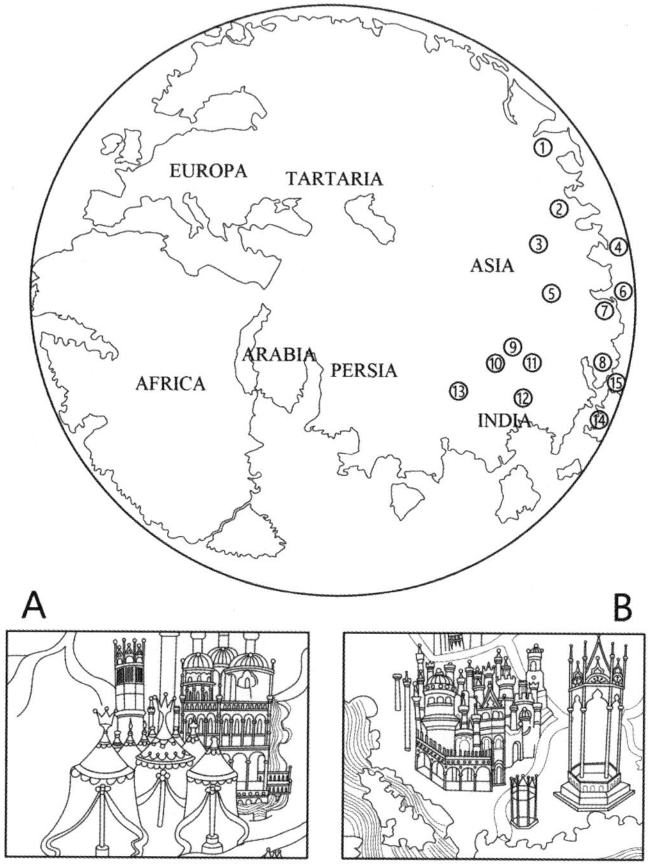

<그림 6-2> 중국 부분의 지명을 포함한 프라 마우로 지도 스케치
(원도를 시계방향으로 200도 회전시킴)

* 상단 그림: ① Characoracur(카라코룸), ② Cambaluc(칸발릭; 베이징), ③ CHATAIO(카타이), ④ OCEANUS CHATAICUS(카타이해), ⑤ SERICA(세리카), ⑥ OCEANUS SERICUS (세리카해), ⑦ Chansay(킨사이, 항저우), ⑧ Çaiton(자이툰, 취엔저우), ⑨ MANGO(만지), ⑩ Ianzu(양저우), ⑪ TEBET(티베트), ⑫ CIN(친), ⑬ MACIN(마친), ⑭ GIAVA(자바), ⑮ Ixola de cimpagu(지팡구섬).

** 하단 그림: A. 칸발릭(② 부분을 확대한 것), B. 항저우(⑦ 부분을 확대한 것).

에 티베트(폴로와 프라 마우로의 "Tebet")도 자리 잡고 있다. 아시아 해안선이 압축되어 묘사되었기 때문에 중국과 인도가 너무 근접하게 위치하고 있고 남중국해에 자바를 위치시키는 등 동남아시아 전체를 잇는 해안선도 왜곡되었다.[25] 일부 장소를 혼동해 이해한 점도 보인다. 예를 들어 주요 페르시아 사료에서 북중국을 가리키는 용어로 언급되는 친(Cin)이 티베트 남쪽에 위치하고 있고 남중국을 가리키는 용어인 마친(Macin)은 인도 방면에 위치하고 있다.

프라 마우로는 중국의 지명들을 라틴어로 넣고 중요한 장소들은 그림으로 묘사했으며, 여러 지명들 사이의 공간을 일부 중요한 장소들에 대한 자세한 설명으로 채웠다. 앞서 언급한 바와 같이 프라 마우로는 『동방견문록』과 기타 사료들로부터 지명들을 차용했다. 이때 대부분의 긴 설명적 문장들은 폴로로부터 가져온 내용을 편집·정리한 형태로 사용한 것이다. 이 지도는 중국의 주요 지역과 바다의 대부분을 대문자로 표기했다. 또 아시아, 커타이오(카타이, 폴로 속의 북중국), 망고(만지, 폴로 속의 남중국), 세리카(프톨레마이오스 지도 속 중국. 비단의 원산지), 친과 마친(페르시아 사료들 속 북중국과 남중국), 퀴안강(양쯔강), 카타이해(중국해) 등 가장 큰 단위의 지명들은 노란색으로 표기했다. 티베트 등 그다음 단위의 지명들은 빨간색과 파란색을 번갈아 가며 알파벳을 표기했고, 도시(및 더 작은 단위의 지명들)와 강과 산 같은 자연 지명들은 빨간색이나 파란색의 소문자로 썼다. 지도를 보는 이들은 여러 다른 자료로부터 온 중국 내 서로 다른 지역명들을 한눈에 파악할 수 있다.

프라 마우로는 강과 각 지명 사이에 베네치아 르네상스 스타일

25 프라 마우로는 마르코 폴로가 금이 풍부하다고 묘사한 지팡구섬(지도상에는 'Cimpagu'로 표기. 일본)도 자바의 북쪽, 그리고 자이툰 동쪽의 작은 공간에 그렸다.

(15~16세기)로 묘사된 탑들이 있는 성곽 도시들을 그렸다. 동시대의 폴로 여행기 사본들에서, 일반적인 유럽 스타일로 몽골 및 중국 사람들과 도시를 묘사한 삽화가 그려진 유사한 사례를 발견할 수 있다.[26] 많은 작은 도시들이 작은 건물로 묘사된 반면, 카타이와 만지의 수도들인 칸발릭(베이징)과 킨사이(항저우) 등 주요 도시들은 큰 건물로 묘사되었다(<그림 6-2>의 A와 B 참조). 건물들 중에는 돔 타워가 포함된 경우도 종종 있었다. 명백히 동양식으로 묘사된 도시의 특별한 예로서, 대칸이 겨울에 거주한 몽골제국 수도 칸발릭(지도에는 캄발룩으로 표기)을 들 수 있다. 여기에 서양식 성벽과 건물들 앞의 큰 텐트 3개가 강을 끼고 그려져 있다. 프라 마우로는 몽골제국 내 중국에서 이 도시가 가지는 특별한 지위를 강조하기 위해 전체 지도상에 폴로 여행기의 서로 다른 두 단락을 섞어서 담아냈을 것이다. 하나는 카타이의 큰 강 부근에 위치한 칸발릭에 관한 단락이고, 또 하나는 쿠빌라이(Qubilai) 카안의 사냥을 위한 텐트와 그의 사냥 관습에 관한 것이다.[27] 프라 마우로가 많은 중국의 도시들을 지도에 그린 이유가, 이를 위한 충분한 공간이 있었던 점 등 실용적인 이유 때문이었을 수도 있다. 하지만 나아가 미술적 지식의 한계에도 불구하고 그가 폴로로부터 온 정보에 기반해서 이들 도시의 현실적인 이미지를 제공하고자 노력했던 점 역시 인지할 수 있다.[28] 프라 마우로는 초기 몽골 대칸들의 봄철 거주지였던 몽골리아의

---

26 중세 사본의 그림을 그리는 전통과, 이에 대해 마르코 폴로 기록 등의 여행기를 위한 그림을 그리면서 발생한 새로운 도전에 대해서는 Angelo Cattaneo, *Fra Mauro's Mappa Mundi and Fifteenth-Century Venice*, pp. 219-222 참조.

27 Angelo Cattaneo, *Fra Mauro's Mappa Mundi and Fifteenth-Century Venice*, pp. 215-216.

28 프라 마우로는 그가 첨부한 각주 하나에서, 단순히 유럽의 경우와 달리 아시아 지역에 공간이 더 많았기 때문에 도시들을 더 크게 묘사했다고 밝히고 있다. Jim Siebold,

카라코룸(Qara qorum, 지도상에는 "Characoracur"으로 표기)을 작은 도시로 그리고 있는 한편, 그 뒤에 폴로의 묘사를 확대 해석해서 카안들의 묘지를 큰 신전으로 함께 그리고 있다.[29] 이 상징적 이미지는 프라 마우로가 동방 세계의 몽골 지배자들의 권위를 강조하고 있음을 보인다.

프라 마우로가 지도를 그리기 위해 폴로의 정보를 채택한 방법 가운데 중요한 한 가지는 지명들 사이의 공간들에 폴로 여행기의 몇몇 중요한 텍스트를 넣을 때 원문을 요약하고 편집해서 넣은 점이다. 이는 원문이 길고 지도의 공간은 한정되어 있기 때문이었을 것이다. 예컨대 프라 마우로는 중국의 남동부 해안에 마르코 폴로가 유럽으로 돌아갈 때 출항한 항구도시 취엔저우(泉州)로 알려진 자이툰을 묘사했다. 그리고 이 곳에 다음과 같이 명확하게 언급된 설명문을 첨부했다. "대칸은 이 자이툰의 항구에 그의 나라를 위해 복무하는 많은 수의 선박을 보유하고 있다. 인도와 기타 여러 지역 및 섬들로부터 향신료, 보석, 금 등 다양한 종류의 무역품을 싣고 오는 선박들도 이 항구를 방문한다."[30] 이는 이 구절보다 수배는 더 긴 폴로 여행기 원문을 축약한 것이다.[31] 일부 비슷한 예로 카타이에 있는 우상을 위한 웅대한 건물(부처처럼 보이는 황금 동상을 탑에 둔 큰 사원),[32] 망고(폴로 여행기 속에 남중국을 의

"Cartographic Images: Fra Mauro's Mappamundi"(http://www.myoldmaps.com/late-medieval-maps-1300/249-fra-mauros-mappamundi/).

29 Piero Falchetta, *Fra Mauro's World Map*, pp. 682-683. *2745 참조. Angelo Cattaneo, *Fra Mauro's Mappa Mundi and Fifteenth-Century Venice*, p. 219.

30 Piero Falchetta, *Fra Mauro's World Map*, pp. 436-437. *1342 참조.

31 Marco Polo, *The Travels of Marco Polo*, Ronald Latham (Trans.), London: Penguin Books, 1958, pp. 237-239.

32 Piero Falchetta, *Fra Mauro's World Map*, pp. 592-593. *2286 참조. 여기에 적힌 구절은 마르코 폴로의 다음 단락에서 취한 것이다. "They have a great many abbeys and minsters full of idols of sundry fashions, to which they pay great honour

미하는 용어로 쓰인 만지)와 망고(만지) 길, 캄발룩(칸발릭, 베이징) 근처 쿠빌라이 카안의 사냥터 등을 들 수 있다.[33] 흥미롭게도 대칸의 사냥터에 대한 긴 문장은 완전히 동일하지는 않지만 폴로의 묘사와 닮아 있다.[34] 망고(폴로 속에서는 만지) 부근에 있는 한 문장은 폴로의 설명을 따라 망고(만지)를 독특한 문화적 지역으로 소개하고 있다. "이 광대한 만지 나라 전체에 1천 200개가 넘는 거대하고 부유한 도시들이 있다."[35] 프라 마우로는 그의 지도 속 작은 공간에 이 많은 지명들을 넣을 수 없었기 때문에(이를 모두 설명하는 것은 폴로에게도 불가능했다) 남송(南宋)의 수도인 칸사이(항저우) 등 몇 곳의 장소들을 칸발릭과 자이툰 사이에, 중국의 중간 부분에 대략적으로 위치시켰을 뿐이다. 한편 마르코 폴로가 세계의 다른 어느 도시도 따라갈 수 없는 천상의 도시로 선포했듯이, 항저우는 다른 도시들보다 더 큰 성벽과 건물로 묘사되어 있다. 항저우는 지도 속에서 칸발릭보다 규모는 작지만 건물들이 더 조밀하게 묘사되어 있다. 폴로가 쿠빌라이 카안에 의해 파견되어 수년(약 1282년에서 1287년 사이) 동안 통치했다고 주장하기도 해서 유명한 양저우(지도상에는 "Ianzu"로 표기)는 작고 단순한 모습의 성곽 도시로 묘사되어 있다.

프라 마우로가 지도를 만들 때 폴로 여행기로부터 가져온 풍부한 정보를 간략화하는 과정에서 몇 가지 중요한 실수를 한 것이 확인된다.

---

and reverence, worshipping them and sacrificing to them with much ado"(MPR, I, ch.36).

33 Piero Falchetta, *Fra Mauro's World Map*, pp. 594-595. *2289 참조. "Mango Road"라는 표현은 마르코 폴로의 다음 단락에서 온 것이다. "After riding a mile beyond this city you find two roads, one of which goes west and the other south-east. The westerly road is that through Cathay, and the south-easterly one goes towards the province of Manzi"(MPR, II, ch.28).

34 Piero Falchetta, *Fra Mauro's World Map*, pp. 596-597. *2299 참조.

35 Piero Falchetta, *Fra Mauro's World Map*, p. 454.

한 예로 중국과 인도의 주요 강을 명확히 이해하지 못한 것을 들 수 있다. 이는 팔케타가 자신의 주석에서 수차례 지적한 바이다. 마르코 폴로는 여행기에서 퀴안(Quian)강과 퀴안수이(Quiansui)강 모두를 언급했다. 퀴안수이강은 중국인들이 전통적으로 양쯔강 상류의 주요 코스로 간주하던 민강에 해당한다.[36] 마르코 폴로는 쓰촨성 청두[성도(成都)] 부근 민강의 독특한 수로를 분명하게 묘사했으나 이 세계지도에는 퀴안강의 이름만이 등장하고 퀴안수이강은 없다.[37] 팔케타는 프라 마우로가 이 부근의 지리를 혼동했을 것이라고 의심한다.[38] 그러나 또 다른 해석으로, 프라 마우로가 이 지도 속의 공간이 한정되어 있어서 원사료의 내용을 많이 줄여야 했기 때문에 이러한 생략과 왜곡을 감행했을 가능성도 있다.

이 지도 속에 보이는, 프라 마우로가 가진 정보의 흥미로운 특징 중 하나는 여러 지명을 설명한 구절들이 스타일상 폴로 여행기의 구절처럼 읽히지만 실제 현존하는 폴로 사본들 중에 해당하는 묘사를 찾을 수 없다는 점이다. 그 예로 남중국에 있는 다음의 구절을 들 수 있다. "가장 장대한 다리는 인도에서 중국, 또는 중국에서 인도로 갈 때 대상로가 지나가는 곳에 있다. 여기에 이 길을 이용하는 모든 사람들을 위한 폭넓은 도로가 있다."[39] 프라 마우로가 이 정보를 다른 사료로부터 가져왔을 가능성도 있지만, 그가 현존하지 않는 다른 폴로 사본을 이용

---

36 Paul Pelliot, *Notes on Marco Polo*, vol. 2, Paris: Imprimerie nationale, 1963, p. 818.

37 Sindinfu in MPR, Ⅱ, ch.36 and in Fra Mauro.

38 Piero Falchetta, *Fra Mauro's World Map*, pp. 454-455. *1421 참조. 프라 마우로가 만지(Manzi) 지역 부근에 써넣은 한 구절은 다음과 같다. "This most noble river Quian is one of the very biggest in the world; it flows through Mango, Serica and Cathay and has many branches that flow in many different parts."

39 Piero Falchetta, *Fra Mauro's World Map*, pp. 450-451. *1398 참조.

했을 수도 있다.

이제 프라 마우로가 중국의 지리를 묘사하기 위해 폴로와 함께 사용한 몇몇의 다른 사료들을 살펴보자. 그 가운데 가장 두드러진 것은 프톨레마이오스의 저작이다. 오래되었지만 아직 매우 영향력 있는 그의 저작들은 15세기 초반에 사본이 서유럽에서 재발견된 터였고 프라 마우로가 활동하던 시기에 점차 넓게 보급되었다. 프라 마우로는 많은 산 이름을 비롯한 자연 지형의 이름과 지명의 상당한 부분을 프톨레마이오스의 지도로부터 차용해왔다. 여러 사례 가운데 큰 강 동부 해안에 위치한 토마라(Thomara)와 로코란(Rocoran)산이 프톨레마이오스의 아시아 지도(Tabula Asiae) 11권에서 왔고,[40] 세리카(Serica) 내의 타구루스(Tagurus)산은 8권,[41] 인도에서 두 번째 긴 산맥으로 실제 중국 남서부에 있는 욱손투스(Uxontus)산맥은 10권에서 가져온 것이다.[42]

앞의 분석에서 알 수 있는 바와 같이, 프라 마우로는 같은 장소를 가리키기 위해 두 자료로부터 온 각기 다른 명칭들을 사용해서 독자들에게도 혼동을 초래했다. 가장 큰 사안은 중국의 명칭이다. 그는 주로 폴로의 중국 지역 분할법을 이용해 중국 북부를 '카타이'로 표기하고 중국 남부를 '만지'로 표기했다. 그러나 그는 또한 유라시아 극동 지역과 중국의 일부를 가리키기 위해 프톨레마이오스가 사용한 오래된 지명으로, 세리카와 그 수도인 세라를 함께 지도에 포함시켰다.[43] 동시에 프

---

40 Piero Falchetta, *Fra Mauro's World Map*, pp. 312-313. *632 참조.

41 Piero Falchetta, *Fra Mauro's World Map*, pp. 314-315. *647 참조.

42 Piero Falchetta, *Fra Mauro's World Map*, pp. 318-319. *669 참조.

43 이들 지명이 실제로 가리키는 장소에 대해서는 논쟁이 있다. 몇몇 학자는 이것이 중앙아시아의 부분이라고 하지만, 피에로 팔체타(Piero Falchetta)는 프톨레마이오스 저작 속의 "Sera"가 현대의 시안(西安)을 가리킨다는 이론을 따른다. 시안이 "Quencianfu"(마르코 폴로의 "Quenzanfu")라는 이름으로 이 프라 마우로 지도에 또다시 등장하기 때문에 팔

라 마우로는 칸발릭(베이징)의 동쪽에 카타이해를 넣고 그 남쪽으로 킨사이(항저우)와 가까운 해역에 세리카해를 넣었다. 이는 유럽의 지도 제작자들이 프톨레마이오스 지도 같이 유럽 내부에서 새롭게 재발견한 고전 사료들, 그리고 『동방견문록』 등과 같이 외부에서 온 사료들로부터 얻은 많은 새로운 정보들을 받아들이던 전환기를 살아가면서 시도한 전형적인 융합의 예이다. 프라 마우로는 자신에게 주어진 새로운 중요 정보를 놓치지 않으려 함과 동시에 전통적인 정보를 무시하지 않으려 한 것 같다. 그러나 프라 마우로는 종종 이러한 고전 사료들로부터 온 일부 정보가 완전히 시대에 뒤떨어진 것임을 알아차렸다. 예를 들어 프라 마우로가 폴로에게서 가져온 많은 지명들로 중국 남부를 채울 때, 그는 남중국에 써넣은 하나의 구절에서 다음을 지적했다. "이 세리카 지방의 남쪽 부분에 프톨레마이오스는 '미지의 영역'이라는 호칭을 붙였다."[44]

프라 마우로는 오도리코와 니콜로의 여행기 같은 다른 동시대 자료들도 사용했다. 그는 이들 두 기록을 인도양 지역을 위해 더 많이 사용했지만, 중국 내 일부 지명 역시 이들로부터 온 것임을 추측할 수 있다. 예를 들어 신딘푸(청두)와 티베트 사이에 있는 로사인(Rosain)은 논쟁의 여지는 있지만 오도리코의 여행기 속 코삼(Cossam)일 가능성이 있다.[45] 최근 일부 학자들은 프라 마우로가 1340년에 프란체스코 발두치 페골로티(Francesco Balducci Pegolotti, 1301~1350)가 쓴 상인을 위한 『상업 안

체타는 "프라 마우로는 두 사료 모두를 사용했지만 그 둘 사이의 관계를 규명하지 못했다. 따라서 이 지명들이 2개의 다른 곳을 의미하는 것으로 믿었다"고 결론 내리고 있다. Piero Falchetta, *Fra Mauro's World Map*, pp. 458-459. *2270 참조.

44 Piero Falchetta, *Fra Mauro's World Map*, pp. 584-585. *2243 참조.

45 Piero Falchetta, *Fra Mauro's World Map*, pp. 438-439. *1345 참조.

내서(*Pratica della mercatura*)』도 사용했을 가능성을 제시한다. 이는 이 두 기록의 서술 구조에 상당한 유사성이 보이기 때문이다.[46] 그러나 이 둘의 관계를 확인하기 위해서는 보다 구체적인 증거가 필요하다. 몇몇 장소의 이름은 사료를 추적하기가 더 어렵다. 예를 들어 프라 마우로는 중국과 인도 국경 근처에 '스키안(Sician)'을 묘사했다. 팔케타는 이것이 거의 의심의 여지없이 마르코 폴로에 의해 '춘춘(Cuncun)'으로 묘사된 중국의 스촨(Sichuan) 지역이라고 가정한다.[47] 그러나 팔케타는 자신의 가정을 입증할 어떤 사료도 제시하고 있지 않으며, 이 사료를 추적하기 위해 더 많은 사료를 검토할 필요가 있다.

프라 마우로 및 동시대의 유럽 내 지도 제작자들에게 분명한 영향을 끼친 상당히 중요한 또 다른 유형의 자료로서, 앞으로 더 많은 연구를 필요로 하는 것은 이슬람 문헌들이다. 프라 마우로는 폴로의 카타이와 만지, 프톨레마이오스의 세리카라는 중국의 주요 지역을 가리키는 용어와 더불어 친(Cin)과 마친(Macin) 지방을 중국의 다른 큰 지역명으로 배치했다. 이들은 키타이(Khitāy, 거란(요) 치하에 있던 북중국 지역)와 더불어 중세 이슬람의 지리서 및 지도들에서 보이는 중국의 전형적인 구획 방법으로 사용된 친(Chīn, 여진(금) 치하에 있던 북중국 지역)과 마친(Māchīn, 남송 치하에 있던 남중국 지역)이며, 이들 지명은 『동방견문록』에는 등장하지 않는다.[48] 최근에 중세 후기 유럽 세계지도와 이슬람 세

---

46 Angelo Cattaneo, *Fra Mauro's Mappa Mundi and Fifteenth-Century Venice*, p. 206.

47 Piero Falchetta, *Fra Mauro's World Map*, pp. 308-309. *614 Sician 참조. Cunchin in MPR, II, ch.35.

48 Falchetta, *Fra Mauro's World Map*, pp. 234-235. *258 참조. Paul Pelliot, "Cin", *Notes on Marco Polo*, vol. 1, Paris: Imprimerie Nationale, 1959, pp. 264-278 참조. 이런 식으로 중국의 국경을 분할·구분하는 이슬람 지도들에 대해서는 Park Hyunhee,

계지도 사이의 연결과 영향의 가능성에 대한 연구가 더 진행되고 있다. 따라서 앞으로 더 해나가야 할 과제는 프라 마우로 지도 속의 지리적 특징들을 동시대의 이슬람 지리 저작 및 지도들의 특징들과 비교해서 둘 사이의 실제적 영향의 가능성을 이해하는 것이다. 그러나 프라 마우로가 중국을 그리기 위해 활용한 가장 중요한 자료가 『동방견문록』이었다고 논할 만한 증거는 현재까지의 연구들만으로도 충분하다.

4. 몽골 시기 유라시아 지리 지식 탐구를 위한 향후 과제

이 장은 최신 연구 성과들을 토대로 프라 마우로 지도 속 중국에 대한 정보를 분석했다. 그 과정에서 가장 중요한 특징들을 지적하고, 중세 후기 유라시아 사회 간 교류를 통해 이루어진 지리 지식 이동의 중요성을 탐구하기 위해 앞으로 더 연구해야 할 과제들을 제언했다. 프라 마우로가 당시 유통되던 마르코 폴로 여행기의 사본들을 사용해서 그의 시대에 획득할 수 있었던 가장 최신의 정보를 활용해 지도상 중국의 중요한 부분을 그린 것은 거의 의심의 여지가 없다. 이는 중세 말 유럽의 아시아에 대한 공간적인 지식 확장에 마르코 폴로의 기록이 중요하게 기여한 사실을 명백히 보인다. 그러나 프라 마우로가 이 새로운 자료를 직접적으로 인용하지 않았다는 사실은 신뢰할 만한 자료로서의 『동방견문록』의 영향력에 일정한 한계가 있었다는 점을 의미한다. 이러한 상황 때문에 프라 마우로는 폴로의 정보를 프톨레마이오스와

Mapping the Chinese and Islamic Worlds: Cross-Cultural Exchange in Pre-Modern Asia, New York: Cambridge University Press, 2012, pp. 144-146 참조.

플리니우스 등 여타 고전들의 정보와 섞어서 이용했고, 이를 위해 종종 같은 장소의 명칭에 대해 2개의 다른(오래되거나 새로운) 명칭을 병용하곤 했다. 프톨레마이오스의 지리 정보는 천 년도 넘게 오래된 것이었지만, 프라 마우로는 자료가 가지는 권위 때문에 인용하는 것을 주저하지 않았다. 이때 그는 폴로의 새로운 정보를 이용해서 오래된 기록들의 일부 명백한 오류를 정정할 수도 있었다. 그 예로 프톨레마이오스가 남중국을 '미지의 세계'로 간주했던 것을 '알려진 영토'로 전환시킨 것을 들 수 있다.

남아 있는 또 하나의 과제는, 동방의 지리 지식이 폴로의 『동방견문록』과 프라 마우로 지도를 비롯한 중세 유럽 지리 저작에 끼친 영향을 더 자세히 검토하기 위해 프라 마우로 지도의 정보를 다른 동시대 기록 및 지도들의 정보와 비교하는 일이다. 폴로와 비교하기 위해 더 깊이 있는 분석이 필요한 중요한 사료는 이슬람 지리 사료들로서, 프라 마우로가 친(Cin)과 마친(Macin)이라는 명칭을 다른 명칭들과 함께 중국의 지역 이름으로 사용한 것이, 바로 그가 이슬람 자료들을 사용했을 가능성을 시사한다. 최근 몇몇 연구에 따르면 이슬람 지리 사료들은 중세 말에 점차 유럽의 지리 저작들에 영향을 끼쳤을 가능성이 높다. 폴로가 또한 파크푸르(바그푸르, '천자(天子)'를 의미하는 페르시아어 용어) 등의 아랍 페르시아어 사료로부터 얻은 지리 정보도 활용했기 때문에,[49] 이 분석은 몽골 시기에 광대한 유라시아 내에서 이루어진 교류를 통해 가능했던 지리 지식의 교환과, 거기에서 보이는 복잡한 양상들을 더 탐구

---

49 Marco Polo, *The Travels of Marco Polo*, p. 201. 이 용어의 해석에 관한 논의로는 "Faghfūr", Encyclopedia of Islam 2nd edition, 2:738; Sanping Chen, *Multicultural China in the Early Middle Ages*, Philadelphia, PA: University of Pennsylvania Press, 2012, pp. 124-125 참조.

하는데 도움을 줄 것이다. 원본 사료인 지도를 얻을 수 없어 여기서 수행하지 못한 중요한 과제가 하나 있다. 바로 프라 마우로 지도의 정보를, 이 지도에 중요하게 영향을 끼쳤을 가능성이 있는 카탈란 아틀라스 세계지도 및 드 비르가 세계지도와 비교하는 것이다. 프라 마우로는 15세기 중반에 그의 거대한 지도 속에 폴로로부터 온 자세한 정보를 포함시켰다. 유럽 밖에서 온 정보가 지속적으로 보급되어간 덕분에 폴로의 여행기 또한 정보의 시각적 표현에 점진적으로 영향을 미칠 수 있었던 것이다. 그러한 과정을 탐구하기 위해 이 지도의 정보를 앞선 시기에 제작된 지도들과 비교하는 것은 가치 있는 작업이 될 것이다.

3부

고려와 몽골의 교류와 접촉

7장
대몽골국 초기 카라코룸으로 간 고려 사신들

김장구

1. 고려-몽골 관계에 대한 새로운 시각

지금까지 고려 후기, 이른 바 '원(元) 간섭기(干涉期)'의 고려와 대몽골국(大蒙古國, Yeke Mongɣol Ulus) 간 관계에 대한 연구는 주로 몽골의 군사적 침략과 압박, 그에 대한 고려 측의 대응과 저항에 초점이 맞춰졌다.[1] 따라서 고려시대사를 전공하는 연구자들은 무인정권 시기 '대몽항쟁(對蒙抗爭)'과 고려 내부의 권력 양상에,[2] 몽골사 연구자들은 대몽

---

1 고려사회성격연구반, 『14세기 고려의 정치와 사회』, 서울: 민음사, 1994; 김당택, 『元干涉下의 高麗政治史』, 서울: 일조각, 1998; 이강한, 「'친원'과 '반원'을 넘어서」, 『역사와 현실』 78, 2010, 105-159쪽. 특히 118-121쪽.

2 김상기, 『新編 高麗時代史』, 서울: 서울대학교출판문화원, 1985, 415-466쪽; William E.

골국의 군사적 활동과 지배 영역 확장 등에 주된 관심을 기울여왔다.[3] 그러나 고려와 몽골이 처음부터 끝까지 군사적인 압박과 대항만을 지속했던 것은 아니다. 고려는 1218년 말 고려 국경 안으로 쫓겨 들어온 거란군의 잔당을 협공하는 과정에서 몽골을 처음 만나 1219년 이른바 '형제맹약(兄弟盟約)'을 맺은[4] 후부터 1259년 몽골에 복속하기 전까지, 당시 대몽골국의 수도인 카라코룸(Qara qorum, 和林)으로[5] 왕족을 인질로 보내거나 여러 차례 왕족과 고위 관리를 사신으로 파견하는 등 다양한 외교적 교섭을 시행했다.[6] 문헌 기록에 따르면 고려 조정은 우구데이(Ögödei, 재위 1229~1241) 카안 재위 3년인 1231년(고려 고종 18)부터 대몽골국의 수도 카라코룸에 서른 차례도 넘게 사절단을 파견했다.

이들은 대몽골국의 강압적인 요구에, 때로는 고려 측의 필요에 따라 파견되었다. 즉 고려 사신들은 국왕의 '특사(特使)' 자격으로 혹은 '인질[질자(質子)]'(禿魯花, turqaɣ)로 가서 몽골 통치자나 고위 관료들과의 외교적 협상을 통해 고려 왕조의 안정적인 존속을 지키려 노력했던 것이다.

Henthorn, *Korea: The Mongol Invasions*, Leiden: Brill, 1963; 윤용혁, 『고려대몽항쟁사연구(高麗對蒙抗爭史硏究)』, 서울: 일지사, 1991; 강재광, 『蒙古侵入에 대한 崔氏政權의 外交的 對應』, 파주: 경인문화사, 2011.

3 이개석, 『고려-대원 관계 연구』, 파주: 지식산업사, 2013; 최윤정, 「元代 동북지배와 遼陽行省」, 『동양사학연구』 110, 2010; 「몽골의 요동·고려 경략 재검토(1211~1259)」, 『역사학보』 209, 2011; 고명수, 「몽골-고려 형제맹약 재검토」, 『역사학보』 225, 2015; 이익주, 「1219년(高宗 6) 고려-몽골 '兄弟盟約' 再論」, 『동방학지』 175, 2016; 이익주, 「고려-몽골 전쟁 초기(1231-1232)의 강화 협상 연구」, 『한국사연구』 180, 2018.

4 고병익, 「蒙古·高麗의 兄弟盟約의 性格」, 『백산학보』 6, 1969; 이개석, 「麗蒙兄弟盟約과 초기 麗蒙關係의 성격: 사료의 再檢討를 중심으로」, 『대구사학』 101, 2010; 고명수, 「몽골-고려 형제맹약 재검토」; 이익주, 「1219년(高宗 6) 고려-몽골 '兄弟盟約' 再論」.

5 몽골(元)제국 시대 '카라코룸[和林]'의 흥망성쇠에 대해서는 이개석, 「元代의 카라코룸, 그 興起와 盛衰」, 『몽골학』 4, 1996 참조.

6 강재광, 『蒙古侵入에 대한 崔氏政權의 外交的 對應』, 151-281쪽.

<표 7-1> 고려 사신의 몽골 카라코룸 사행(1231~1259)[7]

출 발	사신(관직)	목적	귀 국	사신(관직)	목 적	전 거[8]
1231.12.	趙叔昌(大將軍) +蒙使	上表辨殺 著古與事				高麗史·節要
1232.4.	趙叔昌(上將軍) 薛 愼(侍御史)	上表稱臣 獻方物				高麗史·節要· 元史·紀事
1232.10.	金寶鼎(將軍) 趙瑞璋(郎中)	上表陳情				元史·紀事
1238.12.	金寶鼎(將軍) 宋彦琦(御史)	上表 침략중지	1239.9.	金寶鼎(將軍) 宋彦琦(御史)	詔使還國	高麗史·節要· 元史·紀事/紀事
1239.6.	盧 演(起居舍人) 金 謙(詹事府注薄)	奉表	1240.3.	盧演 等+豆滿·阿 叱 등 7人		高麗史·節要· 元史紀事/高麗史
1239.12.	**王 佺(新安公)**[9] 宋彦琦(少卿) +金寶鼎148人[10]	奉表入貢	1240.9.	**王 佺(新安公)**+ 多可(蒙使) 등 17人	親朝要求	高麗史·節要· 元史·紀事/ 高麗史·節要
1240.4.	趙 脩(右諫議) 金成寶(閤門祗侯)	奉表入貢				高麗史·節要· 元史·紀事[11]
1240.12.	宋彦琦(禮賓少卿) 權 韙(御史)	入貢				高麗史·節要· 元史·紀事
1241.4.	**王 綧(永寧公)** +衣冠子弟10人 崔 璘(樞密院使) 金寶鼎(將軍) 金 謙(左司諫)	入質 (禿魯花)	1255.9.	**王 綧(永寧公)**+ 車羅大	領大兵到 西京	高麗史·節要· 元史/高麗史· 節要
1242.5.	宋彦琦(侍郎) 李陽俊(中郎將)					高麗史·節要
1243.1.	崔 璘(樞密院副使) 金之岱(秘書少監)	獻方物	1255.9.	崔 璘+6人 (蒙使)		高麗史·節要

7 이 장에서 한문 사료에 따른 연월일(年月日)은 음력을 기준으로 서술한다.

8 高麗史=『고려사(高麗史)』, 節要=『고려사절요(高麗史節要)』, 元史=『원사(元史)』, 紀事=『원고려기사(元高麗紀事)』.

9 '**王佺(新安公)**' 등 굵은 글씨는 고려 왕족을 가리킨다.

10 『원사』와 『원고려기사』에는 '김보정(金寶鼎)과 148인(人)'이라는 기록이 더해졌다.

11 같은 사신단의 사행이 고려 측의 기록(1240년 4월)과는 달리 『원사』에는 1240년 3월로, 『원고려기사』에는 1239년 3월로 기록되어 있다.

출 발	사신(관직)	목적	귀 국	사신(관직)	목 적	전 거
1243.7.	柳卿老·丁 瑨					高麗史·節要
1240.12.	柳卿老(郎中)					高麗史·節要
1244.4.	任絪壽(員外郎) 張益成(郎將)					高麗史·節要
1245.4.	朴 隨(員外郎) 崔公瑨(郎將)					高麗史·節要
1245.10.	**王 佺(新安公)** 皇甫琦(大將軍)		1249. (윤)2	**王 佺(新安公)**		高麗史·節要/ 高麗史
1248.2.	孫 抃(樞密院使) 桓公叔(秘書監)					高麗史·節要
1248.10.	張俊貞(郎將) 張 暐(祗侯)					高麗史·節要
1249.4.	金子珍(郎將) 沈秀之(校書郎)					高麗史·節要
1249.6.	安 戩(侍郎) 崔公柱(郎將)					高麗史·節要
1250.1.	崔章著(郎中)		1250.3.	崔章著(郎中)	宗親洪福 源父入朝	高麗史·節要/ 高麗史
1250.2.	崔 滋(樞密院副使) 洪 縉(中書舍人)					高麗史·節要
1250.7.	鄭 蘭(左司諫) 魏公就(郎將)					高麗史·節要
1251.2.	崔璟(同知樞密院事) 金寶鼎(上將軍)					高麗史·節要
1251.7.	林惟式(少卿) 趙元奇(郎將)					高麗史·節要
1252.1.	李 峴(樞密院副使) 李之葳(侍郎)					高麗史·節要
1253.12.	**王 淐(安慶公)** 崔 璘(參知政事)		1254.8.	**王 淐(安慶公)**+ 10人(蒙使)		節要
1254.3.	李守孫(祕書少卿) 金良瑩(四門博士)	拘留三年 死于懿州				高麗史·節要
1254. (윤)6.	金守精(中書舍人)					高麗史·節要

출 발	사신(관직)	목적	귀 국	사신(관직)	목 적	전 거
1255.1.	崔 璘(平章事)	上表 獻方物 乞罷兵	1255.9.	崔 璘(平章事) +蒙使 6人	**王綧(永寧公)**+車羅大到西京	高麗史·節要
1255.6.	金守剛(侍御史) 庾資弼(郎將)	進方物	1256.9.	金守剛+徐趾	蒙古 撤軍	高麗史·節要
1257.5.	金守剛(起居注) 秦世基(郎將)		1257.9.	金守剛+使臣	懇乞 回軍	高麗史·節要
1257.12.	**王 淐(安慶公)** 崔 永(左僕射)		1258.9.	**王 淐(安慶公)**+ 蒙使		高麗史·節要/ 高麗史
1259.4.	**王 倎[植](太子)** 李世材(參知政事) 金寶鼎(樞密院副使)+40人	太子入朝 (燕都?)	1259.11.	李世材+於散 (蒙使) 등 4人		高麗史·節要· 元史/節要
			1260.3.	**王 倎[植] (元宗)**		高麗史·節要
			1260.4.	金寶鼎+100人 放還		高麗史·節要
1259.6.	朴天植(別將)	告哀 (高宗)	1259.9.	朴天植+加大· 只大 등 9人		高麗史/高麗史· 節要

* 이 표는 필자가 『고려사』와 『원사』 등 사료에서 적출한 것이다. 이미 강재광의 연구에 몽골군 원수부에 갔던 사신을 포함해 훨씬 자세한 내용이 담긴 <표 3-2>가 있다(강재광, 『蒙古侵入에 대한 崔氏政權의 外交的 對應』, 165-168쪽). 다만 이 표의 목적은 당시 대몽골국의 수도인 카라코룸까지 갔거나 다녀왔던 사신들을 찾아보고, 그중에서 유럽 측 사신들과 만났을 것으로 보이는 '고려의 수장'을 추정하기 위한 것임을 밝혀둔다.

카라코룸까지 다녀온 이들 고려 사신에 대해서는 『고려사(高麗史)』, 『고려사절요(高麗史節要)』, 『원사(元史)』, 『원고려기사(元高麗紀事)』 등 다양한 사료에 여러 차례 기록되어 있다. 이런 고려 왕조의 노력과 사신들의 외교 교섭 등으로 인해 '한자 문화권' 사료뿐 아니라 페르시아 측 사료, 더 나아가 유럽 사절과 여행가들의 기록에도 '솔랑카(Sôlangqa)~솔랑기(Solangi)', 또는 '카울레(Caule)~카울리(Cauli, Kawlî)' 등으로 분명하게 기록되기에 이르렀다. 예를 들면 1252년 5월부터 1253년 9월까지 뭉케(Möngke) 카안 치세에 카라코룸을 방문했던 역사가 아타 말릭 주베이니('Atā Malik Juvayni)의 저작 『세계 정복자사(*Ta'rikh-i Jahan Gusha*)』에도 '솔랑가이(Solangai)'로 여러 차례 기록되었다.[12] 그리고 14세기에 훌레구 울루스(Hülegü Ulus)의 재상 라시드 앗 딘(Rashid al-Din)이 편찬한 『집사(集史, *Jâmi' al-tavârîkh*)』에도 '한반도 북부 지방과 고려를 가리키는 용어'가 솔랑카(Sôlangqa)~솔랑기(Solangi)[13]와 카울리(Kawlî, 高麗)[14]로 여러 차례 언급되어 있다.

『몽골비사[원조비사(元朝秘史)]』 274절에도 우구데이 카안 시기에 "앞서 주르체드, 솔랑가스(Solangɣas, 高麗)에 원정한 잘라이르타이 전통사의 후속 부대로 예수데르 전통사를 원정시켰다"는 기록이 보이는데,[15] '예수데르(Yesüder, 余愁達)'가 고려를 원정한 것이 뭉케 카안 시대인 1258년 6월경이므로 이 내용은 아마 후대에 『몽골비사』를 가필하거나 수정하는 과정에서 잘못 끼워 넣은 것으로 많은 학자들은 보고 있다.[16] 이와 같은 공식 사서 이외에도, 특히 대몽골국 초기에 몽골군의 동유럽 침공에 놀라 대비책을 강구하기 위해 카라코룸을 방문했던 유럽 측 사절들이 남긴 여행기에는 '솔랑기(Solangi, 高麗)의 수령'과 '솔랑가(Solanga)의 사신들'에 대한 더욱 상세한 기록이 여러 군데에서 보인

---

12 'Ala-ad-Din 'Ata-Malik Juvaini, *The History of the World-Conqueror*, vol. 2, John A. Boyle (Trans.), Manchester: Manchester University Press, 1958, pp. 190, 196, 256, 596.

13 라시드 앗 딘, 『집사 2 · 칭기스 칸 기』, 김호동 옮김, 파주: 사계절, 2003, 111쪽; 라시드 앗 딘, 『집사 3 · 칸의 후예들』, 김호동 옮김, 파주: 사계절, 2005, 65, 342, 405, 421쪽.

14 라시드 앗 딘, 『집사 3 · 칸의 후예들』, 407, 421-422, 425쪽.

15 유원수 옮김, 『몽골비사(元朝秘史)』, 파주: 사계절, 2004, 290쪽.

16 'Ala-ad-Din 'Ata-Malik Juvaini, *The History of the World-Conqueror*, vol. 2, pp. 190, 196, Gari Ledyard, "The Mongol Campaigns in Korea and the Dating of the Secret History of the Mongols", *Central Asiatic Journal*, vol. 9, no. 1, 1964; 「몽골의 요동 · 고려 경략 재검토(1211~1259)」.

다. 즉 구육(Güyük) 카안의 즉위식에 즈음하여 대몽골국의 수도인 카라코룸을 방문했던 플라노 드 카르피니(Plano de Carpini)의 『몽골인의 역사(*Ystoria Mongalorum*)』에는 여섯 차례 '솔랑기(Solangi)'로, 뭉케 카안 시기에 방문했던 기욤 드 뤼브루크(Guillaume de Rubrouck)의 『여행기(*Itinerarium*)』에는 '카울레(Caule)'와 '솔랑가(Solanga)'로 각각 한 차례씩 기록되었다.[17] 이들보다 20~30여 년 뒤인 쿠빌라이(Qubilai) 카안 재위 시기에 대몽골국의 '카안 울루스(Qa'an Ulus, 大元)'를 찾은 마르코 폴로(Marco Polo)도 그의 여행기 『동방견문록(*Le devisement du monde*)』에서 '카울리(Cauli)'라고 기록했다.[18]

고려 측의 기록 중에서 고려 사신이 대몽골국의 수도인 카라코룸으로 갔다고 적시한 예는 뭉케 카안 시기인 1257년 9월 김수강(金守剛)의 사행 단 한 차례에 불과하고,[19] 모두 "몽고로 갔다[如蒙古]"라고만 기록되어 있다. 물론 대몽골국 카라코룸에서 만났을 유럽 사절에 대해서는 전혀 언급되어 있지 않지만, 유럽 측 사신들이 '솔랑기의 수령' 또는 '솔랑가의 사신들'에 대해 자세히 남긴 기록을 보면 분명히 만났

17 Plano de Carpini, & William of Rubruck, *The Mongol Mission: Narratives and letters of the Franciscan missionaries in Mongolia and China in the thirteenth and fourteenth centuries*, Christopher Dawson (Ed.), London & New York: Sheed & Ward, 1955; 플라노 드 카르피니·윌리엄 루브룩, 『몽골제국 기행』, 김호동 옮김, 서울: 까치, 2015; 김장구, 「플라노 드 카르피니의 『몽골인의 역사』에 보이는 몽골사 인식」, 『동국사학』 49, 2010; 김장구, 「대몽골국 초기 異文化와 宮廷의 外交典禮」, 『동국사학』 53, 2012.

18 마르코 폴로, 『마르코 폴로의 동방견문록』, 김호동 옮김, 파주: 사계절, 2000, 225쪽; Michael Underdown, "European Knowledge of Korea during the Yüan Dynasty", *Études Mongoles et Sibériennes*, vol. 27, 1997.

19 "時移都江華, 蒙古遣將侵掠, 督還舊京. 王遣守剛如蒙古, 進方物, 守剛從帝入和林城, 乞罷兵." 『고려사』 권102 「열전」 권15 제신 김수강조. 이와 같은 내용은 다음의 기록에도 실려 있다. 『고려사절요』 권17 고종사 43년(1256) 9월조.

으며 서로를 인식했을 것이다. 이 중에서 '솔랑기'라는 단어는 그때부터 오늘날까지도 몽골인들이 '한국'을 가리키는 '솔롱고스(Solongɣos)'로, '카울레(Caule)'는 서아시아와 유럽 쪽에서 '한국'을 부르는 '코리아(Corea~Korea)'로 전해졌다.[20]

이 장은 대몽골국의 초기(1206~1259)에 고려에서 카라코룸으로 파견했던 사신들의 사행을 당시 대몽골국의 정치·군사적 상황과 연관하여 살펴보는 것을 목적으로 한다. 아울러 교황 인노켄티우스 4세(Innocentius IV)가 파견한 카르피니가 보았던 '솔랑기의 수령'과, 프랑스 국왕 루이 9세(Louis IX)가 비공식적으로 파견한 뤼브루크가 보았던 '솔랑가의 사신들'이 고려에서 언제 파견되었던 누구였는지를 추정할 수 있는 가능성 등을 살펴보고자 한다. 이로써 유라시아 대륙의 신흥 강자로 떠오른 대몽골국의 강력한 공격과 압박에 대해 고려가 끈질기게 저항했을 뿐 아니라 다양한 외교 노력도 실행했음을 이해해보도록 한다.

2. 칭기스 칸 시기 몽골과 고려의 만남

1206년, 몽골 초원의 모든 유목민을 평정하고 대몽골국을 세운 칭기스 칸(Činggis qan, 재위 1206~1227)은 곧바로 주변으로 세력을 확장하

20 Gari Ledyard, "The Mongol Campaigns in Korea and the Dating of the Secret History of the Mongols"; Staffan Rosén, "The Pseudo-Koreans revisited", *Turcica et Orientalia*, Ulla Ehrensvärd (Ed.), Stockholm: Swedish Research Institute in Istanbul, 1988; Staffan Rosén, "Korea in Mongolian Sources", *Cahiers d'Études Coréennes*, vol. 5, 1989; 額爾敦巴特爾, 「蒙古肅良合氏的來源」, 『元史論叢』 14, 2014; 김장구, 「17세기 '몽문연대기'에 보이는 한국 관련 기록의 비판적 검토」, 『동국사학』 62, 2017.

기 시작했다. 먼저 오이라트(Oirat)와 키르기스(Kyrgyz) 등을 정복하고 세력을 더욱 키우자, 위구르(Uyɣur)를 비롯한 주변 세력들이 자진 귀부하기에 이르렀다. 곧 '타타르(Tatar)부'를 이용해 자신의 부친인 이수게이(Yisügei)를 살해한 금나라를 공격하기에 앞서, 먼저 탕구트(Tangut, 西夏)를 공격하여 항복을 받아냈다. 이어서 전력을 다해 금나라를 공격하여 1214년 화의를 조건으로 항복을 받아냈다. 그러나 몽골 군대가 물러가자 금나라는 수도를 중도(中都)에서 변경(汴京)으로 옮기고 다시 항전 태세를 갖추었다.

이후 금나라의 정세가 흔들리기 시작하자 그 통치하에 있던 거란인들이 반기를 들었고, 1217년 포선만노(浦鮮萬奴)는 동진(東眞)을 세웠다. 몽골과 동진의 압박을 받은 거란의 일부 세력은 고려 경내로 들어와서 약탈과 방화를 자행하며 결국 강동성(江東城)을 근거지로 삼아 저항을 계속했다. 이에 몽골군 1만 명은 카친(Qačin, 哈眞)과 잘라(Jala, 札剌)의 지휘하에 동진의 포선만노가 보낸 완안자연(完顔子淵)의 군사 2만과 함께 거란군을 토벌한다고 선언한 후[21] 고려에 협공을 요구했다. 이에 따라 조충(趙冲)과 김취려(金就礪)가 카친·완안자연 등이 거느린 군사와 합세해 강동성을 포위하니 적이 성문을 열고 나와 항복했다고 한다.[22]

한편 『고려사절요』에는 당시 상황이 더욱 자세하게 기록되어 있는데, 이른바 1219년 초 고려와 몽골 간에 우호적인 '형제맹약'을 맺었다는 내용이다. 그러나 실상은 강대국 몽골의 강요에 따른 복속을 의미하는 것이었다. 이는 카친 등이 돌아가며 동진의 관리와 시종 41명을

21 『고려사』 권22 「세가」 권22 고종 5년(1218) 무인 12월 기해.

22 『고려사』 권22 「세가」 권22 고종 6년(1219) 기묘 정월 신사.

그대로 의주(懿州)에 머물게 하면서, "너희들은 고려 말을 익히면서 내가 다시 올 때를 기다리도록 하라"고 지시했다는 기록에서도 알 수 있다.[23] 따라서 몽골은 고려가 항복했다고 인식했던 것이며, 『원사』에 "고려 왕 철(瞮, 고종)이 마침내 항복하고 세공(歲貢)과 방물(方物)을 바치기를 청했다"고 기록했던 것이다.[24] 아울러 몽골과 동진은 1219년 8월부터 1224년 11월까지 10여 차례에 걸쳐 고려 측에게 세공을 바치라고 요구했다.[25]

또한 당시 몽골 측의 인식을 보여주는 기록도 존재한다. 즉 칭기스칸이 사망하고 1229년 우구데이가 대칸으로 즉위한 후, 1231년 사르탁(Sartaɣ, 撒禮塔)과 코르치(qorči, 火里赤)를 통해 보낸 국서에 이르기를, "하늘의 힘과 하늘의 도리에 따라 한 말을 듣고도 받아들이지 못하는 자들은 눈이 있어도 먼 것이고, 손이 있어도 없는 것이며, 다리가 있어도 저는 사람과 같다. … 호랑이 해(虎兒年, 1218)에 이미 항복했으니, 우리들은 한 집안이 아닌가?"[26]라는 고압적인 문장에서도 고려가 1218년에 대몽골국에 항복했다는 몽골 측의 인식을 분명히 확인할 수 있다. 따라서 『집사』「칭기스 칸 기」에 "솔랑카(Sôlangqa) 지방도 마찬가지로 점령했다"고 기록했던 것이다.[27]

---

23 『고려사』 권22「세가」 권22 고종 6년(1219) 기묘 이월 기미.

24 "十三年(1218) 戊寅 … 契丹六哥據高麗江東城, 命哈眞, 札剌率師平之, 高麗王瞮遂降, 請歲貢方物." 『원사(元史)』 권1「본기」 권1 태조: [명] 宋濂 撰, 『元史』, 北京: 中華書局, 1976(이하 『원사』), 20쪽.

25 『고려사』 권22「세가」 권22 고종 6년(1219) 기묘 8월 임진; 9월 신축; 8년(1221) 신사 8월 기미; 9월 초하루 임오; 계사; 10월 을묘; 12월 임진; 9년(1222) 임오 8월 계사; 11년(1224) 갑신 봄 정월 병오; 무신; 11월 을해; 12년(1225) 을유 봄 5월 계미.

26 『고려사』 권23「세가」권23 고종 18년(1231) 12월 임자.

27 라시드 앗 딘, 『집사 2 · 칭기스 칸 기』, 111쪽; 김장구, 「13~14세기 여몽관계에 대한 몽골학계의 관점」, 『13~14세기 고려-몽골 관계 탐구』, 서울: 동북아역사재단, 2011, 200-201쪽.

그런데 1225년(고종 12) 봄 정월에 몽고의 사신 제구예(Jegüye, 著古與)가 "서경(西京)을 떠나 압록강을 건너면서 국가의 공식 예물인 수달 가죽만 챙기고 나머지 비단 필 등의 물품은 모조리 들판에 버리고 갔는데, 이들이 도중에 도적들에게 살해당하는 사건이 발생했다. 몽고에서는 도리어 우리를 의심해 결국 국교가 단절되고 말았다."[28] 고려 측에서는 거란 잔당의 소행이라고 지속적으로 변명을 했지만, 몽골 측의 의심을 해소하지는 못했다.

이때 몽골군 주력 부대는 오랜 기간에 걸친 중앙아시아 원정과 뒤이은 탕구트에 대한 공격 등으로 인해 곧바로 고려를 공격하지 못했다. 당시 몽골의 상황은 동진에서 고려에 사신을 보내 전달한 두 통의 공문 내용을 통해 확인할 수 있다. "몽고의 칭기스(Činggis, 成吉思)는 먼 외국에 오래 나가 있어 그 소재를 알 수가 없으며, 옷치긴(Otčigin, 訛赤炘)은 탐욕스럽고 포악해 인덕이 없으므로 우호 관계를 이미 끊었습니다"라는 기록이다.[29]

이와 같이 칭기스 칸 시기에는 고려 측에서 카라코룸으로 먼저 사신을 보내 교류한 바가 없다. 다만 1218년 고려는 자국 경내로 들어온 거란 잔여 세력을 몽골군 및 동진군과 협공하면서 이들과 처음 만나게 되었고, 이른바 '형제맹약'을 맺은 후 세공과 방물을 바치라는 대몽골국·동진국 양측의 압박에 시달리게 되었다.

---

28 『고려사』 권22 「세가」 권22 고종 12년(1225) 을유 5월 계미.

29 『고려사』 권22 「세가」 권22 고종 11년(1224) 갑신 5월 무신.

3. 대몽골국 초기의 상황과 고려 사신의 카라코룸 사행

우구데이 카안 시기

1219년 '형제맹약'을 맺었던 대몽골국과 고려의 관계는, 1225년 몽골 사신 제구예 피살 사건 이후 급속히 악화되었다. 톨루이(Tolui)의 감국(監國) 시기를 지나 마침내 1229년 새로운 대칸으로 추대된 우구데이(Ögödei, 재위 1229. 여름~1241. 11)는 전세를 정비한 후 역전의 용사인 동생 톨루이와 함께 금나라를 공격했고,[30] 동시에 사르탁에게는 1231년 가을에 고려를 공격하라고 명령했다. 이 사실은 동서양 사료에 동일하게 기술되어 있다. 『원사』에는 "고려 측에서 사신을 죽였기 때문에, 사르탁에게 명을 내려 고려를 토벌하도록 하여 40여 성을 취했는데, 이에 고려 왕 철이 동생인 회안공(懷[淮]安公)을 보내 항복을 청했다"[31]라고 기록되었으며, 몽골 치하 페르시아 측 사료인 『집사』「우구데이 카안 기」(1229~1234년 기사)에도 "키타이, 티베트, 솔랑가, 주르체 방면과 그쪽 변경으로는 대노얀(noyan)들의 무리를 군대와 함께 출정시켰다 …"고 기록되었다.[32] 고려 측 기록인 『고려사』에도 역시 "몽고 원수(元帥) 사르탁(撒禮塔)이 함신진(咸新鎭)을 포위하고 철주(鐵州)를 도륙했다" 고 기록되었다.[33]

이런 상황에서 몽골 측은 고려의 완전한 항복을 요구하기 위해 갈

---

30 김장구, 「대몽골국 초기 監國 톨루이의 정치적 위상과 역할」, 『이화사학연구』 51, 2015.

31 "辛卯秋八月 … 是月, 以高麗殺使者, 命撒禮塔率師討之, 取四十餘城, 高麗王瞮遣其弟懷安公請降." 『원사』 권2 「본기」 권2 태종 3년(1231), 31쪽.

32 라시드 앗 딘, 『집사 3 · 칸의 후예들』, 53-54쪽.

33 『고려사』 권23 「세가」 권23 고종 18년(1231) 신묘 8월 임오.

은 해(1231) 12월 고려 국왕에게, 앞에서 간략하게 언급한 문서를 보냈다.

> 하늘의 힘과 하늘의 도리에 따라 한 말을 듣고도 받아들이지 못하는 자들은 눈이 있어도 먼 것이고, 손이 있어도 없는 것이며, 다리가 있어도 저는 사람과 같다. 황제(카안)께서 성지(聖旨)를 내려 사르탁[撒里打] 코르치[火里赤]군을 보내 하문하셨다. '너희들은 항복하려는가, 서로 죽기로 싸우려는가?' … 호랑이 해(虎兒年, 1218)에 이미 항복했으니, 우리들은 한 집안이 아닌가?[34]

사건의 흐름을 보면, 이 문서를 받은 후에 "고려 왕 철이 동생인 회안공을 보내 항복을 청했다"[35]고 보아야 할 것이다. 이에 사르탁은 대칸의 명령에 따라 (고려에) 관(官)을 설치하고 그 땅을 나누어 진수(鎭守)하고 귀환했다.[36]

바로 이 시기에 고려는 처음으로 대몽골국에 사신을 파견했다. 이 사실도 역시 동서 사료에 모두 기록되어 있다. 사료마다 약간의 차이는 있지만 『원사』와 『고려사』를 비롯한 사료에, "1232년 4월 상장군(上將軍) 조숙창(趙叔昌)과 시어사(侍御史) 설신(薛愼)을 몽고에 보내 칭신(稱臣)하는 표문을 올리고 각종 예물을 바쳤다"고 기록되었다.[37] 또

---

34 『고려사』 권23 「세가」 권23 고종 18년(1231) 12월 임자. 이 첩문(牒文)에 대해서는 이개석, 『고려-대원 관계 연구』 93-111쪽의 새로운 번역 참조.

35 각주 32 참조.

36 "辛卯秋八月 … 撒禮塔承制設官分鎭其地, 乃還." 『원사』 권2 「본기」 권2 태종 3년(1231), 31쪽.

37 "太宗四年四月 瞰遣其將軍趙叔昌, 御史薛愼等 奉表入朝." 『원사』 권208 「열전」 권95 외이1 고려, 4609쪽; "遣上將軍趙叔昌, 侍御史薛愼如蒙古, 上表稱臣." 『고려사』 권23 「세

한 『집사』에도 "같은 해(1234)에 수많은 투르칵들(tûrqâqân)과 케식들(kezîktânân)을 솔랑카 지방에서 선발하여 카안의 어전으로 보냈는데, 그들의 수령(muqaddam)은 옹수(Ông Sû)라는 이름을 갖고 있었다"고 기록되었다.[38]

어쨌든 이번 사행을 통해 고려는 대몽골국의 내부 사정과 동서에 걸친 대외 원정 상황 및 전술 등을 파악하려 했을 것으로 보이며, 그 결과 당시 몽골 측이 고려에 신경 쓸 여력이 없을 것으로 판단했던 것 같다. 왜냐하면 몽골에 항복했던 고려 조정이 1232년 4월에 다시 반란을 일으켜 몽골 측 관리들을 죽이고, 강화도로 천도하여 들어갔기 때문이다.[39] 그러나 몽골 군대는 한 곳에 집중하는 것이 아니라 동시다발적으로 원정을 수행하는 전술을 구사했기 때문에 이러한 고려의 판단은 성급한 것이었다. 즉 우구데이 자신은 1230년 7월에 동생 톨루이, 조카 뭉케와 함께 금나라를 공격하는 한편,[40] 조카 바투(Batu)와 자신의 아들 구육을 서방으로 보내 러시아와 유럽을 공략하게 했으며, 서아시아로는 초르마간(Chormaghan) 장군을 파견했던 것이다. 동시에 여러 차례 복속과 반란을 번복했던 고려를 더 이상 그냥 둘 수 없다고 판단하

家」 권23 고종 19년(1232) 4월 12일; "遣上將軍趙叔昌侍御史薛愼如蒙古, 上表稱臣, 獻方物." 『고려사절요』 권16 고종 19년(1232) 4월; "國王瞰遣上將軍趙叔璋(昌), (侍)御史薛(順)愼等 奉表入朝." 『원고려기사』 태종 4년(1232) 임진 4월.

38 라시드 앗 딘, 『집사 3 · 칸의 후예들』, 65쪽. 이에 대해 김호동은 1258년의 일을 잘못 적었을 것이라는 가리 레드야드(Gari Ledyard)의 주장을 반박하면서, 고종이 족자(族子) 왕준(王綧)을 1241년에 보낸 사실이 여러 사료에 특기된 것을 보아 1241년의 일일 것으로 추정하고 있다.

39 "壬辰夏四月 … 高麗叛, 殺所置官吏, 徙居江華島." 『원사』 권2 「본기」 권2 태종 4년(1232), 31쪽.

40 "庚寅秋七月, 帝自將南伐, 皇弟拖雷, 皇姪蒙哥率師從 …." 『원사』 권2 「본기」 권2 태종 2년(1230), 30쪽.

여, 1232년 8월 사르탁을 보내 다시 고려를 공격했다.[41] 그러나 사르탁은 결국 '처인성(處仁城) 전투'에서 화살에 맞아 죽었다.[42]

계속되는 몽골군의 강력한 공격에 견디다 못한 고종(高宗)은 1232년 10월에 다시 몽골에 사신단을 파견하여 저간의 사정을 설명했으나, 우구데이는 여러 차례 항복을 번복하고 반란을 일으킨 고려 측을 믿지 않았던 것 같다.[43] 왜냐하면 몽골군이 1235년부터 탕구트(唐古, Tangut)를 사령관으로 1239년까지 지속적으로 고려를 침공했기 때문이다.[44] 『고려사』와 『원사』 등 관련 사료에 따르면, 이후 고려는 한동안 몽골에 사신을 파견하지 않았다. <표 7-1>을 보면, 우구데이 카안 시대에 고려 측에서 몽골로 사신을 파견한 것은 1231년 12월부터 1232년 10월까지 모두 세 차례이고, 그다음으로 기록된 것은 1238년 12월부터 1241년 4월까지 모두 여섯 차례이기 때문이다. 즉 1233년부터 1238년 말까지는 몽골로 사신을 보낸 기록이 없다. 이 시기에 고려는 몽골의 침략에 적극적으로 항전했던 것으로 보인다.

그러나 계속되는 몽골군의 공격에 견디다 못한 고종은 결국 1238년 12월에 장군(將軍) 김보정(金寶鼎)과 어사(御史) 송언기(宋彦琦) 등을 사신으로 보내 침략을 중지해달라는 표문(表文)을 몽골 측에 올렸다. 이 기록은 『원사』[45]와 『고려사』[46] 등에 거의 동일하게 기록되었다. 곧이어

41 김호동, 『아틀라스 중앙유라시아사』, 파주: 사계절, 2016, 132-133쪽.

42 "八月, 撒禮塔復征高麗, 中矢卒." 『원사』 권2 「본기」 권2 태종 3년(1231), 32쪽.

43 "國王瞰遣將軍金寶鼎 郎中趙瑞璋 上表陳情." 『원고려기사』 태종 4년(1232) 10월; "瞰遣其將軍金寶鼎, 郎中趙瑞章 上表陳情." 『원사』 권208 「열전」 권95 외이1 고려 태종 4년(1232) 10월, 4609쪽. 몽골 측의 고려 인식에 대해서는 이정란, 「13세기 몽골제국의 高麗觀」, 『한국중세사연구』 27, 2009; 이익주, 「고려-몽골 전쟁 초기(1231-1232)의 강화 협상 연구」 참조.

44 "乙未春 … 唐古征高麗." 『원사』 권2 「본기」 권2 태종 7년(1235), 34쪽.

6개월 후인 1239년 6월에도 기거사인(起居舍人) 노연(盧演)과 첨사부(詹事府)의 주부(注簿) 김겸(金謙)으로 하여금 표문을 가지고 몽고로 가게 했다.[47] 또다시 6개월 후인 1239년 12월에는 신안공(新安公) 왕전(王佺)을 포함한 148명의 대규모 사절단을 파견했다.[48] 이때 몽골에 갔던 신안공 왕전은 1240년 가을 9월에, 몽골 사신과 함께 고려의 국왕이 친히 입조하라는 조서(詔書)를 가지고 귀국했다.[49]

그리고 4개월 후인 1240년 4월, 고려는 몽골에 또다시 사신단을 파견했다.[50] 다만 『원고려기사』에는 그 시기가 1239년 3월로, 연도와 달이 다르게 기록되었다.[51] 이어서 1240년 겨울 12월에도 고려는 예빈소

---

45 "瞰遣其將軍金寶鼎 御史宋彦琦等 奉表入朝." 『원사』 권208 「열전」 권95 외이1 고려 태종 10년(1238) 12월, 4610쪽; 『원고려기사』에도 같은 내용이 실렸다. 이들은 다음 해(1239년) 9월에 귀국했다. "寶鼎, 彦琦 從詔使還國." 『원고려기사』 태종 11년(1239) 9월.

46 "遣將軍金寶鼎, 御史宋彦琦如蒙古, 上表曰 …." 『고려사』 권23 「세가」 권23 고종 25년(1238) 12월. 『고려사절요』에도 같은 문구로 기록되었다. 『고려사절요』 권16 고종 25년(1238) 12월.

47 "六月 遣起居舍人盧演, 詹事府注薄金謙, 奉表如蒙古." 『고려사』 권23 「세가」 권23 고종 26년(1239). 이 기록도 『고려사절요』에 그대로 전재되어 있다. 『고려사절요』 권16 고종 26년(1239) 6월. 또한 『원사』와 『원고려기사』에도 그대로 기록되어 있다. 『원사』 권208 「열전」 권95 외이1 고려, 4610쪽; 『원고려기사』 태종 11년(1239) 6월.

48 "太宗 十日年 十二月, 瞰遣新安公王佺與寶鼎 彦琦等百四十八人 奉表入貢." 『원사』 권208 「열전」 권95 외이1 고려, 4610쪽; "太宗 十日年 十二月 十二日, 瞰遣新安公悋(佺)與寶鼎彦琦等一百四十八人, 奉表入貢." 『원고려기사』; 『고려사』 권23 「세가」 권23 고종 26년(1239) 12월; 『고려사절요』 권16 고종 26년(1239) 12월. 신안공 왕전에 대해서는 『고려사』 권90 「열전」 3 평양공 기 참조.

49 "秋九月 新安公佺, 與蒙古多可·坡下道·阿叱等十七人, 賫詔來, 復諭入朝." 『고려사』 권23 「세가」 권23 고종 27년(1240) 경자.

50 『원사』에는 3월로 되어 있으나 다른 사료들에는 모두 4월로 기록되었다. "夏四月 遣右諫議趙脩, 閤門祗侯金成寶, 如蒙古." 『고려사』 권23 「세가」 권23 고종 27년(1240); 『고려사절요』 권16 고종 27년(1240) 4월; 『원사』 권208 「열전」 권95 외이1 고려 태종 12년(1240) 3월, 4610쪽.

51 "瞰遣右諫議趙脩, 閤門祗侯金成寶等, 奉表貢獻." 『원고려기사』 태종 11년(1239) 경자

경(禮賓少卿) 송언기(宋彦琦)와 어사 권위(權韙) 등 사신단을 몽골에 파견했다.[52] 결국 몽골 측의 강력한 압박과 계속되는 국왕 친조 요구를 견디다 못한 고종과 최씨 무인정권 측은 1241년 4월에 고종의 먼 조카뻘 되는 영녕공(永寧公) 왕준(王綧)을 왕의 아들이라 속여 인질로 보내게 된다.[53] 이로부터 얼마 지나지 않은 1241년 말, 우구데이 카안이 사망하자 유라시아 전역에서 정복 전쟁을 수행하던 몽골 군대와 사령관들은 일시 전쟁을 멈추고, 향후 대몽골국의 운명을 결정 지을 쿠릴타이(Quriltai)에 참석하기 위해 몽골고원으로 돌아오기 시작했다.[54]

이상 우구데이 카안 시기에 몽골 카라코룸으로 파견된 고려 사신들에 대한 기록을 살펴본 결과, 우구데이 치세 초기인 1231년부터 1232년에 걸쳐 모두 세 차례, 또 치세 후반기인 1238년 12월부터 1241년 4월까지는 여섯 차례 사신을 보냈다는 사실을 알 수 있다. 우구데이 카안은 1230년 7월부터 1232년 3월까지 동생 톨루이와 함께 금나라를 공격하러 출정한 이외에는 계속 카라코룸과 그 주변에 머물렀기 때문에,[55] 이 기간이 아닌 기간에 몽골로 갔던 고려 사신들은 모두 카라코룸으로 갔던 것이라고 추정된다.

3월.

52 "冬十二月 遣禮賓少卿宋彦琦·御史權韙, 如蒙古." 『고려사』 권23 「세가」 권23 고종 27년(1240); 『고려사절요』 권16 고종 27년(1240) 12월; 『원사』 권208 「열전」 권95 외이1 고려 태종 12년(1240) 12월, 4610쪽; 『원고려기사』 태종 12년(1240) 경자 12월.

53 "率衣冠子弟十人入蒙古, 爲禿魯花. 遣樞密院使崔璘, 將軍金寶鼎, 左司諫金謙伴行, 禿魯花華言質子也." 『고려사』 권23 「세가」 권23 고종 28년(1241) 4월; 『고려사절요』 권16 고종 28년(1241) 4월; 『원사』 권2 「본기」 권2 태종·정종; 『원사』 권208 「열전」 권95 외이1 고려, 4610쪽; 이개석, 『고려-대원 관계 연구』, 111-112쪽.

54 김호동, 「구육(定宗)과 그의 時代」, 『近世 東아시아의 國家와 社會』, 파주: 지식산업사, 1998, 106쪽.

55 『원사』 권2 「본기」 권2 태종, 29-38쪽.

투레게네 카툰 감국 시기

1241년 11월 우구데이 카안이 사망한 후, 1242년 봄부터 그의 부인 투레게네(Töregene) 카툰(qatun, 皇后)이 감국으로 통치했다(1242. 1~1246. 7).[56] 이에 고려는 1242년 5월에 시랑(侍郎) 송언기(宋彦琦) 등을 사신으로 파견했다. 필시 몽골의 내부 정황을 알아보기 위함이었을 것이다.[57] 특히 1243년에는 모두 세 차례에 걸쳐 사신을 파견했다. 먼저 봄 1월에 몽골에 사신을 보내 방물을 바치게 했다.[58] 이어서 7월에 유경로(柳卿老)와 정진(丁瑨)을 사신으로 보냈다.[59] 그리고 12월에는 7월에 보냈던 낭중(郎中) 유경로(柳卿老)를 다시 파견했다.[60] 1244년에는 단 한 차례 원외랑(員外郎) 임인수(任絪壽)와 낭장(郎將) 장익성(張益成)을 보냈으며,[61] 1245년에는 4월에 원외랑(員外郎) 박수(朴隨)와 낭장 최공진(崔公瑨)을,[62] 10월에는 신안공 왕전(王佺)과 대장군 황보기(皇甫琦)를 보내는 등[63] 모두 두 차례 사신을 파견했다.

---

56 "壬寅年(1242) 春, 六皇后 乃馬眞氏 始稱帝." 『원사』 권2 「본기」 권2 태종, 37쪽.

57 "五月甲午 遣侍郎宋彦琦 · 中郎將李陽俊, 如蒙古." 『고려사』 권23 「세가」 권23 고종 29년(1242); 『고려사절요』 권16 고종 29년(1242) 5월.

58 "春五月庚子 遣樞密院副使崔璘, 秘書少監金之岱, 如蒙古, 獻方物." 『고려사』 권23 「세가」 권23 고종 30년(1243) 계묘; 『고려사절요』 권16 고종 30년(1243) 1월.

59 "秋七月 遣柳卿老 · 丁瑨, 如蒙古." 『고려사』 권23 「세가」 권23 고종 30년(1243); 『고려사절요』 권16 고종 30년(1243) 7월.

60 "十二月甲申 遣郎中柳卿老, 如蒙古." 『고려사』 권23 「세가」 권23 고종 30년(1243); 『고려사절요』 권16 고종 30년(1243) 12월.

61 "夏四月壬辰 遣員外郎任絪壽, 郎將張益成, 如蒙古." 『고려사』 권23 「세가」 권23 고종 31년(1244); 『고려사절요』 권16 고종 31년(1244) 4월.

62 "己卯 遣員外郎朴隨, 郎將崔公瑨如蒙古." 『고려사』 권23 「세가」 권23 고종 32년(1245); 『고려사절요』 권16 고종 32년(1245) 4월.

63 "冬十月壬午 遣新安公佺, 大將軍皇甫琦, 如蒙古." 『고려사』 권23 「세가」 권23 고종 32년

이렇게 우구데이의 부인인 투레게네 카툰의 감국 시기인 1242년 1월부터 1246년 7월에 구육이 대칸으로 추대될 때까지, 고려 측에서는 카라코룸으로 모두 일곱 차례에 걸쳐 사신을 파견했다. 고려는 다음 대칸이 아직 정해지지 않고 있던 대몽골국의 내부 정치 상황을 파악하고, 차기 대칸으로 누가 선출될 것인지 등에 깊은 관심을 가졌던 것으로 보인다. 따라서 1242년에 한 차례, 1243년에는 무려 세 차례, 1244년에 한 차례, 1245년에는 두 차례 사신을 파견했던 것이다.

구육 카안 시기

어머니이자 감국이던 투레게네 카툰의 끈질긴 회유와 노력으로, 구육은 마침내 1246년 7월에 쿠릴타이를 통해 대칸으로 추대되었다. 그러나 당시 칭기스 가문의 장형(長兄, aqa)이던 바투가 쿠릴타이에 불참하는 등 대칸의 권위가 확고하지 못한 상황이었다.[64] 고려 측에서는 구육 카안에 대해, 이미 우구데이 카안 시기에 카라코룸으로 파견했던 사신들을 통해 어느 정도 파악했을 것으로 보인다. 구육 카안의 통치는, 기간도 짧았을 뿐더러 대외 원정 준비와 출정 등으로 인해 고려에 대해 적극적으로 신경 쓸 겨를이 없었을 것으로 보인다. 결국 구육 카안은 부친인 우구데이 카안의 유업(遺業)이었던 중앙아시아와 서아시아 원정을 완수함으로써 자신의 권위를 세우려고 했으나, 원정 도중인 1248년 3월에 쿰 셍기르(Qum Senggir, 橫相乙兒)에서 43세의 나이로 사망했다.[65]

(1245); 『고려사절요』 권16 고종 32년(1245) 10월.

64 김호동, 「구육(定宗)과 그의 時代」.

65 『원사』 권2 「본기」 권2 태종 · 정종, 39쪽.

고려 측에서는 구육 카안 재위 시기에는 1248년 2월에 단 한 차례 몽골로 사신을 파견했다.[66] 그러나 바로 이 시기 카라코룸에는 이미 예전 두 번에 걸쳐 몽골로 파견된 고려 사절들이 머무르고 있었다.[67]

오굴 카이미시 카툰 감국 시기

구육 카안 사후에는 그의 부인인 오굴 카이미시 카툰(Oɣul Qaimish qatun)이 감국으로 정국을 이끌었다. 뭉케가 대칸으로 즉위할 때까지 비록 3년 남짓한 시간이었지만(1248. 3~1251. 6), 고려 측에서는 무려 일곱 차례에 걸쳐 사신을 파견했다. 첫 번째 사신 파견은 1248년 10월에 이루어졌다.[68] 1249년에는 4월,[69] 6월[70] 두 차례에 걸쳐 사신을 파견했다. 1250년에는 1월,[71] 2월,[72] 7월[73] 무려 세 차례에 걸쳐 사신을 파견했다. 1250년 3월에는 1월에 몽골로 파견되었던 최장저(崔章著)가 몽골로

---

66 "春二月 遣樞密院使孫抃, 秘書監桓公叔如蒙古." 『고려사』 권23 「세가」 권23 고종 35년(1248) 무신; 『고려사절요』 권16 고종 35년(1248) 2월.

67 이에 대해서는 다음 절에서 서술하도록 하겠다.

68 "壬辰 遣郎將張俊貞, 祗侯張暐如蒙古." 『고려사』 권23 「세가」 권23 고종 35년(1248) 10월; 『고려사절요』 권16 고종 35년(1248) 10월.

69 "庚戌 遣郎將金子珍, 校書郎沈秀之如蒙古." 『고려사』 권23 「세가」 권23 고종 36년(1249) 4월; 『고려사절요』 권16 고종 36년(1249) 4월.

70 "癸丑 遣侍郎安戩·郎將崔公柱, 如蒙古." 『고려사』 권23 「세가」 권23 고종 36년(1249) 6월; 『고려사절요』 권16 고종 36년(1249) 6월.

71 "春五月癸巳 遣郎中崔章著如蒙古." 『고려사』 권23 「세가」 권23 고종 37년(1250) 경술; 『고려사절요』 권16 고종 37년(1250) 1월.

72 "己未 遣樞密院副使崔滋, 中書舍人洪縉如蒙古." 『고려사』 권23 「세가」 권23 고종 37년(1250) 2월; 『고려사절요』 권16 고종 37년(1250) 2월.

73 "遣左司諫鄭蘭, 郎將魏公就如蒙古." 『고려사』 권23 「세가」 권23 고종 37년(1250) 7월 22일; 『고려사절요』 권16 고종 37년(1250) 7월.

부터 돌아와, 몽골 조정에서 종친과 홍복원(洪福源)의 부친을 보내라는 지시를 내렸다고 보고했다.[74] 이어 1251년에는 두 차례 사신을 파견했는데,[75] 한 번은 오굴 카이미시 감국 시기에, 또 한 번은 뭉케 카안 즉위 후에 보냈다.

투레게네 카툰과 마찬가지로 오굴 카이미시 카툰의 감국 시기에도 몽골 조정은 고려에 대해 끊임없는 압박과 공격을 가해왔다. 예를 들면 1249년 8월 보름에 고려에 보낸 오굴 카이미시 카툰의 의지(懿旨)를 보면, 대칸의 부재에도 불구하고 대몽골국의 대외 정책의 연속성이 변함없이 유지되고 있었음을 알 수 있다.[76]

뭉케 카안 시기

바투의 강력한 지원을 받은 뭉케가 대칸으로 즉위한 1251년 6월부터 사망한 1259년 7월까지 대략 8년 동안 고려 측에서는 모두 열한 차례 사신을 파견했다. 뭉케 카안은 남송(南宋) 원정 등 동아시아 지역에 군사력을 집중했고, 고려는 이에 영향을 받지 않을 수 없었다. 따라서 제일 먼저, 뭉케 카안 즉위 직후인 1251년 7월에 사신을 파견했다.[77] 대칸 즉위를 축하하고 대몽골국의 정국 내부 상황 등을 엿보기 위함이었을 것이다. 그리고 1252년에도 1월에 한 차례 더 사신을 파견

74 『고려사』 권23 「세가」 권23 고종 37년(1250) 3월.

75 "癸丑 遣同知樞密院事崔璘·上將軍金寶鼎, 如蒙古." 『고려사』 권23 「세가」 권24 고종 38년(1251) 2월; 『고려사절요』 권17 고종 38년(1251) 2월.

76 『원고려기사』 정종 황제 4년(1249) 기유; 여원관계사연구팀 편, 『원고려기사(元高麗紀事)』, 서울: 선인, 2008, 98-104쪽; 이개석, 『고려-대원 관계 연구』, 112-115쪽.

77 "秋七月丁卯 遣少卿林惟式, 郎將趙元奇, 如蒙古." 『고려사』 권24 「세가」 권24 고종 38년(1251); 『고려사절요』 권17 고종 38년(1251) 7월.

했다.[78]

뭉케 카안은 1253년 정월에 고려 원정군 사령관을 예쿠(Yekü, 也古)에서 잘라이르타이(Jalayirtai, 札剌兒帶)로 교체했다.[79] 잘라이르타이가 이끄는 몽골군의 공격에 저항하다 못한 고려는 그해 12월에 안경공(安慶公) 왕창(王淐)을 몽골로 파견한다.[80] 이 사신단은 1254년 8월에 귀국했다.[81] 뤼브루크는 바로 이 시기에 '솔랑가(Solanga)의 사신들'을 보았을 것이고, 그들의 외모와 복장 등에 대해 자세한 기록을 남긴다.[82]

몽골의 공격이 계속되자 다음 해(1254) 3월에 비서소경(祕書少卿) 이수손(李守孫)과 사문박사(四門博士) 김양영(金良瑩) 등을 사신으로 파견했다. 그런데 이들은 몽골에 3년 동안 잡혀 있다가 요동 지방 의주에서 사망하고 만다.[83] 몽골의 고려 공격이 멈출 의사가 없다는 것을 보여주는 사건이었다. 이어서 1254년 여름에 잘라이르타이가 다시 고려를 공격하기 시작했다.[84] 이에 고려는 1254년 윤6월에 한 차례 더 사신을 보

---

78 "春五月丙午 遣樞密院副使李峴, 侍郎李之葳如蒙古." 『고려사』 권24 「세가」 권24 고종 39년(1252) 임자; 『고려사절요』 권17 고종 39년(1252) 1월.

79 "癸丑 春五月, … 罷也古征高麗兵, 以札剌兒帶爲征東元帥." 『원사』 권3 「본기」 권3 헌종 3년(1253), 46쪽.

80 "壬申 遣安慶公淐如蒙古." 『고려사』 권24 「세가」 제24 고종 40년(1253) 12월; 『고려사절요』 권17 고종 40년(1253) 12월.

81 "己丑 安慶公淐還自蒙古, 蒙使十人偕來." 『고려사』 권24 「세가」 제24 고종 41년(1254) 8월; 『고려사절요』 권17 고종 41년(1254) 8월.

82 이에 대해서는 다음 절에서 서술하겠다.

83 "遣祕書少卿李守孫四門博士金良瑩如蒙古. 拘留三年, 死于懿州." 『고려사절요』 권17 고종 41년(1254) 3월.

84 "… 夏 … 遣札剌亦兒部火兒赤征高麗." 『원사』 권3 「본기」권3 헌종 4년(1254) 갑인, 47쪽.

내게 되었다.[85]

1255년 1월에는 다시 평장사(平章事) 최린(崔璘) 등을 몽골로 보내 표와 방물을 바치고, 병사를 물릴 것[罷兵]을 호소했다.[86] 사절로 파견했던 최린이 1255년 9월에 몽골 사신 6명과 함께 귀국해 그들을 승천관에 머물러 있게 한 후 먼저 궁궐로 들어왔고, 잘라이르타이[車羅大]와 영녕공(永寧公[王綧])이 대군을 거느리고 서경에 도착했으며, 척후 기병은 이미 금교(金郊)까지 왔다고 보고했다.[87] 1255년, 뭉케 카안은 몽골군 주력 부대와 더불어 금나라 치하에 있었던 한족과 여진족, 고려인들을 징발해 남송 정벌을 위해 출발했다.[88] 동시에 잘라이르타이와 홍복원에게는 다시 고려를 정벌할 것을 명했고, 이후 침략은 3년 동안이나 계속되었다.[89] 이에 고종은 1255년 6월에 몽골로 사신들을 파견했고,[90] 이들은 같은 해 9월에 돌아왔다.[91]

당시 남송 원정에 집중해야 했을 몽골 주력군의 내부 사정과 고종의 사신 파견 등이 맞물려,[92] 마침내 1256년 뭉케 카안이 고려 사신 서지(徐

---

85 "己卯 遣中書舍人金守精如蒙古." 『고려사』 권24 「세가」 제24 고종 41년(1254) 윤6월; 『고려사절요』 권17 고종 41년(1254) 윤6월.

86 『고려사』 권24 「세가」 권24 고종 42년(1255) 1월.

87 『고려사』 권24 「세가」 권24 고종 42년(1255) 9월.

88 라시드 앗 딘, 『집사 3 · 칸의 후예들』, 342쪽. "'타울라이 일'(토끼해, 1255년) … 키타이의 군주인 자우간(Jaugân, 宋朝)을 정벌하기로 결정했다. … 자우쿠트(Jâûqût)는 키타이와 주르체와 **솔랑카**로 구성되어 있었는데 …."

89 "是歲, 改命箚剌解與洪福源同征高麗. 後次又連三歲, 攻拔其光州 …." 『원사』 권3 「본기」 권3 헌종 5년(1255); 『원고려기사』 헌종 황제 4년(1254).

90 "甲戌 遣侍御史金守剛 · 郎將庾資弼, 如蒙古, 進方物." 『고려사』 권24 「세가」 권24 고종사 12년(1255) 을묘 6월; 『고려사절요』 권17 고종 42년(1255) 6월.

91 『고려사』 권24 「세가」 권24 고종 43년(1256) 병진 9월 기축; 『고려사절요』 권17 고종 43년(1256) 9월.

92 "出師南征." 『원사』 권3 「본기」 권3 헌종 7년(1257) 정사 9월, 50쪽.

趾)를 보내 철군을 지시하자 잘라이르타이가 군사를 철수하게 되었다.[93] 이후 고종은 1257년 5월에 한 번 더 사신을 파견했다.[94] 특히 1257년 9월 김수강의 파견 기록은, 고려 측 사신이 몽골 '카라코룸[和林城]'에 갔다고 명시한 유일한 예이다.[95] 뭉케 카안의 명령에 따른 잘라이르타이의 철군 이후, 고종은 1257년 12월에 안경공 왕창과 좌복야(左僕射) 최영(崔永)을 몽골에 보냈다.[96] 이들은 1258년 9월에 돌아왔다.[97]

그런데 뭉케 카안은 또다시 1258년 3월에 홍차구(洪茶丘)에게 명하여 군사를 이끌고 잘라이르타이[箚剌䚟]와 함께 고려를 정벌하도록 명했다.[98] 이에 견디다 못한 고종은 1259년 4월, 태자 왕전(王倎=식[植], 후일 원종(元宗))을 보내 최종적으로 항복의 뜻을 표명했다.[99] 이 사신단 중에서 이세재(李世材)는 1259년 11월에 귀국했고, 이때 뭉케 카안을 만나기 위해 중국으로 갔던 태자 왕전(王倎)은 경조부(京兆府)에 있을 때 선왕[고종(高宗)]의 부음을 듣고 상복을 입었다가 사흘 만에 벗은 후 쿠

---

93 『고려사』 권24 「세가」 권24 고종 43년(1256) 9월; 『고려사절요』 권17 고종 43년(1256) 9월.

94 "五月戊午 遣起居注金守剛, 郎將秦世基如蒙古." 『고려사』 권24 「세가」권24 고종 44년(1257); 『고려사절요』 권17 고종 44년(1257) 5월.

95 『고려사절요』 권17 고종 43년(1256) 9월; "時移都江華, 蒙古遣將侵掠, 督還舊京. 王遣守剛如蒙古, 進方物, 守剛從帝入**和林城**, 乞罷兵. … 遂遣徐趾, 來命罷兵." 『고려사』 권102 「열전」 권15 제신 김수강.

96 "遣安慶公淐, 左僕射崔永如蒙古." 『고려사』 권24 「세가」 권24 고종 44년(1257) 12월 22일; 『고려사절요』 권17 고종 44년(1257) 12월.

97 『고려사』 권24 「세가」 권24 고종 45년(1258) 9월.

98 "戊午春 … 三月, 命洪茶丘率師從箚剌䚟同征高麗." 『원사』 권3 「본기」 권3 헌종 8년(1258), 51쪽.

99 "甲午 遣太子倎奉表, 如蒙古. 參知政事李世材, 樞密院副使金寶鼎等四十人從之 …." 『고려사』 권24 「세가」 권24 고종 46년(1259) 4월; "憲宗末 瞮遣其世子倎入朝." 『원사』 권208 「열전」 권95 외이1 고려, 4610쪽.

빌라이 대왕의 명에 따라 다음 해인 1260년 3월에 귀국했으며,[100] 김보정(金寶鼎) 등은 1260년 4월에 귀환했다.[101]

몽골의 계속되는 침략과 최씨 무인정권 집권기에 파란만장했던 삶을 살았던 고종은 결국 1259년 6월 30일 사망하고, 고려는 곧바로 사신을 보내 이 소식을 몽골 측에 전달했다.[102]

4. 유럽 측 사신이 카라코룸에서 본 고려 사절

카르피니가 본 '솔랑기의 수령'[103]

1246년 가을 7월에 구육이 대칸으로 추대되었다. 흥미롭게도 구육의 즉위식에는 교황 인노켄티우스 4세가 파견한 사절인 카르피니도 참석했다. 카르피니가 몽골에 도착한 것은 1246년 7월, 즉 구육 카안의 즉위 바로 전이었고, 카라코룸을 떠난 것은 같은 해 11월이었다. 바로 이때 '카르피니가 솔랑기(Solangi, 高麗)의 수령'을 보고 기록에 남겼던 것이다. 카르피니가 '솔랑기'에 대해 남긴 여섯 차례의 기록 중에서 중요한 두 가지 예만 들어보자.

---

100 "壬戌 王在京兆府聞訃, 服喪三日而除, 受忽必烈大王之命, 乃還." 『고려사』 권25 「세가」 권25 원종 원년(1260) 경신 2월.

101 『고려사』 권25 「세가」 권25 원종 원년(1260) 경신 4월; 『고려사절요』 권18 원종 원년(1260) 4월.

102 "遣別將朴天植告哀于蒙古." 『고려사절요』 권17 고종 46년(1259) 6월.

103 이 부분의 글 일부는 다음에서 간략하게 언급한 바 있다. 김장구, 「플라노 드 카르피니의 『몽골인의 역사』에 보이는 몽골사 인식」. 특히 91-95쪽.

우리는 황제(카안)의 궁정에서 러시아의 대공이자 고귀한 혈통을 가진 야로슬라브뿐만 아니라 조지아의 국왕과 여왕, 그리고 수많은 중요한 술탄들과 **솔랑기(Solangi)의 수령**이 응분의 대접을 받지 못하는 것을 보았기 때문이다.[104]

그곳에서 우리는 황제(카안)의 어전으로 소환되었습니다. 수석 서기인 친카이가 우리의 이름과 우리를 파견한 사람들의 이름을 적었고, **솔랑기(Solangorum)의 수령**(강조는 필자)과 다른 사람들의 이름을 기록했습니다.[105]

이때 카르피니가 구육 카안의 궁정에서 본 '솔랑기의 수령'으로 추정할 수 있는, 고려 왕족 출신 사절로는 두 후보가 있다. 첫 번째는 1241년 4월, 귀족 자제 10명과 함께 몽골에 인질로 갔다가 1255년 9월에 잘라이르타이[車羅大]와 같이 돌아온 영녕공 왕준이다.[106] 왕준은 1255년 9월 잘라이르타이와 함께 귀국하는 등 몇 차례 고려를 방문했으나, 다시 돌아가서 1283년 몽골(大都?)에서 사망한 인물이다. 따라서 카르피니가 만났던 '고려의 수장'은 왕준이었을 가능성이 있다.

두 번째는 1245년 10월에 몽골로 갔다가 1249년 윤2월에 돌아온 신안공 왕전(王佺)이다.[107] 그는 이전에도 한 번(1239~1240) 카라코룸에

---

104 플라노 드 카르피니·윌리엄 루브룩, 『몽골제국 기행』, 66쪽: Plano de Carpini, & William of Rubruck, *The Mongol Mission*, p. 15. 『몽골제국 기행』 66쪽의 각주 3에서는 "고려의 왕족 영녕공 순([준!]綧)을 가리키는 것으로 보인다"고 간략하게 언급하고 있다.

105 플라노 드 카르피니·윌리엄 루브룩, 『몽골제국 기행』, 149쪽: Plano de Carpini, & William of Rubruck, *The Mongol Mission*, p. 63.

106 각주 54 참조.

107 각주 54 참조.

다녀온 적이 있었다. 그리고 이어서 1245년(고종 32) 10월에 출발하여 1249년(고종 36) 윤2월에 귀국했다. 만약 카르피니가 본 사람이 왕전이라면, 바로 이 두 번째 카라코룸 체재 시 구육 카안의 즉위식에서 보았을 것이다.

최근 중국의 한 학자는 카르피니가 본 사람이 영녕공 왕준일 것이라고 했던 기존의 주장[108]을 부정하면서, 첫째로 영녕공 왕준은 몽골(카라코룸)에 간 것이 아니라 요동 총관 홍복원의 문하에 있었다고 주장했다.[109] 둘째로 1246년 구육 카안의 즉위식에 고려 국왕(고종)을 대표하여 참석하기에는 왕준의 나이가 어렸다고 보았다. 그리고 셋째로 『고려사』와 야율주(耶律鑄)의 문집 『쌍계취은집(雙溪醉隱集)』의 「춘일석상(春日席上) 차고려국사신안공시운이수(次高麗國使新安公詩韻二首)」 등의 사료를 근거로, 카르피니가 본 사람은 고려 고종의 육촌 동생인 신안공 왕전이라는 새로운 주장을 제기했다.[110]

그러나 신안공 왕전이라고 단정할 수 없는 첫 번째 이유는, 『고려사』「열전」 '최린(崔璘)'전을 보면, "재추들은 복야(僕射) 김보정(金寶鼎)에게 안경공 왕창을 모시고 가게 하고자 했으나, 왕이 최린에게 대신하게 했다. **이보다 먼저 영녕공 왕준이 몽골에 인질로 가서 있었는데 안경공[王淐]이 또 도착하니 황제가 영녕공의 친동생이 인질로 온 것으로 여기고**

---

108 楊曉春, 「13, 14世紀歐洲記載中的高麗」, 『第五屆韓國傳統文化國際學術硏討會論文集: 中韓交流』, 泉州: 華夏文化藝術出版社, 2005, 31-38쪽. 특히 32-33쪽 참조.

109 "(高宗)三十七年, 元徵大純入朝. 永寧公綧之入質也, 寓於福源, 福源待之甚厚. 久乃生釁, 綧積不平." 『고려사』 권130 「열전」 권43 반역 홍복원.

110 舒健, 「也談『柏朗嘉賓蒙古行紀』所記高麗王子」, 『中國邊疆史地硏究』 18-3, 2008, 125-127쪽. 이 사료는 이미 장동익의 연구에 실려 있다. 장동익, 『元代麗史資料集錄』, 서울: 서울대학교출판문화원, 1997, 123-124쪽. 또한 『고려사』와 『원고려기사』에도 관련 기사가 있다. 여원관계사연구팀 편, 『원고려기사(元高麗紀事)』, 88-89쪽 참조.

예(禮)로써 매우 후대했다"(강조는 필자)[111]라고 기록되어 있기 때문이다. 안경공 왕창이 몽골에 간 것이 1253년 12월이고 돌아온 것은 1254년 8월이었다. 따라서 영녕공 왕준은 1241년 4월부터 1255년 9월까지 몽골 카라코룸에 있었던 것이다. 물론 몽골로 가거나 고려로 돌아오는 길에 홍복원의 집에 들렀을 가능성은 있다.

두 번째 이유는, 영녕공 왕준은 1223년에 태어났기 때문에 1246년에는 24살로 당시로서는 어린 나이가 아니었다. 그리고 왕준이 몽골에 갔던 1245년 10월에는 아직 구육이 대칸으로 즉위한다는 보장도 없던 시기였다. 따라서 이 논리는 성립하지 않는다.

세 번째 이유는, 야율주가 '신안공 왕전'을 위해서 전송하는 시를 지어주었다고 해서 반드시 '왕전'만을 '고려의 수장'이라고 볼 수는 없다는 것이다. 물론 신안공 왕전일 가능성을 완전히 배제할 수는 없지만, 영녕공 왕준이 아니라고도 할 수 없는 상황이다.

한편 당시 고려 국왕을 대신해서 '인질'로 가 있던 이는 영녕공 왕준이었다. 그리고 신안공 왕전은 아마도 '구육 카안의 즉위 축하 사절'이었을 것이다. 따라서 카르피니가 본 '고려의 수장'은 영녕공 왕준일 수도, 신안공 왕전일 수도 있다. 지금까지 알려져 있는 사료만 가지고는 섣부른 결론을 내릴 수 없다. 후일 새로운 사료의 발견을 기대한다.

111 "宰樞欲使僕射金寶鼎, 從安慶公, 行王以璘代之. 先是, 永寧公綧質蒙古, 及安慶公至, 帝以爲實永寧公母弟, 禮待甚厚." 『고려사』 권99 「열전」 권12 제신 최유청-최린.

뤼브루크가 본 '솔랑가의 사신들'[112]

뤼브루크는 1253년 12월 27일 카라코룸에 도착했으며, 1254년 7월에 카라코룸을 떠나 귀국길에 올랐다. 그는 고려에 대해 두 차례 기록을 남겼는데, 각각 다른 명칭으로 불렀다. 하나는 '카울레(Caule, 高麗)'이다.

> 저는 또 다른 이야기를 들었지만 그것을 믿지는 않습니다. 즉 카타이아(Cataia) 너머에 어떤 나라가 있는데, 누구든 그가 몇 살이건 간에 그 나라에 들어가면 그 나이 그대로 멈춘다는 것입니다. 카타이아는 바다에 접하고 있습니다. 장인 윌리엄은 섬에서 살고 있는 **카울레(Caule)**(강조는 필자)와 만세(Manse, 蠻子)라는 이름으로 알려진 어느 민족의 사신들을 어떻게 보았는지 제게 설명해주었습니다. 그들 주위의 바다는 겨울에 얼어붙기 때문에 그 결과 타타르인들(Tartars)이 그들을 공격하기 위해서 움직일 수 있었습니다.[113]

다른 하나는 '솔랑가(Solanga)'이다.

> 티베트 너머에 롱가(Longa)와 **솔랑가(Solanga)**가 위치해 있는데, 저는 궁정에서 **그곳의 사신들을** 보았습니다. **그들은 10개가 넘는 커다란 수레를 가지고 왔는데 그 각각은 여섯 마리의 소들이 끌었습니다.**(강조는

---

112 이 부분의 내용 일부는 다음에서 간략하게 언급한 바 있다. 김장구, 「대몽골국 초기 異文化와 宮廷의 外交典禮」, 특히 141-142쪽 참조.

113 플라노 드 카르피니 · 윌리엄 루브룩, 『몽골제국 기행』, 317-318쪽: Plano de Carpini, & William of Rubruck, *The Mongol Mission*, pp. 202-204.

필자) 그들은 키가 작은 사람들이었고, 스페인 사람들처럼 가무잡잡했으며, 부제가 입는 겉옷과 같은, 그러나 소매가 약간 좁은 그런 상의를 입었습니다. … 그러면 그것은 마치 머리를 감싼 고리와 같은 모양이 되고, 아주 잘 치장한 모자가 됩니다.[114]

뤼브루크가, 지금도 마치 눈앞에서 보고 있는 것처럼 자세하게 묘사한 '솔랑가의 사신들'로는 역시 두 명의 후보가 있다. 한 명은 앞에서 카르피니가 본 '솔랑기의 수령'에서 언급한, 구육 카안의 즉위식에도 있었던 영녕공 왕준이다.[115] 영녕공 왕준은 카르피니가 방문했을 때보다는 성년(成年)이 되었겠지만, 여전히 인질의 신분이었으므로 고종이 보낸 '솔랑가의 사신들'은 될 수 없을 것으로 보인다.

다른 한 명은 안경공 왕창이다. 그런데 이에 대해 뤼브루크의 『여행기』 역주자는 "정사(正使)를 포함한 사신단은 각각 6마리의 소가 끄는 10대의 수레를 끌고 온 것으로 보아 제법 큰 규모였던 것으로 추정된다. 다만 현존하는 자료에서는 뤼브루크가 방문한 1253~1254년에 고려에서 카라코룸으로 사신단을 보냈다는 기록을 찾아볼 수는 없다"고 했다.[116]

필자도 고려 측 기록에서 '**대규모 사신단**'(강조는 필자)에 관해 직접 언급한 기사는 찾을 수 없었다. 그러나 안경공 왕창이 고종 40년(뭉케 3, 1253) 계축 겨울 12월에 출발해, 도중에 몽골 지휘관 아무칸(阿毋侃)이 이끄는 몽골군 진영을 방문해서 큰 잔치를 벌여주고 군사를 철수하

114 플라노 드 카르피니 · 윌리엄 루브룩, 『몽골제국 기행』, 267-268쪽: Plano de Carpini, & William of Rubruck, *The Mongol Mission*, pp. 159-160.

115 각주 54 참조.

116 플라노 드 카르피니 · 윌리엄 루브룩, 『몽골제국 기행』, 267쪽, 각주 7 참조.

게 한 뒤, 이어서 몽골에 도착하여 1254년(고종 41, 뭉케 4) 가을 8월에 몽골 사신 10명을 대동하고 귀국했다는 기록은 찾을 수 있었다.[117] 그는 이후에도 두 차례 더 몽골에 다녀오게 된다.[118]

흥미롭게도 뤼브루크의 카라코룸 체류 기간(1253. 12. 27 도착~1254. 7. 10경 출발)과 안경공 왕창의 체류 기간(1253. 12 고려 출발~1254. 8 고려 도착)이 거의 겹친다. 그렇다면 고종의 차남(次男)인 안경공 왕창이 혼자 갔을리는 만무하고, 당연히 정사로서 대규모 사신단을 이끌고 갔을 것이 분명하다. 따라서 필자는 뤼브루크가 본 '**솔랑가의 사신들**'의 정사는 안경공 왕창이었을 가능성이 더 큰 것으로 보고 있다.

이때 뤼브루크가 보았던 '솔랑가의 사신들'은 아직 더 자세한 사료가 나오지 않는 한 누구인지 특정하기 힘들다. 다만 그것이 단수가 아닌 복수이므로, 여진히 영녕공 왕준과 안경공 왕창 둘 다였을 가능성은 남아 있다.

5. 고려-몽골의 외교와 그 영향

이상으로 살펴보았듯 1218년 대몽골국과 처음 만난 고려는 1231년부터 본격적인 대항과 교섭을 시작해 1259년 최종적으로 항복할 때까지 군사적인 충돌뿐 아니라 30차례도 넘는 사신 파견을 통한 외교 교섭을 시행했다. 이 과정에서 대몽골국 측은 고려를 하루빨리 복속시키

---

117 각주 82 참조.

118 1257년 사행에 대해서는 각주 97 참조. 1267년의 몽골 사행은 다음 기록 참조. "十一月甲午 遣弟安慶公淐, 如蒙古, 賀正, 因告更遣潘阜使於日本."『고려사』권26「세가」권26 원종 8년(1267).

기 위해 압박했고, 고려는 대몽골국에 복속당하지 않으려 고통 속에서도 살아남기 위한 노력을 게을리 하지 않았다. 그러나 결국 1259년 몽골에 복속된 고려는 이후 1260년대부터 대몽골국의 새로운 중심이 되는 상도(上都)와 대도(大都, 칸발릭)로 사신을 파견하거나 인질을 보내게 되었다. 아울러 양국 간의 인적·물적 교류는 점점 더 폭넓고 다양하게 이루어지게 되었다.[119]

뒤이어 마르코 폴로는 『동방견문록』에서 고려를 더 이상 '솔랑기' 또는 '솔랑가'라 칭하지 않고 '카울리'라고 부르게 되었다.[120] 이 명칭은 서아시아 이슬람 세계를 거쳐 유럽으로 전해져 오늘날 '한국(Korea~Corée)'을 가리키게 되었다. 한편 대몽골국이 무너지고 고려가 멸망한 이후 몽골인들에게 '카울리'라는 명칭은 점차 잊히게 되었고, '솔랑가'는 살아남아 후대 몽골 역사 문헌에서도 한반도의 왕조와 국가를 지속적으로 '솔롱고스(Solonɣos)'라고 부르게 되었다.[121]

---

119 장동익, 『高麗後期外交史研究』, 서울: 일조각, 1994; 김호동, 『몽골제국과 고려: 쿠빌라이 정권의 탄생과 고려의 정치적 위상』, 서울: 서울대학교출판문화원, 2007; 森平雅彦, 『モンゴル覇権下の高麗: 帝国秩序と王国の対応』, 名古屋: 名古屋大學出版社, 2013.

120 마르코 폴로, 『마르코 폴로의 동방견문록』, 225쪽.

121 Staffan Rosén, "Korea in Mongolian Sources", pp. 267-283; 김장구, 「17세기 '몽문연대기'에 보이는 한국 관련 기록의 비판적 검토」.

8장

몽골 공주 출신 고려 왕비의 정치적 위치와 고려-몽골 관계의 다층성

이명미

1. 몽골 공주 출신 고려 왕비들

고려 왕실과 몽골 황실 간 통혼은 고려 원종(元宗) 15년(1274, 원 세조(世祖) 지원(至元) 11) 고려 세자 왕심(王諶, 뒤의 충렬왕)과 세조 쿠빌라이(Qubilai)의 딸 쿠틀룩켈미시(Qutlugh-Kelmish, 忽都魯揭里迷失) 공주 간 통혼으로 시작되었다.[1] 남송(南宋) 정벌과 일본 원정을 앞둔 몽골 조정의 상황, 임연(林衍)의 원종 폐위 사건 및 삼별초(三別抄)의 반란을 통해 표면화한 고려 내 정국 상황, 그리고 그와 연계된 고려와 몽골의 불안정한 관계 등 복잡한 정세들이 맞물린 가운데 고려 왕실과 몽골 황제

1 『고려사』 권27, 원종 15년 5월 병술.

각각의 이해관계가 만난 지점에서 성사된 통혼이었다.[2] 이후 고려 충렬왕(忠烈王)부터 공민왕(恭愍王)에 이르기까지, 어린 나이에 사망한 충목왕(忠穆王)과 충정왕(忠定王)을 제외한 모든 고려의 국왕들은 몽골 황실의 공주를 부인으로 맞이했고, 총 7명의 몽골 공주들이 고려 왕비가 되었다. 이를 정리하면 <표 8-1>과 같다.

<표 8-1> 몽골 공주 출신 고려 왕비들

고려 국왕/ 종실*	몽골 공주	공주 부친: 가족관계 및 통혼 당시 황제와의 관계(촌수)
충렬왕	제국대장공주(齊國大長公主)	세조(世祖) 쿠빌라이: 황제
충선왕	계국대장공주(薊國大長公主)	진왕(晉王) 감말라: 황제(성종)의 형(2촌)
심왕 왕고*	눌륜공주(訥倫公主)	양왕(梁王) 중샨: 감말라의 아들(4촌)
충숙왕	복국장공주(濮國長公主)	영왕(營王) 에센 테무르: 쿠빌라이의 손자(5촌)
	조국장공주(曹國長公主)	위왕(魏王) 아모가: 인종의 이복형(4촌)
	경화공주(慶華公主)	위왕(魏王) 아모가: 인종의 이복형(3촌)
충혜왕	덕녕공주(德寧公主)	진서무정왕(鎭西武靖王) 최펠: 쿠빌라이의 증손(7촌)
공민왕	노국대장공주(魯國大長公主)	위왕(魏王) 볼라드 테무르: 위왕 아모가의 아들(5촌)

표에서 보다시피 충렬왕비 제국대장공주 이외의 몽골 공주 출신 고려 왕비들은 모두 몽골 종왕(宗王)의 딸이었다. 한편 고려 국왕 이외에도 충렬왕의 맏아들인 왕자(王滋)의 아들로 충선왕(忠宣王)을 이어 심왕

2 이 통혼을 비롯해서 고려 왕실과 몽골 황실 간 통혼이 성사·유지된 배경에 대해서는 많은 연구들이 이루어졌다. 대표적으로 김혜원, 「麗元王室通婚의 성립과 특징」, 『이대사원』 24·25合, 1989; 森平雅彦, 「駙馬高麗國王の成立: 元朝における高麗王の地位についての豫備的考察」, 『東洋學報』 79-4, 1998: 『モンゴル覇権下の高麗: 帝国秩序と王国の対応』, 名古屋: 名古屋大學出版社, 2013; 이명미, 「고려·원 왕실통혼의 정치적 의미」, 『한국사론』 49, 2003 등 참조.

(瀋王)에 봉해졌던 왕고(王暠) 역시 몽골 공주를 비로 맞이했다. 또한 고려 국왕 가운데에서도 충선왕은 계국대장공주와의 통혼 이전에 공주가 아닌 몽골 여성 야속진(也速眞)을 비로 맞이한 바 있다.[3]

고려 국왕 및 종실과 통혼한 몽골 공주들과 관련해서는 그간 비교적 많은 연구들이 이루어졌다. 양국 간 통혼이 성사·유지된 정치적·외교적 배경에 대한 연구로서 각 공주의 가문 배경에 대한 연구가 이루어졌으며, 개별 공주에 대한 연구들이 이루어지기도 했다. 충렬왕비 제국대장공주나 충혜왕비 덕녕공주와 같이 고려의 정치에서 두드러지는 역할을 했던 공주들의 정치적 위상이나, 최초의 중조(重祚), 즉 왕위 번복 사태를 발생시키며 고려 정국 분열의 단초가 되었던 '조비(趙妃) 무고 사건'의 한 축에 있었던 충선왕비 계국대장공주에 대한 연구 등이 그러한 사례이다.[4] 이러한 연구들을 통해 고려-몽골 간 왕실 통혼이라는 특수한 관계의 여러 측면과 그러한 관계 속에서 등장한 몽골 공주 출신 고려 왕비들의 고려 내 위상 등에 대해 많은 부분이 밝혀졌다. 이러한 기왕의 성과들에서 한 걸음 나아가, 이 장에서는 몽골 공주 출신 고려 왕비들에 대해 크게 두 가지 문제에 주목하고자 한다.

한 가지는 몽골 공주 출신 고려 왕비들이 고려-몽골 관계에서 점하

---

3 『고려사』 권91, 종실2, 강양공 왕자 전-심왕 왕고 전; 권89, 후비2, 의비(懿妃) 야속진 전.

4 정용숙, 『고려시대의 후비』, 서울: 민음사, 1992; 권순형, 「원 공주 출신의 왕비의 정치권력 연구: 충렬왕비 齊國大長公主를 중심으로」, 『사학연구』 77, 2005; 김현라, 「고려 충렬왕비 齊國大長公主의 위상과 역할」, 『지역과 역사』 23, 2008; 이정란, 「충렬왕비 齊國大長公主의 책봉과 그 의미」, 『한국인물사연구』 18, 2012; 김난옥, 「충혜왕비 德寧公主의 정치적 역할과 위상」, 『한국인물사연구』 14, 2010; 김성준, 「麗代 元公主出身王妃의 政治的位置에 對하여: 특히 忠宣王妃를 중심으로」, 『한국여성문화논총』, 서울: 이화여자대학교출판문화원, 1958; 이정란, 「충렬왕대 薊國大長公主의 改嫁운동」, 『한국인물사연구』 9, 2008; 김현라, 「원간섭기 충선왕비 薊國大長公主의 위상 정립과 의미」, 『지역과 역사』 39, 2016 등 참조.

고 있었던 정치적 위치에 대한 문제이다. 기존의 연구들은 대체로 몽골 공주들을 고려 대 몽골의 대립적인 양자 구도 속에서 몽골을 대리 혹은 대표하여 고려에 대한 간섭·감독을 담당한 주체로 이해하는 경향이 있는 것으로 보인다. 이러한 점은 특히 몽골 황제인 세조 쿠빌라이의 딸이었던 충렬왕비 제국대장공주에 대한 연구들에서 두드러진다. 이는 제국대장공주가 황제의 딸이라는 사실과 그가 보여준 위세에 주목한 결과인 것으로 생각된다.

몽골 공주와 고려 국왕의 통혼이 정치적인 성격을 가지는 만큼, 공주가 고려-몽골 관계에서 몽골을 대표하는 입장에 있었다는 이해는 일견 타당하다. 그러나 당시의 고려-몽골 관계 속에서 그들이 몽골을 대표하여 고려를 간섭하고 통제하는 위치에 있었는지는 재고의 여지가 있다. 실제 제국대장공주가 보여준 활동들 가운데에는 앞서와 같은 관점에서는 설명되지 않는, 오히려 그 반대로도 해석 가능한 사례들이 적지 않기 때문이다. 기존 연구에서 이러한 사례들은 몽골 공주들의 '고려 왕비'로서의 정체성이 발현된 사례로 설명되며, 이러한 이해와 설명이 틀렸다고 하기는 어렵다. 그러나 이는 표면적으로 상반되는 두 가지 방향성이 갖는 관계를 구조적으로 설명하고, 그것을 기반으로 공주의 정치적 위치를 이해하고 있지는 않은 것으로 보인다.

다른 한 가지는 개별 공주의 정치력 차이가 어디에서 비롯된 것인가의 문제이다. 이는 나아가, 몽골 공주와의 개별 통혼 사례들이 고려 국왕들의 정치력에 미친 영향력의 차이가 어디에서 비롯된 것인가의 문제이기도 하다. 충렬왕이 주저앉아 눈물을 흘리게 하기도 했던 제국대장공주와, 의혹이기는 하나 충숙왕에게 맞은 것이 사망의 원인이 되었다는 이야기가 있기도 했던 그의 왕비 복국장공주의 정치력 사이의 간극은 크다. 공주들 간 정치력 차이는 일차적으로는 공주들이 고려의 정치에 개입하는 양상의 차이로 드러나지만, 동시에 개별 공주와의 통혼을 통해 고려 국왕들이 확보할 수 있었던 정치력의 차이로 드러나기도 한다.

고려 국왕들은 몽골 공주와의 통혼으로 황실의 부마가 됨으로써 그에 수반한 제도적·의례적 위상을 확보하고 이를 통해 스스로의 왕권을 재구축할 수 있었다. 이는 몽골 황실의 부마라고 하는 제도적·구조적 위상에 근거한 것으로, 개별 통혼 사례에 의해 영향을 받는 측면은 적다고 할 수 있다. 이에 비해 이 장에서 검토하고자 하는 부분은 개별 국왕이 각자의 통혼으로부터 확보할 수 있었던 인적 기반 등의 '정치력'에 해당하는 것으로, 개별 통혼 사례에 따라 큰 편차를 보일 수 있는 내용이다.

이러한 차이가 공주들의 가문 배경과 관련이 있었을 것이라는 점은 쉽게 추정이 가능하다. 제국대장공주 이후 고려 왕비가 된 몽골 공주들이 황제가 아닌 종왕의 딸이었음은 앞서 살펴본 바와 같다. 그러나 그러한 관련성이 존재한다는 사실의 인식을 넘어, 공주의 가문 배경이 구체적으로 공주의 정치력에, 나아가 고려 국왕의 정치력에 어떤 방식으로 영향을 미쳤는가에 대해서는 그간 충분히 검토된 바가 없는 것으로 보인다. 이러한 검토는 고려 국왕들이 몽골 황실의 부마가 됨으로써 확보한 제도적·의례적 위상에 대한 그간의 연구들과 더불어 몽골 공주와의 통혼이 고려 국왕권 및 고려-몽골 관계에 미친 영향을 총체적으로 파악하는 데에 중요한 내용이라고 생각된다.

이러한 문제들을 검토하기 위해 이 장에서는 몽골제국이 분봉(分封)을 근간으로 하는 분권적 성격을 가진 정치체였다는 점에 주목하고자 한다. 고려 국왕 및 종실과 통혼한 몽골 공주들은, 물론 고려-몽골 관계라고 하는 국가 대 국가 관계에서 몽골의 대표 자격을 갖지만, 동시에 몽골제국의 분권 세력인 종왕의 딸로서 그 가문을 대표해 고려 왕실과 통혼한 주체이기도 하며, 또한 통혼 이후에는 부마와 함께 또 다른 분권 세력을 형성한 인물이기도 했다. 따라서 고려-몽골 관계 속에서 몽골 공주들의 정치적 위치를 총체적으로 이해하기 위해서는 고려 대 몽골이라는 표층의 국가 간 관계 아래에서 형성되고 작용하던 개별 국왕 및 개별 황제·종왕 등 사이의 관계, 즉 개인 간 및 가문 간 관계에 주목할 필요가 있다고 생각된다. 이에 고려 왕실과 통혼한 몽골 공주들이 고려-몽골 관계에서 점하고 있었던 정치적 위치를, 몽골제국의 국가 체제라는 큰 구도 속에서 다시 조망해보고자 한다.[5]

다음 2절에서는 고려 왕실과 통혼한 몽골 공주들이 고려-몽골 관계 속에서, 보다 정확히는 몽골 조정과 고려 사이에서 어떠한 위치에 서 있었는지의 문제에 대해 살펴보고자 한다. 구체적으로 정치적 움직임이 컸던 충렬왕비 제국대장공주와 그 통혼 초기 고려에 주재했던 다루가치(daruɣači, 達魯花赤)의 관계를 통해 이 문제를 검토할 것이다.

---

5 이 장에서는 이 시기 고려의 외교 대상국의 국호를 주로 '몽골'로 지칭하고 있다. 1271년, 세조 쿠빌라이는 '대원(大元)'이라는 국호를 제정했다. 이는 몽골의 '한화(漢化)'를 보여주는 상징적인 조처로 이해되기도 했으나, 근래에는 이 '대원'이라는 국호가 '예케 몽골 울루스(Yeke Mongɣol Ulus)'의 동의어로 대몽골국 전체를 가리키는 한자식 국호일 뿐이며, 그것이 아우르는 범위에는 중국의 이른바 '원조(元朝)', 즉 대칸의 직접 지배를 받는 카안 울루스뿐 아니라 러시아와 중동 지역의 여러 울루스들, 이른바 4대 칸국(Khanate) 등이 모두 포함된다는 견해가 제시되었다(김호동, 「몽골제국사 연구와 '集史'」, 『경북사학』 25, 2002). 이 견해에 따른다면, 원(元)이든 몽골이든 그것이 지칭하는 국가는 동일한 것이 된다. 그럼에도 불구하고 굳이 '원'이라는 국호 대신에 몽골이라는 국호를 사용하는 이유는 이 장에서 주목하고자 하는 부분이 몽골이 유목국가로서 유지하고 있던 국가 체제 및 다른 정치 단위와의 관계 형성 방식(개인 간 및 가문 간 관계)이라는 점과 관련된다. 물론 '원'이라는 국호를 사용하면서도 이러한 측면을 이야기할 수는 있겠으나, 이러한 특징적 면모들이 그들이 '중국의 정통 왕조'임을 자처한 데에서 발생한 것이 아니라 애초에 가지고 있었던 유목사회의 성격으로부터 이어진 것이라는 점, 그리고 그것이 갖는 '비(非)중국적' 성격을 좀 더 부각하기 위해 일단 '몽골'이라는 국호를 주로 사용하고자 한다.

다루가치가 고려에 주재한 기간은 제한적이기 때문에 그 자체만으로 고려-몽골 관계의 전 시기를 아우르기에는 한계가 있다. 그러나 몽골제국의 국가 체제 아래에서 다루가치라는 존재가 가졌던 정치적 위치와 제국대장공주의 '공주'로서의 정치적 위치 간의 관계는 개별성보다는 보편성을 갖는 것이므로, 이를 통해 파악할 수 있는 고려-몽골 관계 내에서 몽골 공주의 정치적 위치는 그 이후까지 시기를 확대하여 다른 공주들에 대해서도 적용할 수 있을 것으로 생각된다.

그리고 3절에서는 고려-몽골 관계에서 몽골 공주들의 정치력이 발현되는 양상에 대해 살펴볼 것이다. 구체적으로는 공주들이 고려에 와서 생활하는 데에 1차적인 보좌 역할을 했을 공주 사속인(私屬人)들의 활동 양상을 통해, 몽골 공주와의 통혼이 고려 국왕의 정치력에 작용하는 구체적 양상의 일단을 살펴보고자 한다.

2. 몽골 조정과 고려 사이에서

원종 15년(1274), 고려 세자 왕심과 세조 쿠빌라이의 딸 쿠틀룩켈미시 공주가 몽골에서 통혼했다. 통혼 직후 원종이 사망하여 왕심이 국왕위에 오르게 되면서 공주 역시 같은 해 10월에 고려에 들어왔다.[6] 쿠틀룩켈미시 공주는 이후 제국대장공주로 책봉되는 인물로, 그 아버지가 당대의 황제이기도 하여 고려 왕실과 통혼한 몽골 공주들 가운데에서도 그 위세가 가장 강성했고, 가장 많은 정치적 활동을 보여주었다. 이에 기존의 연구들은 그러한 제국대장공주의 정치적 역할의 왕성함 혹

6 『고려사』 권28, 충렬왕 즉위년 겨울 10월 신유.

은 그 높은 위상에 주목하고, 나아가 그가 몽골 조정의 이익을 대표하면서 고려의 정치를 감독한 인물인 것으로 대개 이해해왔다. 이러한 이해는 타당한 측면을 갖지만, 그러한 공주의 '위상' 혹은 '위치'가 구체적으로 어느 지점에 있었는지에 대해서는 좀 더 생각해볼 여지가 있다.

제국대장공주가 고려에 온 시기에는 원종이 복위한 이후로 고려에 파견되었던 다루가치, 그리고 삼별초의 난 진압 및 일본 원정 준비를 위해 주둔했던 몽골군 원수부 등 다양한 몽골 세력이 고려에 들어와 있었고, 이들은 당시 부마로서의 지위를 새롭게 확보했던 충렬왕과 여러 면에서 갈등하며 상호 관계를 형성하고 있었다. 충렬왕의 '부마'라는 지위 역시 공주로부터 비롯된 것이기에 이를 통해 고려-몽골 관계에서 공주의 위치에 대해 살필 수 있는 부분이 있지만, 보다 직접적으로 공주의 정치적 위치를 파악하는 데 시사점을 주는 사례로 다루가치가 관련되어 있는 다음 사례가 주목된다.

충렬왕 원년(1275) 7월, 다루가치 흑적(黑的)이 몽골로 돌아갔다.[7] 전년 12월에 다루가치로 부임해온 지[8] 7개월 만의 일이다. 충렬왕과 공주는 그의 귀국을 만류했으나 흑적은 듣지 않고 귀국했고, 이에 공주는 흑적이 귀국하여 참소로 사단을 꾸며낼 것을 염려하여 당시 황제의 탄일 하례를 위해 몽골로 보낸 사절단에 자신의 사속인이었던 식투르[식독아(式篤兒) → 노영(盧英)으로 개명]를 함께 보내어 그의 행위를 엿보게 했다.

흑적의 귀국을 둘러싼 일련의 상황이 발생한 배경으로 『고려사』는 그의 성품을 들고 있다. "그의 성품이 교활하고 거짓이 많아 믿기가 어

7 『고려사』 권28, 충렬왕 원년 가을 7월 갑오.

8 『고려사』 권28, 충렬왕 즉위년 12월 갑인.

려우며, 다루가치가 되면서 매우 거만해졌"는데, "왕이 여러 번 그를 억제하여 감히 제 뜻대로 방자하지는 못했다"는 것이다.[9] 요컨대 그가 거만하여 충렬왕과의 사이에 갈등이 생겨 몽골로 돌아가고자 했고, 애초 그의 성품이 거짓이 많아 참소의 우려가 있었기 때문에 공주가 식투르를 보내어 감시하게 했다는 설명인 것으로 보인다.

흑적은 고려에 다루가치로 부임하기 전에도 두 가지 사안으로 몇 차례 고려에 사행(使行)을 온 적이 있었다. 원종 7~9년, 일본 초유(招諭)를 위한 세 차례의 사행과[10] 동왕 10년의 원종 폐위 사건 당시 그를 복위시키라는 세조 쿠빌라이의 명을 전하기 위한 사행이 그것이다.[11] 이 사행들에서 그는 몇 가지 일화를 남겼는데, 이는 앞서 제시된 그의 성품과 관련한 사료의 기록을 이해하는 데에 시사점을 제공한다.

먼저 일본 초유를 위한 세 차례의 사행 가운데 두 번째인 원종 8년(1267)의 사행 당시, 흑적은 이장용(李藏用)으로부터 일본 초유의 중지를 몽골 조정에 요청해줄 것을 청하는 서신을 받았다. 일본이 몽골의 초유에 응하지 않을 것이며 결국 정벌로 연결되어 고려에도 부담이 될 것이라 우려한 이장용이 그를 설득하고자 한 것이었다. 그러나 이장용의 이러한 행위는 사전에 국왕 원종에 대한 보고 없이 진행된 것이었고, 원종은 이장용이 두 마음을 품었음을 의심하여 그를 유배 보내고자 했다. 이와 더불어 당시 흑적을 포함한 몽골 측 사신 일행을 접대했던 관반(館伴) 기거사인(起居舍人) 반부(潘阜)도 해당 사안을 보고하지 않은 죄로 연루되어 유배를 가게 되었다. 사태가 이렇게 전개되자 흑적

9 『고려사』 권28, 충렬왕 원년 가을 7월 갑오.

10 『고려사』 권26, 원종 7년 11월 계축; 8년 8월 병진; 9년 11월 갑자 등.

11 『고려사』 권26, 원종 10년 11월 임자.

은 이장용으로부터 받은 서신을 돌려보내는 한편, 그 서신을 원 조정에 전한다 하더라도 고려에 도움이 되면 되었지 해가 되지 않을 것이라 하며 원종을 설득하여 이장용과 반부의 유배를 막고 상황을 무마했다.[12] 이는 그간 일본 초유를 위한 사행을 함께해오던 반부가 유배를 가게 될 경우 사행 임무를 수행하는 데에 지장이 될 것을 우려한 행동이었던 것으로 생각된다.[13] 여기에서 주목할 점은 고려 국왕의 조처로 인해 자신의 업무에 지장을 초래할 수 있는 예상치 못한 사태가 발생한 상황에서 흑적이 어떤 무리한 처사 없이 상황을 수습했다는 점이다.

다음으로 원종 복위를 명하는 조서(詔書)를 전하기 위해 고려에 온 흑적은 조서를 전하고 복위가 결정된 다음날 연회에 참석했다. 여기에서 원종은 흑적이 황제의 사신이라 하여 상좌에 앉게 했는데, 흑적은 고려 '왕태자(王太子)', 즉 왕심(뒤의 충렬왕)이 황제의 딸과 혼인하기로 했으니 그리할 수 없다고 사양하며 원종에게 상좌를 권했다. 서로 상좌를 사양하던 끝에 결국 원종과 흑적이 동서(東西)로 마주보고 앉았다는 일화는 너무나 유명하다.[14] 이는 고려 세자와 몽골 황녀의 통혼이 결

12 『고려사』 권102, 이장용 전.

13 흑적 스스로도 일본 초유라는 동일한 사안과 관련한 사행단을 계속하여 이끌었는데, 실무적인 사안과 관련한 사행에서 해당 사안과 실무적으로 관련성을 갖는 인물이 지속적으로 사행단을 이끌거나 참여하는 사례는 여타 고려-몽골 간 사행 인선(人選)에서도 확인되는 양상이다. 이는 국가 간의 사행이 정례적·의례적 사행에 한정되지 않고, 실무적인 사안과 관련한 사행의 비중이 높았던 몽골에서 해당 사안을 효과적으로 처리할 수 있는 인물, 그리고 업무의 연속성을 통해 효율성을 높이기 위한 사신(使臣) 인선이었던 것으로 생각된다. 몽골의 사신이 갖는 특징적 면모에 대해서는 苗冬, 『元代使臣硏究』, 天津: 南開大學博士學位論文, 2010 참조. 고려-몽골 간 사행의 양상과 관련해서는 이명미, 「元宗代 고려 측 對 몽골 정례적·의례적 사행 양상과 그 배경: 1273년(元宗 14) 고려 측 賀冊封 使行 사례를 중심으로」, 『한국문화』 69, 2015; 이명미, 「고려-몽골 간 使臣들의 활동 양상과 그 배경」, 『한국중세사연구』 43, 2015 참조.

14 『고려사』 권26, 원종 10년 11월 계해.

정됨에 따른 실제적인 관계의 변화를 반영하는 것인 동시에 권신에 의해 폐위되었던 국왕을 복위시킨다는 그의 사신으로서의 임무와 관련된 정치적 행동이었던 것으로 보인다. 어찌되었든 여기에서도 고려 국왕에 대한 '거만함'과는 정반대의 모습을 확인할 수 있을 뿐이다.

이외에 그가 다루가치로 부임한 후 행한 조처로는 일반인의 무기 소지를 금지한 사례만이 확인된다.[15] 요컨대 이 일화들을 통해서 흑적의 성품을 이야기하기는 어려우나, 적어도 여기에서 '교활하고 거짓이 많아 믿기 어려운' 그의 모습을 읽어내기는 어렵다. 그렇다면 그가 다루가치가 된 이후 매우 거만해졌고, 이에 왕이 수차례 제어하여 마음대로 하지 못하게 했다는 기록은 어떤 상황을 근거로 한 평가였을까? 이와 관련하여 흑적이 귀국한 후인 충렬왕 원년(1275) 10월에 세조 쿠빌라이가 보낸 조서의 내용이 주목된다.

> 그대 나라의 여러 왕씨들은 동성(同姓)끼리 결혼을 하니 이것은 무슨 이치인가? 이미 우리와 한 집안이 되었으니 마땅히 우리와 통혼해야 할 것이다. 그렇지 않으면 어찌 한 집안이 된 의(義)라고 하겠는가? 또 우리 태조 황제가 13국을 정벌하자 그 왕들이 다투어서 미녀와 좋은 말, 진귀한 보물들을 바친 것은 그대도 들은 바이다. 왕이 아직 왕이 되지 않았을 때는 태자(太子)가 아닌 세자(世子)라 칭하고, 국왕의 명령은 예전에는 성지(聖旨)라 했으나 이제는 선지(宣旨)라고 할 것이다. 관직 명칭이 우리 조정과 같은 것도 또한 이런 것이다. 또한 듣건대 왕과 공주가 하루에 쌀 2승을 먹는다고 하는데, 이는 재상들이 많아서 그들 마음대로 했기 때문이다. 무릇 이 모든 것은 그대에게 알려주기

15 『고려사』 권28, 충렬왕 원년 5월 임진.

위한 것이요, 구태여 그대에게 자녀를 바치고, 관직 명칭을 고치고, 재상의 수를 줄이라는 것은 아니다. **흑적이 와서 말한 그대 나라의 일이 한두 가지가 아니지만**(강조는 필자) 모두 들어주지 않았으니, 그대는 그런 줄 알라.[16]

이 조서는 고려 왕실의 동성혼에 대해 몽골 측에서 최초로 문제를 제기한 것이라는 점에서 주목되어온 것인데, 여기에서 세조 쿠빌라이는 이외에도 고려의 관직 명칭이 원의 그것과 같은 점, 많은 재상 수로 인해 발생하는 문제 등을 지적했다. 문제 제기한 내용들이 모두 흑적의 보고에 근거한 것이었다는 점이 주목된다. 앞서 쿠틀룩켈미시 공주의 우려대로 흑적이 '참소하여 일을 만들어낸' 것이다. 그런데 앞서 언급된 내용들은 실제 고려-몽골 관계에서 문제가 될 수 있는 사안, 혹은 당시 고려의 정치가 안고 있던 문제를 지적한 것으로, 딱히 흑적이 거짓으로 꾸며낸 '참소'라고 하기는 어렵다.

이렇게 볼 때, 그 구체적인 상황들이 사료에 기록되지는 않았지만, 흑적이 다루가치로 부임하고 7개월 남짓의 기간을 지낸 후 굳이 귀국하고자 했던 것, 충렬왕과 공주가 그러한 흑적을 만류하고 나아가 그의 행동을 감시하기 위해 식투르를 파견했던 것, 흑적이 다루가치로 재임하던 시기 '거만'하게 행동하여 충렬왕이 그를 제지했다는 것은 모두 이 보고의 내용과, 그리고 조서에는 실리지 않았으나 쿠빌라이에게 보고한 더 많은 내용과 관련된 것이었다고 생각된다. 즉 흑적은 고려에 다루가치로 재임하던 기간 중에 이미 감독관으로서의 그의 직임에 근거하여 앞의 내용들과 관련해 고려 측에 문제를 제기했고, "충렬왕이

---

16 『고려사』 권28, 충렬왕 원년 10월 경술.

억제하여" 그러한 문제 제기가 제대로 받아들여지지 않자 이러한 내용을 황제에게 직접 보고하기 위해 귀국을 결정했던 것이다. 충렬왕과 흑적 간의 이러한 일련의 갈등 과정은 『고려사』 찬자로 하여금, 흑적의 성품을 앞서와 같이 평가하고 다루가치 부임 이후의 행적을 '거만하다고' 기록하게 만든 한 가지 배경이 되었을 것인데, 이 과정에서 공주의 대응이 주목된다.

다루가치는 정복지의 정치와 경제, 군사 전반에 대한 감독관이었다. 이들은 몽골제국의 성립 단계와 안정 단계를 거치면서 점차 관민관(管民官)으로 그 성격이 변화했다.[17] 원종대 후반 고려에 파견되었던 다루가치는 총체적인 감독관으로서 경우에 따라 고려의 민정 관련 사안에 간여하기는 했으나, 몽골에서의 그것과 같은 관민관의 역할을 했다고 보기는 어렵다.[18] 그러나 어찌되었든 이들은 몽골의 입장에서 속국(屬國)으로 인식되었던 고려에 파견되어 황제-몽골 조정을 대리하여 고려를 감독하는 존재였다고 할 수 있다. 그리고 앞서 살펴봤듯이 흑적이 고려의 여러 문제들에 대한 시정을 충렬왕에게 요구하고 나아가 세조 쿠빌라이에게 보고한 것은 '감독관'으로서 스스로의 역할에 충실한 결

---

17 원대 다루가치가 관민관으로 그 성격이 변화해가는 배경과 양상에 대해서는 愛宕松男, 「元代都市制度とその起源」, 『愛宕松男東洋史論集』 vol. 4: 元朝史, 三一書房, 1988, 313-314, 319; Endicott-West, Elizabeth, "Imperial Governance in Yuan Times", *Harvard Journal of Asiatic Studies*, vol. 46, no. 2. 1986; 조원, 「元 前期 達魯花赤의 제도화와 그 위상의 변화」, 『동아시아문화연구』 51, 2012; 조원, 「大元제국 다루가치체제와 지방통치: 다루가치의 掌印權과 職任을 중심으로」, 『東洋史學硏究』 125, 2013 등 참조.

18 고려에 설치되었던 다루가치들에 대한 연구로는 池內宏, 「高麗に駐在した元の達魯花赤について」, 『滿鮮史硏究』 中世, 東京: 吉川弘文館, 1979; 주채혁, 「高麗內地의 達魯花赤 設置에 관한 小考」, 『淸大史林』 1, 1979; 김보광, 「고려-몽골 관계의 전개와 다루가치의 置廢過程」, 『역사와 담론』 76, 2015; 고명수, 「고려 주재 다루가치의 置廢경위와 존재양태」, 『지역과 역사』 제39호, 2016 등 참조.

과였다. 따라서 몽골 공주, 즉 제국대장공주가 몽골을 대리·대표하여 고려를 감독하는 존재였다고 한다면, 그가 먼저 고려의 이와 같은 '문제들'에 대해 지적하거나, 혹은 그를 지적한 흑적의 행위에 호응했어야 마땅할 것이다. 그러나 제국대장공주는 그가 '참소하여 사단을 꾸며낼 것'을 우려하여 자신의 사속인을 보내어 그를 감시하게 했다.

양상은 다르지만 이와 맥락을 같이 하는 사례는 흑적 이후에도 보인다. 충렬왕 4년(1278) 가림현(嘉林縣, 현 충청남도 부여군 임천면) 사람이 다루가치에게, 촌락의 대부분이 원성전(元成殿)과 정화원(貞和院), 장군방(將軍房), 코르치[홀적(忽赤)], 순군(巡軍)에 나누어 속하게 되고 그나마 남아 있던 금소(金所) 한 곳도 응방(鷹坊)에 속하게 되어 부역을 바치기가 어려운 사정임을 호소했다. 이때의 다루가치는 충렬왕 원년 12월에 부(副)다루가치로 부임한 후 고려 주재 다루가치가 완전히 철수하게 되는 충렬왕 4년까지 활동했던 석말천구(石抹天衢)였을 것으로 생각된다.[19] 어쨌든 이러한 요청을 들은 다루가치는 다른 지역도 마찬가지 상황일 것이니 각 도(道)를 순행하며 조사하여 폐단을 없애겠다고 하고 왕에게 함께 갈 관원을 청했고, 총랑(摠郎) 김훤(金晅)이 추고사(推考使)로 임명되었다.[20]

---

19 석말천구(石抹天衢)는 거란인으로, 충렬왕 원년 12월에 부다루가치로 부임하여, 충렬왕 4년(1278)에 귀국했다. 당시 김방경(金方慶) 무고 사건을 계기로 충렬왕이 입조했을 때 세조 쿠빌라이는 다른 여러 조치들과 더불어 고려의 다루가치를 귀환시키도록 했는데, 이 조치에 따른 귀국이었다. 당시 석말천구는 귀국에 앞서 충렬왕에게 해유(解由)를 요청하면서 칭찬하는 말을 덧붙여주기를 원했으나, 충렬왕은 그가 별로 잘한 일이 없어 칭찬하는 말은 덧붙이지 않았다고 한다(『고려사』 권28, 충렬왕 4년 9월 기축). 한편 최근의 한 연구는 이때 몽골 측에서 고려의 다루가치를 폐지한 것과 관련하여, 이것이 이른바 '친조외교(親朝外交)'의 성과라기보다는 부마의 분지(分地)에 조정에서 파견하는 다루가치를 두지 않는 몽골의 관례에 따른 조처였음을 논한 바 있다(고명수, 「고려 주재 다루가치의 置廢경위와 존재양태」).

20 『고려사절요』 권20, 충렬왕 4년 여름 4월; 『고려사』 권89, 제국대장공주 전, 충렬왕 4년.

실제 순행이 이루어졌는지, 순행의 결과로 어떤 조처가 취해졌는지는 확인할 수 없다. 다만 당시 고려의 재추들이 실제 순행이 이루어지고 그 결과가 황제에게 보고될 경우의 파장을 우려하여 관가에서 몰수한 백성을 돌려보내 원래의 부역을 감당하게 할 것을 청했으나 공주의 반대로 무산되었다는 기록만이 확인된다.[21] 어찌되었든 당시 다루가치가 백성의 호소를 들어 고려 왕실의 민호 점유 상황을 조사하고자 했다는 것인데, 몽골의 관리였던 다루가치가 황제의 딸인 제국대장공주의 원성전과도 관련된 문제를 '폐단'으로 인식하고 바로잡고자 했다는 점이 유의된다.

다루가치는 몽골 황제의 관료였고 공주는 황실 구성원이었기에, 이 양자의 관계에서 공주가 우위에 있음은 당연했다. 이러한 점은 연회 등에서의 좌석 배치를 통해서도 확인할 수 있다. 고려의 경우 충렬왕 4년 이후로 다루가치를 두지 않았기 때문에 다루가치와 공주가 함께 자리한 사례는 찾아보기 어렵다. 그러나 충렬왕이 몽골 황제가 보낸 책봉 조서를 받고 난 뒤 사신들에게 베푼 연회에서의 상황이 주목된다. 당시 사신은 충렬왕이 '부마'라 하여 남면(南面)하게 하고 자신은 동면(東向)했으며, 다루가치는 서면(西向)으로 앉게 했다고 한다.[22] 일단 자리 배치에서 부마가 상위에 있었음을 알 수 있다. 이후 몽골 측 사신이나 그 외 몽골의 종왕, 군 수뇌부 등이 고려에서 함께한 연회의 자리에서는 항상 공주가 국왕과 함께 혹은 국왕보다 상석에 자리했는데, 이는 세조

21 『고려사절요』 권20, 충렬왕 4년 여름 4월; 『고려사』 권89, 제국대장공주 전, 충렬왕 4년.

22 충렬왕은 즉위년(1274) 8월에 책봉 조서를 받았는데, 이때의 다루가치는 이익(李益)이었을 것으로 생각된다. 이익은 원종 13년(1272) 4월에 부임하여 충렬왕 즉위년(1274) 12월에 귀국했다. 당시 다루가치 이익 외에도 원종 14년(1273) 12월에 부임한 부다루가치 주세창(周世昌)도 있기는 했다(『고려사』 권27, 원종 13년 4월 계묘; 원종 14년 12월 병자).

쿠빌라이의 딸이었던 제국대장공주만이 아니라 몽골 종왕의 딸이었던 다른 공주들도 마찬가지였다.[23] 이를 통해 보건대 다루가치와의 관계에서도 공주가 함께 자리했다면 공주가 국왕과 함께 혹은 그보다 상좌에 앉았을 것임을 추정할 수 있다.

그런데 이와 같은 의례적인 부분이 아닌, 정치적인 역할 혹은 업무의 차원에서 양자의 관계는 단순한 '상하관계'와는 조금 다른 양상을 띤다. 이는 양자가 몽골의 국가 체제에서 점하는 정치적 입지와도 관련되어 있다. 먼저 다루가치가 몽골 조정을 대리하여 정복지의 정치·경제·군사 등 주요 사안을 감독하는 존재임은 앞서 이야기한 바 있다. 한편 몽골에서 공주는 황실 구성원으로서 후비(后妃)·제왕(諸王)·부마(駙馬)와 함께 분봉의 대상이 되는 분권 세력이었다. 전통적인 가산(家産) 관념에 따른 분봉을 근간으로 한 몽골제국의 국가 체제에서 후비·제왕·공주·부마 등은 그들을 '대표하는' 대칸과 함께 제국을 다스리는 권리 주체이자 권력 주체들이었다.[24]

이들 가운데 특히 제왕이나 부마 등은 스스로의 분령(分領)에서 권리와 권력을 행사하는 한편, 몽골제국의 정치 과정에서도 영향력을 행사했다. 그 일단을 보여주는 것이 몽골 종정부(宗正府)와 중서성(中書省) 단사관(斷事官)의 구성이다. 단사관은 사송(詞訟)을 의미하는 '자르구(jarɣu)'와 '종사하는 사람'을 나타내는 접미사 '치(či)'로 구성된 몽골어 자르구치(jarɣuči, 札魯忽赤)의 한자식 명칭이다. 이들은 몽골제국 초기 행정과 재정 및 군사에 이르는 광범위한 역할을 담당했는데, 자르구치

23 『고려사』 권89, 제국대장공주 전, 충렬왕 17년; 권37, 충목왕 즉위년 5월 갑오; 권106, 이승휴 전-이연종 전; 권131, 기철 전 등.

24 몽골제국의 국가 체제에 대해서는 李治安, 『元代分封制度硏究』, 天津: 天津古籍, 1989 참조.

들의 기구로서 설치되었던 것이 몽골의 종정부, 혹은 대종정부이다. 시기에 따라 변화를 보이기는 하지만, 종정부에서 다루는 기본적이고 핵심적인 업무는 제왕과 부마 투하(投下)의 몽골인, 색목인 등이 저지르는 모든 범죄의 처리였다.[25]

한편 자르구치들은 쿠빌라이 집권 이후 단사관으로 그 명칭이 변화하게 되고 종정부 이외에도 중서성 등 여러 기관에 배치된다. 여기에서 주목되는 지점은 이러한 대종정부의 장(長)을 제왕이 담당했고, 그 구성원인 자르구치들은 황제가 임명하는 자, 케식(kešig, 怯薛) 인원, 그리고 제왕들이 보낸 그 심복으로 구성했다는 점, 그리고 국정의 중심 기관인 중서성의 단사관 역시 제왕 위하(位下)로부터 파견된 자들로 구성했다는 점이다.[26] 이러한 종정부 자르구치 및 중서성 단사관의 구성은 각 기관에서 다스리는 사안들을 처리하는 데에 제왕들의 이해관계를 반영하기 위한 것이었다고 생각되며, 이는 몽골제국의 분권적 국가 구성과 관련되는 것으로 보인다. 이러한 점은 물론 중앙집권화가 진행되는 과정에서 구체적 양상은 변모하게 되지만 몽골제국의 국가 체제 근간을 이루는 부분이라 할 수 있을 것이다.

그런데 공주의 경우, 물론 스스로 분봉을 받고, 투하관인 케식을 보

---

25 『원사』 권87, 백관지3, 대종정부.

26 『원사』 백관지에는 "제왕으로서 국봉(國封)을 가진 자"를 자르구치로 삼았다고 되어 있다(『원사』 권87, 백관지3, 대종정부). 그러나 국봉을 가진 제왕들은 변방을 진수(鎭守)하는 경우가 많았는데, 중앙에서 실무적인 사송을 직접 담당하기에는 어려움이 있었을 것이라는 점, 그리고 제왕 위하로부터 파견되었던 중서성 단사관들과 똑같은 봉록을 받고 있었다는 점 등에 근거하여 대종정부의 자르구치들은 제왕 자신이 아니라, 그들이 파견한 심복이었을 가능성이 높은 것으로 이야기되고 있다. 이와 관련해서는 이은정, 「元朝成立期 자르구치(斷事官)의 役割變化와 그 性格」, 서울대학교 동양사학과 석사학위논문, 1992, 39-40쪽 및 각주 38 참조.

유하고, 투하 다루가치를 두었으며,[27] 인장을 받아 문서행정도 했지만,[28] 그의 분지(分地)에 대한 권한은 그 남편인 부마의 그것과 밀접하게 연관되어 있는 것이기도 했다. 이를 몽골 황실의 대표적 인족(姻族)인 콩기라트(Qongirat) 알치(Anchen, 按陳) 노얀(Noyan, 那顔) 가문과 통혼한 공주의 사례를 통해 살펴보자면 다음과 같다.

세조 쿠빌라이의 딸로서 세조대에 만호(萬戶)직을 계승했던 오로친(Woluochen, 斡羅陳)과 통혼한 낭가친(Nangiazin, 囊加眞) 공주는,[29] 남편 오로친과 함께 세조 지원 7년(1270)에 콩기라트가 분여받은 여름 영지, 즉 하영지에 성읍(城邑)을 세워줄 것을 청했고, 이에 따라 응창부(應昌府, 이후 응창로(應昌路)로 개편)가 세워졌다. 오로친이 사망한 후 낭가친 공주는 그 동생으로 만호직을 계승한 테무르(Temür, 帖木兒)와 혼인했다가, 다시 그 사후에 만호직을 계승한 테무르의 동생 만자타이(Manzitai, 蠻子台)와 혼인했는데, 이후 성종 원정(元貞) 원년(1295)에 만자타이와 공주는 다시 황제에게 응창로 동쪽에 있는 겨울 영지, 즉 동영지에 성읍 짓기를 청하여, 전녕부(全寧府, 이후 전녕로(全寧路)로 개편)가

---

27 공주들이 스스로의 케식을 보유했음은 고려 충선왕비인 계국대장공주의 사례를 통해 그 실례를 확인할 수 있다(『원사』 권208, 고려전, 성종 대덕(大德) 3년 정월). 공주들이 그 분지에 다루가치를 두었음은 제왕과 공주의 분지에 설치한 다루가치들에 임기를 두지 않는 것이 백성에게 부담이 된다고 하여 임기를 두고 각 위하에서 다루가치를 선발하여 교체하도록 한 사례를 통해 확인할 수 있다(『원사』 권12, 세조 지원 19년 여름 4월 임인). 몽골의 종왕·부마·공주 등의 위하, 즉 투하령(投下領)에 두어졌던 다루가치는 종왕·부마·공주 등이 친신(親信)하는 자 가운데에서 선임되어 이들의 이해관계를 대변하는 존재라는 점에서 중앙 조정에서 파견한 다루가치와는 차이가 있다. 고려의 경우 이러한 투하 다루가치는 설치되지 않았다. 몽골의 투하 다루가치와 관련해서는 李治安, 『元代分封制度硏究』 참조.

28 『원사』 권26, 인종 연우(延祐) 4년 5월 을해.

29 오로친은 낭가친 공주에 앞서 울제이(Öljei, 完澤) 공주와 혼인했으며, 그 사후에 낭가친 공주와 다시 혼인했다(『원사』 권118, 특설선(特薛禪) 전).

세워졌다.[30] 이 응창로와 전녕로는 콩기라트가 분여받은 분읍의 하나로, "다루가치, 총관으로부터 이하 여러 관속을 모두 그 배신(陪臣, 제왕 등의 신료)으로 임명하고 왕인(王人, 황제의 관료)이 간여하지 않았다"고 한다.[31]

이러한 콩기라트의 분읍을 구성하는 데에 공주가 역할을 하고 있음과 함께, 이들 분읍에 대해 공주가 영향력을 행사하고 있음도 주목된다. 예컨대 성종 원정 원년에 노국대장공주, 즉 낭가친 공주가 응창에 불교 사찰을 세운 사례, 인종(仁宗) 연우(延祐) 6년(1319)에 황자대장공주(皇姊大長公主) 상가랄길(祥哥剌吉)이 불사(佛事)를 열고 전녕부의 중죄수 27인을 풀어주었고, 전녕부 수신(守臣)이 공주에게 아부하여 불법을 행한 사례 등이 확인된다.[32] 이러한 공주의 영향력 행사에 대해 조정에서는 전자의 경우는 초(鈔) 1천 정(錠)과 금 50냥을 주어 지원했고, 후자에 대해서는 불법을 행한 신료를 조사하고 석방했던 죄수들을 다시 수감하도록 하는 조치를 취했다.[33] 성종대와 인종대라는 시기의 차이에 기인한 것일 수 있지만, 일종의 권력 행사에 해당하는 후자에 대해 제재를 가했다는 점이 주목된다.

---

30 이는 전주(全州)를 승격한 것이다(『원사』 권19, 성종 대덕 1년 2월 병신).

31 『원사』 권118, 특설선 전. 이 두 로(路)는 일시 역시 콩기라트 출신이었던 노왕(魯王) 마모사(馬某沙)의 왕부부(王傅府)에 속하게 하기도 했던 것으로 보인다(『원사』 권43, 순제 지정 14년 여름 4월 계사 초하루).

32 여기에 보이는 인종대의 황자대장공주 상가랄길은 세조 쿠빌라이의 아들 친킴의 둘째 아들인 순종(順宗) 다르마발라(Darmabala, 答剌麻八剌)의 딸로, 당시 황제인 인종 아유르바르와다(Ayurbarwada, 愛育黎拔力八達)의 누이였다. 성종 대덕 11년(1307)에 노왕(魯王) 조아불랄(琱兒不剌)과 혼인했는데, 무종(武宗) 지대(至大) 3년(1310)에 조아불랄이 사망한 후 재혼하지 않았으며, 그 아들 아리가실리(阿里嘉室利)가 만호를 세습했고, 딸은 이후 문종(文宗)이 되는 희왕(懷王)과 혼인했다(『원사』 권118, 특설선 전; 권29, 태정제 태정 1년 10월 임오).

33 『원사』 권18, 성종 원정 1년 5월 무인; 권26, 인종 연우 6년 7월 갑술.

요컨대 몽골의 공주는 황제권 혹은 조정의 입장을 '대리'하는 존재라기보다는 황실의 일원으로서 가산인 제국에 대해 함께 권리를 갖는 정치 주체였고, 그의 권리 혹은 권력은 상당 부분 그 남편인 부마의 그것과 직결되어 있었다. 몽골 공주들의 그 분령에 대한 권리 및 권력 행사는 물론 황실 출신이라는 점에서 가능했던 것이며 황제-대칸으로부터 부여받은 것이었지만, 이는 동시에 황제 개인의 '은사(恩赦)' 차원이 아니라 몽골 국가 체제의 근간이 되는 전통적 관념에 근거한 것이었다. 이에 스스로의 권리를 확보하고 강화하려는 이들의 방향성은 경우에 따라 황제권 혹은 중앙 조정의 권리 확대라는 또 다른 방향성과 부딪히기도 했다.

그런 점에서, 제국대장공주가 충렬왕과 통혼하여 고려에 온 초기에 다루가치와의 관계에서 보였던 상황들은 황제권을 대리하여 '속국' 고려의 정치 및 몽골과의 관계 전반을 감독·관리하려 했던 다루가치의 입장과 스스로의 권리와도 직결된 남편 충렬왕의 정치 권역의 이해가 중앙 조정의 이해관계에 따라 어그러지는 것에 대해 방어적이었던 공주의 입장이 만나는 지점에서 발생한 것이었다고 이해할 수 있을 것이다.

물론 고려 국왕의 '정치 권역'인 고려를, 혹은 고려 내에서 몽골 공주 출신 고려 왕비가 특별한 권익을 갖고 있었던 탕목읍(湯沐邑) 등을 각기 몽골의 부마와 공주라는 정체성을 바탕으로 몽골 황실의 '가산으로서' 분여받은 것이었다고 볼 수는 없다. 다만 여기에서는 고려-몽골 관계에서 몽골 공주들이 반드시 몽골 조정과 일체화된 정치적 입장과 이해관계를 갖는 존재는 아니라는 점을 지적하고, 그러한 '몽골 공주'의 입지가 몽골제국의 국가 체제 속에서 '공주'라고 하는 존재가 갖는 정치적 위치에서 비롯된 것임을 이야기하고자 한다.

3. 공주와의 통혼과 고려 국왕의 정치력

앞에서 살펴본 몽골 공주들의 정치적 위치는 몽골제국의 분권적 국가 체제 아래에서 '공주'라는 신분이 점한 보편적·제도적 위상과 관련되어 있어 개별 공주에 따른 변화나 차이는 크지 않다. 그러나 개별 공주가 고려에서 보여준 정치력은 그 편차가 상당히 크다. 그리고 이러한 점은 개별 공주의 정치력 간 차이에 그치지 않고 그와 통혼한 고려 국왕의 정치력에서 공주와의 통혼이 작용한 양상 혹은 비중의 차이로 이어진다. 이러한 차이는 아마도 개별 공주의 가문 배경 편차와 관련될 것으로 보이는데, 지금부터는 공주의 가문 배경이 그와 통혼한 고려 국왕의 정치력에 영향을 미친 구체적 양상의 일단을 공주 사속인들의 활동상을 통해 살펴보도록 하겠다.

몽골 공주들은 통혼 후 고려에 오면서 잉신(媵臣)을 데리고 왔다. 『고려사』에 등장하는 인후(印侯), 장순룡(張舜龍), 차신(車信) 등이 대표적 사례로, 이들은 모두 제국대장공주의 케린구(ger-ün kö'ü, 怯怜口), 즉 사속인이다. 이들은 '사속인(私屬人)'이라는 호칭에서도 드러나듯, 공주에게 밀착되어 있는 자들이었으며,[34] 이들의 고려-몽골 관계에서의 역할은 몽골 공주의 그것과도 직결되어 있었다. 이들이 각기 공주의 잉신이 되기까지의 배경에는 개별적인 차이가 있을 수 있고 모두 확인하기도 어렵다. 그러나 제국대장공주의 사속인 가운데 한 명인 회회인(回回人) 장순룡이 공주의 아버지 세조 쿠빌라이의 비칙치, 즉 케식인 장경(張卿)의 아들이었다는 점, 또 다른 사속인 차신은 그 모친이 공주의 유모였다는

34 제국대장공주의 사속인, 즉 겁령구(怯怜口)에 대한 최근의 연구 성과로는 고명수, 「충렬왕대 怯憐口(怯怜口) 출신 관원」, 『사학연구』 118, 2016 참조.

점[35] 등을 보면, 이들 몽골 공주의 사속인들은 공주의 집안과 밀접하게 관련되어 있는 자들이었음을 추정할 수 있다. 이는 일견 당연한 사실이라고도 할 수 있는데, 고려-몽골 관계에서 공주 사속인들의 위치, 다시 말해 몽골 공주의 위치를 이해하는 데에 있어서는 그들이 몽골이라는 국가 출신이라는 점에 더하여 그 안의 특정 '종왕 가문'과 관련된다는 점에 보다 유의할 필요가 있다.

고려-몽골 관계의, 혹은 고려 정치사의 여러 국면들에서 중요한 역할을 하며 드러난 사례는 거의 제국대장공주의 겁령구에 한정된다. 하지만 제국대장공주의 겁령구들 외에도, 고려에 온 몽골 공주들을 수행했던 겁령구, 혹은 사속인이었던 것으로 생각되는 다른 인물들의 존재도 확인된다. 많지는 않지만, 사료에서 확인되는 사례를 정리해보면 <표 8-2>와 같다.

몽골 공주들은 대부분 고려에 온 후에도 몽골에서의 생활방식을 유지했던 것으로 보인다. 우선 그들이 고려의 언어를 배워 사용했을 것으로 생각되지는 않으며, 주거 역시 궁려(穹廬)에서 생활했음이 확인되고,[36] <표 8-2>에서 보듯 몽골식 이름을 가진 옹인(饔人)이 확인되는 것을 통해 식생활 또한 기본적으로는 몽골식이었을 것임을 추정할 수 있다. 이러한 가운데 공주를 따라온 사속인 등은 공주가 타지에서의 생활환경에 적응해가는 데에 필요한 여러 역할들을 수행했던 것으로 보이며, 이러한 역할은 제국대장공주로부터 노국대장공주에 이르기까지 계

35 『고려사』 권123, 장순룡 전; 장순룡 전-차신 전.

36 대개 공주들은 고려 세자 혹은 국왕과 몽골에서 혼례를 올린 후 고려로 들어오게 되는데, 제국대장공주와 계국대장공주의 경우에는 그들이 고려에 들어오기 전에 몽골 측에서 보낸 호송 인원이나 고려 국왕이 보낸 인원이 먼저 고려에 들어와서 공주를 위한 궁려를 설치했다는 기사가 확인된다(『고려사』 권89, 제국대장공주 전, 원종 15년; 권31, 충렬왕 23년 윤12월 을축).

<표 8-2> 몽골 공주 출신 고려 왕비의 사속인(추정 포함)

몽골 공주	수행인	비고
제국대장공주	인후(印侯)-쿠라다이[홀랄태(忽剌歹)]	몽골인
	장순룡(張舜龍)-셍게[삼가(三哥)]	회회인, 부친 장경(張卿)이 쿠빌라이의 비칙치
	차신(車信)-차쿠다이[차홀태(車忽觧)]	고려인, 모친이 공주의 유모
	노영(盧英)- 식투르[식독아(式篤兒)]	하서국(河西國)인
	정공(鄭公)- 오십팔(五十八)	-
계국대장공주	코코부카[활활부화(闊闊不花)]	-
	코코타이[활활태(闊闊歹)]	-
	테리[철리(徹里), 장길철리(章吉徹里)]	-
복국장공주	쿠라치[호랄적(胡剌赤)]	공주의 궁녀(宮女)
	한만복(韓萬福)	옹인(饔人)
노국대장공주	바스부카[팔사불화(八思不花)]	공주전(公主殿) 옹인

속 유지되었을 것이다.

한편 공주의 사속인들은 공주의 일상생활에 대한 보좌역 외에 정치적 사안에 대한 보좌역을 담당하기도 했는데, 이러한 역할에서는 큰 변화가 나타난다. 그리고 이러한 변화는 이 시기 공주와의 통혼이 고려-몽골 관계에, 나아가 고려의 정치에 미친 영향의 한 측면을 보여준다.

먼저 제국대장공주의 사속인들은 다른 공주의 사속인들과 달리 고려에서 관직을 역임하면서 고려-몽골 관계뿐 아니라 고려 정치의 주요 국면에서도 역할을 했다. 이들이 고려식 성명을 부여받은 것은 충렬왕 3년(1277) 정월의 일인데,[37] 이에 앞서 쿠라다이(→ 인후로 개명)와 셍게

37 『고려사절요』 권19, 충렬왕 3년 정월.

(→ 장순룡으로 개명), 차쿠타이(→ 차신으로 개명) 3인은 중랑장(中郎將)으로 임명되었으며[38] 충렬왕 3년에는 모두 장군으로 임명되었다. 노영과 정공은 중랑장을 제배(除拜)한 후 내시에 속하게 했다고 한다. 이들은 이후에 거듭 승진했고, 인후 등은 재추(宰樞, 재신과 추신. 중서문하성과 추밀원의 고위 관료)의 반열에까지 오르게 된다. 충렬왕이 공주가 친신하는 이들에게 관직을 주었던 것은 물론 제국대장공주가 황제의 딸이라는 사실을 배려해서, 혹은 이에 위압되어서일 수도 있으나, 보다 결정적으로는 그 실효성 때문이었던 것으로 보인다.

충렬왕과 제국대장공주의 통혼은 고려의 입장에서는, 임연의 원종 폐위 사건을 통해 드러난 무신정권의 잔재를 청산하기 위한 당시 고려 세자 왕심(뒤의 충렬왕)의 적극적인 움직임으로 성사된 것이었다. 통혼 직후 왕위에 오른 충렬왕이 당면한 가장 큰 문제는 안으로는 무신정권 종식 이후 국왕권을 재구축하는 문제였으며, 밖으로는 통혼과 함께 고려 측에서 보다 적극적으로 담당하게 된 일본 원정 수행 과정에서 발생한 몽골군 원수들과의 갈등을 해결하는 문제였다. 그리고 이러한 문제들을 해결하는 과정에서 충렬왕은 스스로의 부마 위상을 적극적으로 활용했다.[39]

---

38 『고려사』 권123, 인후 전; 장순룡 전; 장순룡 전-차신 전.

39 이정란, 「충렬왕비 齊國大長公主의 책봉과 그 의미」, 2012; 김보광, 「고려 충렬왕의 케시크(怯薛, kesig) 제도 도입과 그 의도」, 『사학연구』 107, 2012; 이명미, 『13~14세기 고려·몽골 관계 연구: 정동행성승상 부마 고려국왕, 그 복합적 위상에 대한 탐구』, 서울: 혜안, 2016 등 참조. 충렬왕도 그러하지만, 충선왕이 즉위한 후 이른바 '조비 무고 사건'을 통해 공주와 갈등하고 있는 가운데에서도 계국대장공주와 함께 사원에 행차하거나 계를 받고 행사에 참석하는 등 공식 일정들을 꾸준히 함께 소화했던 것은, 이를 통해 공주가 고려 국왕과 통혼하여 고려에 왔음을 내외에 알리는 목적도 있었던 것이 아닌가 한다. 한편 몽골 복속기의 정치적 상황에서 몽골 공주와의 통혼은 고려 국왕권에 기반이 되는 측면과 제한을 가하는 측면을 모두 갖고 있었다. 특히 후자의 측면은 통혼으로 대표되는

이러한 가운데 몽골어에 능숙했을 뿐 아니라 공주의 집안, 이 경우 세조 쿠빌라이의 집안과 연결되어 있었던 공주 사속인들은 몽골 조정과의 여러 교섭을 앞두고 있던 충렬왕의 입장에서 매우 높은 활용도를 가진 자들이었다. 이에 국왕은 그 스스로 이들을 몽골 조정과의 교섭에 활용하기 위해 부인인 공주의 '사속인'이라는 간접적 관계 외에 자신과의 직접적 관계를 설정할 필요가 있었을 것이며, 그것이 충렬왕이 이들에게 관직을 주었던 한 가지 이유가 아니었나 한다. 그리고 실제 이들은 특히 대(對)몽골 사행에서 눈에 띄는 활약을 하면서 이러한 충렬왕의 기대에 부응했다.[40]

이처럼 제국대장공주의 사속인들은 단지 공주의 사속인으로만 머무르지 않고 고려의 관직을 띠고 고려 국왕의 명령을 받아 여러 역할을 수행했기 때문에 관련 연구에서 이 시기 국왕의 측근 세력으로 분류되기도 했다.[41] 그러나 공주의 사속인이 곧 자연스럽게 국왕의 측근이 되는 것은 아니라는 점은 충렬왕-제국대장공주 이후의 사례들을 통해서도 확인되는 바이다. 그런 점에서 정치 세력으로서의 공주 사속인들은 기본적으로는 공주 세력으로 별도로 분류하는 편이 타당할 것으로 생

황제·황실과의 관계가 다원적으로 형성되는 가운데, 그러한 관계를 통해 권력이 부여되는 몽골 복속기의 권력 구조와 관련된다. 관련해서는 이명미, 『13~14세기 고려·몽골 관계 연구: 정동행성승상 부마 고려국왕, 그 복합적 위상에 대한 탐구』, 2016 참조.

40 특히 많은 활동을 보였던 인후는 "성격이 광패하고 몹시 탐욕스러웠으나 명을 전달하는 데 능했기 때문에, 충렬왕이 공주와 함께 입조할 때마다 인후가 따라가지 않은 일이 없고, 황제에게 아뢸 일이 있으면 반드시 인후를 보냈다"는 평을 듣기도 했다. 또한 김방경에 대한 무고 사건을 해명하는 과정이나 평양을 다시 찾는 데에도 인후의 공이 있었다고 한다(『고려사』 권123, 인후 전).

41 김광철, 「충렬왕대 측근세력의 분화와 그 정치적 귀결」, 『고고역사학지』 9, 1993; 이익주, 『高麗·元 관계의 構造와 高麗後期 政治體制』, 서울대학교 국사학과 박사학위논문, 1996.

각된다.[42] 다만 이 시기 공주 사속인들이 뒤 시기의 공주 사속인들과 달리 고려의 관직을 받아 고려의 정치 세력화하여 사실상 충렬왕의 측근으로서 활동할 수 있었던 사실과 그 배경에는 충분히 주목할 필요가 있을 것이다.

한편 이러한 공주 사속인의 역할 및 국왕과의 관계는 충선왕대 이후 변화를 보인다. 성종 테무르의 형 진왕 감말라의 딸이었던 계국대장공주가 충선왕과 통혼하고 고려에 오면서 데리고 온 사속인들로 추정되는 자들은 충선왕 즉위년(1298)에 발생한 이른바 '조비 무고 사건'의 과정에서 그 활동상이 확인된다.

충선왕이 즉위한 후 얼마 지나지 않아, 공주는 충선왕의 부인 중 한 명인 조비가 왕의 총애를 받는 것을 질투하여 코코부카와 코코타이를 원 황태후에게 보내 조비가 왕의 총애를 독점하고 있음을 전하게 했다. 이에 충선왕은 박경량(朴景亮)을 보내어 편지의 내용을 묻게 했지만, 그는 오히려 코코부카 등에게 맞고 돌아왔다. 충렬왕 또한 공주를 달래는 한편으로 앞서 자신의 측근 도성기(陶成器), 김수(金繻) 등으로부터 적몰한 재산과 가족, 노비 등을 코코부카와 코코타이 및 테리 등에게 하사하여 공주의 마음을 돌리려 했으나, 결국 공주는 코코타이 등을 몽골에 보냈다. 이후에 다시 조비의 어머니, 즉 조인규(趙仁規)의 처가 왕과 공주의 사이를 이간하기 위해 저주를 했다는 내용의 익명서가 궁문에 붙었고, 공주는 다시 테리를 보내어 이 익명서의 내용을 몽골에 전하게 했다.[43] 이들은 각기 공주의 조모이며 삼촌이었던 몽골 태후 및 성종 테무르의 사신들과 함께 돌아와서 관련자를 심문했고, 충선왕과 공주

42 고명수, 「충렬왕대 怯憐口(怯怜口) 출신 관원」.

43 『고려사』 권89, 계국대장공주 전.

의 입조를 명하는 황제의 조서를 전달했는데, 이는 결국 충선왕 폐위와 충렬왕 복위로 이어졌다.

여기에 보이는 코코부카, 코코타이, 테리의 출신 등과 관련한 정보는 확인되지 않는다. 그러나 고려에 온 지 얼마 되지 않았던 계국대장공주가 충선왕과의 관계에서 갈등이 발생한 후 충선왕과 충렬왕이 만류하는 상황에서도 이 사안을 몽골에 전하기 위해 선택할 수 있는 인물들이었다는 점에서, 이들은 공주를 수행해온 사속인들이었을 가능성이 크다.

이들 가운데 코코부카는 충렬왕이 복위하고 공주와 충선왕이 모두 몽골로 소환된 이후, 충렬왕 25년(1299) 한희유(韓希愈) 무고 사건과 관련하여 한희유 등을 압송하기 위한 사신으로 한 차례, 그 이듬해 황후 책봉 조서를 전하기 위한 사신으로 한 차례 고려에 왔다.[44] 그리고 충숙왕(忠肅王) 2년(1315)에 충숙왕 즉위 후 고려에 와 있던 공주가 몽골로 돌아가자, 인종(仁宗) 아유르바르와다가 원사(院使) 코코타이 등을 보내어 맞이하게 했다는 기록이 있는데,[45] 여기에 보이는 코코타이는 앞서 공주를 따라 고려에 왔던 코코타이인 것으로 보인다. 즉 코코부카, 코코타이, 테리 등은 공주가 충선왕과 함께 몽골로 돌아갈 때 그를 따라 몽골로 돌아갔고, 이후에도 공주와 관계를 유지했던 것으로 생각된다. 제국대장공주의 사속인들과 같이 구체적인 기록이 있는 것은 아니지만, 이와 같은 활동상은 계국대장공주의 사속인들 역시 공주의 집안-진왕 감말라 집안과 관련을 가진 자들이었을 가능성을 보여준다. 또한 이들이 조정의 사신 등으로 활동하고 있기도 했던 점에서 몽골

---

44 『고려사』 권31, 충렬왕 25년 4월 기미; 26년 정월 신묘.

45 『고려사』 권89, 계국대장공주 전, 충숙왕 2년.

조정과도 연계를 가지고 있었던 것으로 보이는데, 이는 진왕 감말라가 성종 테무르의 형이었다는 점을 통해 이해할 수 있다.

한편 이들은 앞선 충렬왕대 제국대장공주의 사속인들과 달리, 고려에서 어떤 관직을 받거나 하여 국왕과 직접적인 연결고리를 갖지는 않았던 것으로 보인다. 이는 우선 충선왕이 1298년 즉위한 이래로 재위 기간이 워낙 짧기도 했거니와, 즉위 직후 충선왕과 계국대장공주 간 갈등이 시작되어 곧 충선왕이 폐위되었다는 점, 그리고 충선왕이 복위한 후에도 사실상 거의 대부분의 기간을 몽골에 체재했고 그 스스로가 당대 황제인 무종(武宗) 카이샨(Qaišan) 및 인종 아유르바르와다와 밀착되어 있어 굳이 이들을 몽골 조정과의 교섭 과정에 활용할 필요성이 크지 않았다는 점 등이 작용한 결과였던 것으로 생각된다. 이러한 가운데 계국대장공주의 사속인들은 짧은 기간이었지만 공주의 사속인으로서만 그 역할을 수행했다.

이후로는 몇몇 궁녀나 옹인의 존재만이 확인될 뿐 공주의 사속인 자체가 그다지 확인되지 않기도 하거니와, 충렬왕대·충선왕대와 같은 정치적 국면에서의 사속인의 활동은 더 이상 나타나지 않는다. 그렇지만 이후 시기에 사속인들의 활동을 기대할 만한 상황이 없었던 것은 아니라는 점에서, 이는 단순한 기록상의 문제 이상의 변화인 것으로 보이기도 한다. 관련해서 충숙왕비 경화공주와 충혜왕비 덕녕공주의 사례가 주목된다.

먼저 경화공주는 충숙왕이 복국장공주와 조국장공주에 이어 세 번째로 맞이한 몽골 공주로, 위왕(魏王) 아모가(Amogha, 阿木哥)의 딸이며 조국장공주와는 자매간이다. 충숙왕이 사망한 후 충혜왕(忠惠王)이 경화공주를 간음한 사건이 발생했고, 공주는 몽골로 돌아가려 했으나 충혜왕이 방해하여 무산되었다. 이에 공주는 조적(曺頔)을 불러 상황을 알

렸고, 조적은 정동행성관 홍빈(洪彬) 등과 함께 충혜왕을 공격했다. 이른바 '조적의 난'이다. 이 과정에서 조적은 사망했으며, 충혜왕은 몽골로 압송되어 심문을 당했다.[46] 조적은 고려의 재상이자 심왕 세력이기도 했던 인물인데, 이 일련의 과정에서 경화공주가 충혜왕과의 사이에서 발생한 문제를 외부로 알려 사태를 수습 혹은 해결하기 위해 스스로의 사속인이 아닌 고려 관료인 조적을 통했다는 점이 주목된다.

충혜왕비 덕녕공주의 사례도 유사한 맥락에서 주목된다. 진서무정왕(鎭西武靖王) 최펠(chos dpal, 焦八)의 딸인 덕녕공주는 충혜왕과의 사이에서 충목왕을 낳았고, 충혜왕이 유배 도중 사망하여 충목왕이 즉위한 후 태후로서 섭정을 했던 인물이다. 이 과정에서 배전(裵佺) 등 몇몇 인물이 그를 보좌했는데, 이때 측근에서 그를 보좌한 인물 가운데 공주의 사속인으로 보이는 이름은 등장하지 않는다.

이 두 사례는 앞서 본 제국대장공주와 계국대장공주의 경우 고려에서 정치력을 행사하는 과정이나 분란이 발생하여 몽골에 이를 전해야 할 상황에서 그 사속인을 적극적으로 활용했던 것과는 차이를 보인다. 이는 각 시점에서 경화공주와 덕녕공주의 사속인들이 고려 내에서 정치적으로 자리 잡지 못했음을 보여준다. 이는 앞서 충렬왕이 세조 쿠빌라이의 가문과 사적인 관계를 맺고 있었던 제국대장공주의 사속인들에게 고려 관직을 주면서 이들을 몽골 조정과의 관계에서 적극적으로 활용함으로써 스스로의 정치력을 배가시켰던 것과는 달리, 충숙왕·충혜왕은 공주의 사속인들을 정치적으로 활용하지 않았음을 보여주는 것이기도 하다.

이러한 차이 혹은 변화의 배경을 명확히 밝히기는 어렵다. 다만 여

46 『고려사』 권36, 충혜왕 복위년 8월 갑오; 권89, 경화공주 전; 권131, 조적 전.

러 정황들을 통해 그 일면을 살펴보자면, 이는 당대 고려 국왕들이 처해 있었던 몽골과의 관계 상황에 더하여 공주들의 가문 배경, 나아가 그로부터 비롯된 공주 사속인의 정치적 효용성과 관련이 있는 것이 아닌가 한다. 그리고 이것은 당시 몽골의 정국 변동 상황과도 관련된 것으로 생각된다.

충숙왕대에 공주의 사속인들이 고려 내에서 정치적으로 자리 잡지 못했던 데에는 우선 충숙왕의 개인적인 성향 및 그가 처해 있었던 정치적 상황이 작용했을 것으로 보인다. 충숙왕은 1313년 충선왕에게 양위를 받았으나, 충선왕이 사실상 정권을 장악한 가운데 충숙왕은 고려 정치에서도, 몽골과의 관계에서도 스스로 할 수 있는 것이 거의 없었다. 충선왕 실각 후에는 곧이어 심왕 측의 무고로 몽골에 소환되어 억류되었고, 이후 귀국해서는 정치를 거의 방기하다시피 했다. 충숙왕이 이렇게 자의 반 타의 반으로 정치적 무기력 상태에 처하게 된 데에는 그의 성향에 더하여 몽골 조정과의 개별적 관계가 작용했던 것으로 보인다.

몽골 복속기 고려 국왕들은 즉위 전 몽골 황실의 케식에 참여했고, 이는 단순히 개인적인 교류나 관계에 그치지 않고 어느 정도 관례화 혹은 제도화되어 총체적인 고려-몽골 관계가 유지되는 데에 중요한 부분을 구성하고 있었다.[47] 그러나 케식에의 참여라는 제도적 틀 아래에서 맺어지는 특정 고려 국왕과 특정 몽골 황제의 '개별적 관계'는 상황에 따라, 혹은 개인의 성향에 따라 차이를 보일 수밖에 없었고, 이러한 관계의 차이가 갖는 정치적 작용의 차이는 해당 국왕이 즉위 후 정치

47 고려 종실의 케식 참여 양상 및 그 의미와 관련해서는 森平雅彦, 「元朝ケシク制度と高麗王家-高麗·元關係における禿魯花の意義について」, 『史學雜誌』 第110編 第2號, 2001 참조.

를 행하는 과정에서 드러났다.

충숙왕이 즉위 전 케식에 참여했던 시기는 무종대에서 인종대 사이에 해당하는데,[48] 주지하다시피 무종과 인종은 충선왕과 각별한 관계에 있었고, 그나마 충선왕이 실각하여 친정을 할 수 있게 된 상황에서는 몽골 내 정권도 교체되어 있었다. 인종에 이어 즉위한 영종(英宗)은 역시 몽골 황실의 부마이자 케식이기도 했던 고려 종실 출신 심왕 왕고를 총애했다고 하며, 이는 충숙왕에게 불만을 품은 고려의 신료들이 왕고를 고려 국왕에 옹립하려는 일련의 정치 행위들을 지속하게 한 중요한 배경이 되었다.[49] 한편 충숙왕은 1330년 충혜왕에게 선위한 뒤 몽골에 가 있으면서 당시 황제였던 문종(文宗) 톡 테무르(Tuɣ Temür)와 긴밀한 관계를 형성했던 것으로 보이는데,[50] 복위한 후에는 몽골에서도 다시 정권이 교체되어 순제(順帝) 토곤 테무르(Toghon Temür, 妥懽帖睦爾)가 즉위한 상황이었다. 순제는 즉위 전 1년 반 정도 고려에서 유배생활을 했는데,[51] 당시 충숙왕은 충혜왕에게 선위한 뒤 몽골에 가 있었으므로 양자 간에 개인적 관계가 형성될 수 있는 상황은 아니었다. 그

---

48 이색, 『목은집』 문고 권17, 해평군 익충간윤공묘지명 병서

49 심왕 옹립운동과 관련해서는 많은 논문들이 있는데, 주로 北村秀人, 「高麗時代の瀋王についての一考察」 『人文研究』 24-10, 1973; 김당택, 「고려 충숙왕대의 심왕 옹립운동」, 『역사학연구』 12집, 1993; 김혜원, 「고려후기 瀋王 연구」, 이화여자대학교 사학과 박사학위논문, 1999; 이익주, 「14세기 전반 고려·원 관계와 정치세력 동향: 충숙왕대의 심왕옹립운동을 중심으로」, 『한국중세사연구』 9, 2000; 이명미, 「몽골 복속기 권력구조의 인식과 활용: 충숙왕~충혜왕대 국왕위 관련 논의와 국왕 위상」, 『13~14세기 고려·몽골 관계 연구: 정동행성승상 부마 고려국왕, 그 복합적 위상에 대한 탐구』, 2016 등 참조.

50 충숙왕은 1332년에 복위했으나 수개월 더 몽골에 체류하다가 이듬해 윤3월에야 몽골을 출발했다. 이와 관련해서는 당시 몽골에서 정권이 급속히 교체되는 가운데 충숙왕이 문종의 구신(舊臣)이라 곧바로 몽골을 떠나지 못했다는 기록이 있다(『고려사』 권35, 충숙왕 복위 후 2년 3월).

51 『고려사』 권36, 충혜왕 즉위년 7월 정사; 원년 12월 갑인.

런데 충숙왕과 순제 토곤 테무르는 단지 서로 가깝지 않았던 것 이상으로, 정치적으로 불편한 관계에 있었던 것으로 보인다.

순제 토곤 테무르는 명종(明宗) 코실라(Qošila, 和世瑓)의 장자이다. 명종은 천력(天曆) 내란 등으로 몽골 황제위 경쟁이 격화한 가운데 그 동생 문종 톡 테무르와 그를 옹립한 권신 엘 테무르(El Temür, 燕鐵木兒)에 의해 독살당한 것으로 추정된다. 이러한 가운데, 순제가 즉위한 후인 1335년(순제 원통(元統) 3), 또 다른 권신 바얀(Bayan, 伯顏)은 엘 테무르의 아들인 당기세(唐其勢)와 그 동생 탑랄해(塔剌海)에게 역모의 죄를 씌워 주살했으며, 엘 테무르의 딸인 다나시리[답납실리(答納失里)] 황후를 출궁시키고 이어 독살했다.[52] 이러한 상황을 고려할 때, 문종의 구신(舊臣)이었던 충숙왕과, 문종 및 그를 옹립한 엘 테무르에 의해 사망한 명종의 아들 순제, 그리고 순제 재위 초기의 권신이었던 바얀의 관계가 원만하기는 어려웠을 것이다. 이러한 몽골 황제-조정과의 관계는 충숙왕이 재위 기간 보여준 정치적 무기력함의 중요한 한 가지 배경이 되었을 것으로 생각된다. 아울러 충숙왕이 통혼한 공주의 가문 역시 이와 같은 상황을 반전시키기에는 역부족이었던 것으로 보인다.

충숙왕은 총 3명의 몽골 공주와 통혼했다. 먼저 동왕 3년(1316) 영왕(營王) 에센 테무르(Esen Temür, 也先帖木兒)의 딸 복국장공주와 통혼했는데, 공주는 통혼 후 얼마 되지 않아 사망했다. 영왕 에센 테무르는 쿠빌라이의 다섯째 아들 운남왕(雲南王) 후게치[홀랄적(忽剌赤)]의 아들로, 아버지를 이어 운남왕에 봉해졌으며 무종 즉위 직후 영왕에 봉해졌다.[53] 이후 충숙왕은 심왕 측의 무고로 몽골에 억류되어 있다가 동왕 12년

52 『원사』 권38, 순제 원통 3년 6월 경진; 권114, 열전1 후비1 순제 답납실리(答納失里) 황후 전.

53 『원사』 권22, 무종 지대(至大) 원년 정월.

(1325) 귀국하기 전 해에 조국장공주와 다시 통혼했다. 하지만 조국장공주 역시 통혼 후 얼마 지나지 않아 사망했고,[54] 충숙왕은 다시 경화공주와 통혼했다.[55] 앞서 언급한 바와 같이 조국장공주와 경화공주는 자매간이며, 모두 위왕 아모가의 딸이다. 위왕 아모가는 무종 카이샨과 인종 아유르바르와다의 서형(庶兄)으로, 인종대에 죄를 얻어 고려에 유배되었다가[56] 태정제(泰定帝)가 즉위하면서 사면된 인물이다.[57] 그가 고려에 유배와 있던 기간 고려 국왕은 충숙왕이었고, 이러한 인연으로 그는 두 딸을 충숙왕에게 연이어 출가시킨 것으로 보인다. 그 아들 위왕 볼라드 테무르(Bolad Temür, 孛羅帖木兒)의 딸이 공민왕과 통혼한 노국대장공주인 것도 이러한 인연과 관련된 것으로 생각된다.[58]

충숙왕의 장인인 영왕 에센 테무르와 위왕 아모가는 모두 몽골 종왕이기는 했으나, 중앙의 정치와 관련한 활동상은 확인되지 않는다. 더욱이 복국장공주의 부친인 영왕 가문의 경우는 그 출진(出鎭) 지역이 운남으로, 지리적으로도 중앙 조정과는 거리가 있었다. 따라서 앞 시기 공주 사속인들에 비해 충숙왕비가 된 공주들이 데리고 온 사속인들이 몽골 조정과 특정한 연계를 가질 수 있는 가능성, 혹은 몽골 조정과의 교섭 과정 등에서 특별히 그들이 속해 있었던 종왕 가문을 배경으로 활약할 수 있는 가능성은 더욱 적었을 것이다. 또한 이 시점은 몽골과의 관계가 시작된 지 어느 정도 시일이 흐르기도 하여, 사속인들의 몽골어 실력과 같은 것은 얼마든지 그 대안을 찾을 수 있는 자질로서 더

54 『고려사』 권89, 조국장공주 전.

55 『고려사』 권89, 경화공주 전.

56 『고려사』 권34, 충숙왕 4년 윤정월 임신; 『원사』 권26, 인종 연우 5년 6월 을사.

57 『고려사』 권35, 충숙왕 10년 10월 무진; 『원사』 권29, 태정제 태정 원년 정월 기유.

58 이명미, 「고려 · 원 왕실통혼의 정치적 의미」, 『한국사론』 49, 2003.

는 특별한 장점이 아니었을 것이다. 이러한 가운데, 고려 국왕권에 직접적으로 영향을 미치는 황제-조정과의 관계가 불편하여 정치적 무기력함을 보인 충숙왕이 중앙 조정과는 거리가 있으며 별다른 정치적 무게감이 없는 종왕 가문에서 온 공주의 사속인들에게 정치적 관심을 보이지 않은 것은 어찌 보면 자연스러운 일이라 할 수 있겠다. 그리고 나아가서 이러한 상황은 공주 스스로도 정치적 분쟁 상황에 휘말렸을 때 자신의 사속인을 활용하기 어렵게 만들었던 것으로 보인다.

한편 충혜왕비 덕녕공주는 진서무정왕 최펠의 딸로, 통혼 당시 황제였던 문종 톡 테무르와는 8촌 관계로 몽골 공주 출신 고려 왕비 가운데에서는 통혼 당시 황제와의 혈연 거리가 가장 멀었다. 그러나 근래의 연구들을 통해 밝혀진 바와 같이, 진서무정왕 최펠은 정치적으로 당대 중앙 정권과 매우 가까운 관계에 있었다. 그는 권신 엘 테무르가 정권을 장악한 후 반란을 진압하는 과정에서 공을 세웠고, 그 조카인 서안왕(西安王) 아라트나시리(Alatenashili, 阿剌忒納失里)는 엘 테무르가 천력의 내란 중 정권을 장악하는 과정에서 직접적으로 군대를 내어 도운 인물이었다.[59] 충혜왕이 즉위 전 몽골에서 숙위하며 엘 테무르의 총애를 받았음은 주지의 사실이다.[60] 이에 충혜왕과 덕녕공주의 통혼은 각각이(덕녕공주의 경우는 그 아버지 최펠이) 엘 테무르와 맺은 관계를 매개로 이루어졌다고 할 수 있을 것이다.

그런데 충혜왕이 짧은 재위 후 폐위되었다가 1339년 충숙왕 사후 복위했을 때 몽골 황제는 순제 토곤 테무르였다. 앞서 본 바와 같이 명

---

59 이 시기 몽골의 정권 변동 상황 및 그것이 충혜왕의 즉위와 폐위 등의 과정에 미친 영향에 대해서는 권용철, 「大元帝國 末期 政局과 고려 충혜왕의 즉위, 복위, 폐위」, 『한국사학보』 56, 2014 참조.

60 『고려사』 권36, 충혜왕 2년 2월 갑자.

종 코실라의 장자인 순제는 그 아버지의 사망과 관련되어 있던 문종 및 그를 옹립한 권신 엘 테무르에 대해 반감을 갖고 있었다. 따라서 문종 구신이었던 충숙왕과 마찬가지로, 엘 테무르와 밀착되어 있던 충혜왕, 그리고 덕녕공주의 친정인 진서무정왕 가문과 순제의 관계 역시 원만하기는 어려웠을 것이다. 이에 아마도 덕녕공주가 그 집안에서 데려왔을 사속인들은 충혜왕대 몽골과의 관계에서 역할을 하기가 어려웠을 것이며, 이는 그들이 고려 내에서 정치적으로 자리를 잡을 수 없었던 데에 한 가지 배경이 되었을 것으로 생각된다. 이러한 가운데 충혜왕 사후 어린 아들 충목왕이 즉위하여 섭정을 하게 된 덕녕공주 역시 몽골 조정과의 관계에서도, 또 고려 정치에서도 입지를 갖고 있지 못했던 자신의 사속인을 활용하기보다는 남편 충혜왕의 총신을 활용하게 되었던 것이 아닌가 한다.

고려 국왕과 몽골 공주의 통혼은 그 자체로 총체적인 고려 왕실과 몽골 황실의 세대를 거듭한 가문 간 관계라는 점에서 고려-몽골 관계 형성과 유지에 중요한 의미를 가졌다. 그리고 이러한 몽골 황실과의 통혼을 통해 고려 국왕들은 몽골 황실의 '부마'로서 여러 제도적·의례적 지위를 확보할 수 있었다. 이처럼 몽골 황실과 고려 왕실 간의 세대를 거듭한 통혼이라는 총체적 통혼 관계는 고려와 몽골의 '지배가문 간 관계'로서 고려와 몽골의 '국가 간 관계'와 연동되어 있었지만, 개별 통혼 사례들은 고려 왕실과 특정 몽골 종왕 가문 간에 형성된 '가문 간 관계'였다. 그리고 몽골 종왕들은 그들이 몽골 황실 구성원이라는 점에서 기본적으로 황제권과 직결되어 있기는 하지만, 동시에 분봉을 통해 구성되는 몽골의 분권적 국가 체제에서 권리-권력을 갖는 주체이기도 했다. 더욱이 몽골의 정권 교체 주기가 빨라지는 상황에서는 이러한 교체 과정에서 정치적 역할을 했던 종왕들의 정치적 입지 및 중앙 조정-

황제권과의 관계 역시 함께 변동했다. 그리고 그러한 종왕의 딸과 통혼한 고려 국왕들은 몽골 조정과의 정치적 관계에서, 국왕 스스로가 형성한 황제와의 관계 외에도 개별 종왕 가문과 형성된 관계, 또 그 종왕과 황제권의 관계에 다시 영향을 받을 수밖에 없었다. 이는 몽골제국 내에서의 다양한 사례들을 통해 더 구체적으로 살펴봐야 할 문제인데, 우선 이 절에서는 개별 종왕 가문과도 직접적인 관계를 갖는 공주 사속인들의 활동을 통해 개별 통혼 관계가 고려 국왕의 몽골 조정과의 관계 및 고려 정치에 작용하는 양상의 일면만을 확인해보았다.

고려-몽골 관계에서 제국대장공주 스스로의 역할, 그리고 그 사속인들의 역할이 몽골의 대리역, 즉 고려에 대한 감시역으로 읽히기도 했던 것은 그 집안이 몽골 종왕으로서의 쿠빌라이 가문이자 황제의 가문이라는, 두 정체성이 혼재된 사례였기 때문이 아닌가 한다. 세조 쿠빌라이라는 황제 개인의 역량, 그리고 이 시기 몽골의 정권이 비교적 안정적이었다는 점 또한 공주와 그 사속인들의 정치적 활동이 부각될 수 있었던 한 배경이었다. 비록 그 활동 양상이 두드러지지는 않지만, 이후 공주들의 사례에까지 확장시켜볼 때 제국대장공주의 사례에서 혼재되었던 해당 집안의 두 가지 정체성은 분리된다. 이를 통해 고려-몽골 관계 속에서 몽골 공주가 점했던 위치를 재정립하는 한편으로 공주와의 통혼이 개별 국왕의 정치력 혹은 고려-몽골 관계에 미친 영향의 구체적인 양상을 확인하고 이 시기 고려-몽골 관계가 갖는 특징의 한 측면을 이해할 수 있을 것이다.

4. 통혼을 통해서 본 고려-몽골 관계의 다층성

세조 쿠빌라이의 딸로 고려 충렬왕과 통혼한 쿠틀룩켈미시 공주, 즉 제국대장공주는 현 황제의 딸이라는 점이 작용하기도 하여 그 정치적 활동이 왕성했다. 고려 대 몽골이라는 관계의 구도에서 이러한 제국대장공주의 존재와 활동은 몽골 국가를 대표해서 고려 국가를 감독하거나 제어하는 그것으로 읽히기도 한다. 그러나 몽골 황제를 대리해 정복지(복속지)의 정치·군사 등 제반 문제를 감독했던 몽골 관료 다루가치들과의 관계에서 제국대장공주는 오히려 스스로의 권익, 그리고 그와 직결되어 있는 남편 부마 충렬왕의 정치 권역의 이해를 몽골 조정의 이해관계로부터 방어하고자 하는 모습을 보여준다.

이러한 양상은 분봉을 근간으로 하는 몽골의 분권적 국가 체제에서 공주가 황제권 혹은 조정의 입장을 '대리'하는 존재라기보다는 황실의 일원으로서 가산인 제국에 대해 함께 권리를 갖는 정치 주체였고, 그의 권리·권력은 상당 부분 그 남편인 부마의 그것과 직결되어 있었다는 점을 통해 이해할 수 있다. 몽골 공주들의 그 분령에 대한 권리 및 권력 행사는, 물론 황실 출신이라는 점에서 가능했던 것이며 황제-대칸으로부터 부여받은 것이었지만, 이는 동시에 황제 개인의 '은사' 차원이 아니라 몽골 국가 체제의 근간이 되는 전통적 관념에 근거한 것이었다. 이에 스스로의 권리를 확보하고 강화하려는 이들의 방향성은 경우에 따라 황제권 혹은 중앙 조정의 권리 확대라는 또 다른 방향성과 부딪히기도 했던 것이다.

한편 고려 국왕과 몽골 공주의 통혼은, 그 자체로 총체적인 고려 왕실과 몽골 황실의 세대를 거듭한 가문 간 관계라는 점에서 고려-몽골 관계 형성과 유지에 중요한 의미를 가졌다. 그러나 고려 왕실과 몽골 황실 간 세대를 거듭한 통혼으로서 고려-몽골 관계의 중요한 축이 되었던 총체적 통혼 관계를 구성하는 개별 통혼 사례들은 고려 왕실과 특정 몽골 종왕 가문 간에 형성된 '가문 간 관계'였다. 몽골 종왕들은 앞서 본 공주들과 마찬가지로 그들이 몽골 황실 구성원이라는 점에서 기본적으로 황제권과 직결되어 있기는 하지만, 동시에 분봉을 통해 구성되는 몽골의 분권적 국가 체제에서 권리-권력을 갖는 주체이기도 했다. 이에 그러한 종왕의 딸과 통혼한 고려 국왕들은 몽골 황실의 '부마'로서 여러 제도적·관례적 지위를 확보할 수 있었던 한편으로, 실제 몽골 조정과의 정치적 관계에서는 개별 종왕 가문과 형성된 관계의 영향을 받을 수밖에 없었다. 그러한 개별 통혼 관계가 고려 국왕의 몽골 조정과의 관계 및 고려 정치에 작용하는 양상은 개별 종왕 가문과도 직접적인 관계를 갖는 공주 사속인들의 활동을 통해 그 일면을 확인할 수 있다.

충렬왕이 제국대장공주의 사속인들에게 고려 관직을 하사하고 여러 정치적 역할을 부여했던 데에는 그들이 공주의 아버지인 세조 쿠빌라이와도 사적인 관계로 맺어져 있었다는 점이 주효하게 작용했다고 할 수 있다. 이에 비해 몽골 내 정권 교체 주기가 빨라지고, 그러한 과정으로부터 고려의 정치 및 국왕위 문제가 직접적인 영향을 받게 되는 충숙왕대 이후 시기에는 공주 사속인의 정치적 활동이 드러나지 않는다. 여기에는 다른 요인들과 함께 공주의 집안이 그러한 정권 교체 및 유지 과정에서 별다른 역할을 하지 못한 가문이었거나, 혹은 역으로 적극적인 역할의 결과로 현 정권과 껄끄러운 관계에 있는 가문이었다는 점이 작용했던 것으로 보인다.

고려-몽골 관계에서 중요한 비중을 차지하는 고려 왕실-몽골 황실 간 통혼은 세대를 거듭한 통혼이라는 전체적인 면에서 고려 국가와 몽골 국가의 총체적 관계를 성립·유지시키는 역할을 했다. 그러나 정치적인 측면에서 볼 때 고려 국왕 및 종실과 통혼한 개별 몽골 공주들은 몽골 황제권·조정을 대표한다기보다는 스스로가 몽골제국의 분권 세력으로서, 또 마찬가지 위상을 갖는 개별 종왕 가문 출신으로서 역할을 했다. 공주와의 통혼이 고려 국왕권에 미친 영향 역시 그러한 측면에서 더 조망해볼 필요가 있을 것이다.

9장
원제국의 법제와 고려의 수용 양상

조 원

1. 몽골의 제국 통치와 법

몽골은 대제국을 건설한 이래로 그 지배하에 있던 각 지역의 정치·문화적 지형에 상당한 영향을 끼쳤다. 기본적으로 몽골은 통치 지역의 풍속과 제도를 유지시키는 '본속주의(本俗主義)'를 지향하면서도 지배 지역에 전권을 가진 다루가치를 파견하거나 기구를 설치하여 사법, 행정, 인사, 경제 등의 분야에서 자국의 지배력을 행사했다. 그 과정에서 복속된 지역 내에 몽골의 제도와 현지 제도 간의 접촉, 그리고 그로 말미암은 저항, 타협, 수용의 양상이 나타났다. 몽골의 영향력 아래 있던 고려 지역도 예외가 아니었다. 몽골 칸실과의 혼인관계를 통해 한 세기 이상 긴밀한 정치적 관계를 유지해왔던 고려에서는 정치, 사회, 제도,

문화, 사상 등 각 방면에서 몽골과의 교류 및 그 영향의 흔적이 드러난다. 그 가운데 원제국의 법제가 고려에 끼친 영향이 주목되어왔다.

원제국에서의 형정(刑政)은 단례(斷例)를 바탕으로 이루어졌고, 민사, 행정 등의 체제는 때마다 대칸이 내린 조령(詔令)에 따랐다. 시간이 흐르면서 대칸의 조령과 중앙정부에서 하달한 훈령(訓令)들이 쌓이고, 단례들이 누적되면서 명확한 법적 기준이 시기마다 달라지는 폐해가 생겼다. 이를 해소하기 위해 여러 차례 법전을 편찬하고자 하는 시도가 있었다. 원 중기 이후 조정에서는 『대원통제(大元通制)』, 『지정조격(至正條格)』 등의 법전이 마련되었는데 이는 몽골 칸들의 성지(聖旨) 및 그들이 반포한 법령(法令), 각 행정기관에 수여한 훈령을 집성한 격식과 단례를 묶어서 편찬한 조문들이 정리·집성된 것이었다. 그러나 원제국 말기까지도 앞선 한족 왕조에서 반포되었던 '율령(律令)'의 성격을 지닌 법제가 마련되지는 않았다. 형정의 지침이 되었던 것은 여전히 관습법, 선대의 제조(制詔)와 관련 법규, 판례, 『당률(唐律)』, 『금률(金律)』이었다.[1]

1 원 법제에 관해서는 이미 국내외에서 상당한 연구들이 진행되어왔다. 관련 연구로는 安部健夫, 「元史刑法志と『元律』との關係について」, 『元代史の研究』, 東京: 創文社, 1972; 安部健夫, 「『大元通制』解說」, 『元代史の研究』, 東京: 創文社, 1972; 翁獨健, 「蒙元時代的法典編纂」, 『燕京社會科學』 1, 1948; 고병익, 「元代의 法制: 蒙古習慣法과 中國法과의 相關性」, 『歷史學報』 3, 1953; 이개석, 「元朝中期 法典編纂 研究와 『至正條格』의 發見」, 『東洋史學研究』 83, 2003; 小林高四郎, 「元代法制史上之 "舊例"」, 『蒙古學資料與情報』, 1990-1994; Ch'en, P. Heng-chao, *Chinese Legal Tradition under the Mongols*, Princeton, NJ: Princeton University Press, 1979; 김문경, 「원간본(元刊本) 『지정조격(至正條格)』에 대한 기초적 고찰」, 『至正條格校注本』, 서울: 휴머니스트, 2007; 김호동, 「『지정조격(至正條格)』의 편찬과 원(元)말의 정치」, 『至正條格校注本』, 서울: 휴머니스트, 2007; 劉曉, 「『大元通制』到『至正條格』: 論元代的法典編纂體系」, 『文史哲』, 2012-1; 張帆, 「重現於世的『至正條格』」, 『文史知識』, 2008-2; 陳高華, 「『至正條格·條格』初探」, 『中國史研究』 2008-2 등이 있다. 원대 법제사에 관한 보다 상세한 연구 성과들은 이개석, 「元朝中期 法典編纂 研究와 『至正條格』의 發見」, 182쪽 각주 2 참조.

그런데 원 법제가 고려에 끼친 영향을 검토한 연구에서는 '원율(元律)의 적용'이라는 표현을 사용하여 원제국 전반에 걸쳐 지속적이고 일관된 제국의 법적 체계가 존재했던 듯한 인상을 준다.[2] 또한 고려 원종 시기부터 충렬왕·충선왕 시기에 이르기까지 원의 고려 형정 간섭이 공식화되고 심화되면서 원의 종속성이 강화되었다고 본다.[3] 그런데 원제국 내부의 사정을 살펴보면 다소 다른 면이 발견된다. 해당 시기였던 원 전반기에도 법전 편찬의 시도가 여러 차례 있었다. 그러나 원율(元律)이라고 할 만한 일관된 법전이 갖추어 있지는 않았으며, 특히 형정에 있어서 완결된 법적 준거가 마련되지 않았다. 따라서 원종부터 충선왕대까지 원의 법제를 통한 간섭이 공식화되었다고 보는 견해는 제고되어야 할 것이다.

원제국에서 각 시기 법제 편찬의 논의와 시도는 원제국 내부의 정치세력 및 사회적 상황을 배경으로 한다. 따라서 고려의 원 법제 수용 문제에 관해서는 각 시기 원제국과 고려 내부의 상황에 대한 고찰이 함께 이루어져야 할 것이다. 또한 원의 일방적인 법제 강요 및 제도 이식의 관점으로만 볼 것이 아니라, 고려의 선택적인 수용이라는 측면에서도 함께 살펴보아야 할 것이다. 이러한 면에서 '교혼(交婚)' 법제를 둘러싼 고려와 원의 충돌 및 법제적 교류에 관한 연구가 주목된다. 이 연구에서는 원-고려 법제의 문제를 '충돌과 저항'의 측면만 있는 것이 아니라 '교류와 수용'의 측면이 함께 내재해 있다는 점을 지적하고 있다.[4]

---

2 이정훈, 「고려시대의 刑法과 刑政」, 『한국사론』 33, 2002; 위은숙, 「동아시아 율령체제와 고려율령: 원 간섭기 원율령의 수용문제와 각화령」, 『민족문학논총』 37, 2007; 김인호, 「고려의 元律 수용과 高麗律의 변화」, 『한국사론』 33, 2002.

3 김난옥, 「13세기 후반 원나라의 刑政 간섭과 고려의 대응」, 『湖西史學』 49, 2008.

4 이강한, 「고려·원간 '交婚' 법제의 충돌」, 『東方學志』 150, 2010.

이 장에서는 선행연구를 바탕으로 13~14세기 원제국의 법제적 특징을 검토해보고 그것이 고려에 끼친 영향과 수용 양상을 검토해보고자 한다. 먼저 원제국 시기 법제 편찬의 시도와 그 특징에 관해 고찰하고, 이를 바탕으로 원의 법제가 갖는 성격과 의미를 밝혀보겠다. 다음으로 고려에서 원제국의 법이 적용 및 수용된 사례들을 검토함으로써 원제국 법제가 고려에 끼친 영향에 관해 고찰할 것이다. 이를 통해 원과 고려 간의 교류의 한 단면을 드러내 보고자 한다.

2. 원 전기의 법제와 법전 편찬

몽골의 전통법: 대야사

몽골이 통일되기 이전 초원에서는 각 지방 혹은 부족의 관습법을 따랐다. 1206년 몽골 초원의 제부족을 통합한 칭기스 칸은 각 지역의 관습법을 통일하고 대야사를 반포했다. '야사'는 '금령(禁令)' 혹은 규칙이라는 뜻으로서, 즉 '대야사'는 칭기스 칸에 의해 성문화된 상위의 초원법이었다.[5] 이를 통해 칭기스 칸이 제국을 구성하는 동맹 몽골 부족 간의 관계를 원활히 하고, 일부 종족의 관습을 공통법 속에 융합시키려는 목적이 있었던 것으로 파악된다. 흩어져 있는 야사의 규정들은, ①

---

5 대야사의 성문화와 그 실체에 관한 논의들로는 Vernadsky, George, "The Scope and Contents of Chingis Khan's Yasa", *Harvard Journal of Asiatic Studies*, vol. 3, 1938, pp. 337-360 참조. 이외에 대야사에 관한 연구로는 니콜라스 라쟈노프스키, 『몽골의 관습과 법』, 서병국 옮김, 서울: 혜안, 1996, 41-48쪽; 武志忠, 『「成吉思汗法典」及源論』, 北京: 商务印书馆, 2007; 고병익, 「元代의 法制: 蒙古習慣法과 中國法과의 相關性」, 325-337쪽 참조.

비군사적 제도와 내부 행정의 관계, ② 군사적 성질의 규정, ③ 형벌 규정, ④ 사법 규정, ⑤ 스텝 관습에 의한 특별 규정으로 구성되며 대부분의 규정은 칸의 명령 실행, 야사의 준수 감시, 군령 실행, 몽골 관습의 유지·확보를 목적으로 했다. 야사는 공동체 유지를 전제로 하며, 살인, 간통, 위증, 절도와 같은 사적인 범죄에 관한 규정은 많이 포함하지 않았다.[6]

원제국 전반기까지 법적 기능을 발휘했던 대야사는 원제국 후반기로 갈수록 그 역할이 축소되고 조훈(祖訓)으로서의 상징적인 성격이 더욱 농후해졌다. 그러나 제국 말기까지 몽골 통치 집단에 있어서 '대야사'는 최상위 법으로서의 위상이 유지되었으며, 구배(九倍)의 속죄(贖罪)[7]나 재산형(財産刑)[8]과 같은 일부 조항은 원제국의 법제에 녹아 들어갔다.[9]

원 전기 법제 정비: 『태화율』에서 『지원신격』까지

쿠빌라이(Qubilai, 忽必烈)는 대칸의 재위에 오른 후 한지에 기반한 중앙집권적인 통치 체제를 정비했다. 그 일환으로 즉위하던 해인 중통(中

6 니콜라스 랴자노프스키, 『몽골의 관습과 법』, 52-53쪽.

7 "送刑部議得該: '偷頭口的賊人, 已蒙都省奏准, 依着**蒙古例**, 教陪九個. 據刺字一節, 合依奏准強切盜例一體刺斷, 遍行照會相應.' 都省准擬." 陳高華·張帆点校, 『元典章』, 北京: 中華書局, 2011, 1644쪽.

8 "耶律鑄言, '前奉詔殺人者死, 仍徵燒埋銀五十兩, 後止徵鈔二錠, 其事太輕. 臣等議, 依蒙古人例, 犯者沒一女入仇家, 無女者徵鈔四錠.' 從之." 宋濂 撰, 『元史』 권12, 「世祖紀九」, 北京: 中華書局, 1975, 248쪽.

9 "依着扎撒陪償斷遣者" 方齡貴 校注, 『通制條格校注』, 卷16 「田令」 軍馬擾民 條, 北京: 中華書局, 2001, 203쪽). 원 법제에 남은 몽골법의 영향에 관해서는 고병익, 「元代의 法制: 蒙古習慣法과 中國法과의 相關性」, 331-337쪽 참조.

統) 원년(1260)에 최상위 행정 통치 기구인 중서성(中書省)을 세우고, 중통 4년(1263)에는 최고 군정기관인 추밀원(樞密院)을 건립했으며, 지원(至元) 원년(1264)에는 최상위 감찰기구인 어사태(御史台)를 건립함으로써 민정(民政)·군정(軍政)·감찰(監察)의 방면에서 각각 독립적으로 존재하는 대칸의 직속기구를 마련했다. 또한 지방에는 지배 체제를 확립하기 위해 몽골이 수복한 금(金)의 옛 영토에 십로선무사(十路宣撫司)를 건립했다. 지원 원년(1264)에는 성(省)과 주현(州縣)의 관원 수를 정하고, 관직에 따라 품계를 나누어 봉록(俸祿)을 지급하고 공전(公田)을 하사했으며, 일수를 계산하여 고과를 평가하는 일련의 규정들을 담고 있는 '조격(條格)'을 반포했다.[10] 이는 정부 관원에 대한 관리를 강화함으로써 중앙집권적인 통치 체제를 확립하기 위한 조치였다.

몽골의 일원화된 통치 체제를 확립하기 위한 일련의 행정적 조치가 마련되는 가운데, 행정 운용의 준거가 되는 법제는 갖추어지지 않았다. 다만 대칸의 명에 따라 조격이 반포되었고, 지원 8년(1271)까지 원에서는 금(金)의 『태화율(泰和律)』을 법적 지침으로 삼았다. 『태화율』은 금(金) 장종(章宗) 태화(泰和) 원년(1201)에 『당율소의(唐律疏議)』와 『송형통(宋刑統)』을 참고하여 편찬된 것으로 「태화율의(泰和律義)」 12편 30권, 「태화령(泰和令)」 29편 20권, 「신정칙조(新定勅條)」 3권, 「격식(格式)」 30권을 아울러 『신정율령칙조격식(新定律令勅條格式)』(약칭 '태화율(泰和律)')으로 불렸다. 『태화율』은 당율(唐律)의 율(律), 령(令), 격(格), 식(式)의 체례를 따라 민사, 행정, 경제, 군사를 아우르는 법 조항들을 갖추어 제정되었으나, 각 조의 내용은 당율과 다소 상이했다. 이는 제정된 이후 30년간 존속되었지만, 실제로 금(金) 후반 20년간의 전란으로 인해 법제

---

10 『원사』 권5, 「세조기」, 98쪽.

<표 9-1> 『태화율』의 편목 구성

「태화율의(泰和律義)」	名例	衛禁	職制	戶婚	廐庫	擅興	賊盜	斗訟	詐僞	雜律	捕亡	斷獄
「태화령(泰和令)」	官品	職員	祠令	戶令	學令	選擧	封爵	封贈	宮衛	軍防	儀制	衣服
	公式	祿令	倉庫	廐牧	田令	賦役	關市	捕亡	賞令	醫疾	假寧	獄官
	雜令	釋道	營繕	河防	服制							

로서의 기능을 다하지 못하다가 원제국 초기 형정의 준거가 되었다.[11]

지원 8년(1271) 쿠빌라이는 정식으로 국호를 '대원(大元)'으로 선포함으로써 몽골의 지배를 천명했다. 그리고 이 시점에 금(金)의 『태화율』을 금지시키고[12] 새로운 법제의 편찬을 시도했다. 태화율을 폐기하고 국호를 대원으로 선포했다는 점으로 미루어볼 때 정복 지역인 금(金)의 법률을 폐기하고 '대원제국(Yeke Mongɣol Ulus)'의 명칭에 부합하는 새로운 법제를 반포하고자 했음을 알 수 있다. 무엇보다도 강남 지역의 통합을 앞두고 있던 시점에 금율(金律)을 금지시킨 것은 북중국에서만 통용되던 금율이 북중국과 강남을 아우르는 법제로서 충분하지 않다고 판단했기 때문이었을 것이다. 색목인, 북방 한인, 거란인, 여진인, 남송인 등의 각양 민족과 다양한 지역을 통치하기에 적합한 보다 통합적인 법제가 요구되었던 것이다.

한인 관료들을 중심으로 신율(新律) 제정에 관한 주청이 여러 차례 올려졌으나 새로운 법제가 바로 편찬되지는 않았다. 지원 8년(1270) 감찰어사(監察御史) 위초(魏初)는 사천택(史天澤) 등이 정리한 『대원신율(大

11 劉曉, 「『大元通制』到『至正條格』: 論元代的法典編纂體系」, 65쪽.

12 『원사』 권7, 「세조기」, 138쪽.

元新律)』을 다듬어 천하에 반포할 것을 요청했고,[13] 왕운(王惲)은 "조칙(詔勅)을 정리하여 율령(律令)을 정하고, 『지원신법(至元新法)』이라 하여 천하에서 다시 시행하며 영원히 성헌으로 삼을 것"[14]을 요청했으나 이 역시 이루어지지 않았다. 지원 8년 이후에도 『태화율』은 '구례(舊例)', 즉 '구법(舊法)'으로서 여전히 활용되었다.[15]

지원 28년(1291)이 되어서야 『지원신격(至元新格)』이라는 새로이 정비된 법제가 반포되었다. 『지원신격』은 중서우승(中書右丞) 하영조(何榮祖)가 편찬한 성문 법전이다.[16] 이 해는 원제국의 경제 위기를 초래했던 재상 생게[桑哥]가 파면되고, 그를 중심으로 운영되던 상서성(尙書省)이 폐지된 후 중서성(中書省)이 부활되던 해였다. 하영조는 일찍이 생게의 전횡을 지적하고 그를 파면할 것을 여러 차례 주청하며 그에 맞섰던 개혁 성향의 인물이었다. 『원사(元史)』「하영조전(何榮祖傳)」에 따르면 『지원신격』의 편찬은 그의 주청에 의해 이루어졌다. 그는 상소에서 "오늘날 재정을 맡은 자가 백성의 곤란함을 돌보지 않고, 치리하는 자가 나라 예산의 크기를 헤아리지 않습니다. 게다가 용인된 사람은 항상 많으나 쓰임받아야 하는 사람은 항상 적습니다"라고 하며 예산 운용, 인선(人選) 등 행정 운용의 폐단을 중점적으로 지적했다.[17]

『지원신격』은 전체적으로 공규(公規), 선격(選格), 치민(治民), 이재(理財), 부역(賦役), 과정(課程), 창고(倉庫), 조작(造作), 방도(防盜), 찰옥(察獄)의 10개 편목[18]으로 구성되어 있고 각 편목에 10여 개의 조문이 수록

13 魏初, 『靑崖集(四库全书本)』, 卷4, 「奏議」.

14 王惲, 『秋澗集(四部叢刊本)』, 卷9, 「便民三十五事 · 入法」.

15 小林高四郎, 「元代法制史上之 "舊例"」, 10쪽.

16 『원사』 권16, 「세조기」, 348쪽.

17 『원사』 권168, 「하영조전」, 3956쪽.

되어 있다. 이를 통해 기본적으로 인사(人事) 행정, 세금 관리, 치안, 지방에서의 건축 등 관리들의 행정 지침을 포함하고 있음을 알 수 있다. 『지원신격』이 남아 있지 않아 완전한 면모를 알 수는 없으나, 이후 편찬된 『대원통제』와 『지정조격』에 각각 59조, 30조가 수록되어 그 대강의 내용을 파악할 수 있다. 그런데 그 내용에는 형법(刑法)이 누락되어 있고, 행정 법규에 치우쳐 있으며, 신율(新律)을 제정했다고 하나, 실제적으로 앞서 반포되었던 격(格)을 집성한 것에 불과하다는 점에서 이를 완결된 법전으로 보기에는 한계가 있다.[19]

1292년 쿠빌라이 재위 후반에 편찬된 『지원신격』은 명칭에 반영되어 있는 대로 행정 법규를 반영한 '격(格)'이다. 그 내용들을 살펴보면, 민정(民政)을 행하는 데 파악해야 할 사항들을 정리한 것으로 관리(官吏)들이 백성들을 치리하는 데 요구되는 행정적 지침들이 나와 있으나, 형정에서 요구되는 법제적 조치들이 발견되지 않는다. '방도(防盜)'나 '찰옥(察獄)'과 같은 사법(司法)·형정의 조항에서는 '위자구치(違者究治)'라고만 간단히 기술되어 있을 뿐이다. 이러한 사실로 미루어 『지원신격』은 재상이었던 셍게의 파면 이후 무너진 관료 행정의 기강을 바로잡기 위한 목적에서 정비된 법전으로 파악할 수 있겠다. 그러나 『지원신격』은 당시 발생한 각종 사회의 문제들을 해결하기 위한 형정의 지침이 되지 못했기에 시대적 요구 속에서 행정법과 형법을 아우르는 완결된 법전의 편찬이 거듭 건의되었다.[20]

이상의 사실을 미루어볼 때, 원제국 전반기에는 사회의 각종 문제를

18 徐元端, 『吏學指南』, 杭州: 浙江古籍出版社, 1985, 52쪽.

19 儒林, 『元朝史』, 北京:人民出版社, 2008, 291-292쪽.

20 胡祗遹, 『紫山大全集』 卷22, 「雜著·論法定律」.

아우르는 법적 기반이 마련되지 못했던 것으로 파악된다. 남송 지역을 병합하고 북중국과 강남 지역을 아우르는 통일된 법제의 정비가 한인 관료들에 의해 거듭 요구되었으나 이는 관철되지 못했다. 쿠빌라이 집권 말기에 이르러서야 『지원신격』이 편찬되었지만, 그 내용은 행정법에 치우치고 법제로서는 지나치게 간소하다는 점에서 크게 활용되지 못했다.[21] 각 부처와 지역의 관리들은 여전히 조칙(詔勅), 판례 등을 활용했고, 형정에서는 여전히 『태화율』이 참조되었다.[22]

3. 원 중·후반기 법전 편찬

원 중기 법전의 편찬과 조격, 단례 체제의 출현

원 중기 이후에도 법전 편찬의 요구가 지속적으로 대두되었다. 대덕(大德) 3년(1299) 성종(成宗) 테무르(Temür)가 하영조에게 명하여 『대덕율령(大德律令)』을 편찬하게 했다. 이에 그는 쿠빌라이 시기 법제 제정을 했던 경험을 바탕으로 380조의 편목을 택하고, 각 조에 3~4개의 사안을 첨가하여 법전을 완성했다.[23] 하영조가 언급했던 "삼사지사(三四之事)"

---

21 『지원신격』 편찬의 의의와 관련하여, 헝차오 첸(Heng-chao Ch'en)은 『지원신격』의 출현이 원 법제의 중국적인 법제로의 전환을 반영하는 것으로 평가하고 있다(Ch'en, P. Heng-chao, *Chinese Legal Tradition under the Mongols*, 18쪽 참조). 한편 류샤오(劉曉)는 『지원신격』은 원 후반기 편찬된 『통제조격』과 『지정조격』 등의 근간이 되었다는 점에서 중요한 의의를 찾을 수 있다고 보았다(劉曉, 「『大元通制』到『至正條格』: 論元代的法典編纂體系」, 67쪽 참조).

22 『원전장』 권53, 「형부십오 · 소송 · 금례」 금수초검부적사 조, 1793-1705쪽 참조.

23 『원사』 권20 「성종기」, 427쪽.

는 각 편목에 해당하는 '조격' 혹은 '단례'인 것으로 추정된다. 테무르 재위 기간에는 법전 편찬은 이루어지지 않았지만, 『대덕율령』은 전통적인 율령(律令)의 체제가 폐기되고 원 중·후기 조칙과 판례법을 결합한 형식의 조격으로서의 법전이 출현하는 데 중요한 분기점이 되었던 것으로 파악된다.[24] 그러나 『대덕율령』은 결국 반포되지 못했다. 이와 관련하여 정개부(鄭介夫)는 그의 상주문에서 다음과 같이 지적하고 있다.

> 근래 논의된 대덕율(大德律)은 적합하지 않은 자가 맡아 잘못 쓰인 부분이 심히 많습니다. 지금 마땅히 어각성부(御閣省部) 가운데 경술(經術)에 능통하고 정치 법도에 밝으며, 시의(時宜)를 잘 파악하는 자를 선발하여 고금의 율문(律文)을 참작하고, 선대로부터 건원(建元) 이래로 반포된 제칙(制勅), 명령(命令)을 수집한 후 남북 풍토에 마땅한 것을 골라 일대(一代)의 영전(令典)을 편찬해야 합니다.[25]

이로 미루어 하영조가 편찬한 『대덕율』은 각 종족과 중국의 남북을 아우르는 통합적이고 완결적인 법제로서 미흡했고, 내용상 오류가 많아 편찬되지 못했던 것으로 파악할 수 있겠다. 한편으로는 중국적인 전통에 입각하여 완결한 법전의 편찬을 요구했던 한인 관원들의 반대로 편찬이 무산되었던 측면도 있다. 테무르 시기에도 형정을 아우르는 통합적인 성격의 법전이 편찬되지 못하자 특정 범죄에 적용되는 개별 법규들이 반포되었다. 대표적으로 대덕 5년(1301)에는 <강절도적통례

---

24 劉曉, 「『大元通制』到『至正條格』: 論元代的法典編纂體系」, 67쪽.

25 鄭介夫, 「上奏一綱二十目」, 『元代奏議集录』, 邱树森 · 何兆吉辑点, 杭州: 浙江古籍出版社, 1998, 82쪽.

(强竊盜賊通例)>가 반포되었고, 대덕 7년(1303)에는 관리 뇌물죄에 관한 <장죄십이장(贓罪十二章)>이 제정되었다.[26]

원 중기 법전이 마련되지 않자, 관리와 백성들은 판례에 기대어 사송을 처리하게 되었는데 이 과정에서 폐해가 발생했다. 소송 당사자들이 각각 다른 판례들을 끌어와 자신의 정당성을 주장하는 일이 빈번히 발생했던 것이다. 이러한 상황에 직면한 원의 각 행정 부처와 백성들은 나름의 대책을 마련했다. 중서성에서부터 지방 관부에 이르기까지 격례(格例)를 베껴서 책으로 엮었는데 그 수가 10권에 달했으며, 이로써도 해결할 수 없는 사안을 만날 경우에는 구례(舊例)를 찾고 기록에 지침이 나와 있지 않은 경우에는 관원들이 대책을 논의하기도 했다. 민간에서도 전해진 칙지(勅旨)와 조령을 모아 종류대로 분류하여 책으로 엮었는데 『단례조장(斷例條章)』, 『사민요람(仕民要覽)』등으로 불렸고, 당시 이름난 집안에서는 이 법령 집성집을 한 권씩은 구비해놓았다.[27]

이러한 배경 속에서 성종 테무르 이후에도 법전 편찬의 요구가 지속적으로 대두되었다. 1307년 카이샨(Qaišan, 海山)이 즉위한 직후에 중서성의 대신들이 세조(世祖) 이래 반포된 조격들을 모두 모아 교수(校讎)한 후 일원화하여 법전을 편찬하자고 요청했고 카이샨은 이를 허락했으나,[28] 편찬이 원활히 이루어지지 않았다. 두 해가 지난 지대(至大) 2년(1309)에 상서성(尙書省) 대신들이 다시 법전 편찬을 요청했다. 이들은 "나라는 넓고 백성은 많은데 … 선대에 반포되었던 조격이 불일(不一)하여 법을 집행하는 관리가 임의로 경중을 판단하여" 발생하는 문제를

26 劉曉, 「『大元通制』到『至正條格』: 論元代的法典編纂體系」, 67쪽.

27 鄭介夫, 「上奏一綱二十目」, 82쪽.

28 "請自世祖即位以來所行條格, 校讎歸一, 遵而行之. 制可." 『원사』 권22, 「무종기」, 492쪽.

지적하며 "태조(太祖) 이래로 행해졌던 정령(政令) 9천여 조를 모아" 정리한 후 법으로 제정할 것을 요청했고, 카이샨은 그렇게 하도록 했다.[29] 당시 상서성 대신들이 조격을 모아 법전을 편찬하도록 요청했다는 점이 주목된다. 『당율』, 『태화율』과 같은 형태의 법전이 아니라 조격을 모은 법전의 형태가 원제국 중기에 자리 잡게 되었음을 확인할 수 있다. 또 한 가지 주목되는 것은 칭기스 칸 때부터 반포되었던 정령(政令)을 모두 수집하여 반영하게 한 것이다. 이는 다수의 한인들을 치리하는 데 요구되었던 법전에 대야사까지 포괄시킴으로써 몽골인, 색목인, 한인을 아우르는 통합적인 법전의 편찬을 시도했던 것으로 볼 수 있겠다. 아울러 이로써 몽골적인 전통을 더욱 공고히 하고자 한 시도로도 파악할 수 있겠다.[30] 그러나 이러한 시도는 2년 후 무종이 사망하면서 좌절되었다.

인종(仁宗)과 영종(英宗) 시기에 이르러서 비교적 완결적인 원제국의 법전이 편찬되었다. 연우(延祐) 2년(1315) 인종 아유르바르와다(Ayurbarwada, 愛育黎拔力八達)는 이맹(李孟) 등에게 명하여 앞선 조대의 조격을 집성하게 했다. 그리고 완성된 책을 추밀(樞密), 어사(御史), 한림국사(翰林國事), 집현전(集賢殿) 대신들로 하여금 함께 검토하게 했으나 8년이 지나서도 결론을 얻지 못하자[31] 법전은 결국 편찬되지 못했다. 어떤 연유로 논의가 일치를 보지 못했는지 알 수 없으나, 당시 정치적

---

29 『원사』 권23, 「무종기」, 516쪽.

30 이에 대해 새로운 법전에 몽고적 전통이나 이해관계를 적극적으로 담아내려 했다는 견해가 있다(이개석, 「元朝中期 法典編纂 研究와 『至正條格』의 發見」, 186쪽 참조). 당시 무종(武宗)의 정치적 지향, 그리고 상서성(尙書省)에서 몽골 권신들이 권력을 장악하고 있던 점으로 미루어볼 때 타당한 견해라고 생각한다. 다만 원제국의 법전 편찬이 다수의 한인들로 구성된 백성을 다스리는 데 그 목적이 있었다는 점을 염두에 둔다면, 이는 몽골, 한인들의 요구를 모두 반영하는 보다 통합적인 법제를 필요로 하는 시대적 요구의 측면이 농후하다고 생각된다.

31 『통제조격교주』 「통제조격서」, 1쪽.

상황과 연계하여 집권 세력이었던 권신 테무데르[철목질아(鐵木迭兒)]와 한인 관료들 간의 정치 투쟁 과정에서 몽골 및 색목 귀족들의 반대에 부딪혀 편찬이 좌절된 것으로 보는 견해가 있다.[32]

지치(至治) 3년(1323)에 이르러 인종 시기에 집필되었던 법전의 초고가 다듬어져서 『대원통제』라는 이름으로 반포되었다.[33] 인종 아유르바르와다와 영종 시데발라(Šidebala, 碩德八剌)는 대원제국의 칸들 가운데 특수한 위치에 있다. 아유르바르와다의 경우 인선(人選)을 중시하여 과거제도를 부활시킨 바 있으며, 시데발라는 몽골 및 색목 귀족들의 반대를 무릅쓰고 유신(儒臣)들을 대거 임명했고 불필요한 관직을 없애는 등 일련의 정치 개혁을 단행했던 인물이다. 이러한 점에서 이들은 원제국 중기 정치 제도의 모순을 인식했고 이를 개선하려고 시도했던 인물들로 파악할 수 있겠다.

원제국에서 비교적 완결성을 갖춘 법전으로 꼽히는 『대원통제』의 구성을 살펴보면 다음과 같다. 이 법전은 조제(詔制) 94조, 조격(條格) 1151조, 단례 777조, 별류(別類)[령류(令類)] 577조의 네 부분으로 구성되어 있고 모두 2539조로 되어 있다.[34] 『대원통제』 원각본(元刻本)은 이미 유실되어 있고, 현재 『통제조격』의 653조만이 전해지고 있다. 심중위(沈仲緯)의 『형통부소(刑統賦疏)』에 나와 있는 『대원통제』 조격의 편목

---

32 "命李孟等類集累朝條格, 俟成書, 聞奏頒行." 『원사』 권25, 「인종기」, 569쪽. 원 중기 법전 편찬을 둘러싼 조정 내 정치적 갈등에 관해서는 白壽彝, 『中國通史』 13, 上海: 上海人民出版社, 1980, 1007쪽; 이개석, 「元朝中期 法典編纂 研究와 『至正條格』의 發見」, 187-189쪽 참조.

33 "嘗較定律令, 彙次風憲宏綱, 行于世." 『원사』 권180, 「조세연전」, 4167쪽; "仁宗之時, 又以格例條畫有關於風紀者, 類集成書, 號曰風憲宏綱。 至英宗時, 復命宰執儒臣取前書而加損益焉, 書成, 號曰大元通制." 『원사』 권102, 「형법지」, 2603쪽.

34 『원사』 권28, 「영종기」, 629쪽.

을 보면 제사(祭祀), 호령(戶令), 학령(學令), 선거(選擧), 궁위(宮衛), 군방(軍房), 의제(儀制), 의복(衣服), 공식(公式), 녹령(祿令), 창고(倉庫), 구목(廐牧), 관시(關市), 포망(捕亡), 상령(賞令), 의약(醫葯), 전령(田令), 가녕(假寧), 옥관(獄官), 잡령(雜令), 승도(僧道), 영선(營繕), 하방(河防), 복제(服制), 참적(站赤), 각화(榷貨)의 27편으로 구성되어 있었으나, 현재 제사(祭祀), 궁위(宮衛), 옥관(獄官), 공식(公式), 하방(河防), 복제(服制), 참적(站赤), 각화(榷貨)를 제외한 19편만이 남아 있다.

이는 금(金)에서 1201년에 반포한 『태화령』의 편목(篇目)에 첨삭을 가한 것으로 『태화령』에서 관품(官品), 직원(職員), 봉작(封爵), 봉증(封贈)을 빼고, '참적(站赤)'과 '각화(榷貨)'를 추가한 것이다. '각화(榷貨)'는 『태화율』에서 새롭게 추가된 「신정칙조(新定勅條)」에 수록되어 있던 항목이다. 『대원통제』 단례의 편목을 살펴보면 명례(名例), 옥관(獄官), 위금(衛禁), 직제(職制), 호혼(戶婚), 구고(廐庫), 천흥(擅興), 적도(賊盜), 투송(鬪訟), 사위(詐僞), 잡율(雜律), 포망(捕亡), 단옥(斷獄)으로 되어 있는데 이 역시 『태화율의(泰和律義)』의 12항목과 동일하다.[35]

<표 9-2> 『대원통제』와 『태화율』의 편목 비교

『대원통제』「조격」			祭祀	戶令	學令	選擧			宮衛	軍房	儀制	衣服	公式	祿令	倉庫	
	廐牧	田令	賦役	關市	捕亡	賞令	醫葯	假寧	獄官	雜令	僧道	營繕	河防	服制	站赤	榷貨
『태화령』	官品	職員	祠令	戶令	學令	選擧	封爵	封贈	宮衛	軍防	儀制	衣服	公式	祿令	倉庫	
	廐牧	田令	賦役	關市	捕亡	賞令	醫疾	假寧	獄官	雜令	釋道	營繕	河防	服制		
『대원통제』「단례」	名例	衛禁	職制	戶婚	廐庫	擅興	賊盜	鬪訟	詐僞	雜律	捕亡	斷獄				
『태화율의』	名例	衛禁	職制	戶婚	廐庫	擅興	賊盜	斗訟	詐僞	雜律	捕亡	斷獄				

35 『통제조격교주』 9쪽.

앞서 살펴보았듯이 『대원통제』는 조제, 조격, 단례, 별류로 구성되었는데, 별류를 제외하고 조제, 조격, 단례 세 편이 원 법제의 기본적인 구성이 되었다. 제조(制詔)는 대칸이 반포한 칙명으로써 구체적인 사안의 처리에 대한 처벌 규정을 마련한 조격과 단례 앞에 둠으로써 대칸의 명령을 상위의 법으로 설정해둔 것으로 볼 수 있겠다. 조격과 단례에는 모두 특정한 사안에 대한 법적 처리 준거가 명시되어 있는데, 양자의 차이는 기본적으로 형량 규정의 유무에 있다. 조격에는 사법 규정이 마련되어 있지만 구체적인 형량이 포함되어 있지 않고, 단례에는 법적 처리 규정과 더불어 형량이 명시되어 있다.[36] 이러한 점에 근거하여 단례의 '례(例)'가 형량 지침과 그에 따른 사법적 처리를 의미하는 것으로 파악되기도 한다.[37]

『대원통제』의 성격 규명과 관련하여 단례를 둘러싼 다양한 견해가 있다. 단례의 편목이 『당율(唐律)』의 영향을 받은 『태화율』과 거의 동일하다는 점에서 단례는 율(律)이고 조격은 령(令)에 해당한다고 보아 『대원통제』를 전통적인 중국의 율령(律令)을 따른 것으로 파악하는 견해가 있다.[38] 한편 단례는 통일된 법규인 율(律)과 판례법으로서의 두 가지 함의를 지녔으며 『대원통제』의 단례는 판례법으로 해석하는 것이 적합하다고 보는 견해도 있다.[39] 『대원통제』와 동시대에 편찬된 『원전장(元典章)』이나 후대에 편찬된 『지정조격』의 단례를 살펴보면, 모두 '모년

---

36 '단례'에 형량이 명시되어 있지 않은 예외적인 경우들도 발견된다.

37 胡興東, 「元代“例”考-以『元典章』爲中心」, 『內蒙古師範大學學報』 39, 2010, 24쪽.

38 黃時鑒, 「『大元通制』考辯」, 『中國社會科學』, 1987-2; 고병익, 「元代의 法制: 蒙古習慣法과 中國法과의 相關性」, 312쪽; 김인호, 「고려의 元律 수용과 高麗律의 변화」, 51쪽.

39 安部健夫, 「『大元通制』解說」, 289쪽; 方齡貴, 「『大元通制』新探」, 『歷史研究』, 1993-3. 관련 논의는 劉曉, 「『大元通制』到『至正條格』: 論元代的法典編纂體系」, 68쪽 참조.

모월(某年某月)'의 일자로 시작되는 특정한 사건과 그에 대한 판결의 형식으로 이루어진 판례법임을 알 수 있다. 이를 근거로 볼 때 단례는 율(律)이 아닌 판례로 보는 것이 적합하겠다.

원제국 중기에 조격과 단례가 법제 구성 형식으로 자리 잡게 되었다. 율령으로 구성된 동아시아 법제와 달리, 특정 사안에 대한 법적인 준거가 판례를 중심으로 기술되어 있는 점이 원 법제의 특징이라 할 수 있겠다. 이러한 점에서 『대원통제』를 법전의 성격을 지닌 정서(政書) 혹은 법률 문서 휘편집(彙篇集)으로 보는 견해가 있으며,[40] 중국 전통의 율령이 아니고 단순히 법률 조항을 모아 정리한 휘집(彙集)도 아닌, 나름의 기준을 가지고 법적 조항을 체계적으로 정리한 법령집으로 파악되기도 한다.[41]

『대원통제』에는 몽골법과 중국의 전통적인 법제가 함께 녹아 있다. 『대원통제』에서 발견되는 몽골적 요소는 군제(軍制)와 혼인법에서 발견된다. 곧 군관의 고과 방면에서 요구되던 사항들[42]과 몽골인들에게만 허용된 일부다처제 조항들이다. 또한 투하(投下), 참적(站赤)과 같은 원의 특수한 제도와 관련된 규정들이 반영되어 있다.[43] 이와 더불어 『대원통제』에는 중국의 전통적인 법제도 녹아 있다. 『당율(唐律)·명례(名例)』에 수록되어 있는 중국 전통의 오형(五刑), 십악(十惡), 팔의(八議)에 관한 조문이 발견되는데, 기록되어 있는 실제적인 내용에는 다소 차이가 난다. 원에서는 오형 가운데 태형(笞刑), 장형(杖刑)의 형량 단위로서 중국의 처벌 기준이 되는 10대 중 3대를 감한 7대를 단위로 처벌을 하

---

40 韓儒林, 『元朝史』 297-298쪽.

41 劉曉, 「『大元通制』到『至正條格』: 論元代的法典編纂體系」, 69쪽.

42 『통제조격교주』 권7, 「군방·군관과최」, 315쪽.

43 『중국통사』, 1012-1014쪽.

고 있다. 또 원의 사형제에서는 참형(斬刑)은 있지만 교사형(絞死刑)은 없다는 점이 상이하다. 이러한 형벌 적용에서의 차이는 몽골법의 영향으로 파악된다.

이상에서 살펴본 바와 같이 『대원통제』의 단례 편목은 당율의 그것과 동일하나 실제로 단례의 내용과 형식이 율과 동일하지는 않다. 또한 조격과 단례를 구성하고 있는 법률 문서의 형식이 통일되어 있지 않다는 점에서 중원 전통의 법전과는 전혀 다른 형식을 취한다고 볼 수 있겠다.

원 중기 민간에서 편찬된 법령집 『원전장』

『대원통제』가 편찬되던 시점에 원제국의 지방에서는 『대원성정국조전장(大元聖政國朝典章)』(이하 『원전장(元典章)』)이 편찬되었다. 이는 지방 관부에 있는 서리(胥吏)들의 행정적 편의를 위해 쿠빌라이 이래로 반포된 조령, 조격, 단례들을 모아 편찬한 공문서 휘집이다. '전장(典章)'이라는 것은 국정을 운용하는 데 필요한 행정 제반의 제도와 그에 수반하는 준칙이라는 의미로 법전의 한 형태이다. 『원전장』의 집필자가 '전장'의 명칭을 취한 것은 수집된 법률 문서들을 실제적 행정 실무를 위한 제도적 지침으로 인식했기 때문으로 볼 수 있겠다.

『원전장』에는 쿠빌라이가 재위에 오른 중통(中統) 원년(1260)에서부터 지치(至治) 원년(1321)까지의 조령과 판례들이 망라되어 있고, 별도로 편찬된 신집(新集)에는 지치(至治) 2년(1322)까지의 법조문이 수록되어 있다. 『원전장』에 나와 있는 문서들 가운데 다수가 강절(江浙), 강서(江西), 호광(湖廣) 등 행성(行省)의 사례들인 점이 주목된다. 실제로 『원전장』의 가장 이른 판본이 복건(福建) 건양방각본(建陽坊刻本)인 것으로 알려져 있다. 이로 미루어 『원전장』이 강남 지역 관리들의 요구에 따라 편찬되고 강남 지역에서 유통되었던 것으로 추정된다.[44] 원 중기까지도 일원화된 법제 정비가 이루어지지 않았던 상황에서 지방 관부의 관리와 실무 행정을 담당했던 서리들의 요구가 『원전장』의 편찬 및 유통으로 이어진 것이다.

『원전장』의 구성을 살펴보면 조령(詔令), 성정(聖政), 조강(朝綱), 대강(臺綱), 이부(吏部), 호부(戶部), 예부(禮部), 병부(兵部), 형부(刑部), 공부(工部)의 10문(門)으로 구성되어 있다.

대칸 및 중앙 정부와 관련된 내용을 제외하고, 법령을 이(吏), 호(戶), 예(禮), 병(兵), 형(刑), 공(工) 6부로 분류하여 편성한 육전체(六典體)는 원대 정서(政書)에서 도입·확립된 것으로 이후 조정에서 편찬된 정서 『경세대전(經世大典)』에도 나타나며, 이는 원 중·후기 법전에서 나타난 새로운 체례로서 파악된다. 육전체는 원제국 민간에서 편찬된 공문서 휘집에서 처음으로 나타나게 되었는데, 이는 원제국에서 실무 행정을 담당하는 육부 중심의 행정 운용을 체례에 반영한 것이다. 『원전장』을 편찬했던 주체들로 추정되는 지방의 관료와 서리들이 수집된 원제국의 방대한 조령 및 조격들을 그들의 인식 속에서 가장 편의적인 구성 방식인 육부의 분류 체계 속에 재배열하는 과정에서 출현한 것으로 파악된다. 번잡한 조칙들을 육전의 체제 속에 정리함으로써 방대한 양의 조칙마다 각각의 성격과 내용을 간명하게 파악하는 데 유용했다고 볼 수 있겠다.

44 『원전장』 1-3쪽. 『元典章』과 관련된 연구 성과들은 船田善之, 「關于解讀 『元典章』: 兼談有關工具書·研究文獻」, 『蒙古學信息』, 2000-3; 张金銑, 「『元典章』研究综述」, 『古籍整理研究学刊』, 2010-4 참조.

『원전장』이 편찬되고 7년가량이 지나서 원 조정에서는 육전체로 구성된 『경세대전』을 편찬했다. 역대 제정된 전장 제도를 모아 편찬된 『경세대전』은 앞선 시대에 편찬한 정서인 당(唐)·송(宋) 회요(會要)의 형식을 따라 집필되었고 원의 제도 전반을 담고 있다. 천력(天曆) 2년(1329) 겨울 문종(文宗) 톡 테무르(Toɣ Temür, 圖帖睦爾)는 한림국사원 관료들과 규장각 학사들에게 명하여 원제국에서 반포되었던 역대 제도와 법을 모아 『경세대전』을 편찬하게 했다.[45] 톡 테무르는 규장각 학사들에게 그 속관들을 이끌고 편찬 작업을 추진하도록 명했고, 국가의 제도를 잘 파악하고 있는 한림국사원 알린 테무르(Alin-Temür, 阿鄰帖木兒), 규장각 대학사 쿠틀룩두르미시(Qutlugh-Durmish, 忽都魯都兒迷失), 조세연(趙世延), 사디[살적(撒迪)], 아영(阿榮)과 명망 있는 근신들이 주도적인 역할을 하게 했으며, 엘 테무르(El Temür, 燕鐵木兒)에게 감수를 위임했다.[46]

『경세대전』은 총 880권으로 구성되어 있고, 이외에 목록 12권, 공독(公牘) 1권, 찬수통의(纂修通議) 1권이 있다.[47] 본문의 내용은 총 10편으로 구성되어 있는데, 제호(帝號), 제훈(帝訓), 제제(帝制), 제계(帝系) 4편의 군사(君事)와 치전(治典), 부전(賦典), 예전(禮典), 정전(政典), 헌전(憲典), 공전(工典) 6편의 신사(臣事)로 구성되어 있다. 앞의 4편은 몽고국(蒙古局)에서 편찬을 담당했고, 후자의 6편을 우집(虞集) 등에게 담당하게 했다. 군사와 신사의 이원적 구성과 함께 신사를 육전으로 구성한 것은 원 중·후기의 정치 체제를 반영하고 있다.

---

45 『원문류(元文類)』 권41, 「경세대전서록」.

46 『원문류』 권41, 「경세대전서록」.

47 『원문류』 권16, 「진경세대전표」.

원제국 말기 『지정조격』의 편찬

『대원통제』가 편찬된 이래로 시간이 흐르면서 시의에 적합하지 않다는 연유로 어사대(御史臺)에서 누차 법전의 개정을 요구했다. 소천작(蘇天爵)은 상소문을 통해, 『대원통제』가 편찬된 지 20년이 지난 시점에 다양한 현안에 대해 기존의 법으로 처리하기가 어렵고, 또한 그 법을 적용하는 관리들의 수준이 달라 죄상을 판별하는 데에도 차이가 난다고 지적했다. 조목(條目)이 번잡한데다 나날이 증가하여 법 적용에 어려움이 있으며, 교활한 관리들만이 법조문을 익혀 멋대로 글을 작성하는 등의 폐단이 적지 않다는 점을 들어 그 속편을 속히 편찬할 것을 건의했다.[48] 소천작의 지적을 통해 『대원통제』가 반포되었지만, 이후에도 원 조정에서 끊임없이 제조와 조령이 반포되어 통일된 법제의 운용이 어려웠음을 짐작케 한다. 또한 원제국 말기 법령의 누적으로 말미암아 발생한 사법 행정의 혼란과 지방 관리들의 부패상을 엿볼 수 있다.

이러한 시대적 요구에 따라 지정(至正) 5년(1345) 『지정조격』이 편찬되었고 다음해 반포되었다.[49] 앞서 지원 6년(1340) 토곤 테무르(Toghon Temür, 妥懽怙睦爾)는 한림학사 승지(承旨) 전합(腆哈)과 규장각 학사 우우(祐祐) 등에게 『대원통제』에서 쓸데없는 글자나 구절을 다듬어 글을 정리할 것을 명한 바 있었다.[50] 실제로 『지정조격』은 『대원통제』의 체례와 내용을 답습하고, 일부 내용을 빼고 더하여 완성한 책이다.[51]

---

48 蘇天爵,『滋溪文稿』, 北京: 中華書局, 1997, 434-435쪽.

49 『원사』 권41,「순제기」, 874쪽.

50 『원사』 권40,「순제기」, 858쪽.

51 『원사』 권139,「타이직반전」. 명칭 문제와 관련하여 당시 재상이었던 베르케 부카(Berke Buqa)가 중국에 국한하여 적용되는 법전에 몽골제국 전체를 아우르는 명칭인 '大元(대

<표 9-3> 『대원통제』와 『지정조격』 편목 구성 비교

『대원통제』 「조격(條格)」	祭祀	戶令	學令	選擧	宮衛	軍房	儀制	衣服	公式	祿令	倉庫	廐牧	田令	賦役
	關市	捕亡	賞令	醫葯	假寧	獄官	雜令	僧道	營繕	河防	服制	站赤	榷貨	
『지정조격』 「조격(條格)」	祭祀	戶令	學令	選擧	宮衛	軍房	儀制	衣服	公式	祿令	**倉庫**	**廐牧**	**田令**	**賦役**
	關市	**捕亡**	**賞令**	**醫葯**	**假寧**	獄官	雜令	僧道	營繕	河防	服制	站赤	榷貨	
『대원통제』 「단례(斷例)」	名例	衛禁	職制	戶婚	廐庫	擅興	賊盜	鬪訟	詐僞	雜律	捕亡	斷獄		
『지정조격』 「단례(斷例)」	名例	衛禁	職制	戶婚	廐庫	擅興	賊盜	鬪訟	詐僞	雜律	捕亡	斷獄		

『지정조격』은 크게 제조 150조, 조격 1700조, 단례 1059조의 2909조로 구성되어 있으나 현재 『지정조격』 잔본에는 조격 373개와 단례 427개 만이 남아 있다. 이를 『통제조격』과 비교해보면, 『통제조격』 203조에서 54개의 조가 빠지고 143개의 조가 새롭게 보충된 것을 발견할 수 있다.[52]

그 변화된 내용을 살펴보면, 정치적인 측면에서 통치 기강을 바로잡기 위한 행정 쇄신이 강조되어 관리들의 직무에 대한 감시·감독의 조치가 취해졌고, 제왕과 사관들에 대한 견제도 강화되었다. 경제적인 측면에서는 교초, 하번, 조운, 중매, 사염 등에 관한 규정들이 신설되고 사회적으로는 도적과 같은 사회 불안 세력들에 대한 단속 및 호구 관리책 등이 첨가되었다.[53] 이는 법제 정비를 통해 원제국 말기 직면하고

원)'을 사용하는 것을 꺼렸을 것이라고 보는 견해가 있다(김호동, 「『지정조격(至正條格)』의 편찬과 원(元)말의 정치」, 383-384쪽 참조). 『지정조격』에서의 조격은 조격과 단례를 아우르는 광의의 용법으로서 파악할 수 있겠다(김문경, 「원간본(元刊本) 『지정조격(至正條格)』에 대한 기초적 고찰」, 422쪽 참조).

52 劉曉, 「『大元通制』到『至正條格』: 論元代的法典編纂體系」, 72쪽.

53 『지정조격』에 새롭게 보충된 내용들에 관한 연구는 김호동, 「『지정조격(至正條格)』의 편찬과 원(元)말의 정치」, 385-389쪽 참조.

있었던 통치 집단의 부패와 권력 갈등, 지방 관부 관리의 부패, 도적 떼의 출몰, 반란 세력들의 결집 등 사회 각 방면에서의 위기를 해결하고자 한 노력이 반영된 것이다. 또한 법조문으로서도 보다 완결된 측면이 『지정조격』에서 나타나고 있다. 가령 『대원통제』 권4, 「호령(戶令)·전고처실(典雇妻室)」에는 전고처실(典雇妻室)에 대해 금하라는 정도의 규정이 나와 있지만, 『지정조격』 단례 권8, 「호혼(戶婚)·전고처실(典雇妻室)」에는 '결단오십칠하(決斷伍拾柒下)'의 구체적인 처벌 규정이 마련되어 있는 점이 주목된다.[54] 이로 미루어 명확한 사법 처리의 준거를 제시함으로써 사회 규율을 강화하고자 했음을 알 수 있다.

이상에서 살펴보았듯이 몽골의 지배 영역이 중원에서 강남 지역으로 확대되고 지배 체제가 안정되어감에 따라 몽골이 다스리는 넓은 지역과 다양한 민족의 백성을 치리하기 위해서 통합적인 법제 편찬이 필요하게 되었다. 그 결과로 『지원신격(至元新格)』, 『대원통제』, 『지정조격』등의 법전이 편집·출간되었다. 그 체례들을 살펴보면, 당율 체제의 영향을 받은 태화율의 편목 구성을 따르고 있어 중국적인 법 제도의 틀을 도입했음을 알 수 있다.[55] 그러나 그 내용을 자세히 들여다보면 쿠빌라이 카안 이래로 반포되었던 조령들과 이를 바탕으로 판결된 판례들로 구성된 법전 성격의 법률 집성집(集成集)으로서 '조격'과 '단례'로 구성되어 있는 점이 원 법제의 독특한 점이라 할 수 있겠다. 원제국에서는 대칸의 명령이 곧 법으로 기능했으며, 그러한 제조와 훈령이 실제로 적용된 판례가 곧 법적 준거가 되었다. 이는 칭기스 칸의 명령이

---

54 劉曉, 「『大元通制』到『至正條格』: 論元代的法典編纂體系」, 74쪽.

55 편목 구성이 당율과 유사하다는 점, 고당율소의(故唐律疏議)의 간행이 다른 시대에 비견할 수 없을 정도로 성행했던 점 등을 미루어 원의 법제가 당률을 근거로 했다고 보는 견해(고병익, 「元代의 法制: 蒙古習慣法과 中國法과의 相關性」, 312쪽)는 재고되어야 할 것이다.

곧 법으로 간주되었던 몽골적 전통에서 비롯한 것으로 보인다.

한편 원제국은 몽골, 북방한인, 남방한인, 다양한 지역 출신의 색목인들이 어울려 사는 다문화 사회였다. 각 지역 출신이 공존하며 살아가는 사회를 통제하기 위해 몽골은 법적인 통제에 앞서 각자의 '관습'법을 존중했다. 몽골인들은 여전히 몽골의 관습법과 야사를 준수했고, 무슬림들은 이슬람 법을 따랐으며, 한인들은 중국 전통의 관습법을 유지하도록 했다. 원제국에서 마련된 성문화된 법제는 중국인과 다른 종족들 간의 관계를 규제하는 데 적용되었지만, 실상은 중국인들을 통제하는 데 우선적으로 사용되었다.[56] 그런데 『대원통제』, 『지정조격』, 『원전장』에서 주목되는 점은, 그 안에 중국의 법 규정만 있는 것이 아니라 몽골의 관습법, 북중국에서 통용되던 태화율, 당송율이 함께 녹아들어 있다는 사실이다. 이를 통해 원 중·후기 이후 중원의 법제와 몽골적 요소를 통합한 성격의 법전이 출현한 것을 알 수 있다.

앞서 살펴보았듯이 100여 년간의 중국 통치 기간 동안 몽골은 여러 차례 법제 편찬의 시도를 해왔지만, 반대에 부딪혀 좌절되거나 편찬되더라도 그 기능이 20년 이상 지속되지 못했다. 통합적인 율(律)이 존재하지 않는 상태에서 지속적으로 대칸의 조령과 조칙들이 쌓여갔기 때문에 『대원통제』, 『지정조격』과 같은 법전이 지속적으로 활용될 수 없었다. 또한 단일한 법제로서는 다양한 종족의 이익과 결부된 사안을 통제하기 어려웠을 것이다. 이러한 점에서 원 법제는 시기와 상황의 요구에 따라 법령이 제정되고 적용되는 변통적인 특징을 지녔다고 볼 수 있겠다.

이러한 난점에도 불구하고 사회 제반의 모순을 해소하고 규율을 강

---

56 Ch'en, P. Heng-chao, *Chinese Legal Tradition under the Mongols*, 3쪽.

화하기 위한 원 조정의 노력 속에서, 행정법에 치우쳤던 『지원신격』으로부터 사회 각 분야의 문제를 망라하는 『지정조격』이 출현하기까지 원제국에서 법제는 점진적으로 발전해갔다. 이에 원제국을 통틀어 비교적 통합적인 법령서였던 『지정조격』은 원제국 말기에 편찬된 이래 고려에까지 영향을 미치게 된다.

4. 고려에서의 원 법제 수용 양상

원-고려의 법제적인 교류는 『대원통제』가 편찬된 지치 3년(1323) 전후로 달리 파악되어야 할 것이다. 1260년 고려와 화친을 맺은 이래 몽골은 고려를 '속민(屬民)'으로 간주하고 복속국의 의무인 육사(六事)를 요구했다. 인질의 송납, 군사적 지원, 세량의 납부, 역참의 설치, 호구조사, 다루가치 설치가 그것이었다. 이 의무를 제외하고는 본속주의의 원칙에 따라 고려 왕의 지위를 인정해주고 고려의 풍속과 관습을 유지하게 했다.[57] 이 시기 원 조정에서 파견된 몽골 관원들이 고려 법제에 간섭하고 이를 주도적으로 바꾸려고 한 시도는 고려에 큰 위기감을 가져왔다.

1270년 쿠빌라이 시기 고려에 파견되었던 톡토르[帖帖兀][58]는 조석기(趙石奇)의 양천(良賤) 판정 소송에 개입하여 원의 법[상국법(上國法)]을 적용하고자 시도했다. 하지만 이를 조정에 아뢰자 쿠빌라이가 '본국의 구속(舊俗)'을 따르도록 명하여 다루가치의 시도는 좌절되었

57 몽골의 본속주의에 관해서는 김호동, 『몽골제국과 고려: 쿠빌라이 정권의 탄생과 고려의 정치적 위상』, 서울: 서울대학교출판문화원, 2007, 96-97쪽 참조.

58 지원 7년(1270)에 파견된 다루가치 톡토르[脫朶兒]와 동일 인물(『고려사』 권26, 「원종세가」).

다.[59] 1301년 성종 테무르 시기 정동행성(征東行省) 평장정사(平章政事)로 고려에 부임했던 고르기스[闊里吉思]는 고려의 양천 판적(版籍)에 있어서 '일량위량(一良爲良)', 즉 부모 가운데 한 명이 양인이면 그 자녀도 양인으로 삼는다는 원칙을 적용하고자 했다. 그러나 이 시도 역시 본속주의 원칙을 내세운 고려 측의 반대로 무산되었고, 고르기스는 평장정사직에서 파면되어 본국으로 소환되었다.[60] 이 일련의 사건들은 분명 원과 고려 '교혼(交婚)' 법제가 충돌된 사례로서 언급된다.[61] 그렇다면 이러한 간섭의 시도는 원의 법제를 고려에 적용하고자 한 시도였을까? 원 전기 원 법제 정비가 미비했던 시기에 시도되었던 몽골 관료들의 간섭 행위는 어떻게 이해될 수 있을까?

톡토르는 대칸의 대리자로서의 전권을 가졌다. 몽골제국 초기부터 정복 지역에 파견되었던 다루가치들은 대칸의 명령에 따라 호구편적(戶口編籍) 작업에 참여하여 국가의 근간이 되는 민호(民戶) 확보에 주력했으며, 징세 활동을 감독하는 역할을 담당했다. 이외에도 지방 행정의 사송(司訟)에 간여하여 사건의 심리(審理)와 치죄(治罪)를 주관하기도 했다.[62] 그들은 대칸에게 전권을 위임받아 임관 지역에서 주도적으로 정책을 추진했다. 조석기의 위량(爲良) 판적이 어떠한 배경에서 시행되었

59 『고려사』 권108, 「김지숙전」.

60 『고려사』 권31, 「충렬왕세가」.

61 이 사건에 관하여 이강한은 당시 원과 고려의 관련 법제를 중심으로 상세히 다루고 있다(이강한, 「고려·원간 '交婚' 법제의 충돌」, 231-243쪽 참조). 여기에서는 원 측의 신분 관련 법제 정비 조항들 가운데 원제국 초기부터 양천 판정 문제가 중요한 의제로 다루어지고 있음을 지적하고 다루가치 톡토르[脫朶兒]가 이러한 법령을 근거로 조석기의 '위량' 판정을 내리려 했던 것으로 파악하고 있다.

62 조원, 「大元제국 다루가치체제와 지방통치: 다루가치의 掌印權과 職任을 중심으로」, 『동양사학연구』 125, 2013, 282-284쪽.

는지 명확히 알 수 없으나,[63] 톡토르는 원에서 반포한 법령을 바탕으로 고려의 판적에 개입하고자 했던 것이다.

그가 고려에 파견된 시기였던 지원 7년(1270)에서 8년(1271) 사이 원 조정에서는 호구편적과 관련된 일련의 조령을 반포했다. 그 가운데 위량과 관련된 '제색호구량(諸色戶驅良)' 조(條), '방량호(放良戶)' 조 등이 1271년에 반포되었다. 조에서는 위량이 되는 근거로 '을미편적(乙未編籍) 당시 민호(民戶)였다가 타인의 구구(驅口, 노예)가 되었으나 누적(漏籍)된 자들, 혹은 양서(良書)를 가지고 있는 자들을 양민으로 삼을 것', '만약 구구가 외거(外居)하고 있으면서 노비를 거느리고 있는 경우에 원래 있던 구구를 내보내 위량한다면, (예속된 노예도) 더불어 함께 위량하게 하라'[64] 등의 조항이 마련되어 있다. 구체적으로 어떠한 조항을 법적 근거로 했는지는 알 수 없으나, 톡토르는 원제국의 정부에서 직면하고 있던 양민 확보를 위한 조항들을 고려의 판적 문제에도 적용하고자 했던 것으로 보인다. 이는 일본 원정을 앞두고 고려에서도 양민의 수를 늘리는 것이 군사력 동원에 유리할 것이라고 판단한 몽골의 계산이 깔려 있는 것으로 파악된다.

대덕 3년(1299) 고려에 파견된 정동행성 평장정사 고르기스는 고려에 부임하여 형정의 문란함을 비롯한 고려 사회의 폐단을 지적하고[65] 대덕 4년(1300) 5월에는 고려의 노비 제도를 고치고 원의 법제를 고려에 적용하고자 했다. 이에 대해 충렬왕은 쿠빌라이가 약속했던 본속주의를 근거로 고르기스의 고려 노비법 개정 시도를 무산시켰다.[66]

---

63 이강한은 조석기 사건이 '양남천녀(良男賤女)' 정상혼의 사례에 해당할 가능성이 큰 것으로 보고 있다. 이강한, 「고려 · 원간 '交婚' 법제의 충돌」, 241-242쪽 참조.

64 『통제조격』 권2, 「호령 · 호례」, 20-21쪽.

65 『원사』 권134, 「활리길사전」, 3262쪽; 『원사』 권23, 「성종기」, 439쪽.

고려 측의 거센 저항을 불러일으켰던 고르기스의 개변 시도는 '일천즉천(一賤則賤)'의 고려 노비제에 일량위량의 방식을 적용하고자 한 것이었다.[67] 『원전장』에 수록된 지원 8년(1271)의 호구조화(戶口條畫)에 따르면, 지원 6년(1269) 중서성에서는 양천 교혼과 관련하여 "모든 로(路)에서는 (노비가) 양인에게 시집 · 장가가는 것을 금지할 것이나 스스로 원할 경우에는 혼서(婚書)를 만들고 혼인을 허락하게 하라"는 규정을 반포했고, 지원 8년(1271)년에는 혼인을 한 노비가 사망했을 경우 그 자녀는 호명을 만들어 민(民)으로 삼도록 했다.[68] 이는 쿠빌라이 재위 초기 세수의 원천이 되는 양민 확보를 위해 마련한 규정으로 볼 수 있겠다. 이 조칙이 『원전장』에 수록되어 있다는 사실로 미루어 규정이 원 중 · 후기까지 적용되었던 것으로 파악된다.[69] 여기에는 '노비가 사망했을 경우'라는 단서가 붙기는 하지만 원제국에서 양천 교혼 시 일량위량의 원칙을 반영하는 규정으로 볼 수 있겠다. 그렇다면 왜 고르기스는 주도적으로 원의 노비제 관련 법규를 고려에 적용하고자 했던 것일까?

대덕 3년(1299) 6월, 고르기스는 고려에 부임하기 앞서 복건행성에서 근무했다. 재직 기간 동안 그는 복건 지역 관인들과 부호들이 백성들의 땅을 점탈하고 백성들을 전호(佃戶)로 삼아 그들이 차역(差役)하지 못하게 한다는 사실을 중서성에 보고하고 이를 금지할 것을 요청한 바 있었다.[70] 『대원통제』의 기사에 따르면 대덕 3년(1299) 당시 강남 지역

---

66 『고려사』 권31, 「충렬왕세가」

67 『고려사』 권108, 「김지숙 전」.

68 『원전장』 권17, 「호부삼 · 호계 · 적책」 호구조화 조, 581쪽.

69 그 당시 통용되던 법전인 『至元新格(지원신격)』의 잔문(殘文)에는 관련된 내용이 없고, 『지원신격』의 편목에도 호구(戶口)나 호혼(戶婚)이 없어 양천 교혼 시 판별에 관한 법조문이 수록되어 있었는지 의문의 여지가 있다.

70 『원전장』 권25, 「호부십일 · 차발 · 영피」 휴차호당차사 조, 965쪽.

에서 제왕을 비롯한 귀족 세력이 강남 지역 백성들의 땅을 빼앗고 호구(戶口)들을 은닉한 사례들이 보고되었고, 원 조정에서는 이에 대해 몽골 귀족이 백성들을 은닉하는 것을 금하고 죄로 다스리게 했다.[71] 원의 강남 지역에서 관직을 역임하는 동안 귀족과 권세가들이 양민들을 노예로 삼고, 원 정부와 양민을 두고 다투는 모순을 지켜보았던 고르기스는 고려에 와서도 유사한 광경을 목도했다. 개혁적인 성향[72]을 지녔던 그는 고려의 모순을 개혁하려는 시도를 했던 것이다.

당시 법제가 미비했던 원제국에서는 원의 양민 확보와 관련된 조령을 고려에도 적용하고자 했다. 톡토르와 고르기스는 각각 원 정부의 양민 확보 정책과 관련된 조령에 입각하여 주도적으로 고려의 법제에 간여하고자 했다. 톡토르의 간섭 시도는 대일원정을 앞둔 상황에서 전개된 고려 양민 확보를 위한 조치였고, 고르기스의 시도는 원 중기 권귀(權貴)들에 의한 양민의 천민화를 저지하고자 했던 그 자신의 개혁적 조치들을 고려 사회에도 적용하고자 했던 것으로 보인다. 그러나 그들의 시도는 쿠빌라이가 고려에 약속했던 '본속(本俗)' 존중의 원칙에 부딪혀 좌절되었다.

고려 측에서는 세조구제(世祖舊制)로 일컬어지는 세조의 야사가 원의 법령보다 우위에 있다는 사실을 파악하고 있었던 것 같다. 한편으로 원제국의 법제가 미비했던 당시에는 법령의 구속력이 그다지 강하지 않았던 것으로 보인다. 이러한 정황을 고려한다면, 톡토르와 고르기스의 조치를 원 조정의 법제를 통한 간섭의 공식화 혹은 강화로 파악하기는 어려운 점이 있다.

---

71 『통제조격』 권3, 「호령 · 호례」 은호점토 조, 110-111쪽.

72 고르기스(Körguz, 闊里吉思)의 개혁적 성향에 관해서는 이강한, 「征東行省官 闊里吉思의 고려제도 개변 시도」, 『韓國史硏究』 139, 2007, 106-109쪽에서 상세히 다루고 있다.

지정 3년(1323) 『대원통제』의 편찬은 원 법제 정비에 있어서 새로운 전기를 마련했다. 『대원통제』가 편찬된 이후 고려의 원 법제에 대한 태도는 보다 적극적인 수용의 입장으로 바뀌었다. 『지정조격』은 고려 말 우왕(禑王) 시기 도입되어 법적 준거가 되었으며,[73] 조선 초 법전 편찬에도 중요한 참고자료가 될 정도로 상당한 영향을 끼쳤다. 이에 앞서 『대원통제』 또한 고려 후기 법치에 활용되었다.

이곡(李穀)의 『가정집(稼亭集)』을 통해 당시 고려 말의 원 법제에 대한 인식을 엿볼 수 있다. 이곡은 『대원통제』, 『지정조격』의 우수성을 언급하면서 고려의 법리(法吏)들이 그것을 적용하는 데 있어 판례를 많이 참고하고 있는 점과 판례의 준거가 되는 법조문이 없는 경우 판결이 어려운 점에 대해 서술했다. 이는 『대원통제』와 『지정조격』에 나타난 '조격'과 '단례' 중심의 체례가 갖는 난점을 언급한 것으로 볼 수 있겠다. 또한 사법 처리에 있어서 본속주의를 따라 고려의 방식을 적용할 것인지, 아니면 원의 법령에 의거하여 사안을 처리할 것인지의 사이에서 고민한 흔적이 담겨 있다.[74] 이는 고려 말에 이르러 원 법제를 적용하고자 할 정도로 이것이 고려 사회에 상당한 영향력을 미쳤음을 알 수 있게 하는 부분이다.

이러한 흐름은 고려가 쇠퇴하고 조선이 건국되는 과정에서도 단절되지 않았으며, 조선 초 법전 정비 과정에서도 나타났다.[75] 『경세대전

73 "令中外決獄, 一遵至正條格." 『고려사』 권84, 「형법지」.

74 이곡, 『국역 가정집(稼亭集)』, 민족문화추진회 엮음, 서울: 민족문화추진회, 2006.

75 이 글에서는 13~14세기 원제국 법제의 영향으로 『대원통제』, 『지정조격』을 중점적으로 다루었다. 실상 원의 법령집뿐 아니라 『경세대전』과 『원전장』의 육전 체제도 조선 법제에 중요한 영향을 미쳤던 것으로 파악된다. 조원, 「元 후기 『經世大典』의 편찬과 六典體制」 『東洋史學研究』 141, 2017 참조.

(經世大典)』을 통해 확립된 육전 체제는 조선 초 정도전(鄭道傳)의 『조선경국전(朝鮮經國典)』을 통해 조선 법전의 틀로서 수용되었던 것으로 파악된다.[76] 또한 『대원통제』, 『지정조격』은 조선왕조 초기까지도 법률 해석과 관리(官吏)들의 법률 교육에 활용됐다. 이러한 점을 미루어 원 중·후기에 편찬된 원 법전이 고려에서 지속적으로 영향력을 발휘했음을 알 수 있다.[77]

5. 원 법제의 특징과 영향

쿠빌라이 시기에는 중국을 기반으로 하는 관료 행정 체제를 갖추고 지배 체제를 확립했지만 중국식 율령의 형식을 갖춘 법전이 편찬되지는 않았다. 원제국 초기 법제는 북중국에서 통용되던 금(金)의 태화율과 중앙 정부에서 반포하는 조격으로 운용되었다. 임시적인 법령과 산발적인 조칙이 원제국 법제의 한 근간이 되었던 것이다. 이에 원제국 관료 행정에 있어서 보다 체계화된 법전이 요구됨에 따라 지원 28년(1291)에 이르러서야 『지원신격(至元新格)』이 반포되었다. 그러나 그 내용이 행정 법규에 치우쳐 있어 온전한 법적 지침을 제공하지는 못했다. 민사와 형정 전반을 아우르는 보다 통합적인 법제의 편찬이 요구되면서 원 중기에 법제 정비의 시도가 성종 테무르, 무종(武宗) 카이산 시기에도 이루어졌다. 하지만 조정 내의 색목인과 한인 세력 간 정치적 갈등을 비롯하여, 완성도 있는 법제에 대한 요구가 한인 관료들로부터 제

76 관련 연구는 김인호, 「여말선초 육전체제의 성립과 전개」, 『東方學志』 118, 2002 참조.

77 김인호, 「고려의 元律 수용과 高麗律의 변화」, 77-78쪽.

기되면서 이러한 시도들은 무산되었다. 대덕 3년(1299)에 찬수되었으나 반포는 되지 못했던 것으로 알려진 『대덕율령(大德律令)』은 조격을 중심으로 이루어진 법전이었다. 이는 이후 원 중기 조격과 단례를 중심으로 체례를 갖춘 원 법전의 초기적인 형태로 파악된다. 이후 인종 및 영종 시기를 거쳐 비로소 의례, 군사, 행정, 경제, 호구, 혼인, 종교 등의 분야를 망라하여 법적 지침을 제공하는 『대원통제』가 반포되었다. 이는 대칸의 조령인 제조, 조격, 단례로 구성되어 있는 법전으로, 각 편의 항목들은 당율의 그것과 큰 차이가 없으나 실제로 율(律)이 빠져 있고, 각종 조칙과 판례를 중심으로 구성되어 있다는 점에서 원제국 법전의 특수성을 반영한다고 할 수 있겠다.

순제(順帝) 토곤 테무르 시기 『대원통제』 이후에 반포되었던 누적된 조칙들을 수합한 속편의 편찬이 요구되었고, 지원 6년(1340)에 『지정조격』이 반포되었다. 『지정조격』의 체례는 『대원통제』의 것을 기본적으로 답습하고 있고, 다만 특정 항목의 세부 규정들을 더욱 구체화하고 있어, 이를 통해 원제국 말기의 해이해진 질서와 기강을 강화하고자 했음을 알 수 있다. 이후 원 중기 법제 정비의 여건이 무르익으면서 『대원통제』와 『지정조격』의 비교적 완결성을 갖춘 법전이 반포될 수 있었다. 이 법전은 다수의 피지배자인 한인들을 대상으로 했기 때문에 중원 왕조의 법전인 『당송율(唐宋律)』과 금(金)의 『태화율』을 반영하고 있다. 이와 동시에 지배층인 몽골의 관습법과 대칸의 야사 등이 녹아 있는데, 이러한 사실은 원제국 중기의 법전이 사회적 다원성을 법제적으로 통합하고 있다는 사실을 반영한다고 볼 수 있겠다.

한편 이 시기 원제국에서 운용한 제도 전반의 연혁을 정리한 정서(政書)인 『경세대전』이 지원 28년(1291)에 편찬되었다. 이에 앞서 지치(至治) 연간에는 법령 휘집인 『원전장(元典章)』이 민간에서 편찬되었다.

이 둘은 원제국의 중앙 및 지방 관리들이 행정 실무에 필요한 원제국 제도와 법제적 지침을 파악하기 위해 편찬한 것이었다. 둘 모두 이부(吏部), 호부(戶部), 예부(禮部), 병부(兵部), 형부(刑部), 공부(工部), 육부(六部) 중심으로 구성된 육전체(六典體)로 이루어져 있다. 이러한 체례는 원 중·후기 법전에서 나타난 새로운 체례로서 실무 행정을 담당하는 육부(六部) 중심의 원제국 행정 운용을 체례에 반영한 것으로 파악된다.

원의 법제는 고려에서 시기별로 다양한 의미를 내포하고 있었다. 이는 크게 『대원통제』가 편찬되었던 지치 3년(1323) 전후를 기준으로 전반기와 후반기로 나누어볼 수 있을 것이다. 일찍이 원제국의 법제 정비가 완전히 이루어지지 않은 상황에서 고려에 파견된 몽골 관원들이 고려 제도를 개변하려 한 시도들은 있어왔다. 이는 원 정부에서 반포한 특정 조례에 근거해 전개되기도 했고 몽골 관원 개인의 판단으로 전개되기도 했다. 원의 법제가 미비한 상황에서 몽골 관원들이 적용하고자 했던 법령들은 상위법에 해당하는 쿠빌라이의 야사였던 '본속주의'의 약속에 의해 영향력을 발휘하지 못했다.

고려 사회의 원 법제 수용에 관한 논의와 그 도입은 실제적으로 원과 고려가 화친을 맺은 이후 상당한 시간이 흐른 고려 말이 돼서야 나타났다. 이는 원의 법제가 원제국 후반기에 이르러서 비교적 완성된 형태를 갖추었기에 가능한 것이었다. 지치 3년(1323)에 편찬된 『대원통제』는 후대 원의 법전 『지정조격』의 근간이 되었을 뿐 아니라 고려에까지 전해져 『지정조격』과 더불어 고려 말 법적 준거가 되었다. 특히 고려 말에는 고려 측에서 주도적으로 원의 법제를 수용하고자 하는 노력이 나타났고 우왕 3년(1377)에 고려 왕실에서 『지정조격』을 법적 준거로 삼도록 명하기에 이르렀다. 요컨대 원제국의 법제는 제국의 후반기가 되어서야 형식적으로 완비되었고, 제국의 주변 지역에 영향을 끼치기에 이르렀다. 그러한 점에서 원과 고려의 법제사적 교류는 실제적으로 제국 말기에야 나타난 현상으로 파악할 수 있겠다.

• 참고문헌 •

1부. 몽골 시대 동서 교류와 접촉

1장. 이탈리아와 몽골 유라시아의 예술적 접촉: 학계의 연구 현황

• 단행본 및 논문

Armour, Peter, "The Twelve Ambassadors and Ugolino's Inscription: Dante's Florence and the Tatars in 1300", *Italian Studies*, vol. 52, 1997.

Bacci, Michele, "Tra Pisa e Cipro. La commitenza di Giovanni Conti(+1332)", *Annali della Scuola Normale Superiore di Pisa. Classe di Lettere e Filosofia, series IV*, 5/2, 2000.

Bagnoli, Alessandro, Bartalini, Roberto, & Seidel, Max (Eds.), *Ambrogio Lorenzetti*, Siena: Silvana, 2017.

Berlekamp, Persis, Lo, Vivienne, & Yidan, Wang, "Administering Art, History, and Science in the Mongol Empire: Rashid al-Din and Bolad Chengxiang", Amy S. Landau (Ed.), *Pearls on a String: Artists, Patrons, and Poets at the Great Islamic Courts*, Baltimore, MD: Walters Art Museum, 2015.

Bernardini, Michele, "Un mongolo nella Crocifissione trecentesca del

Sacro Speco di Subiaco", *Studi in onore di Umberto Scerrato per il suo settantacinquesimo compleanno*, Maria Vittoria Fontana & Bruno Genito, (Eds.), 2 vols., Naples: Università degli Studi di Napoli, 2003.

Boverio, Zaccaria, *Annalium Seu Sacrarum Historiarum Ordinis Minorum qui Capucini nuncupatur*, Lyon, 1632.

Brusamonti, Raffaella, & Casadio, Paolo, "Il restauro degli affreschi con Storie del Beato Odorico da Pordenone", *Splendori del Gotico nel Patriarcato di Aquileia*, Udine: Comune di Udine Civici Musei e Gallerie di Storia e Arte, 2009.

Burke, S. Maureen, "*The Martyrdom of the Franciscans* by Ambrogio Lorenzetti", *Zeitschrift für Kunstgeschichte*, vol. 65, no. 4, 2002.

Caffio, Alessandra, "I perduti affreschi della facciata dell'ospedale di Santa Maria della Scala a Siena", Alessandro Bagnoli, Roberto Bartalini, & Max Seidel (Eds.), *Ambrogio Lorenzetti*, Siena: Silvana, 2017.

Cannon, Joanna, & Vauchez, André, Marghertia of Cortona and the Lorenzetti: Sienese Art and the Cu*lt of a Holy Woman in Medieval Tuscany*, University Park, PA: Pennsylvania State University Press, 1999.

Chabloz, Christophe, "Les *Cinque Martiri francescani del Marocco* à San Lorenzo Maggiore de Naples: Tentative de décryptage d'un choix iconographique inhabituel', *Zeitschrift für Kunstgeschichte*, vol. 71, 2008.

Chiappori, Maria Grazia, "Riflessi figurativi dei contatti Oriente-Occidente e dell'opera poliana nell'arte medievale italiana", Alvise Zorzi (Ed.), *Marco Polo: Venezia e l'Oriente*, Milan: Electa, 1981.

Concina, Chiara, "Unfolding the Cocharelli Codex: Some preliminary observations about the text, with a theory about the order of the fragments", *Medioevi. Rivista di letterature e culture medievali*, vol. 2,

2016.

Cristina, Vescul, "La decorazione giottesca nella chiesa di San Francesco a Cividale del Friuli. Nuove proposte di lettura", *Forum iulii*, vol. 35, 2011.

Dunlop, Anne, "Design and denial: Leonardo Olschki, Italian art, and Mongol Eurasia", *Proceedings of the International Congress of the History of Art, Delhi*, Delhi: National Museum Institute, 2021.

_______, "Mongol Eurasia in the Trecento Veneto", *Convivium*, vol. 7, no. 1, 2020.

_______, "Ornament and Vice: the Foreign, the Mobile, and the Cocharelli Fragments", *Histories of Ornament: From Global to Local*, Gülru Necipoglu & Alina Payne (Eds.), Princeton, NJ: Princeton University Press, 2016.

Faunce, Roza, "The Cocharelli Codex. Illuminating Virtue: A Fourteenth-Century Father's Counsel to His Son", University of Melbourne, School of Culture and Communication, 2016.

Fircks, Juliane von, & Schorta, Regula (Eds.), *Oriental Silks in Medieval Europe*, Riggisberg: Abegg-Stiftung, 2016.

Ghiberti, Lorenzo, *I commentarii (Biblioteca Nazionale Centrale di Firenze, II, I, 33)*, Ottavio Morosani (Ed.), Naples: Riccardo Ricciardi, 1947.

Goetz, Hermann, "Oriental Types and Scenes in Renaissance and Baroque Painting I", *Burlington Magazine*, vol. 73, no. 425, 1938.

Hills, Paul, *The Light of Early Italian Painting*, New Haven & London: Yale University Press, 1987.

Hollberg, Cecilie (Ed.), *Tessuto e ricchezza a Firenze nel Trecento. Lana, seta, pittura*, Florence & Milan: Giunti, 2017.

Hoberg, Hermann (Ed.), *Die Inventare des päpstlischen Schatzes in Avignon*

1314-1376, Biblioteca Apostolica Vaticana, 1944.

Hoeniger, Cathleen S., "Cloth of Gold and Silver: Simone Martini's Techniques for Representing Luxury Textiles", *Gesta*, vol. 30, 1991.

Hollberg, Cecilie (Ed.), *Tessuto e ricchezza a Firenze nel Trecento. Lana, seta, pittura*, Florence & Milan: Giunti, 2017.

Hughes, Diane Owen, "Distinguishing Signs: Ear-rings, Jews, and Franciscan Rhetoric in the Italian Renaissance City", *Past and Present*, vol. 112, 1986.

Jacoby, David, "Marco Polo, His Close Relatives, and His Travel Account: Some New Insights", *Mediterranean Historical Review*, vol. 21, no. 2, 2006Kadoi, Yuka, *Islamic Chinoiserie: The Art of Mongol Iran*, Edinburgh: Edinburgh University Press, 2009.

Klesse, Brigitte, *Seidenstoffe in der italienischen Malerei des 14. Jahrhunderts*, Berne: Stämpfli, 1967.

Komaroff, Linda, & Carboni, Stefano (Ed.), *The Legacy of Genghis Khan: Courtly Art and Culture in Western Asia, 1256-1353*, New York: Metropolitan Museum of Art, 2002.

Lane, Arthur, "The Gaignieres-Fonthill Vase: A Chinese Porcelain of about 1300", *Burlington Magazine*, vol. 103, no. 697, 1961.

Lauren Arnold, *Princely Gifts and Papal Treasures: The Franciscan Mission to China and its Influence on the Art of the West 1250-1350*, San Francisco, CA: Desideratas, 1999.

Lightbown, Ronald W., *Secular Goldsmiths' Work in Medieval France: A History*, London: The Society of Antiquaries, 1978.

Lusini, Vittorio, *Storia della basilica di San Francesco in Siena*, Siena: San Bernardino, 1894.

Marchi, Andrea De, "Un insolito polittico domenicano e uno sguardo fresco sulla pittura ligure del primo trecento", *Paragone-arte*, vol. 66, no. 121, 2015.

Marchini, Giuseppe, *Le Vetrate dell'Umbria. Corpus Vitrearum Medii Aevi. Italia I: L'Umbria*, Rome: De Luca, 1973.

Marini, Paola, et al., (Eds.), *Cangrande della Scala. La morte e il corredo di un principe nel medioevo europeo*, Venice: Marsilio, 2004.

McClanan, Anne, "The Strange Lands of Ambrogio Lorenzetti", Robert Bork & Andrea Kann (Eds.), *Art, Science, and Technology of Medieval Travel*, Aldershot & Burlington, VT: Ashgate, 2008.

Mérindol, Christian de, "La provenance et la datation du vase Gaignières-Fonthill et de la tenture des Preux à New York. L'emblématique et la thématique peuvent fixer sur une oeuvre d'art un moment d'histoire", Bulletin de la Société des Antiquaires de France, Année 1990 · 1992.

Milanesi, Gaetano, "Gli avanzi delle pitture di Ambrogio Lorenzetti nel Capitolo di S. Francesco di Siena", *Sulla storia dell'arte toscana. Scritti varj*, Siena: Tipografia Sordo-Muti di L. Lazzeri, 1873.

________, *Documenti per la storia dell'arte senese*, 3 vols., Siena: Onorato Porri, 1854-1856.

Molinier, Emile, *Inventaire du trésor du Saint Siège sous Boniface VIII(1295)*, Paris, 1888.

Moretti, Claudio, "Note sulla iconografia delle storie del beato Odorico", *Splendori del Gotico nel Patriarcato di Aquileia*, Udine: Comune di Udine Civici Musei e Gallerie di Storia e Arte, 2009.

Mussolin, Mauro, "La chiesa di San Francesco a Siena. Impianto originario e fasi di cantiere", *Bulletino Senese di Storia Patria*, vol. 105/106, 1999.

Nessi, Silvestro, "Gli affreschi di Ambrogio Lorenzetti, firmati e datati, nel chiostro di San Francesco a Siena", *Il Santo*, vol. 43, 2003.

Norman, Diana, "The Chapterhouse of San Francesco, Siena", *Siena and the Angevins, 1300-1350: Art, Diplomacy, and Dynastic Ambition*, Turhout: Brepols, 2018.

Olschki, Leonardo, "Asian Exoticism in Italian Art of the Early Renaissance", *Art Bulletin*, vol. 26, no. 2, 1944.

Orlandini, Giovanni, "Marco Polo e la sua famiglia", *Archivio Veneto-Tridentino*, vol. 9, 1926.

Pouznya, Ivan V., *La Chine, l'Italie, et les débuts de la Renaissance(XIIIe-XIVe siècles)*, Paris: Éditions de l'art et d'histoire, 1935.

Prazniak, Roxann, "Siena on the Silk Roads: Ambrogio Lorenzetti and the Mongol Global Century, 1250-1350", *Journal of World History*, vol. 21, 2010.

_______, *Sudden Appearances: The Mongol Turn in Commerce, Belief, and Art*, Honolulu, HW: University of Hawai'i Press, 2019.

Prinz, Wolfram, "I Tatari nella pittura italiana del Trecento", *Studi di storia dell'arte sul Medioevo e il Rinascimento nel Centenario della nascita di Mario Salmi*, 2 vols., Florence: Edizioni Polistampa, 1992.

Reitlinger, Gerald, "Further Adventures of the Gaignieres-Fonthill Vase", *Burlington Magazine*, vol. 104, no. 706, 1962.

Schein, Sylvia, "Gesta Dei per Mongolos 1300: the genesis of a non-event", *English Historical Review*, vol. 94, 1979.

Schulz, Vera-Simone, "Crossroads of Cloth: Textile Arts and Aesthetics in and beyond the Medieval Islamic World", *Perspective*, vol. 1, 2016.

Seidel, Max, "Un capolavoro riemerso di Ambrogio Lorenzetti. A proposito dei restauri nel convento di San Francesco a Siena", *Arte italiana del Medioevo e del Rinascimento*, Venice: Marsilio, 2003.

Sirén, Osvald, *A History of Chinese Art*, 4 vols., London: E. Benn, 1929-1930.

_______, *Toskanische Maler im XIII. Jahrhundert*, Berlin: Paul Cassirer, 1922.

Soucek, Priscilla, "Ceramic Production as Exemplar of Yuan-Ilkhanate Relations", *RES: Anthropology and Aesthetics*, vol. 35, 1999.

Soulier, Gustave, *Les Influences orientales dans la peinture toscane*, Paris: Henri Laurens, 1924.

Spieß, Karl-Heinz,"Asian Objects and Western European Court Culture in the Middle Ages", Michael North (Ed.), *Artistic and Cultural Exchanges between Europe and Asia, 1400-1900*, Farnham & Burlington, VT: Ashgate Publishing, 2010.

Stein-Kecks, Heidrun, *Der Kapitelsaal in der mittelalterlichen Klosterbaukunst. Studien zu den Bildprogrammen*, Munich & Berlin: Deutscher Kunstverlag, 2004.

Tanaka, Hidemichi, "Fourteenth Century Sienese Painting and Mongolian and Chinese Influences: the Analysis of Simone Martini's works and Ambrogio Lorenzetti's major works", *Bijutsushigaku-Art History*, vol. 7, 1985.

_______, "Giotto and the Influences of the Mongols and Chinese on his Art: a New Analysis of the Legend of Saint Francis and the Scrovegni Chapel at Padova", *Art History*, vol. 7, 1984.

_______, "Giotto and the Influences of the Mongols and the Chinese on His Art: A New Analysis of the Legend of St. Francis and the Fresco

Paintings of the Scrovegni Chapel", *Bijutsushigaku-Art History*, vol. 6, 1984.

_______, "Oriental Scripts in the paintings of Giotto's period", *Gazette des Beaux-Arts*, vol. 113, 1989.

_______, "The Mongolian Script in Giotto's Paintings at the Scrovegni Chapel at Padua", Gerhard Schmidt & Elisabeth Liskar (Eds.), *Europäische Kunst um 1300: Akten des XXV. Internationalen Kongresses für Kunstgeschicte*, Vienna: H. Böhlau, 1986.

Tartuferi, Angelo, & D'Arelli, Francesco (Ed.), *L'arte di Francesco. Capolavori d'arte italiana e terre d'Asia dal XIII al XV secolo*, Florence & Milan: Giunti, 2015.

Wardwell, Anne E., "Panni tartarici: Eastern Islamic Silks woven with gold and silver in the 13th and 14th centuries", *Islamic Arts*, vol. 3, 1988/1989.

Wardwell, Anne E., "The flight of the Phoenix: cross-currents in late thirteenth to fourteenth-century silk: patterns and motifs", *Bulletin of the Cleveland Museum of Art*, vol. 74, 1982.

Watt, James C. Y. (Ed.), *The World of Khubilai Khan: Chinese Art in the Yuan Dynasty*, New York: Metropolitan Museum of Art, 2010.

Wittkower, Rudolf, "Marvels of the East: A Study in the History of Monsters", *Journal of the Warburg and Courtauld Institutes*, vol. 5, 1942.

Wyngaert, A. Van den, *Sinica Franciscana, I: Itinera et relationes fratrum Minorum saeculi XIII et XIV*, Quaracchi, 1929.

Yakou, Hisashi, "Il martirio e la missione francescana in Asia nell'arte italiana del primo Trecento", *Il Santo*, vol. 51, no. 2/3, 2011.

_______, "Memory without Mementos: Franciscan Missions and Ambrogio

Lorenzetti's Frescoes in Siena", *The Annual Report on Cultural Sciences*, vol. 119, 2006.

• **인터넷 자료**

http://hdl.handle.net/2115/14492

https://gallica.bnf.fr/ark:/12148/btv1b52505664m/f25.image

https://jekely.blogspot.com/view/flipcard

https://jekely.blogspot.com/view/flipcard

https://www.cambridge.org/core/journals/european-journal-of-archaeology/article/chi%20nese-porcelain-jar-associated-with-marco-polo-a-discussion-from-an-archaeological-%20perspective/DE3C18BB07350811AB6A9A886B8F16BD/core-reader

2장. 이탈리아 상인들, 아시아로 진출하다

• **필사본 사료**

Archivio di stato di Venezia, *Senato Misti, Deliberazioni*, reg. XVII, fo 116v.

ASV, *Senato Misti*, reg. 17, f. 116v, 117v.

• **1차 사료**

마르코 폴로, 『마르코 폴로의 동방견문록』, 김호동 옮김, 파주: 사계절, 2000.

이븐 바투타, 『이븐 바투타 여행기』, 정수일 옮김, 파주: 창비, 2001.

Adam, Gaullaume, *De modo Sarracenos extirpandi*.

Bautier, Robert-Henri, "Les relations économiques des Occidentaux avec les pays d'Orient au Moyen Age", *Sociétés et compagnies de commerce en Orient et dans l'Océan Indien*, Paris: S. E. V. P. E. N., 1970.

Dawson, Christopher, *Mission to Asia*, New York: Harper & Row, 1966.

Gadrat, Christine, "Une image de l'Orient au XIVe siècle". *Les Mirabilia descripta de Jordan Catala de Sévérac*, Paris: École des chartes, 2005.

Golubovich, Girolamo, *Biblioteca bio-bibliografica della Terra Santa e dell'Oriente Francescano 3*, Quaracchi: Wentworth Press, 1919.

_______, *Biblioteca bio-bibliografica della Terra santa e dell'Oriente Francescano 4*, Quaracchi: Wentworth Press, 1923.

Hebraeus, Bar, *Chronicon syriacum 1*, Paul J. Bruns & Georg W. Kirsch (Eds.), & Adamus F. Lipsiae (Trans.), Boehm, 1789.

Odorico da Pordenone, *The Travels of Friar Odoric*, Henry Yule (Trans.), Michigan & Cambridge: William B. Eerdmans, 2002.

Pegolotti, Francesco B., *La pratica della mercatura*, Allan Evans (Ed.), Cambridge, MA: Academy, 1936.

Thomas, Georg M., & Predelli, Riccardo (Eds.), *Diplomatarium Veneto-Levantinum sive acta et diplomata res venetas graecas atque Levantis illustrantia a. 1300-1350*, Venezia: Deputazione veneta di storia patria, 1880-1899.

• 단행본 및 논문

고명수, 「쿠빌라이 정부의 交通·通商 진흥 정책에 관한 연구: 소위 '팍스 몽골리카'(Pax Mongolica)의 성립조건 형성과 관련하여」, 고려대학교 동양사학과 박사학위논문, 2009.

_______, 「쿠빌라이 정부의 大都건설과 역참교통체계 구축」, 『중앙아시아연구』 15, 2010.

김호동, 『동방 기독교와 동서문명』, 서울: 까치, 2002.

남종국, 『중세 지중해 교역은 유럽을 어떻게 바꾸었을까』, 서울: 민음인, 2011.

재닛 아부-루고드, 『유럽 패권 이전: 13세기 세계체제』, 박흥식 · 이은정 옮김, 서울: 까치, 2006.

Abu-Lughod, Janet, *Before European Hegemony: The World System A.D. 1250~1350*, New York: Oxford University Press, 1989.

Ashtor, Eliyahu, *Levant Trade in the Later Middle Ages*, Princeton, NJ: Princeton University Press, 1983.

Balard, Michel, "Gênes et la mer Noire(XIIIe -XVe siècles)", *Revue Historique*, CCLXX, 1983.

_______, "Les gênois en Asie centrale et en Extrême-Orient au XIVe siècle: Un cas exceptionnel?", *Economies et Sociétés au Moyen Age. Mélanges offerts à Edouard Perroy*, Paris: Publications de la Sorbonne, 1973.

_______, "Precursori di Cristoforo Colombo: I Genovesi in Estremo Oriente nel XIV secolo", *Atti del Convegno Internazionale di Studi Colombiani, tome 1*, Genova: Civico istituto colombiano, 1978.

_______, *Romanie génoise (XIIIe-début XVe siècle)*, Genova & Roma: École française de Rome, 1978.

Berindei, Mihnea & Giustiniana, Migliardi O'Riordan, "Venise et la Horde d'Or fin XIIIe-début XIVe siècle(A propos d'un document inédit de 1324)", *Cahiers du monde russe et soviétique*, 29, 1988.

Bratianu, George I., *Recherches sur le commerce génois dans la mer noire au XIIIe siècle*, Paris: Paul Geuthner, 1929.

Di Cosmo, Nicola, "A note on the Tana route and 14th century international trade", *Aspects of Altaic Civilization III. Proceedings of the*

30th Meeting of the Permanent International Altaistic Conference, Bloomington, IN: Indiana University Press, 1990.

_______, "Mongols and merchants on the Black Sea frontier in the thirteenth and fourteenth centuries: Convergences and conflicts", *Mongols, Turks, and others: Eurasian nomads and the sedentary world*, Reuven Amita & Michal Biran (Eds.), Leiden & Boston: Brill, 2005.

Ferrand, Gabriel, "Une navigation européenne dans l'Océan indien au XIVe siècle", *Journal Asiatique*, vol. 1, 1922.

Heyd, Wilhelm, *Histoire du commerce du Levant au Moyen Age 2*, Leipzig: O. Harrassowitz, 1923.

Hodong, Kim, "The unity of the Mongol empire and continental exchanges over Eurasia", *Journal of Central Eurasian Studies*, vol. 1, 2009.

Jackson, Peter, *The Mongols and the West: 1221-1410*, Harlow: Longman, 2005.

Kedar, Benjamin Z., "Chi era Andrea Franco?", *Atti della società Ligure di Storia Patria*, no. 17, 1977.

Larner, John, *Marco Polo and the discovery of the world*, New Haven & London: Yale University Press, 1999.

Latrie, Louis de M., "Privilège commercial accordé en 1320 à la république de Venise par un roi de Perse", *La Bibliothèque de l'École des Chartes*, Paris, 1870.

Lopez, Robert S., "China silk in Europe in the Yuan period", *Journal of the American Oriental Society*, vol. 72, 1952.

_______, "European merchants in the medieval Indies: The evidence of commercial documents", *Journal of Economic History*, vol. 3, 1943.

_______, "Nouveaux documents sur les marchands italiens en Chine à l'époque mongole", *L'Académie des Inscriptions et Belles-Lettres: comptes-rendus*, vol. 2, 1977.

_______, "Nuove luci sugli italiani in Estremo Oriente prima di Colombo", *Studi Colombiani*, vol. 3, 1951.

Moule, Arthur C., *Christians in China before the year 1550*, London: Society for Promoting Christian Knowledge, 1930.

Nystazopoulou-Pélékidis, Marie, "Venise et la mer Noire du XIe au XVe siècle", *Venezia e il Levante fino al secolo X V*, Agostino Pertusi (Ed.), Florence, 1973.

Ortalli, Gherardo, "Venice and papal bans on trade with the Levant: The role of the jurist", *Intercultural contacts in the Medieval Mediterranean*, London: Psychology Press, 1996.

Paviot, Jacques, "Buscarello de'Ghisolfi, marchand génois intermédiaire entre la Perse mongole et la Chrétienté latine(fin du XIIIme-début du XIVme siècles)", *La Storia dei Genovesi*, 11, 1991.

Petech, Luciano, "Les marchands italiens dans l'empire mongol", *Journal Asiatique*, 250, 1962.

Rachewiltz, Igor de, *Papal envoys to the great Khan*, London: Stanford University Press, 1971.

Richard, Jean, "Les navigations des Occidentaux sur l'océan indien et la mer Caspienne(XIIe-XVe siècles)", *Sociétés et compagnies de commerce en Orient et dans l'Océan Indien*, Paris: S. E. V. P. E. N., 1970.

Rouleau, Francis A., "The Yangchow latin tombstone as a landmark of medieval christianity in China", *Harvard Journal of Asiatic Studies*, vol. 17, 1954.

Silverberg, Robert, *The Realm of Prester John*, Athens: Doubleday, 1972.

Stôckly, Doris, *Le système de l'Incanto des galées du marché à Venise (fin XIIIe-milieu XVe siècle)*, Leiden, New York, & Köln: Brill, 1995.

Winterthur, Jean de, "Chronicon", *Archiv für schweizerische Geschichte*, XI.

Wyngaert, A. Van den, *Sinica Franciscana, I: Itinera et relationes fratrum Minorum saeculi XIII et XIV*, Quaracchi, 1929.

Yule, Henry, *Cathay and the way thither 3*, London: Cambridge University Press, 1913.

_______, *Cathay and the way thither 4*, London: Cambridge University Press, 1916.

3장. 비각 자료가 보여주는 원대 무슬림의 지위

• 사료

마르코 폴로, 『마르코 폴로의 동방견문록』, 김호동 옮김, 파주: 사계절, 2000.

라시드 앗 딘, 『집사 3 · 칸의 후예들』, 김호동 옮김, 파주: 사계절, 2005.

『大元聖政國朝典章』, 臺北: 國立故宮博物院, 1972.

『北京圖書館古籍珍本叢刊』, 北京: 書目文獻出版社, 1988.

『元史』, 標點校勘本, 北京: 中華書局, 1997.

方齡貴 校注, 『通制條格校注』, 北京: 中華書局, 2001.

祖生利, 「元代白話碑文研究下篇: 元代白話碑文集錄校注(初稿)」, 中國社會科學研究所 博士論文, 2000.

蔡美彪, 『元代白話碑文集錄』, 北京: 科學出版社, 1955.

呼格吉勒圖 薩如拉 編, 『八思巴字蒙古語文獻匯篇』, 呼和浩特: 內蒙古教育出版社, 2004.

‘Alā’ al-Dīn ‘Atā Malik Juvaynī, *Genghis Khan: The History of the World Conqueror*, John A. Boyle (Trans.), Seattle, WA: University of Washington Press, 1997.

Tumurtogoo, Domi (Ed.), *Mongolian Monuments in ’Phags-pa Script: Introduction, Transliteration, Transcription and Bibliography*, Taipei: Institute of Linguistics, Academia Sinica, 2010.

________, *Mongolian Monuments in Uighur-Mongolian Script (XIII-XVI centuries): Introduction, transcription and bibliography*, Taipei: Institute of Linguistics, Academia Sinica, 2006.

• 단행본 및 논문

김호동, 『몽골제국과 고려: 쿠빌라이 정권의 탄생과 고려의 정치적 위상』, 서울: 서울대학교출판문화원, 2007.

________, 「몽원제국기(蒙元帝國期) 한 색목인(色目人) 관사의 초상: 이사 켈레메치('Isa Kelemechi, 1227-1308)의 생애와 활동」, 『중앙아시아연구』 11, 2006.

조원희, 「蒙元帝國의 江南 정복 前後 佛教·道教·基督教·摩尼教 관리 기구의 설립 및 그 함의」, 『東洋史學研究』 135, 2016.

高橋文治, 『モンゴル時代道教文書の研究』, 東京: 汲古書院, 2011.

宮紀子, 「『元典章』が語るフレグ·ウルスの重大事變」, 『モンゴル時代の「知」の東西: 下』, 名古屋市: 名古屋大学出版会, 2018.

岩村忍, 「稅制」, 『モンゴㄹル社會經濟史研究』, 京都: 京都大學人文科學研究所, 1968.

杨志玖, 「元代回回人的政治地位」, 『历史研究』 1984-3.

________, 『元代回族史稿』, 天津: 南开大学出版社, 2005.

________, 「回回人与元代政治(四)」, 『回族研究』 1994-3.

________, 「回回人与元代政治(三)」, 『回族研究』 1994-2.

________, 「回回人与元代政治(五)(上)」, 『回族研究」 1994-4.

________, 「回回人与元代政治(五)(下)」, 『回族研究』 1995-2.

________, 「回回人与元代政治(二): 元世祖时期」, 『回族研究』 1994-1.

________, 「回回人与元代政治(一)」, 『回族研究』 1993-3.

入矢義高, 「蔡美彪氏編『元代白話碑集録』を読む」, 『東方学報』 26, 1956.

祖生利·船田善之, 「元代白話碑文的體禮初探」, 『中國史研究』, 2006.

周良霄, 『忽必烈』, 吉林: 吉林教育出版社, 1986.

Atwood, Christopher P., "Buddhists as Natives: Changing positions in the religious ecology of the Mongol Yuan Dynasty", *The Middle Kingdom and the Dharma Wheel: Aspects of the Relationship between the Buddhist Saṃgha and the State in Chinese History*, Thomas Jülch (Ed.), Leiden: Brill, 2016.

________, "Validation by Holiness or Sovereignty: Religious toleration as political theology in the Mongol world empire of the thirteenth century", *The International History Review*, vol. 26, no. 2, 2004.

Cho, Wonhee, "Negotiated Privilege: Strategic tax exemptions policies for religious groups and the Mongol-Yuan Dynasty in 13th-century China", *Journal of the Economic and Social History of the Orient*, vol. 63, no.1/2, 2019.

Franke, Herbert, "Sangha", *In the Service of the Khan: Eminent Personalities of the Early Mongol-Yüan Period (1200-1300)*, Igor de Rachewiltz (Ed.), Wiesbaden: Harrassowitz, 1993.

Rossabi, Morris, "The Muslims in the Early Yuan Dynasty", *China under Mongol Rule*, John D. Langlois (Ed.), Princeton, NJ: Princeton University

Press, 1981.

Schurmann, Herbert F., "Mongolian Tributary Practices of the Thirteenth Century", *Harvard Journal of Asiatic Studies*, vol. 19, no. 3/4, 1956.

_______, "Tan-Pa, a Tibetan Lama at the Court of the Great Khan", *Orientalia Venetiana*, vol. 1, 1984.

Smith, John M. Jr., "Mongol and Nomadic Taxation", *Harvard Journal of Asiatic Studies*, vol. 30, 1970.

Toghan, Isenbike, "Variations in the Perception of Jasagh", *History of Central Asia in Modern Medieval Studies (In Memoriam of Professor Roziya Mukminova)*, Tashkent: Yangi Nashr, 2013.

Weatherford, Jack, *Genghis Khan and the Quest for God: How the World's Greatest Conqueror Gave us Religious Freedom*, New York: Viking, 2016.

2부. 여행기를 통해 본 몽골 평화시대

4장. '몽골의 평화' 시대 여행기들을 통해서 본 『맨더빌 여행기』의 새로움

• 사료

마르코 폴로, 『마르코 폴로의 동방견문록』, 김호동 옮김, 파주: 사계절, 2000.

크리스토퍼 콜럼버스, 『콜럼버스 항해록』, 이종훈 옮김, 파주: 서해문집, 2004.

Freising, Otto von, *The Two Cities: A chronicle of universal history to the year 1146 A.D.*, Austin P. Evans & Charle Knapp (Eds.), & Charles C. Mierow (Trans.), New York: Columbia University Press, 1928.

Guilelmus de Rubruquis, *The Mission of Friar William of Rubruck: His journey to the court of the Great Khan Möngke, 1253-1255*, Peter Jackson & David Morgan (Trans.), London: Hakluyt Society, 1990.

Hakluyt, Richard, *The Travels of Sir John Mandeville, with Three Narratives in Illustration of it: The voyage of Johannes de Plano Carpini, the journal of friar William Rubruquis, the journal of friar Odoric, Navigation, Voyages, and Discoverries* (1598-1600 ed.), New York: Dover, 1964.

Komroff, Manuel (Ed.), *Contemporaries of Marco Polo: Consisting of the travel records to the eastern parts of the world of William of Rubruck(1253-1255); The journey of John of Pian de Carpini (1245-1247); The journal of Friar Odoric(1318-1330), The oriental travels of Rabbi Benjamin of Tudela(1160-1173)*, New York: Boni & Liveright, 1928.

Odorico da Pordenone, *The Travels of Friar Odoric*, Henry Yule (Trans.), Michigan & Cambridge: William B. Eerdmans, 2002.

• 단행본 및 논문

가일스 밀턴, 『수수께끼의 기사』, 이영찬 옮김, 서울: 생각의나무, 1996.

김장구, 「플라노 드 카르피니의 『몽골인의 역사』에 보이는 몽골사 인식」, 『동국사학』 49, 2010.

김호동, 『동방 기독교와 동서문명』, 서울: 까치, 2002.

성백용, 「맨드빌의 『여행기』와 동양」, 『동국사학』 49, 2010.

스기야마 마사아키, 『몽골 세계제국』, 김장구 외 옮김, 서울: 신서원, 1999.

에벌린 에드슨 · 새비지 스미스, 『중세 하늘을 디자인하다』, 이정아 옮김, 고양: 이른아침, 2006.
카를로 긴즈부르크, 『치즈와 구더기: 16세기 한 방앗간 주인의 우주관』, 김정하 · 유제분 옮김, 서울: 문학과지성사, 2001.

Baudet, Henri, *Paradise on Earth: Some thought on European images of non-European man*, Elizabeth Wentholt (Trans.), Middletown: Wesleyan University Press, 1988.
Bennett, Josephine W., *The Rediscovery of Sir John Mandeville*, New York: The Modern Language Association of America, 1954.
Camargo, Martin, "The Book of John Mandeville and the Geography of Identity", *Studies in the Medieval and Early Modern Imagination*, Thimothy S. Jones & David A. Sprunger (Eds.), Kalamazoo, MI: Medieval Institute, 2002.
Campbell, Mary B., *The Witness and the Other World: Exotic European Travel Writing, 400~1600*, New York: Cornell University Press, 1988.
Deluze, Christiane, "La représentation du monde au Moyen Age", *L'Histoire*, no. 93, 1986.
Friedman, John B., *The Monstrous Races in Medieval Art and Thought*, Cambridge, MA: Harvard University Press, 1981.
Grady, Frank, "'Machomete' and *Mandeville's Travels*", *Medieval Christian Perceptions of Islam*, John V. Tolan (Ed.), New York: Garland, 1996.
Hahn, Thomas, "The Indian Tradition in Western Medieval Intellectual History", *Viator*, vol. 9, 1978.
Higgins, Iain M., "Imagining Christendom from Jerusalem to Paradise: Asia in Mandeville's Travels", *Discovering New Worlds: Essay on Medieval exploration and imagination*, Scott D. Westrem (Ed.), New York:

Garland, 1991.

Howard, Donald T., *Writers and Pilgrims: Medieval pilgrimage, narrative and their posterity*, Berkeley, CA: University of California Press, 1980.

Jackson, Peter, "Prester John 'redivivus': A review article", *Journal of the Royal Asiatic Society*, vol. 7, no. 3, 1997.

_______, "William of Rubruck: A review article", *Journal of the Royal Asiatic Society of Great Britain and Ireland*, no. 1, 1987.

Jones, Timothy S., & Sprunger, David A. (Eds.), *Marvels, Monsters, and Miracles: Studies in the Medieval and Early Modern Imaginations*, Kalamazoo, MI: Medieval Institute, 2002.

Kedar, Benjamin Z., *Crusade and Mission: European approaches toward the Muslims*, Princeton, NJ: Princeton University Press, 1984.

Moseley, Charles, "The Metamorphoses of Sir John Mandeville", *The Year Book of English Studies*, vol. 4, 1974.

Oliger, Livarius, "Franciscan Pioneers amongst the Tartars", *The Catholic Historical Review*, vol. 16, 1930.

Paviot, Jacques, "England and the Mongols(c. 1260-1330)", *Journal of the Royal Asiatic Society*, vol. 10 no. 3, 2000.

Richard, Jean, "European Voyages in the Indian Ocean and Caspian Sea(12th~15th Centuries)", *Iran*, vol. 6, 1968.

Ryan, James D., "European Travelers before Columbus: The fourteenth century's discovery of India", *The Catholic Historical Review*, vol. 79, 1993.

Southern, Richard W., *Western Views of Islam in the Middle Ages*, Cambridge, MA: Harvard University Press, 1978.

Wittkower, Ridolf, "Marvels of the East: A study in the history of monsters",

Journal of the Warburg and Courtauld Institutes, vol. 5, 1942.
Yule, Henry, *Cathay and the Way Thither 1: Preliminary essay of the intercourse between China and the western nations previous to the discovery of the Cape route*, Henri Cordier (Ed. & Trans.), London: Forgotten Books, 1913.
Zacher, Christian K., *Curiosity and Pilgrimage: The literature of discovery in fourteenth-century England*, Baltimore, MD: The Johns Hopkins University Press, 1976.

5장. 요르다누스 여행기에 나타난 새로운 정보의 서술 방법

• 사료

마르코 폴로, 『마르코 폴로의 동방견문록』, 김호동 옮김, 파주: 사계절, 2000.
오도릭, 『오도릭의 동방 기행』, 정수일 옮김, 파주: 문학동네, 2012.
존 맨더빌, 『맨더빌여행기』, 주나미 옮김, 인천: 오롯, 2014.
플라노 드 카르피니 · 윌리엄 루브룩, 『몽골제국 기행』, 김호동 옮김, 서울: 까치, 2015.

Coquebert de Montbret, Charles (Ed.), *Jordan de Severac, Mirabilia Descripta. Recueil de voyages et memoires*, Paris: Societe de Geographie, 1839.
Cordier, Henri, *Mirabilia Descripta: Les Merveilles de l'Asie par le Père Jourdain Catalani de Sévérac*, Paris: Librairie Orientaliste Paul Geuthner, 1925.
Dawson, Christopher, *Mission to Asia*, Toronto: University of Toronto Press,

1980.

Gadrat, Christine, "Une image de l'Orient au XIVe siècle". *Les Mirabilia descripta de Jordan Catala de Sévérac*, Paris: École des chartes, 2005.

Isidore of Seville, *The Etymologies of Isidore of Seville*, Stephen A. Barney et al. (Trans.), Cambridge, MA: Cambridge U.P., 2006.

Lobo, Peter B., *Mirabilia Descripta: Wonders of the east*, Dublin: Dominican, 1993.

Marignolli, Giovanni de, *Chronicon Johannis de Marignoli de Florentia, Monumenta Historica Boemiae*, Gelase Dohner (Ed.), t. II, Prague, 1768.

Wyngaert, A. Van den, *Sinica Franciscana, I: Itinera et relationes fratrum Minorum saeculi XIII et XIV*, Quaracchi, 1929.

Yule, Henry, *Mirabilia Descripta: The wonders of the east by friar Jordanus*, London: Hakluyt Society, 1863.

• 단행본 및 논문

김장구, 「플라노 드 카르피니의 『몽골인의 역사』에 보이는 몽골사 인식」, 『동국사학』 49, 2010.

김호동, 『동방 기독교와 동서문명』, 서울: 까치, 2002.

남종국, 「몽골 평화 시대 아시아에서 유럽 상인들의 상업 활동」, 『서양중세사연구』 28, 2011.

성백용, 「'몽골의 평화' 시대의 여행기들을 통해서 본 『맨드빌 여행기』의 새로움」, 『서양중세사연구』 28, 2011.

________, 「맨드빌의 『여행기』와 동양」, 『동국사학』 49, 2010.

에벌린 에드슨 · 새비지 스미스, 『중세 하늘을 디자인하다』, 이정아 옮김, 고양: 이른아침, 2006.

이혜령, 「메노키오: 르네상스와 종교개혁기의 민중적 책읽기」, 『인물로 본 문화』,

서울: 한국방송통신대학교출판문화원, 2005.
카를로 긴즈부르크, 『치즈와 구더기: 16세기 한 방앗간 주인의 우주관』, 김정하 · 유제분 옮김, 서울: 문학과지성사, 2001.
헨리 율 · 앙리 꼬르디에, 『중국으로 가는 길』, 정수일 옮김, 파주: 사계절, 2008.

Boucheron, Patrick, "La fausse lettre du prêtre Jean", *<Les collections de l'Histoire> L'Histoire*, vol. 36, 2007.
Cordier, Henri, *Jourdain Catalani de Severac, Mirabilia Descripta, les mesveilles de l'Asie*, Paris: Librairie Orientaliste Paul Geuthner, 1925.
Dawson, Christopher, *Mission to Asia (Medieval Academy reprints for teaching 8)*, Toronto: University of Toronto Press, 2005.
Komroff, Manuel (Ed.), *Contemporaries of Marco Polo*, New York: W. W. Norton, 1980.
Mollat du Jourdin, Michel., *Grands Voyages et connaissance du monde du milieu du XIIIe a la fin du XVe. 1ère partie, Voyages en Asie (XIIIe-XIVe s.)*, Paris: Centre de documentation universitaire, 1966.
Roux, Jean-Paul, *Les explorateurs au Moyen Age*, Paris: Fayard, 1985.
William Melczer, *The Pilgrim's Guide to Santiago de Compostela*, New York: Italica Press, 1993.
Yule, Henry, *Cathay and the way thither 3*, London: Cambridge University Press, 1913.
_______, *Cathay and the way thither 4*, London: Cambridge University Press, 1916.

6장. 프라 마우로 지도에 나오는 마르코 폴로의 중국 지리

• **단행본 및 논문**

Bale, Anthony, *Sir John Mandeville: The Book of Marvels and Travels*, Oxford: Oxford University Press, 2012.

Cattaneo, Angelo, *Fra Mauro's Mappa Mundi and Fifteenth-Century Venice*, Turnhout: Brepols, 2011.

Chen, Sanping, *Multicultural China in the Early Middle Ages*, Philadelphia, PA: University of Pennsylvania Press, 2012.

Edson, Evelyn, *The World Map, 1300-1492: The Persistence of Tradition and Transformation*, Baltimore, MA: The Johns Hopkins University Press, 2007.

Falchetta, Piero, *Fra Mauro's World Map*, Turnhout: Brepols, 2006.

Gadrat-Ouerfelli, Christine, *Lire Marco Polo au Moyen Age: Traduction, diffusion et réception du Devisement du monde*, Turnhout: Brepols, 2015.

Harley, John B., & Woodward, David (Eds.), *The History of Cartography 1: Cartography in Prehistoric, Ancient and Medieval Europe and the Mediterranean*, Chicago, Il: University of Chicago Press, 1987.

Holland, Kathleen, "Looking Beyond: Globalization in the Catalan Atlas of the Fourteenth Century", Paper given at the fifth annual graduate student symposium: Language and Communication in the Middle Ages, 2010.

Houtsma, Martijn T., *Encyclopedia of Islam* (2nd ed.), Leidon: Brill, 1954-2005.

Hyunhee, Park, *Mapping the Chinese and Islamic Worlds: Cross-Cultural*

Exchange in Pre-Modern Asia, New York: Cambridge University Press, 2012.

_______, "The Transfer of Geographic Knowledge of Afro-Eurasia in the 'Bright' Middle Ages: Cases of late medieval European maps of the world", *The Bright Dark Ages: Comparative and Connective Perspectives*, Arun Bala & Prasenjit Duara (Eds.), Leiden: Brill, 2016.

Jackson, Peter, *The Mongols and the West: 1221-1410*, Harlow: Pearson Longman, 2005.

Leporace, Tullia G. (Ed.), *Il mappamondo di Fra Mauro*. Rome: Instituto Poligrafico dello stato, 1956.

_______(Ed.), "Il Mappamondo di Fra Mauro", Presentazione di Roberto Almagià, Rome: Istituto Poligrafico e Zecca dello Stato, Libreria dello Stato, 2002.

Marino Sanudo Torsello, *The Book of the Secrets of the Faithful of the Cross*, Peter Lock (Trans.), Farnham: Ashgate, 2011.

Pelliot, Paul, *Notes on Marco Polo*, vol. 1, Paris: Imprimerie Nationale, 1959.

_______, Notes on Marco Polo, vol. 2, Paris: Imprimerie Nationale, 1963.

Polo, Marco, *The Travels of Marco Polo*, Ronald Latham (Trans.), London: Penguin Books, 1958.

Schildgen, Brenda D., *Dante and the Orient*, Urbana, IL: University of Illinois Press, 2002.

Schröder, Stefan, "Wissenstransfer und Kartieren von Herrschaft? Zum Verhältnis von Wissen und Macht bei al-Idrīsī und Marino Sanudo", *Herrschaft Verorten: Politische Kartographie im Mittelalter und in der fruhen Neuzeit*, Ingrid Baumgartner & Martina Stercken (Eds.), Zurich: Chronos, 2012.

Sezgin, Fuat, *Mathematical Geography and Cartography in Islam and Their Continuation in the Occident*, vol. 3, Guy Moore & Geoff Sammon (Trans.), Frankfurt am Main: The Institute for the History of Arabic-Islamic Science, 2007.

Tetsuya, Suzuki, "A mystery of co-editor - another story of Marco Polo's travels (謎の共同編集者"ーマルコ・ポーロの「東方見聞録」異聞)", *Journal of Foreign Language and Literature Department at Teikyō University*(『帝京大学外国語外国文学論集』), vol. 9, 2002

• 인터넷 자료

Biblioteca Nazionale Marciana, "Il Mappamondo di Fra Mauro"(http://marciana.venezia.sbn.it/la-biblioteca/la-storia-e-il-patrimonio/il-patrimonio/patrimonio-librario/il-mappamondo-di-fra-mauro).

Jim Siebold, "Cartographic Images: Fra Mauro's Mappamundi"(http://www.myoldmaps.com/late-medieval-maps-1300/249-fra-mauros-mappamundi/).

3부. 고려와 몽골의 교류와 접촉

7장. 대몽골국 초기 카라코룸으로 간 고려 사신들

• 사료

『高麗史』

『高麗史節要』

『元史』

라시드 앗 딘, 『집사 2 · 칭기스 칸 기』, 김호동 옮김, 파주: 사계절, 2003.

________, 『집사 3 · 칸의 후예들』, 김호동 옮김, 파주: 사계절, 2005.

마르코 폴로, 『마르코 폴로의 동방견문록』, 김호동 옮김, 파주: 사계절, 2000.

여원관계사연구팀 편, 『원고려기사(元高麗紀事)』, 서울: 선인, 2008.

유원수 역주, 『몽골비사(元朝秘史)』, 파주: 사계절, 2004.

플라노 드 카르피니 · 윌리엄 루브룩, 『몽골제국 기행』, 김호동 옮김, 서울: 까치, 2015.

Juvaini, ʻAla-ad-Din ʻAta-Malik, *The History of the World-Conqueror*, vol. 1 · 2, John A. Boyle (Trans.), Manchester: Manchester University Press, 1958.

Plano de Carpini, & William of Rubruck, *The Mongol Mission: Narratives and letters of the Franciscan missionaries in Mongolia and China in the thirteenth and fourteenth centuries*, Christopher Dawson (Ed.), London & New York: Sheed & Ward, 1955.

• 단행본 및 논문

강재광, 『蒙古侵入에 대한 崔氏政權의 外交的 對應』, 파주: 경인문화사, 2011.

고려사회성격연구반, 『14세기 고려의 정치와 사회』, 서울: 민음사, 1994.

고명수, 「몽골-고려 형제맹약 재검토」, 『역사학보』 225, 2015.

고병익, 「蒙古 · 高麗의 兄弟盟約의 性格」, 『백산학보』 6, 1969.

김당택, 『元干涉下의 高麗政治史』, 서울: 일조각, 1998.

김상기, 『新編 高麗時代史』, 서울: 서울대학교출판문화원, 1985.

김장구, 「플라노 드 카르피니의 『몽골인의 역사』에 보이는 몽골사 인식」, 『동국사학』 49, 2010.

________, 「13~14세기 여몽관계에 대한 몽골학계의 관점」, 『13~14세기 고려-몽골 관계 탐구』, 서울: 동북아역사재단, 2011.

________, 「대몽골국 초기 異文化와 宮廷의 外交典禮」, 『동국사학』 53, 2012.

________, 「대몽골국 초기 監國 톨루이의 정치적 위상과 역할」, 『이화사학연구』 51, 2015.

________, 「17세기 '몽문연대기'에 보이는 한국 관련 기록의 비판적 검토」, 『동국사학』 62, 2017.

김호동, 「구육(定宗)과 그의 時代」, 『近世 東아시아의 國家와 社會』, 파주: 지식산업사, 1998.

________, 『몽골제국과 고려』, 서울: 서울대학교출판문화원, 2007.

________, 『아틀라스 중앙유라시아사』, 파주: 사계절, 2016.

윤용혁, 『고려대몽항쟁사연구(高麗對蒙抗爭史硏究)』, 서울: 일지사, 1991.

이강한, 「'친원'과 '반원'을 넘어서」, 『역사와 현실』 78, 2010.

이개석, 『고려-대원 관계 연구』, 파주: 지식산업사, 2013.

________, 「元代의 카라코룸, 그 興起와 盛衰」, 『몽골학』 4, 1996.

________, 「麗蒙兄弟盟約과 초기 麗蒙關係의 성격: 사료의 再檢討를 중심으로」, 『대구사학』 101, 2010.

이익주, 「1219년(高宗 6) 고려-몽골 '兄弟盟約' 再論」, 『동방학지』 175, 2016.

________, 「고려-몽골 전쟁 초기(1231-1232)의 강화 협상 연구」, 『한국사연구』 180, 2018.

이정란, 「13세기 몽골제국의 高麗觀」, 『한국중세사연구』 27, 2009.

이정신, 「永寧公 王綧연구: 몽고침략기 왕족의 모습」, 『민족문화연구』 35, 2001.

장동익, 『高麗後期外交史硏究』, 서울: 일조각, 1994.

________, 『元代麗史資料集錄』, 서울: 서울대학교출판문화원, 1997.

최윤정, 「元代 동북지배와 遼陽行省」, 『동양사학연구』 110, 2010.

________, 「몽골의 요동·고려 경략 재검토(1211~1259)」, 『역사학보』 209, 2011.

森平雅彦, 『モンゴル覇権下の高麗: 帝国秩序と王国の対応』, 名古屋: 名古屋大學出版社, 2013.
舒健, 「也談『柏朗嘉賓蒙古行紀』所記高麗王子」, 『中國邊疆史地硏究』 18-3, 2008.
額爾敦巴特爾, 「蒙古肅良合氏的來源」, 『元史論叢』 14, 2014.
楊曉春, 「13, 14世紀歐洲記載中的高麗」, 『第五屆韓國傳統文化國際學術硏討會論文集: 中韓交流』, 泉州: 華夏文化藝術出版社, 2005.
宋濂 撰, 『元史』, 北京: 中華書局, 1976.

Henthorn, William E., *Korea: The Mongol Invasions*, Leiden: Brill, 1963.
Ledyard, Gari, "The Mongol Campaigns in Korea and the Dating of the Secret History of the Mongols", *Central Asiatic Journal*, vol. 9, no. 1, 1964.
Rosén, Staffan, "The Pseudo-Koreans revisited", *Turcica et Orientalia*, Ulla Ehrensvärd (Ed.), Stockholm: Swedish Research Institute in Istanbul, 1988.
________, "Korea in Mongolian Sources", *Cahiers d'Études Coréennes*, vol. 5, 1989.
Underdown, Michael, "European Knowledge of Korea during the Yüan Dynasty", *Études Mongoles et Sibériennes*, vol. 27, 1997.

8장. 몽골 공주 출신 고려 왕비의 정치적 위치와 고려-몽골 관계의 다층성

• 사료

『고려사(高麗史)』.

『고려사절요(高麗史節要)』.

『원사(元史)』.

『목은집(牧隱集)』, 이색(李穡).

• **단행본 및 논문**

고명수, 「충렬왕대 怯憐口(怯伶口) 출신 관원」, 『사학연구』 118, 2016.

________, 「고려 주재 다루가치의 置廢경위와 존재양태」, 『지역과 역사』 제39호, 2016.

권순형, 「원 공주 출신의 왕비의 정치권력 연구: 충렬왕비 齊國大長公主를 중심으로」, 『사학연구』 77, 2005.

권용철, 「大元帝國 末期 政局과 고려 충혜왕의 즉위, 복위, 폐위」, 『한국사학보』 56, 2014.

김광철, 「충렬왕대 측근세력의 분화와 그 정치적 귀결」, 『고고역사학지』 9, 1993.

김난옥, 「충혜왕비 德寧公主의 정치적 역할과 위상」, 『한국인물사연구』 14, 2010.

김당택, 「고려 충숙왕대의 심왕 옹립운동」, 『역사학연구』 12집, 1993.

김보광, 「고려 충렬왕의 케시크(怯薛, kesig) 제도 도입과 그 의도」, 『사학연구』 107, 2012.

________, 「고려-몽골 관계의 전개와 다루가치의 置廢過程」, 『역사와 담론』 76, 2015.

김성준, 「麗代 元公主出身王妃의 政治的位置에 對하여: 특히 忠宣王妃를 중심으로」, 『한국여성문화논총』, 서울: 이화여자대학교출판문화원, 1958.

김현라, 「고려 충렬왕비 齊國大長公主의 위상과 역할」, 『지역과 역사』 23, 2008.

________, 「원간섭기 충선왕비 薊國大長公主의 위상 정립과 의미」, 『지역과 역사』 39, 2016.

김혜원, 「麗元王室通婚의 성립과 특징」, 『이대사원』 24·25合, 1989.

________, 「고려후기 瀋王 연구」, 이화여자대학교 사학과 박사학위논문, 1999.

김호동, 「몽골제국사 연구와 '集史'」, 『경북사학』 25, 2002.
이명미, 「고려·원 왕실통혼의 정치적 의미」, 『한국사론』 49, 2003.
_______, 「고려-몽골 간 使臣들의 활동 양상과 그 배경」, 『한국중세사연구』 43, 2015.
_______, 「元宗代 고려 측 對 몽골 정례적·의례적 사행 양상과 그 배경: 1273년(元宗 14) 고려 측 賀冊封 使行 사례를 중심으로」, 『한국문화』 69, 2015.
_______, 『13~14세기 고려·몽골 관계 연구: 정동행성승상 부마 고려국왕, 그 복합적 위상에 대한 탐구』, 서울: 혜안, 2016.
이색, 『牧隱集』 文藁 卷17, 海平君 謚忠簡尹公墓誌銘 幷序.
이은정, 「元朝成立期 자르구치(斷事官)의 役割變化와 그 性格」, 서울대학교 동양사학과 석사학위논문, 1992.
이익주, 『高麗·元 관계의 構造와 高麗後期 政治體制』, 서울대학교 국사학과 박사학위논문, 1996.
_______, 「14세기 전반 고려·원 관계와 정치세력 동향: 충숙왕대의 심왕옹립운동을 중심으로」, 『한국중세사연구』 9, 2000.
이정란, 「충렬왕비 齊國大長公主의 책봉과 그 의미」, 『한국인물사연구』 18, 2012.
_______, 「충렬왕대 蓟國大長公主의 改嫁운동」, 『한국인물사연구』 9, 2008.
정용숙, 『고려시대의 후비』, 서울: 민음사, 1992.
조원, 「元 前期 達魯花赤의 제도화와 그 위상의 변화」, 『동아시아문화연구』 51, 2012.
_______, 「大元제국 다루가치체제와 지방통치: 다루가치의 掌印權과 職任을 중심으로」, 『東洋史學研究』 125, 2013.
주채혁, 「高麗內地의 達魯花赤 設置에 관한 小考」, 『清大史林』 1, 1979.

苗冬, 『元代使臣研究』, 天津: 南開大學博士學位論文, 2010.
北村秀人, 「高麗時代の瀋王についての一考察」 『人文研究』 24-10, 1973.

森平雅彦, 「駙馬高麗國王の成立: 元朝における高麗王の地位についての豫備的考察」, 『東洋學報』 79-4, 1998: 『モンゴル覇権下の高麗: 帝国秩序と王国の対応』, 名古屋: 名古屋大學出版社, 2013.

________, 「元朝ケシク制度と高麗王家-高麗·元關係における禿魯花の意義について」, 『史學雜誌』 第110編 第2號, 2001.

愛宕松男, 「元代都市制度とその起源」, 『愛宕松男東洋史論集』 vol. 4: 元朝史, 三一書房, 1988.

李治安, 『元代分封制度研究』, 天津: 天津古籍, 1989.

池內宏, 「高麗に駐在した元の達魯花赤について」, 『滿鮮史研究』 中世, 東京: 吉川弘文館, 1979.

Endicott-West, Elizabeth, "Imperial Governance in Yuan Times", *Harvard Journal of Asiatic Studies*, vol. 46, no. 2. 1986.

9장. 원제국의 법제와 고려의 수용 양상

- 사료

연세대학교 동방학연구소 엮음, 『高麗史』, 파주: 경인문화사, 1974.

이곡, 『국역 가정집(稼亭集)』, 민족문화추진회 엮음, 서울: 민족문화추진회, 2006.

한국학중앙연구원 엮음, 『至正條格校注本』, 서울: 휴머니스트, 2007.

方齡貴 校注, 『通制條格校注』, 北京: 中華書局, 2001.

徐元端, 『吏學指南』, 杭州: 浙江古籍出版社, 1985.

蘇天爵, 『滋溪文稿』, 北京: 中華書局, 1997.

宋濂 撰, 『元史』, 北京: 中華書局, 1976.

王惲, 『秋澗集(四部叢刊本)』.

魏初, 『青崖集(四库全书本)』.

陳高華 · 張帆点校, 『元典章』, 北京: 中華書局, 2011.

• **단행본 및 논문**

고병익, 「元代의 法制: 蒙古習慣法과 中國法과의 相關性」, 『歷史學報』 3, 1953.

김난옥, 「13세기 후반 원나라의 刑政 간섭과 고려의 대응」, 『湖西史學』 49, 2008.

김문경, 「원간본(元刊本) 『지정조격(至正條格)』에 대한 기초적 고찰」, 『至正條格校注本』, 한국학중앙연구원 엮음, 서울: 휴머니스트, 2007.

김인호, 「고려의 元律 수용과 高麗律의 변화」, 『한국사론』 33, 2002.

________, 「여말선초 육전체제의 성립과 전개」, 『東方學志』 118, 2002.

김호동, 「『지정조격(至正條格)』의 편찬과 원(元)말의 정치」, 『至正條格校注本』, 한국학중앙연구원 엮음, 서울: 휴머니스트, 2007.

________, 『몽골제국과 고려: 쿠빌라이 정권의 탄생과 고려의 정치적 위상』, 서울: 서울대학교출판문화원, 2007.

니콜라스 라쟈노프스키, 『몽골의 관습과 법』, 서병국 옮김, 서울: 혜안, 1996.

연정열, 「高麗와 至正條格에 關한 一研究」, 『몽골학』 2, 1994.

위은숙, 「동아시아 율령체제와 고려율령: 원 간섭기 원율령의 수용문제와 각화령」, 『민족문학논총』 37, 2007.

이강한, 「고려 · 원간 '交婚' 법제의 충돌」, 『東方學志』 150, 2010.

________, 「征東行省官 闊里吉思의 고려제도 개변 시도」, 『韓國史研究』 139, 2007.

이개석, 「元朝中期 法典編纂 研究와 『至正條格』의 發見」, 『東洋史學研究』 83, 2003.

이정훈, 「고려시대의 刑法과 刑政」, 『한국사론』 33, 2002.

조원, 「大元제국 다루가치체제와 지방통치: 다루가치의 掌印權과 職任을 중심으로」, 『동양사학연구』 125, 2013.

_______, 「元 후기 『經世大典』의 편찬과 六典體制」『東洋史學研究』141, 2017.

武志忠, 『「成吉思汗法典」及源論』, 北京: 商务印书馆, 2007.
方齡貴, 「『大元通制』新探」, 『歷史研究』, 1993-3.
白壽彝, 『中國通史』 13, 上海: 上海人民出版社, 1980
船田善之, 「關于解讀 『元典章』: 兼談有關工具書 · 研究文獻」, 『蒙古學信息』, 2000-3.
小林高四郎, 「元代法制史上之 "舊例"」, 『蒙古學資料與情報』, 1990-4.
安部健夫, 「『大元通制』解說」, 『元代史の研究』, 東京: 創文社, 1972.
_______, 「元史刑法志と『元律』との關係について」, 『元代史の研究』, 東京: 創文社, 1972.
翁獨健, 「蒙元時代的法典編纂」, 『燕京社會科學』 1, 1948.
劉曉, 「『大元通制』到『至正條格』: 論元代的法典編纂體系」, 『文史哲』, 2012-1.
张金銑, 「『元典章』研究综述」, 『古籍整理研究学刊』, 2010-4.
張帆, 「重現於世的『至正條格』」, 『文史知識』, 2008-2.
鄭介夫, 「上奏一綱二十目」, 『元代奏議集录』, 邱树森 · 何兆吉辑点, 杭州: 浙江古籍出版社, 1998.
陳高華, 「『至正條格 · 條格』初探」, 『中國史研究』, 2008-2.
韓儒林, 『元朝史』, 北京:人民出版社, 2008.
胡祗遹, 『紫山大全集』 卷22, 「雜著 · 論法定律」
胡興東, 「元代"例"考-以『元典章』爲中心」, 『內蒙古師範大學學報』 39, 2010.
黃時鑒, 「『大元通制』考辯」, 『中國社會科學』, 1987-2.

Ch'en, P. Heng-chao, *Chinese Legal Tradition under the Mongols*, Princeton, NJ: Princeton University Press, 1979.
Vernadsky, George, "The Scope and Contents of Chingis Khan's Yasa", *Harvard Journal of Asiatic Studies*, vol. 3, 1938.

• 찾아보기 •

[ㅂ]

[ㅅ]

[ㅇ]

[ㅈ]

[ㅌ]

[ㅍ]

[ㅎ]

장별 출처 목록

1장 _「Artistic Contact between Italy and Mongol Eurasia: State of the Field」, 『이화사학연구』 57집, 2018.

2장 _「몽골 평화 시대 아시아에서 유럽 상인들의 상업 활동」, 『서양중세사연구』 28호, 2011.

3장 _「비각(碑刻) 자료를 통해 본 원대(元代) 무슬림의 지위에 대한 일고찰」, 『이화사학연구』 54집, 2017.

4장 _「몽골의 평화 시대의 여행기들을 통해서 본 『맨드빌 여행기』의 새로움」, 『서양중세사연구』 28호, 2011.

5장 _「중세 여행기의 새로운 정보 서술: 요르다누스 인도 여행기의 사례」, 『이화사학연구』 57집, 2018.

6장 _「프라 마우로 지도(1450년경)에 나오는 마르코 폴로의 중국 지리」, 『한국고지도연구』 7권, 2015.

7장 _「대몽골국 초기(1206~1259) 카라코룸으로 간 고려사신들」, 『이화사학연구』 57집, 2018.

8장 _「고려에 하가(下嫁)해 온 몽골공주들의 정치적 위치와 고려-몽골 관계: 제국대장공주(齊國大長公主)의 사례를 중심으로」, 『이화사학연구』 54집, 2017.

9장 _「대원제국(大元帝國) 법제(法制)와 고려(高麗)의 수용 양상」, 『이화사학연구』 5집, 2017.

몽골 평화시대 동서문명의 교류

아비뇽에서 개경까지

펴낸날 1판 1쇄 2021년 1월 29일

지은이 남종국 · 김장구 · 박용진 · 박현희 · 성백용 · 앤 던롭 · 이명미 · 조 원 · 조원희

펴낸이 이승아

펴낸곳 이화여자대학교출판문화원

주소 서울특별시 서대문구 이화여대길 52 (우03760)

등록 1954년 7월 6일 제9-61호

전화 02) 3277-2965 (편집), 362-6076 (마케팅)

팩스 02) 312-4312

전자우편 press@ewha.ac.kr

홈페이지 www.ewhapress.com

책임편집 이지예

디자인 정혜진

찍은곳 (주)현문자현

ISBN 979-11-5890-411-1 94900(SET)
979-11-5890-412-8 94900

값 26,000원